新时代教师教育系列教材

教师教育心理学

JIAOSHI JIAOYU XINLIXUE

漆昌柱　韦耀阳◎主编

北京师范大学出版集团
BEIJING NORMAL UNIVERSITY PUBLISHING GROUP
北京师范大学出版社

图书在版编目（CIP）数据

　教师教育心理学 / 漆昌柱，韦耀阳主编. --北京：北京师范大学出版
社，2025.1.（2025.8 重印）-- ISBN 978-7-303-30474-5

　Ⅰ.G44

　中国国家版本馆 CIP 数据核字第 2025GP7162 号

出版发行：北京师范大学出版社 https：//www.bnupg.com
　　　　　北京市西城区新街口外大街 12-3 号
　　　　　邮政编码：100088
印　　刷：三河市兴达印务有限公司
经　　销：全国新华书店
开　　本：787 mm×1 092 mm　1/16
印　　张：26.25
字　　数：424 千字
版　　次：2025 年 1 月第 1 版
印　　次：2025 年 8 月第 2 次印刷
定　　价：59.80 元

策划编辑：冯谦益　　　　　　责任编辑：赵鑫钰
美术编辑：李向昕　　　　　　装帧设计：李向昕
责任校对：陈　荟　　　　　　责任印制：马　洁

《教师教育心理学》
编委会

主　编　漆昌柱　韦耀阳

副主编　童三红　蒋业宽　董一英

　　　　　宋淑娟　李凡繁　邹焱萍

　　　　　张翅飞　柳　燕　李汉学

序　言

党的二十大报告指出，"教育、科技、人才是全面建设社会主义现代化国家的基础性、战略性支撑"。培养高素质专业化创新型教师队伍，是教育现代化的必由之路。习近平总书记强调，强教必先强师，要把加强教师队伍建设作为建设教育强国最重要的基础工作来抓。2018年，《中共中央　国务院关于全面深化新时代教师队伍建设改革的意见》印发，对新时代教师队伍建设作出顶层设计。2018年，教育部等五部门印发《教师教育振兴行动计划（2018—2022年）》，明确提出，创新教师教育模式，注重课程内容不断更新。我们顺应时代呼唤，编写了这本《教师教育心理学》，希望为教师教育作出应有的贡献。

这本《教师教育心理学》，是我们教育工作者多年教学实践和科研成果的结晶。在现代教育中，教育心理学发挥着越来越重要的作用。它以科学的心理学原理为基础，研究教育活动中师生的心理和行为，旨在提高教学效果，促进学生全面发展。面对新时代教育改革的需求，教师亟需掌握扎实的教育心理学知识，提升教书育人的专业素养。

本书在继承教育心理学经典理论的基础上，充分吸收融合了当前心理学与教育学交叉领域的前沿研究成果。我们力图从教师教育的视角出发，全面系统地阐述教育心理学的核心概念、基本原理、研究方法和实践应用，为师范生和在职教师提供一本全面实用的工具书。全书分为四个篇章，从心理学基础知识、中学生心理发展、学习与教学心理、中学生心理健康教育入手，深入浅出地讲解教育心理学的理论与实践。每一章都精心设计了学习目标、案例导入、单元测试等栏目，力求做到启发思考、理论实践结合、易学易用。

作为教师，学习心理学首先要打好基础。本书第一篇系统阐述了心理学的研究对象、发展历史、流派学说、研究方法等基础知识，让读者系统把握心理学的学科全貌。在此基础上，重点介绍了认知、动机、情绪、能力、人格等心理学的核心概念和基本原理，这些都是教师观察分析问题、因材施教的重要视角。读者可以通过第一篇夯实心理学基础，形成心理学思维，为进一步学习教育心理学打下基础。

中学生正处于人生发展的关键时期，这一阶段学生在生理、认知、情感、人格等方面都会发生显著变化。教师只有深入理解中学生心理发展的规律和特点，才能胜任教育教学工作。本书第二篇围绕中学生的认知、情绪、自我意识、人格发展的特点进行详细阐述，力求揭示这一时期心理发展的一般规律。同时针对中学生成长过程中面临的独特挑战，如生涯规划、人际交往、情绪管理等热点问题，提出教育建议和策略。通过学习第二篇，教师可以洞悉中学生的内心世界，做学生成长的引路人。

学习与教学是教育心理学研究的核心内容。本书第三篇以学习和教学为出发点，从学习理论到教学实践，系统阐述了当代教育心理学的主流理论和研究进展。重点介绍了行为主义、认知主义、建构主义等流派的学习理论，分析了学习动机、学习迁移、学习策略等学习心理学的核心问题。在此基础上，聚焦课堂教学与管理，剖析了师生互动、班级管理等教学实践中的关键环节，提出优化教学的心理学策略。针对教师职业心理中的常见问题，也给出了干预的建议。第三篇内容紧贴教学一线，理论联系实际，可以帮助教师拓宽专业视野，改进教学实践。

中学生心理健康问题不容忽视。当前，学业压力、人际困扰、挫折应对、网络沉迷等多重因素交织，中学生心理问题日渐凸显。教师既要关注学生的学业发展，更要关心他们的身心健康。本书第四篇聚焦中学生心理健康教育这一主题，系统论述了心理健康的内涵、影响因素、异常表现，重点介绍了学校心理健康教育的目标、内容、途径和方法，并就中学生常见心理问题的识别和干预进行专题探讨。通过学习第四篇，教师可以树立心理健康教育意识，掌握心理辅导的基本方法，为学生健康成长保驾护航。

总而言之，本书在理论深度、实践指导、问题意识等方面都力求有所创新，希望能够为广大师范生和在职教师提供一本兼具系统性与应用性的教育心理学教程，为教师专业发展贡献一份力量。需要说明的是，心理学和教育学都是内容丰富、日新月异的学科，本书所涉内容难免挂一漏万。因此，我们把本书定位为教师学习教育心理学的入门读物，希望能带给读者以学习的兴趣和动力，启发大家进一步探索心理学和教育学的奥秘。教师教育和教育心理学研究任重而道远，我们殷切期待本书能引起更多同人的关注和思考，推动相关领域的深入研究。

本书是在湖北省教学研究课题"专业认证背景下高师实践教学质量监控体系研究（编号：2024357）"研究的基础上形成的，是2023年黄冈师范学院教材建设后资助项目（编号：2023CJ04）的阶段性成果。本书第一章由漆昌柱编写，第二至第五章由韦耀阳编写，第六、第七章由童三红编写，第八、第九章由董一英、李汉学编写，第十、第十一章由邹焱萍、柳燕编写，第十二章由宋淑娟、李汉学编写，第十三章由蒋业宽编写，第十四章由李凡繁编写，第十五章由张翅飞编写，第十六章由柳燕、李汉学编写。漆昌柱进行了全书的策划工作，韦耀阳进行了全书的统稿、编校工作。

衷心感谢黄冈师范学院教务处胡志华、程云、冯杰、胡志刚，以及教育学院童三红、黄克斌在本书编写过程中提供的中肯建议和大力支持。他们在百忙之中抽出时间审阅书稿、提出修改意见，为提高本书质量付出了辛勤劳动。同时也要感谢北京师范大学出版社的冯谦益编辑，她的敬业专业精神令人钦佩，编辑过程中提出的宝贵意见对提升本书的系统性、针对性和可读性起到了关键作用。我们由衷地向所有支持和帮助本书编写出版的专家、同人表示诚挚的谢意！

受篇幅所限，本书难免存在遗漏和不足，还望读者批评指正。我们将虚心听取各方意见，在后续的教学实践中不断修订完善，力求呈现一本凝聚众人智慧、与时俱进、适用面广的教育心理学佳作。让我们携手努力，共同步入教育心理学的殿堂，争做学生成长的引路人、助推器和护航者。预祝各位读者学有所获、学有所成！

编者

目 录

第一篇 心理学基础知识

第二篇 中学生心理发展

第三篇 学习与教学心理

第四篇 中学生心理健康教育

第一篇

心理学基础知识

【本篇介绍】

　　心理学是一门研究人类心理现象和行为的科学。它追求对人的整体性认识。心理学的研究对象主要是人的心理现象，包括心理过程、个性心理和心理状态。心理学的主要分支学科主要包括普通心理学、生理心理学、实验心理学、社会心理学、认知心理学、人格心理学、发展心理学等。心理学的研究方法主要包括观察法、实验法、问卷法等定性和定量研究方法。

　　心理学的研究内容主要包含：①注意。注意是心理活动或意识对一定对象的指向和集中。主要包括注意的概念、特征、功能、类型等。②感知觉。感觉是人脑对直接作用于感觉器官的客观事物的个别属性的反映。知觉是人脑对直接作用于感觉器官的客观事物的整体属性的反映。主要包括感知觉的概念、种类、特性等。③记忆。

记忆脑对人们经历过的事物的反映。主要包括记忆的概念、环节、分类等。④思维与想象。思维是人脑对客观事物本质属性与内在规律的间接的、概括的反映。想象是人在头脑里对已储存的表象进行加工改造并形成新形象的心理过程。主要包括思维与想象的概念、特点、类型等。⑤动机。动机是推动人们进行各种活动的内在原因。主要包括动机的概念、功能、分类和动机理论等。⑥情绪与情感。情绪是我们与生俱来的心理反应，它影响着我们的行为、思考和感觉。情感是人们在与外界互动过程中产生的一种复杂的心理体验。主要包括情绪与情感的概念、分类、功能等。⑦意志。意志是指一个人自觉地确定目的，并根据目的来调节和控制自己的行动，克服各种困难，从而实现目的的心理过程。主要包括意志的概念、意志行动、意志品质等。⑧人格。人格是构成一个人的思想、情感及行为的特有模式。主要包括人格的概念、特征、理论、影响因素等。

掌握以上所概括的心理学基础知识的主要内容，既是学习和研究心理学的基础，也是师范生和在职教师必须具备的基本心理学素养。系统学习这些基础知识，可以为更深入地学习心理学理论并应用打下基础。

本篇共四章：第一章心理学概论，第二章认知过程，第三章动机、情绪与意志，第四章能力与人格。

第一章 心理学概论

>>>> 学习目标

1. 了解心理学的发展历程、科学心理学的诞生背景。

2. 了解心理学的研究对象，理解并领会心理现象的三大范畴。

3. 了解心理学的任务、意义和主要分支学科。

4. 掌握心理学发展过程中的主要派别和当代心理学的理论观点。

5. 熟悉心理学研究的基本原则和方法。

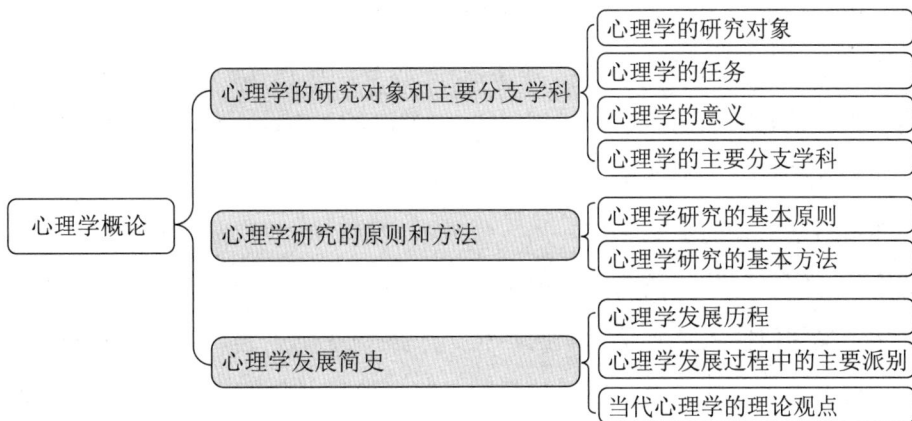

【案例导入】

小明是一名中学生，他品学兼优，但是最近一段时间，他的成绩出现了明显下滑，同时他也不像以前那么活泼开朗了，经常一个人待在角落里。经过了解，他的家中最近发生了些矛盾，这让他很烦恼。

根据心理学理论，家庭矛盾可能会对小明的心理造成不良影响。具体而言，家庭矛盾可能会导致小明产生负面情绪，如焦虑、抑郁等。这些情绪会影响他的心理状态。

中学生的心理问题多种多样，心理学的理论和方法可以帮助他们更好地应对这些问题，提高心理健康水平。对于案例中的小明而言，通过心理咨询和支持，他的心理状态可以得到改善，他的学习成绩和生活质量也可以得到提高。

第一节　心理学的研究对象和主要分支学科

一、心理学的研究对象

心理学一词源自希腊语，原指对灵魂的研究。在中国古代，我们可以找到诸如心、思、神等类的词语，这些词语早已涵盖了心理学所要研究的对象。然而，直到 16 世纪，心理学这一专门术语才在欧洲正式出现。德国心理学家沃尔夫（C. Wolff）在 18 世纪推出了《经验的心理学》和《理论的心理学》，从而奠定了心理学的基础。1879 年，德国心理学家冯特（W. Wundt）在莱比锡大学建立了世界上第一个心理学实验室，开创了心理学实验研究的先河，从而使心理学成为一门独立的科学，具备实验证据支持的科学性。

随着科学认知的不断深化，我们要求不仅描述心理现象，而且解释这些现象的本质。解释意味着我们需要揭示这些现象所遵循的规律性。因此，我们将心理学定义为研究人类心理现象的产生、发展和变化过程，并在此基础上揭示人类心理活动规律的科学。心理学作为一个学科，其内容十分广泛。它不仅解释了日常生活中各种心理活动及其规律，而且还涵盖了对诸如如何有效地记忆以促进学习、如何有效地思考以解决问题、如何科学地认知以调节情绪、如何准确地评估个性等心理问题的科学解释。

简言之，心理学是一门研究心理现象并揭示心理规律的科学。心理现象是人们最为熟悉和经常体验的现象，同时也是自然界中一种复杂而奇妙的现象。人们的眼睛能够观察五彩缤纷的世界；人们的耳朵能够倾听美妙的音乐；人们的大脑能够储存大量丰富的知识，即使时光流转，有些记忆依然清晰；人们可以运用思维探索自然和社会的各种奥秘；人们还具有丰富的情感和欲望，可以通过行动来满足各种需求，并在周围环境中留下自己意志的痕迹……总的来说，有关自然和社会方面的各种知识，在认知世界、改变世界的过程中所取得的所有成就，都与人类心理的存在和发展密不可分。

心理学作为一门综合性科学，研究的对象极为广泛，包括心理过程、个性心理和心理状态。这三者相互交织，共同构成了心理现象。

(一)心理过程

心理过程是指在个体内部进行的心理活动过程，涵盖了认知、情绪和意志三个方面，也被简称为"知、情、意"。[①]

1. 认知

认知是个体对外界事物的感知、认识、理解和思维的过程。它包括了感知、注意、记忆、思维等诸多方面。举个例子，当你漫步在春天的花海中，闻到鲜花的香气，观察到它们各自绚烂的色彩和独特的形态，这一切都属于认知的范畴。通过认知，我们能够理解和解释世界，形成对事物的认知模型。

2. 情绪

情绪是个体在特定情境下对外界刺激产生的一种心理反应。它包括了愉快的情绪(如快乐、喜悦)、不愉快的情绪(如悲伤、焦虑)等。比如，当你收到一份令人惊喜的礼物时，会感到喜悦；而当你失去了心爱的东西，可能会感到悲伤和沮丧。情绪是我们与外界互动的一种方式，也是我们对生活经历的回应。

3. 意志

意志是人在活动中自觉地确定目标并规划行动、克服困难的心理过程。它包括了自我控制、自我调节等方面。当我们面对人生中的重要抉择时，如选择职业、决定人生方向等，就需要运用意志力来做出决定。同时，意志力也贯穿于日常生活中的方方面面，如控制食欲、保持学习动力等。

(二)个性心理

个性心理是指个体在心理方面的差异和特点。它包括了个性倾向性、个性

---

① 李汉松：《心理学史方法论——西方心理学发展阶段论》，217 页，济南，山东教育出版社，2011。

心理特征和自我意识三个子系统。

1. 个性倾向性

个性倾向性是指个体所具有的意识倾向和对客观事物的稳定的态度，影响着个体的行为和思维方式。主要包括需要、动机、态度、兴趣、理想、信念、世界观。

2. 个性心理特征

个性心理特征包括气质、性格和能力。气质是指人的相对稳定的个性特征和风格，如胆汁质、多血质等。性格是指一个人对现实的稳定的态度，以及与之相应的习惯化了的行为方式，如外向、内向等。能力是指个体在特定领域内所表现出来的优势和特长，如音乐才华、数学能力等。

3. 自我意识

自我意识是指个体对自己的认知和评价，包括自我认知、自我体验和自我控制。它涵盖了对自己是谁、自己的优缺点、自己的价值等方面的认知。

自我认知让我们能够清晰地认识自己，既了解自己的特点和优势，也识别和接纳自己的局限性。这样的认知有助于我们建立自信，同时也促使我们不断改进和成长。

自我体验是指个体在不同情境下对自身状态的感受和体验，涵盖了自尊、自卑、自豪、自责等情感体验。例如，当我们取得了一项重要成就时，可能会感到自豪和满足；而在遭遇挫折时，可能会产生自责和失落的情感。

自我控制是指个体在面对各种诱惑和困难时，通过自我调节和控制来保持稳定的心态和行为的能力。它包括自强、自立、自主、自律等方面。

(三)心理状态

心理状态是指个体在特定时间和情境下的心理表现和状态，反映了个体在特定时刻的心理体验和心理活动。

心理状态可以分为认识方面的、情绪方面的和意志方面的。比如，当你在阅读一本引人入胜的小说时，可能会产生好奇和疑惑，这就是心理状态的表现。

心理过程、个性心理和心理状态三者相互交织、相互影响，共同决定了个体的行为和心理特征。例如，个体的认知特点会影响他的情绪反应，个性倾向性会影响他的意志力，而心理状态又会受到个体的个性心理特征的影响。

二、心理学的任务

(一)确定心理事实

心理学的首要任务就是确定心理事实。这包括了对各种心理现象的观察、描述、记录和归纳。心理学家通过实验、观察、访谈等方法，系统地收集和整理关于个体心理活动的各种数据，以确立客观存在的心理事实。

1. 实验研究

实验研究是心理学中常用的研究方法之一，通过在受控环境中对变量进行操作，以观察其对个体心理活动的影响。例如，心理学家可以设计实验来研究认知、情绪等方面的心理现象，从而获取实验证据，确定心理事实。

2. 观察和访谈

观察和访谈是心理学家常用的数据收集方法。通过直接观察个体在特定情境下的行为表现，或通过与个体进行深入的交谈，我们可以获取关于心理活动的详细信息。

(二)认识心理本质

心理本质是指心理现象背后的深层次原因和根本性特征。了解心理本质对于深入理解人类心理活动具有重要意义。

1. 深度心理学研究

深度心理学试图探索个体心理活动的深层结构和潜在的心理机制，它通过研究潜意识、梦境等方面的心理现象，来揭示心理活动的深层次特征。

2. 心理学理论建设

心理学理论是对心理现象和活动进行抽象和系统化的总结和解释。通过建立理论框架，我们可以更好地理解心理现象的本质和内在联系。

(三)探定心理机制

心理机制是指个体心理活动的内在机制和过程，它控制着心理现象的产生和发展。了解心理机制是理解心理活动的本质和基础。

1. 神经生理学研究

通过神经生理学的研究，我们可以揭示出许多心理活动背后的生物学机制。

例如，研究大脑的结构和功能，可以深入了解认知、情绪等心理过程的生物学基础。

2. 认知心理学研究

认知心理学研究个体对信息的处理和认知过程，它通过探究个体的感知、注意、记忆、思维等活动，揭示心理活动的内在机制。

(四)揭示心理规律

心理规律是指在特定条件下，心理活动表现出来的稳定的、可预测的模式或趋势。

1. 统计分析

心理学家利用统计学方法对收集到的数据进行分析，以寻找其中的规律性。通过对大量数据进行整理、分类和统计，我们可以发现各种心理现象之间的关联和规律。

2. 提出假设

基于对心理事实的观察和分析，心理学家会提出一些假设或理论来解释这些现象背后的规律性。这些假设需要经过实验或者通过更多的数据支持，从而得到验证。

(五)调控心理活动

调控心理活动是对个体心理状态的观察、理解和调整。心理学通过深入研究人的认知、情感、意志等心理过程，揭示其发生、发展的规律，从而为有效调控心理活动提供理论依据。

在实际应用中，心理学通过各种方法，如心理咨询、心理治疗等，帮助个体识别和理解自身的心理状态，包括情绪的变化、压力的来源以及应对的策略等。基于这些理解，个体可以学会如何调整自己的心理状态，如通过放松训练来降低焦虑水平，或者通过认知重构来改变消极的思维模式。

总的来说，心理学的任务包括确定心理事实、认识心理本质、探定心理机制、揭示心理规律和调控心理活动。这些任务共同构成了心理学研究的核心目标和方向，也为我们更好地理解和解释个体心理活动提供了理论基础和方法支持。同时，这些任务的不断发展和深化也推动了心理学领域的持续进步。

三、心理学的意义

(一)深化理论认知，奠定学科基础

心理学揭示了人类心理活动的奥秘，构建了关于认知、情绪等心理现象的系统知识体系。它不仅深化了我们对自身心理机制的理解，更为教育、医疗、管理等多个领域提供了坚实的理论基础，有力推动了相关学科的发展与进步。

(二)拓展实践应用，创新服务模式

心理学的应用广泛而深远，特别是在与人工智能的结合中，其价值愈发凸显。从智能产品设计的用户体验优化，到情感识别与情绪管理的技术提升，再到心理健康服务的智能化创新，心理学助力人工智能实现了更加自然、和谐的人机交互，为人们的生活带来了前所未有的便捷。

四、心理学的主要分支学科

自1879年科学心理学诞生以来，心理学获得了飞速的发展，出现了发展的繁荣景象，各心理学流派不断涌现，影响力越来越大，心理学研究的领域越来越广，心理学的分支越来越多，逐渐形成了心理学的庞大体系。下面简单介绍心理学的一些主要分支学科。

(一)普通心理学

普通心理学是心理学的基础性学科，主要研究个体的基本心理过程、心理机制和心理活动的一般规律。它涵盖了感知、注意、记忆、思维等方面的研究，是心理学研究的起点。普通心理学还研究心理学最一般的理论，如心理与客观现实的关系、心理与脑的关系、各种心理现象间的相互联系及其在人的整个心理结构中的地位与作用，以及最一般的方法等。普通心理学的内容既概括了各分支学科的研究成果，又为各分支学科提供理论基础。因此，学习心理学首先应从学习普通心理学入手。在这个意义上，普通心理学又是学习心理学的入门学科。核心内容包括以下四个方面。①感知。研究个体如何感知外部世界的信息，包括视觉、听觉、触觉等感觉过程。例如，研究为什么在某些条件下我们会产生视觉上的错觉。②注意。研究个体在面对复杂的信息时，如何选择、集

中注意力，以便更有效地处理信息。例如，研究注意力失调对儿童学习和行为的影响。③记忆。研究个体对信息的存储、保持和提取过程。例如，研究不同学习策略对记忆效果的影响。④思维。研究个体的逻辑推理、问题解决和创造性思维等认知活动。例如，托尔曼（E. Tolman）的实验研究了动物的问题解决能力。

(二)生理心理学

生理心理学是研究心理活动与生理过程之间的关系的学科，它探讨了大脑、神经系统以及生理机制如何影响和调控心理活动。核心内容包括以下三个方面。①神经传递。研究神经元之间信息的传递过程，了解神经递质的作用机制，从而理解不同化学物质对心理活动的影响。②脑成像技术。利用技术手段如功能磁共振成像技术等，研究在特定任务下大脑的活动模式，探索认知活动在大脑中的生理基础。③生物反馈。通过监测生理指标（如心率、肌肉张力等），帮助个体学会调节自身的生理状态，用于解决焦虑等问题。

(三)实验心理学

实验心理学以实验方法为主，研究个体在受控条件下的心理现象，旨在发现心理活动的规律和机制。主要内容包括以下几个方面。①感知实验。通过实验设计，研究个体对不同感官信息的处理和感知过程，如视觉错觉实验和听觉实验。②学习实验。通过实验设计，探讨个体在学习过程中的条件形成、反应强化等心理活动，如经典性条件反射实验。③记忆实验。通过实验设计，研究个体对信息的存储、保持和提取过程，如记忆干扰实验和遗忘实验。④认知实验。通过实验设计，研究个体的思维、问题解决和决策过程，如推理实验和决策实验。

(四)社会心理学

社会心理学研究个体在社会环境中的心理活动，探讨人际关系、群体行为以及社会影响等社会心理现象。主要内容包括以下几个方面。①群体动态。研究个体在群体中的行为和态度如何受到群体动态的影响，如集体行为和社会运动。②社会认知。研究个体在社会情境下如何理解和解释信息，包括社会认知偏差和社会认知理论。③偏见和歧视。研究个体对于不同群体的偏见和歧视现象，探讨其产生和改变的机制。④领导和权威。研究个体在组织和社会中对领导和权威的态度和行为，以及领导行为对群体的影响。

(五)认知心理学

认知心理学研究个体的认知过程，包括感知、记忆、思维等方面的心理活动，旨在理解人类如何获取、组织和运用信息。主要内容包括以下几个方面。①注意与记忆。研究个体在感知信息时如何选择和保持注意力，以及如何将信息存储于记忆中，如多重注意模型和记忆编码策略。②问题解决。研究个体在面对复杂情境时如何寻找解决方案，包括启发式思维、算法思维等。③语言处理。研究语言的理解、产生和交流过程，包括语音、语法、语义等方面。④心理模型。通过构建计算模型和实验验证，理解认知过程的计算机制。

(六)人格心理学

人格心理学研究个体的人格特质、特征和心理结构，探讨个体行为和心理活动的稳定性和一致性。主要内容包括以下几个方面。①人格特质。研究人员提出了"大五"人格理论，包括外倾性、宜人性、责任心、神经质和开放性，通过评估个体在这五个维度上的得分，了解其人格特质。②人格评估工具。研究人员设计了各种人格评估工具，如明尼苏达多相人格测验和迈尔斯-布里格斯类型指标(Myers-Briggs Type Indicator，MBTI)，用于量化和评估个体的人格特征。③人格发展。研究人员关注个体的人格如何随着时间和经历而发展和变化，了解环境和生活事件对人格的影响。④心理动力学理论。研究人员提出了关于潜意识和自我认识之间相互作用的理论，如弗洛伊德(Freud)的心理动力学理论。

(七)儿童青少年发展心理学

儿童青少年发展心理学研究个体从出生到成年各阶段的心理发展过程，包括生理、认知、情感和社会方面的发展，并揭示个体心理从一个年龄阶段发展到另一个年龄阶段的规律。核心内容包括以下四个方面。①婴儿认知发展。研究婴幼儿时期认知能力的形成和变化，如皮亚杰的客体永久性实验。②青少年心理发展。研究青春期个体在身体、认知和社会关系等方面的发展，理解青少年的特点和问题。③社会认知。研究儿童如何理解和参与社会互动，包括理解他人的情感、观点以及进行道德判断等。④发展障碍。研究儿童和青少年的心理障碍，如孤独症谱系障碍、注意缺陷多动障碍等。

(八)教育心理学

教育心理学研究个体在学习和教育环境中的心理活动和行为，旨在改善教学效果，促进学生全面发展。主要内容包括以下几个方面。①学习理论。研究个体在学习过程中的认知、情感、动机等方面的心理活动，如行为主义学派的条件反射理论和认知学派的信息处理模型。②教学策略。通过了解学生的学习特点和需求，制定相应的教学方法和策略，如个性化教学、合作学习等。③教育评估。通过评估学生的学习成绩、能力表现等，了解教学效果，并提出改进建议，以促进学生的进步。

此外，现代心理学还研究变态心理学、临床心理学、咨询心理学、军事心理学、运动心理学等，在此不一一列举。

第二节 心理学研究的原则和方法

一、心理学研究的基本原则

(一)客观性原则

客观性原则是指研究者应该以客观的态度对待研究对象和研究过程。客观性原则要求研究者尽量避免主观偏见，不受个人情感和价值观的影响，以客观的方式观察和描述研究对象的行为和心理过程。例如，当研究者对一个实验对象进行观察时，他们应该尽量避免将自己的期望和假设加入观察中，应该尽可能客观地记录实际观察到的行为和反应。

为了确保客观性，心理学研究中常常采用科学的方法和工具，如实验设计、统计分析和客观的测量工具。这些方法和工具可以帮助研究者收集客观的数据，并对数据进行客观的分析和解释。遵循客观性原则，心理学研究可以更加可靠和科学，有助于揭示人类心理活动的本质和规律。

(二)系统性原则

系统性原则是指心理学研究应该具有系统性和连贯性。系统性原则要求研究者以整体的视角来研究心理现象，将各个部分和要素联系起来，形成一个有机的系统。例如，当研究者研究记忆的过程时，他们会考虑到注意力、编码、存储和检索等不同的方面，并将它们整合在一起，以便更好地理解记忆的工作原理。

系统性原则还要求研究者在研究过程中使用科学的理论框架和概念模型。理论和模型可以帮助研究者组织和解释研究结果，同时也可以指导未来的研究方向。通过系统性的研究方法，心理学研究可以逐步深入，建立起对心理现象的完整和准确的认识。

客观性原则和系统性原则在心理学研究中相互作用和互补。客观性原则确保了研究的客观性和科学性，避免了主观偏见的影响；而系统性原则则要求研究者从整体的视角研究心理现象，将各个部分和要素联系起来，形成一个有机的系统，从而能够更加全面和连贯地理解心理现象。这两个原则的应用使心理学研究更具科学性和准确性，能够推动学科的发展，提供对人类心理活动的深入理解。

(三)发展性原则

发展性原则指坚持用发展变化的观点来研究心理学所涉及的问题。发展性原则表明人的心理是不断发展变化的。这意味着人的心理过程和行为在个体生命周期内会经历不同的阶段和变化。心理学家让·皮亚杰（Jean Piaget）提出了儿童认知发展阶段理论。他认为儿童的思维能力随着年龄的增长会经历不同的阶段，从感知运动阶段到前运算阶段、具体运算阶段、形式运算阶段。这个理论强调了儿童的思维能力在发展过程中会出现显著的变化和进步。

发展性原则指出个体在心理发展过程中会受到内在和外在因素的影响。内在因素包括遗传因素、生理因素等，而外在因素则包括社会文化、教育因素等。这些因素相互作用，共同塑造了个体的心理发展轨迹。例如，社会文化对个体的价值观、信念和行为习惯有着重要影响。一个人在不同的文化背景下成长，可能会形成不同的认知模式和行为特征。

发展性原则强调了教育在促进个体心理发展变化中的决定性作用。教育是指有意识地通过学习和培养来促进个体心理发展的过程。教育可以为个体提供知识、技能和经验，帮助他们适应和应对不同的环境挑战。教育还可以培养个体的思维能力、情感管理能力和社交技巧等。

(四)理论联系实际原则

理论联系实际原则指心理学研究的问题来源于实践，研究成果也将服务于实践。它强调理论和研究应该与实际生活和现实问题密切联系。这个原则要求心理学研究不仅要有理论基础，而且还要能够解决实际问题和提供实践指导。

首先，理论联系实际原则要求心理学研究应该基于现实生活中的问题和需求。心理学理论的发展和研究应该紧密关注人们在现实生活中的心理困境、挑战和需求。例如，社交焦虑是一种常见的心理问题，许多人在社交场合中感到紧张和不安。心理学研究者可以基于这个现实问题，探索社交焦虑的成因、影响因素和辅导方法，为受到社交焦虑困扰的人们提供帮助和支持。

其次，理论联系实际原则强调心理学理论和研究的实用性。心理学研究不仅要追求理论的完备性和科学性，而且还要关注其在实践中的应用和指导价值。研究的成果应该能够解决实际问题，提供实践指导，并对社会产生积极的影响。例如，研究者在探索学习和记忆的原理时，可以研究有效的学习策略和记忆技巧，并将其应用于教育实践中，提高学习者的学习效果和记忆能力。

最后，理论联系实际原则要求心理学研究与其他领域相互交叉和融合。心理学的应用领域广泛，涉及教育、医疗、管理等多个领域。理论联系实际原则鼓励心理学与其他领域的知识和实践相结合，共同解决复杂的实际问题。例如，心理学研究者可以与教育学家合作，研究儿童学习和发展的心理过程，并为教育实践提供指导。心理学的研究成果也可以应用于组织管理和领导力培养，帮助提升组织绩效和员工幸福感。

(五)教育性原则

教育性原则指心理学研究要符合教育的要求，要有利于学生身心的正常发展。

首先，个体差异是教育性原则中的重要概念。每个个体都有独特的背景、能力和学习风格，因此教育者应该考虑到这些个体差异，并提供个性化的学习支持。个体差异包括认知差异、情感差异和学习风格差异等。教育者应该了解学生的差异，并根据学生的特点和需求，采用不同的教学方法和策略，以促进他们的学习和发展。

其次，适应性教育是教育性原则中的重要方面。适应性教育强调教育者应该帮助个体适应不同的环境和挑战。现代社会变化快速，个体需要具备适应新环境和解决问题的能力。适应性教育注重培养学生的灵活性、创造性思维和问题解决能力。教育者应该提供具有挑战性的学习任务和情境，鼓励学生主动探索和适应新的学习与生活环境。

再次，激励和反馈也是教育性原则中的重要方面。激励和反馈对于激发学生的学习动机和提高学习效果非常关键。教育者应该提供激励和认可，以激发学生的学习兴趣和内在动机。同时，及时和具体的反馈可以帮助学生了解自己的学习进展和改进方向。激励和反馈应该是个性化的，根据学生的不同需求和水平进行调整。

最后，积极参与和合作学习是教育性原则中的重要策略。积极参与和合作学习可以促进学生的主动参与，激发学生的合作精神。教育者可以通过鼓励学生参与课堂讨论、小组合作和项目学习等方式，激发学生的学习动机和提高学习效果。积极参与和合作学习可以激发学生的创造性思维、发展学生的问题解决能力和社交技巧。

(六)伦理性原则

伦理性原则指在研究心理学的问题时，必须遵循伦理规范的原则，不能违反社会的伦理道德准则。它强调研究者在进行研究时应遵循伦理标准，并关注保护被试、处理欺骗问题和保护隐私等伦理问题。

①保护被试。保护被试是心理学研究中的首要伦理性原则。研究者应确保被试的权益和安全得到充分保护。这包括明确告知被试研究的目的、过程和可能的风险，并取得被试的知情同意。研究者还应尽力减少或避免对被试造成身体、心理或社会方面的伤害。研究者在进行人类学研究时，通常需要经过伦理审查委员会的批准，并遵循伦理准则和法律法规。

②研究中的欺骗问题。在心理学研究中，有时需要使用欺骗手段来探究个体的真实反应和行为。然而，研究者在使用欺骗手段时也需要考虑伦理问题。研究者应该在研究设计中合理使用欺骗手段，并在适当的时候向被试提供充分

的解释和补偿。研究者应该尽量减少欺骗对被试的困扰和误导,并确保其不会对被试的权益和尊严造成严重影响。

③保护隐私。保护被试的隐私也是重要的伦理性原则。研究者应尊重被试的隐私和个人信息,并确保其在研究过程中的隐私得到保护。研究者应采取适当的措施,如匿名化数据和保密性协议,以确保被试的个人信息不被泄露。在发布研究结果时,研究者也应注意保护被试的隐私,避免泄露敏感信息。

二、心理学研究的基本方法

心理学的基本研究方法包括观察法、实验法、测验法、问卷法、访谈法、产品分析法、个案法、教育经验总结法和跨文化研究法等。

(一)观察法

观察法是心理学研究中最基本的方法之一,它通过直接观察和记录个体或群体的行为、表现等来获取数据。观察法可以分为自然观察法和实验室观察法。自然观察法是在自然环境中观察和记录个体或群体的行为、表现,如观察儿童在学校操场上的互动行为。实验室观察法是在控制的实验室条件下观察和记录个体或群体的行为、表现,如记录实验中被试完成任务的时间。

比如,研究者以学生为观察对象,了解他们在课堂上的参与程度和注意力集中情况。通过观察学生的行为和表现,研究者可以得出关于学生学习态度和学习效果的结论。

(二)实验法

实验法是心理学研究中最常用的方法之一,它通过操纵自变量并测量因变量来研究因果关系。实验法可以分为自然实验法和实验室实验法。自然实验是在自然环境中进行的实验,研究者无法直接操控自变量,但可以记录其对因变量的影响。实验室实验是在控制的实验室条件下进行的实验,研究者可以精确地操纵自变量并控制其他干扰因素。

比如,研究者想要探究睡眠对学习记忆的影响。他们将参与者随机分为两组,一组进行充足的睡眠,另一组进行睡眠剥夺。然后,研究者通过一项记忆测验来比较两组参与者的学习记忆表现。

(三)测验法

测验法是一种通过特定的测验工具来评估个体的特征、能力、态度或行为的方法。测验可以是标准化的，具有统一的评分和解释方式；也可以是非标准化的，根据具体研究需要设计测验工具。

比如，研究者使用智力测验来评估学生的智力水平。他们让学生完成一系列的认知任务，然后根据学生的得分来评估他们的智力水平。

(四)问卷法

问卷法是一种通过向被试发放调查问卷来收集数据的方法。问卷可以包括选择题、填空题等形式，用于获取被试的主观信息和意见。比如，研究者设计了一个调查问卷，用于了解大学生对社交媒体使用的态度和具体的使用行为。他们向一群大学生发放问卷，分析问卷结果，得出结论。

(五)访谈法

访谈法是一种通过与被试进行面对面的交流来获取信息和数据的方法。访谈可以是结构化的，按照预定的问题顺序进行；也可以是非结构化的，让被试自由发表意见。比如，研究者以访谈的形式，与存在心理健康问题的学生进行了深入交流，了解他们的症状、辅导经历和心理需求。通过访谈，研究者可以获取详细和个体化的信息，有助于深入理解学生的心理状态。

(六)产品分析法

产品分析法是一种通过对个体的活动产品，如日记、作文、书信、绘画作品等进行分析来研究心理现象的方法。比如，研究者通过对儿童作品中的言辞、图像和情感表达方式进行分析，可以了解儿童的能力、知识水平和情感状态。

(七)个案法

个案法是一种通过深入研究个体或少数个体来获取详细和全面的信息的方法。个案法通常采用多种数据收集方法，如观察、访谈、测验等，以获得关于个体特征、经历和心理过程的细致描述。比如，研究者选择一个特定的学生，通过观察、访谈和测验等方法，深入了解他学习困难的原因、情绪状态和个人发展特点。个案法可以提供关于个体的深入理解，为个体化的干预和支持提供指导。

(八)教育经验总结法

教育经验总结法是在教育实践中总结和归纳经验与教训的方法。研究者通过回顾和分析教育实践中的案例、教学方法和教育政策等，以提炼出有效的教育原则和改进措施。比如，研究者回顾了一所学校多年来的教育实践，总结出了一套有效的阅读教学方法，包括启发性问题引导、小组合作学习和个体化指导等。这些经验总结可以为其他学校的阅读教学提供借鉴和改进的方向。

(九)跨文化研究法

跨文化研究法是一种比较不同文化背景下个体或群体行为和心理现象的方法。研究者通过在不同文化中进行类似的研究，比较不同文化之间的差异和共同点，以揭示文化对心理的影响。比如，研究者对不同国家的孩子进行了一项关于道德判断的研究。他们发现，不同文化背景下孩子对道德问题的判断和依据存在差异，这表明文化对道德发展的影响。

以上方法只是心理学研究方法中的一部分，还有其他方法，如案例研究法、文献综述法等。根据研究目的和问题的不同，可以选择适合的方法或结合多种方法进行综合研究。再次强调的是，在进行心理学研究时，需要遵守伦理性原则，并确保研究的科学性和可靠性。

第三节　心理学发展简史

一、心理学发展历程

在中国古代，人们对心理学的研究主要体现在哲学和医学领域。早在先秦时期，诸子百家中的儒家、道家和墨家等学派，就探讨了人性、心灵和情感等问题。尤其是儒家思想，强调人的道德修养和社会关系，对人的内心世界有一定的关注。在医学方面，古代医家如扁鹊等人提出了与心理相关的医学理论，如五脏六腑的功能与情绪之间的关系等。

中国古代的心理学研究关注人的内在本性和道德伦理。儒家学派强调人性的善良和道德修养，探讨人的情感、欲望和道德行为的关系。他们提出了"仁爱""君子"等概念，强调个体与社会之间的关系，以及道德自律。

中国古代的心理学对情感和情绪进行了研究。《黄帝内经》等医学经典中记载了情绪对人体健康的影响。古代医家还研究了情绪的调节和辅导方法，如药物辅导和针灸疗法等。

中国古代的哲学家和思想家对知觉和思维过程也进行了探索。他们思考人的认识能力、思维方式以及思维与行为的关系。墨家学派关注知觉的客观性和实证性，认为人通过客观认识能够获得真理。

近代心理学的发展起源于欧洲。19世纪，德国的冯特和赫尔曼·冯·亥姆霍兹（Hermann von Helmholtz）等学者，致力于对感知、知觉和思维的研究。他们创建了实验心理学，并提出了一些基本原理，奠定了心理学作为科学学科的基础。

在欧洲，心理学得到了进一步的发展。奥地利的弗洛伊德是心理学领域重要的人物之一，他提出了精神分析理论，强调潜意识对人的行为和心理状态的影响。其他重要的学者如伊万·巴甫洛夫（Ivan Pavlov）、威廉·斯特恩（William Stern）和阿尔弗雷德·阿德勒（Alfred Adler）等，也在不同领域做出了重要贡献。

美国在心理学的发展上起到了重要的推动作用。20世纪初，行为主义学派成为主流流派，以约翰·华生（John Watson）、巴甫洛夫等人为代表，他们强调对可观察的行为进行科学研究。随后，心理学进入了认知革命阶段，以乔治·米勒（George Miller）等学者为代表，研究人类的思维、记忆和知觉等认知过程。

纵观心理学的发展历程，可以分为以下几个阶段。

①前现代心理学阶段。在这个阶段，心理学还没有成为独立的科学领域，而是与哲学、医学和自然科学等领域交织在一起。

②科学心理学的诞生。19世纪末，心理学开始脱离哲学的束缚，成为独立的科学领域。德国心理学家冯特在1879年建立了世界上第一个专门的心理学实验室，并发表了《生理心理学原理》等重要著作。这标志着科学心理学的诞生，并将心理学引入实验研究的道路。

③学派争论与整合。在科学心理学诞生后的早期，心理学领域出现了许多

学派，如结构主义学派、功能主义学派、行为主义学派、精神分析学派等。这些学派在对心理学研究对象和研究方法的看法上存在分歧，引发了激烈的争论。然而，随着时间的推移，各学派之间开始相互学习、融合和发展，形成了相对和谐的局面。

④认知心理学和人本主义心理学的兴起。20 世纪 50 年代以后，认知心理学和人本主义心理学崛起并迅速发展。认知心理学关注人的思维、记忆、知觉和问题解决等认知过程，而人本主义心理学强调个体的自我实现和主观体验。这两个学派对心理学的发展产生了深远影响，并成为当代心理科学的重要方向。

⑤当代心理学的多样性和应用拓展。随着科学技术的进步，在社会需求的推动下，心理学在研究方法和技术上不断改进，并在理论和应用研究方面取得了长足进展。目前，心理学涵盖了众多学术派别和分支，形成了庞大的学科体系。心理学的研究成果广泛应用于教育、医疗、工程技术、航空航天等领域，渗透到仿生学、人类学等学科。

二、心理学发展过程中的主要派别

自从冯特创建世界上第一个心理学实验室，成为科学心理学诞生的标志以来，心理学在其发展过程中，产生了许多不同的思想和学派，它们对心理学的发展产生了重要影响。

(一)构造主义学派

冯特是构造主义学派的创始人，他的学生铁钦纳(Titchener)在美国为其大力宣传和推广。该学派坚信心理学应该专注于研究人类的意识和经验。根据这个学派的观点，个体的经验可以分为三种基本的元素：感觉、意象和激情。感觉是知觉的元素，意象是观念的元素，而激情则是感情的元素。他们认为，人的心理活动都是由这些元素构成的。

构造主义学派还首创了内省法，这是一种个体对自己的体验进行内省或反思的方法。通过这种方法，人们可以更深入地了解自己的心理活动和经验，从而更好地理解人类意识的本质和运作方式。

此外，构造主义学派还强调了人类意识经验的相对性。他们认为，每个人的经验都是独特的，因为每个人的感觉、意象和激情都是不同的。这种相对性也反映了人类心理活动的复杂性和多样性。

(二)机能主义学派

机能主义学派强调心理过程的功能和适应性，关注个体如何通过适应环境和实现目标来发展和运用心理能力。它强调心理过程的实用性和生存价值。

机能主义起源于美国，发展于 20 世纪初期。代表人物如詹姆斯（James）、杜威（Dewey）和安格尔（Angell）等。詹姆斯认为，不能简单地将心理现象分解为独立的元素，而应从其功能和目的的角度来理解。他关注个体如何适应环境、实现目标和满足需求。

机能主义学派强调心理过程与行为的联系，认为行为是个体适应环境的表现，心理过程是支持行为的功能性过程。它关注个体如何通过感知、思考、决策等心理过程来解决问题和实现目标。机能主义在教育、学习和问题解决等领域有着重要的应用价值。

(三)行为主义学派

行为主义学派强调对可观察行为的研究和分析。行为主义学派认为心理学应该关注外部可见的行为，而非不可观察的内部心理过程。它强调环境对行为的塑造和控制。

行为主义学派的代表人物包括华生、斯金纳（Skinner）和巴甫洛夫等。华生提出了行为主义的基本原则，主张心理学应该是一门研究可观察行为的科学。斯金纳则进一步发展了行为主义的理论，强调环境刺激对行为的影响和行为的后果对行为的塑造作用。

行为主义采用实验方法研究行为，强调刺激和响应之间的关系。它通过条件作用和操作条件反射等实验研究揭示了行为的学习和塑造过程。行为主义在教育、临床心理学和行为辅导等领域有广泛应用，强调通过正反馈和惩罚等手段来塑造和改变行为。

(四)格式塔学派

格式塔学派由德国心理学家韦特海默（Wertheimer）首创，代表人物有考夫卡（Koffka）、苛勒（Köhler）等人。它强调对个体的整体经验和主观体验的研究，关注个体在心理过程中的感知、情感和意义的构建。

格式塔学派强调个体对于信息的整体组织和理解，主张心理过程是按照整体的方式进行的，而非简单地将其拆解为独立的元素。它对于知觉、学习、问题解决和创造性思维等领域有重要的贡献，强调个体的主观体验和整体认知的重要性。

(五)精神分析学派

精神分析学派由弗洛伊德创建。精神分析学派关注潜意识和无意识对个体行为和心理过程的影响。它探索个体的内心冲突、欲望和防御机制，通过解析潜意识的内容来理解和辅导心理问题。

精神分析学派的核心理论包括意识结构(包括意识、前意识和潜意识)、动力冲突理论等。精神分析学派强调童年经验和个体的早期发展对于个体的心理结构和行为模式的影响。它采用自由联想、梦境分析和自由谈话等方法来揭示潜意识的内容和个体内心的冲突。

精神分析在临床心理学和心理辅导中有广泛应用，旨在帮助个体认识和解决潜意识的冲突，减轻心理痛苦并促进个体的心理成长和发展。

三、当代心理学的理论观点

自第二次世界大战以来，心理学领域的发展日新月异，其展现出的两大显著特征为：各心理学派别的理论由对立逐渐趋向协调与互补；摒弃了追求普遍的全面性理论的观念，转而关注能解释某一特定心理现象的小型理论，并逐渐将这些小型理论整合为全面的普遍性理论。在这样的背景下，心理学的各种观念和理论不再以学派的形式出现，而是作为范式、思潮或发展趋势，影响着心理学的各个领域。

(一)人本主义心理学

人本主义心理学关注个体的内在驱动力和自我实现，强调个体的主观体验、自由意志和人类潜力的发展。人本主义心理学的核心概念包括自我实现、人的本质和人际关系。

自我实现指个体通过追求自我价值和潜力的实现来达到个体发展的最高境界。人们被视为积极向上的存在，具备自我决定、自我成长和自我实现的能力。

人本主义心理学认为，每个人都有内在的动机，努力追求自我实现。

人本主义心理学强调人的本质，即认为人具备本质上的善良和积极价值。它与以往心理学流派关注人的问题和缺陷的观点形成鲜明对比。人本主义心理学强调个体的独特性和自我意识，并认为每个人都有价值和尊严。

人本主义心理学强调人际关系，认为人的发展与需要的满足和与他人的联系和互动密切相关。人本主义心理学关注人与人之间的关系，认为人们通过与他人的互动和支持来实现自我成长和满足。

卡尔·罗杰斯(Carl Rogers)是人本主义心理学的代表人物之一。他提出了人本主义心理学的核心理论，如自我实现、无条件的正面关注和积极回应等。罗杰斯强调个体的自我价值和内在的自我导向，并提出了以人为中心的辅导方法，如非指导性咨询。

亚伯拉罕·马斯洛(Abraham Maslow)也是人本主义心理学的重要代表人物。他提出了需要层次理论，将人的需要划分为生理需要、安全需要、归属与爱的需要、尊重的需要和自我实现的需要。马斯洛认为，只有满足较低层次的需要后，个体才能追求更高层次的自我实现。

(二)认知心理学

认知心理学主要研究人类思维和信息处理，关注个体如何获取、存储、处理和应用信息来认识世界。认知心理学的核心概念包括信息加工、知觉、学习和思维。

认知心理学认为，人类是信息处理系统，通过感知和思维来处理外界的信息。它探索个体如何获取、选择、存储和转化信息，并将其应用于问题解决和决策。

在知觉领域，认知心理学研究个体如何通过感觉器官接收和解释外界的刺激。认知心理学关注感知过程中的注意、对感知到的信息的组织和解释，以及个体对感知信息的理解和解释。

在学习领域，认知心理学研究个体如何获取和组织知识，并将其应用于新的情境和问题。认知心理学关注学习的过程、记忆的形成和存储，以及个体在学习过程中的问题解决能力和创造性思维。

在思维领域，认知心理学研究个体如何思考、推理和解决问题。认知心理学探索思维的结构和过程，包括概念形成、推理、决策、解决问题和创造性思维等方面。

认知心理学的代表人物之一是乔治·米勒。米勒提出了"神奇数字 7 ± 2"的理论，认为人的工作记忆容量有限，可以同时处理大约 7 个信息单元。他还提出了信息加工的概念，强调人类思维和认知过程的有限性和有序性。

认知心理学的另一位重要代表人物是皮亚杰。皮亚杰是儿童认知发展领域的先驱者，他提出了认知发展阶段理论。他认为，儿童的认知能力在不同的阶段中逐渐发展，从感知运动阶段到前运算阶段、具体运算阶段，最终达到抽象逻辑思维的形式运算阶段。

(三)神经心理学

神经心理学研究神经系统与行为之间的关系，探索大脑如何影响和调节个体的心理过程和行为。神经心理学的核心概念包括神经可塑性、神经传递和脑—行为关系。

神经可塑性是指神经系统对环境和经验的可塑性和适应性。神经心理学研究大脑如何通过连接和重组神经元之间的连接来适应环境变化，并在学习和记忆等过程中产生变化。

聚焦神经传递，神经心理学研究神经元之间如何通过化学和电信号传递信息，关注神经递质的作用机制、神经元网络的组织和功能，以及神经传递异常与心理疾病之间的关系。

聚焦脑—行为关系，神经心理学研究大脑的结构和功能如何与个体的心理过程和行为相关联。神经心理学通过使用神经影像技术(如功能磁共振成像)和神经生理学方法来探索脑区活动与认知、情绪、决策等心理过程之间的关系。

单元测试

一、单项选择题

1. 心理学是研究人的(　　　)的科学。

A. 心理过程　　　B. 认知过程　　　C. 心理现象　　　D. 心理特征

2. 下列选项中，属于心理过程的是(　　　)。

A. 能力　　　　　B. 气质　　　　　C. 兴趣　　　　　D. 意志

3. 一般认为心理学的诞生之年是(　　　)。

A. 1864 年　　　　　B. 1879 年　　　　　C. 1903 年　　　　　D. 1920 年

4. 心理学中有个格式塔学派，格式塔的含义是(　　　)。

A. 行为　　　　　B. 精神　　　　　C. 整体　　　　　D. 人本

二、简答题

5. 简述心理学的任务和意义。

6. 简述心理学研究的基本原则和方法。

7. 心理学发展过程中的主要派别有哪些?

第二章　认知过程

1. 了解注意、感知觉、记忆与遗忘、思维与想象的概念。
2. 理解和掌握影响注意的因素。
3. 学会运用记忆规律促进学习。
4. 学会培养想象力的方法。

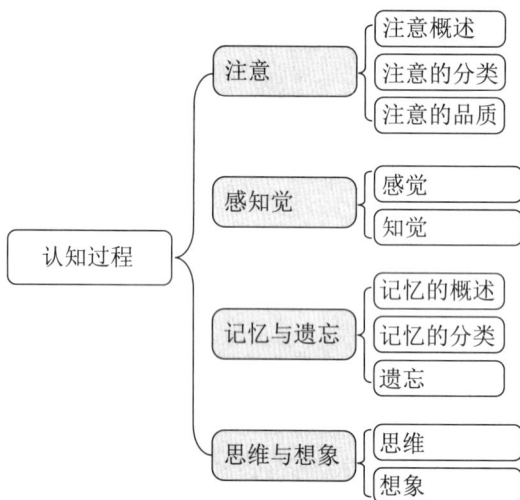

```
                              ┌─ 注意概述
                   ┌─ 注意 ───┼─ 注意的分类
                   │          └─ 注意的品质
                   │
                   │          ┌─ 感觉
                   ├─ 感知觉 ─┤
                   │          └─ 知觉
          认知过程 ┤
                   │              ┌─ 记忆的概述
                   ├─ 记忆与遗忘 ─┼─ 记忆的分类
                   │              └─ 遗忘
                   │
                   │              ┌─ 思维
                   └─ 思维与想象 ─┤
                                  └─ 想象
```

【案例导入】

小明是一名八年级学生，他的学习成绩一直很好，但是他最近发现自己的记忆力越来越差，经常忘事，有时教师讲的内容他也会忘掉。他很担心自己的认知能力出现问题，于是前来寻求帮助。

心理学理论认为，人的认知过程是由一系列复杂的神经生理机制所支撑的，而这些机制又是通过学习不断发展的。因此，认知过程出现问题可能与个体的学习方式不当等因素有关。

小明记忆力变差，经常忘事，可能是因为他在学习时注意力不够集中，或者缺乏有效的记忆策略。因此，我们可以建议小明通过练习冥想等方式来提高自己的注意力，并且学习一些有效的记忆技巧，如分类、联想等。此外，我们也可以建议他与教师沟通，寻求帮助，找到适合自己的学习方法和节奏。

总之，认知过程对于中学生的学习和成长至关重要。对于案例中的小明而言，通过提高注意力、学习有效的记忆策略和寻求帮助等方式，他可以更好地发展自己的认知能力，提高学习成绩和生活质量。

第一节 注意

一、注意概述

(一)注意的概念

注意是心理活动或意识对一定对象的指向和集中。当面对复杂的外部环境和内部心理过程时，注意起到了关键的作用。注意涉及个体对外界刺激的选择和处理，以及对内部思维和感受的调控。注意可以被主动调控和控制。假设你正在准备一场重要的考试，需要集中注意力进行复习。在这个过程中，你也许会面临许多干扰因素，如手机的消息通知、外界的噪声等。然而，你需要将注意力集中在学习材料上，以便更好地理解和记忆知识点。你可以排除这些干扰因素，以维持对注意力的集中。例如，你可以将手机调至静音或关闭通知，以避免被消息打扰；你也可以选择一个安静的学习环境，远离嘈杂的场所，以减少外界噪声的干扰。此外，你还需要努力保持对学习材料的关注，避免分散注意力。你可以制订学习计划，设定明确的学习目标，并使用一些注意力集中的技巧，如进行集中注意力的冥想练习，帮助你提高注意力的维持能力。同样重要的是，你需要灵活地控制注意力。在学习过程中，你可能会遇到不同类型的学习材料，有些需要理解内容，有些需要记忆知识，有些需要解决问题。你需要根据不同任务的要求,调整注意力的对象和方向。这意味着你需要学会切换注意力,适应不同任务的要求。

(二)注意的特征

注意的两个基本特征是指向性和集中性。

注意的指向性指的是将注意力集中在特定对象或信息上。根据所指向的客体的性质,注意可分为外部注意和内部注意。外部注意是指个体通过感知器官对外界的刺激进行注意,包括对环境中的物体、声音等的关注。比如,当我们在繁忙的街道上行走时,我们会将注意力集中在行人、车辆和信号灯等与交通相关的对象上。内部注意是指个体对自身内部的心理过程进行注意,包括对情绪、意识状态等的关注。比如,当我们在做决策时,我们会有意识地将注意力集中在不同选项可能导致的后果上,以便做出更好的选择。

注意的集中性涉及个体对注意力的维持和控制,以及对干扰的抵抗和过滤。注意的维持是指个体将注意力持续集中在某个对象或信息上。在面对需要持续注意的任务时,个体需要保持对目标的关注,并抵制其他刺激的干扰。注意的维持能力对学习、工作和日常生活中的任务完成至关重要。注意的控制是指个体有意识地调控自己的注意力。个体可以根据任务的要求和目标的变化,灵活地调整注意的对象和方向。这涉及个体对注意的自我监控和调节能力。在日常生活中,我们常常面临大量的干扰和信息输入,需要有能力抵制和过滤这些干扰,将注意力集中在重要的对象或信息上。个体的注意能力越强,就越能有效地抵御干扰,提高任务完成的效率和准确性。

(三)注意的功能

1. 选择功能

注意具有选择功能,即个体在面对多个刺激时能够有意识地选择其中一个进行关注和处理。这种选择功能使我们能够在复杂的环境中筛选和过滤信息,将注意力集中在最相关和重要的对象或信息上。

例如,假设你正在参加一场大型的音乐会,舞台上有多位表演者同时表演,观众席上也有人们的交流声和掌声。在这种情境下,你需要使用选择功能来决定你关注的对象。你可以选择将注意力集中在你最喜欢的表演者身上,忽略其他表演者和周围的嘈杂声音。通过选择功能,你能够专注于欣赏你最感兴趣的表演，提高观赏体验的质量。

2. 保持功能

注意具有保持功能，即个体能够持续将注意力集中在特定对象或信息上，以完成任务或活动。保持功能使个体能够抵制干扰和诱惑，保持对目标的关注和注意。

例如，想象你正在写一篇重要的论文，需要集中注意力进行思考和写作。在这个过程中，你能够将注意力持续集中在论文的内容上，以提高写作的效率和质量。

3. 对活动的调节和监督功能

注意具有对活动的调节和监督功能，即个体能够有意识地调控和监督自己的注意力，以适应任务的需求和目标的变化。这种调节和监督功能使个体能够根据情境的要求，灵活地调整注意的对象和方向。

例如，假设你正在学习一门新的技能，如学习弹钢琴。在学习的过程中，你需要集中注意力观察和学习琴键的位置、手指的动作。然而，随着你的技能的提高，你需要更多地关注音乐的表达和情感的传达。通过调节和监督功能，你能够根据学习的阶段和目标的变化，调整注意的焦点，从技术细节转移到音乐的表演和艺术的体验上。

【知识链接】

鸡尾酒会效应

鸡尾酒会效应是指在嘈杂的环境中，人们能够集中注意力于特定的刺激或信息，忽略其他干扰性的刺激。这个概念最初由心理学家科林·彻里（Colin Cherry）在1953年提出，他通过一系列实验研究发现，在多声道的环境中，人们能够选择性地关注某个特定声音，而忽略其他声音。这种效应的原理在于人脑的注意系统的选择性过滤和集中注意力的能力。

在这个过程中，人的大脑进行了一系列的处理。首先，听觉系统接收到各种声音刺激，并将它们传递给大脑。然后，大脑的注意系统通过选择性过滤的方式，将某个特定声音相关的刺激放大，而将其他无关的刺激抑制。这样，人就能够更清晰地听到这个特定的声音。

鸡尾酒会效应的重要性不仅体现在社交场合,而且还体现在日常生活中的许多情境中。比如,当你在繁忙的办公室中工作时,你可以选择性地关注你当前任务所需的信息,而忽略同事的谈话声和环境噪声。这种能力使你能够更好地集中注意力,提高工作效率。

总结而言,鸡尾酒会效应揭示了人类注意系统的选择性过滤和集中注意力的能力。这种能力对于我们的日常生活和任务处理具有重要意义,使我们能够有效地适应复杂的信息环境,提高认知水平,改善行为表现。

(四)注意的外部表现

人在集中注意力时,常常伴随着特定的生理变化和某种外部的动作或行为。这些外部的动作或行为被称为注意的外部表现,它们可以作为研究注意的客观指标。注意的外部表现有以下几种。

1. 进行适应性运动

适应性运动指的是个体在注意特定对象或任务时,通过身体的运动来适应和支持注意的需求。这些运动既可以是无意识的,也可以是有意识的,旨在帮助个体更好地处理信息和完成任务。

例如,假设你正在参加一场重要的演讲,你需要集中注意力与观众进行沟通,并确保你的表达流畅和自信。在这个过程中,你可能会表现出适应性运动,如微微晃动身体、调整手势或面部表情、踮起脚尖等。这些运动有助于释放紧张情绪、提醒大脑保持专注,并与观众建立更好的连接。

2. 停止无关运动

停止无关运动指的是在注意特定对象或任务时,个体会抑制或减少与该对象或任务无关的身体运动。这有助于减少干扰和集中注意力。

例如,想象你正在进行一项需要精确操作的任务,如组装一台复杂的机械设备。在这个任务中,你需要集中注意力在具体的操作步骤上,并确保每个动作都准确无误。为了达到这个目的,你可能会注意到自己停止了无关运动,如手指的颤动、脚的晃动或身体的摇晃。通过停止这些无关运动,你能够减少身体运动对注意力的分散,提高操作的准确性和效率。

3. 改变呼吸运动

注意的外部表现还可以通过呼吸运动的变化来体现。注意的状态对呼吸有直接影响，人们在不同的注意状态下，呼吸的节奏、深度和频率可能会发生变化。

例如，当人们处于放松和专注的注意状态时，他们的呼吸往往会变得更加深沉、平稳和有规律。这是因为放松的注意状态有助于促进身体和心理的平静，使呼吸变得更加顺畅。相反，当人们处于紧张、焦虑或分心的注意状态时，他们的呼吸可能会变得更加浅短、急促或不规律。这种变化反映了注意状态与身体生理的紧密联系。

综上所述，注意的外部表现包括进行适应性运动、停止无关运动和改变呼吸运动。这些表现反映了注意状态对身体行为的影响，个体通过身体的动作和生理的变化来适应、支持和反映注意的需求和状态。这些外部表现可以提供线索，帮助我们了解他人的注意状态和集中程度，同时也有助于个体自我观察和调节注意的状态。

二、注意的分类

根据产生和保持注意时有没有自觉目的性和是否需要意志努力，可以将注意分为无意注意、有意注意和有意后注意三种。

(一)无意注意

无意注意，也被称为"不随意注意"，是指事先没有预定目的，也不需要意志努力的注意状态。在无意注意下，个体对环境中的某些刺激产生了自动的关注，而无须付出额外的努力。

在日常生活中，我们常常会出现无意注意的情况。比如，当我们走在街上时，突然听到路边传来一阵警笛声，我们的注意力就会自动地被吸引到这个声音上。这种注意并非我们有意为之，而是由刺激本身的特点或个体的主观状态所引发的。

1. 刺激本身的特点

①刺激的强度。强烈的刺激往往能够引起我们的无意注意，如突然的爆炸声或者刺耳的尖叫声。

②刺激的新异性。与周围环境相比，新奇或与众不同的刺激容易引起我们的无意注意，因为它们与我们平时的经验和预期不同。

③刺激之间的对比关系。当环境中的某个刺激与其他刺激形成鲜明的对比时，我们往往会对其产生无意注意。比如，在黑暗的房间里，一盏明亮的灯光会迅速吸引我们的注意力。

④刺激的活动与变化。动态的、变化的刺激更容易引起我们的无意注意。

2. 个体的主观状态

①个体的需要和兴趣。当某个刺激与个体当前的需要或兴趣相关时，我们更容易产生对其的无意注意。比如，当我们感到口渴时，水流的声音会更容易引起我们的关注。

②个体的情绪和精神状态。当我们处于兴奋、紧张或愉悦的状态时，对特定刺激的无意注意可能会提高。

③个体的知识经验。个体的知识经验会影响他们对刺激的注意程度，对于他们熟悉的刺激，无意注意的概率可能会提高。

④个体的期待。如果个体对某个刺激有预期或期待，那么它们可能会更容易引起个体的无意注意。

总结而言，无意注意是一种自发而无须主动意愿的注意状态，其产生受到刺激本身的特点以及个体的主观状态的影响。了解无意注意的特点和影响因素有助于我们更好地理解注意的运作机制，以及在日常生活中如何处理和引导注意。

(二)有意注意

有意注意，也被称为"随意注意"，是指具有预定目的，并需要付出意志努力的注意状态。在有意注意的情况下，个体有意识地、选择性地关注特定的刺激或任务，以达到预期的目标。

例如，当你在学习一本教科书时，你需要有意地将注意力集中在书本的内容上，排除其他干扰，努力理解和吸收所学的知识。这需要你有明确的学习目标，努力集中精力，并持续地保持注意力的稳定。

引起和保持有意注意的主要条件包括以下几个方面。

①对活动的目的和任务的理解。在有意注意的情况下，个体需要明确了解

活动的目的和任务，并将注意力集中在与目标相关的信息上。这种理解可以帮助个体更好地调控和维持注意的状态。

②稳定的间接兴趣。个体对活动或任务具有稳定的兴趣和动机，这种兴趣可以作为驱动力来维持有意注意的持久性。当个体对活动或任务具有兴趣时，他们更倾向于投入更多的注意力和努力。

③坚强的意志力。有意注意需要个体具备坚强的意志力，能够抵制干扰和诱惑，保持对目标的专注。这种意志力可以帮助个体克服注意力的分散，以达到预期的目标。

④合理地组织活动。个体在有意注意中需要合理地组织活动，将任务分解为更小的部分或步骤，并制订适当的计划和策略。通过有序地组织活动，个体可以更好地管理和调控注意的分配，提高效率。

总而言之，有意注意是一种具有预定目的，并需要付出意志努力的注意状态。它需要个体对活动的目的和任务有清晰的理解，保持稳定的间接兴趣，拥有坚强的意志力，并合理地组织活动。了解有意注意的条件和影响因素有助于我们在学习、工作和生活中更好地管理和运用注意力，以提高效率和取得更好的成果。

（三）有意后注意

有意后注意，也被称为"随意后注意"，是注意的一种特殊形式，指的是在个体有预定目的的情况下，注意在一段时间内持续存在而无须持续进行意志努力的注意状态。

例如，在学习一种乐器的过程中，刚开始学习时你可能需要付出较大的意志努力来集中注意力，从而理解乐曲和掌握技巧。然而，随着学习的深入和技能的提高，你逐渐达到了一种熟练的状态。在这种状态下，你可以在演奏过程中保持专注而不需要过多的意志努力，即使思绪稍有分散，你也能自动地继续演奏。

有意后注意的特点包括以下方面。

①预定的目的。有意后注意需要个体在开始时有明确的目标或任务。个体意识到需要关注某个方面或完成某项任务，并将其作为注意的导向。

②无须意志努力。与有意注意不同，有意后注意在一段时间内可以持续存在，而无须个体持续进行意志努力。这是因为在经过初期的努力和学习后，对

特定技能的操作已经在个体的大脑中形成了稳定的神经回路，并且可以在一定程度上自动进行。

③自动化和熟练度。有意后注意通常与自动化和熟练度相关。个体经过反复练习和经验积累后，完成特定的任务或操作特定的技能会逐渐转化为自动化的过程，从而减少了对意志力的依赖。在这种情况下，注意的过程变得更加流畅、自然和无意识。

④专注和流动状态。有意后注意常常伴随着专注和流动状态的体验。个体在专注于完成任务的过程中，会感到时间流逝的快速和对任务的完全投入。在这种状态下，个体通常会感到快乐、满足和享受，并且在没有干扰的情况下能够高效地完成任务。

总而言之，有意后注意是在个体有预定目的的情况下，注意在一段时间内持续存在而无须持续进行意志努力的注意状态。它通常与自动化、熟练度、专注和流动状态相关。了解有意后注意的特点和条件有助于我们更好地理解学习、技能培养和专注力的发展过程，并为提高个体的绩效和成就提供指导。

三、注意的品质

注意的品质包括注意的广度、注意的稳定性、注意的分配和注意的转移四个方面。这四种品质是衡量一个人注意力水平的标志。

(一)注意的广度

注意的广度，也被称为"注意的范围"，是指注意在同一时间内能够清楚地觉察到的对象的数量。它是注意在数量上的特征，反映了个体在特定情境下对信息进行处理和分配的能力。

注意的广度受到多个因素的影响，以下是一些主要因素。

①注意对象的特点。一般来说，如果注意对象具有明显的特征、醒目的外部刺激或者与个体目标相关性较高，那么个体更容易将注意集中在少数几个对象上，从而导致较窄的注意广度。相反，如果注意对象相似或者没有明显的特征，个体可能需要将注意分散到更多的对象上，从而导致较宽的注意广度。

②活动的任务与性质。不同的任务对注意广度的要求有所不同。一些任务需要个体集中注意力在少数几个对象上，以深入思考和分析。这种情况下，个

体通常会表现出较窄的注意广度。而一些任务要求个体同时关注多个对象或者环境中的大量信息，这时个体会表现出较宽的注意广度。

③个体的知识经验。具有丰富知识和经验的个体更容易在复杂环境中筛选和识别重要信息，从而在相对较宽的注意广度下保持较高的准确性。相反，缺乏知识和经验的个体可能会感到信息过载，难以有效处理和分配注意力。

(二)注意的稳定性

注意的稳定性，也被称为"注意的持久性"，是指注意在同一对象或活动上所持续的时间长短。注意的稳定性可以分为狭义和广义两个层面。

在狭义层面上，注意的稳定性指的是个体在长时间内能够持续关注同一对象或任务，而不被外界干扰所打乱。这种稳定性有助于个体在处理复杂任务、深入思考和保持高效工作状态时保持连续的注意力。个体具备较高的狭义的注意的稳定性，通常能够坚持完成任务，抵御干扰和诱惑。

在广义层面上，注意的稳定性还包括对外界干扰和诱惑的抵制能力。这种稳定性涉及个体在面对诱惑、干扰或突发事件时，能够保持对当前任务或目标的关注，而不被分散或转移注意力。广义的注意的稳定性对于个体在日常生活中的自我控制、决策和目标实现都具有重要意义。

注意的稳定性受到多个因素的影响，以下是一些主要因素。

①注意对象的特点。如果注意对象具有醒目的特征、重要的意义或者与个体当前目标高度相关，个体更容易保持稳定的注意。相反，如果注意对象缺乏吸引力或与个体目标无关，个体可能更容易分散注意力。

②个体的精神状态。例如，焦虑、疲劳或情绪低落等负面精神状态可能会导致注意的分散和不稳定。相反，积极的情绪、良好的精神状态和充沛的精力有助于提升注意的稳定性。

③个体的意志力水平。意志力是维持注意稳定性的重要因素。若个体具备较高的意志力水平，则能够更好地抵制干扰和诱惑，保持对重要任务的持续关注。而意志力水平较低的个体可能更容易受到外界的干扰和诱惑，注意的稳定性较差。

(三)注意的分配

注意的分配，也被称为"注意的时间分配"，是指在同一时间内把注意分配到两种或两种以上不同对象或活动上的能力。

注意的分配受到多个因素的影响，以下是一些主要因素。

①对活动的熟悉程度。如果个体对每一个活动或者至少一个活动达到自动化程度，那么注意的分配就较为容易实现。相反，如果个体对每一个活动都不熟悉，那么分配注意力就比较困难了。

②活动的性质及其关系。一般来说，在几项动作技能间实现注意的分配比较容易，而在几种智力活动上实现注意的分配则比较困难。此外，在同时进行的几种活动之间建立一定的联系，使其达到自动化的程度，也能够很好地实现分配注意力。

(四)注意的转移

注意的转移，是指注意有意识地从一个对象转移到另一个对象上，或从一个活动转移到另一个活动上。个体可以根据需求和任务的要求，在不同的刺激之间进行切换和调整注意。比如，在学习时，我们可以将注意力从教室外的噪声转移到教师的讲解上，然后再转移到教科书的内容上。

注意的转移受到多个因素的影响，以下是一些主要因素。

①原有注意的强度。原有注意的强度越大，紧张度越高，就越难进行注意的转移。

②新的注意对象的特点。新的注意对象与个体的兴趣和需要越符合，就越容易实现注意的转移。

第二节　感　知　觉

一、感觉

(一)感觉概述

感觉是人脑对直接作用于感觉器官的客观事物的个别属性的反映。这是人类认识世界的第一步，也是我们获取信息、了解外部客观世界的基础。感觉是一种基本的心理过程，它不仅能够帮助我们感知外部环境，而且还能够影响我们的情绪、行为和决策。

感觉的一个重要特点是它反映的是当前直接作用于感觉器官的事物，而不是过去的或间接的事物。这意味着我们只能感知到我们正在经历的感受，而无法感知到过去或未来的感受。这与记忆不同，记忆可以让我们回想起过去的经历和感受。感觉却能够让我们实时地感知到外部环境中的变化和刺激。

另一个显著的特点是，感觉反映的是客观事物的个别属性，而不是事物的整体、全貌。这意味着我们可以通过感觉来感知事物的不同属性，如颜色、形状、大小、声音等。我们的感官系统将这些不同的属性信息整合在一起，帮助我们形成对事物的整体印象。但是，这种整体印象的形成并不是通过感觉直接实现的，而是需要通过其他心理过程，如知觉、思维等来实现的。

感觉是人类认识世界的基础，它为我们提供了最基本的感知和认识能力。通过感觉，我们能够了解外部客观世界中事物的各种属性，从而更好地适应和应对周围的环境。同时，感觉也是我们与其他生物进行交流的基础，它使我们能够感知到其他生物的感受和反应，从而更好地理解它们的行为和需求。

【知识链接】

感觉剥夺实验

1954 年，加拿大心理学家赫布（D. O. Hebb）、贝克斯顿（W. H. Bexton）等以大学生为被试进行了"感觉剥夺实验"。实验者让被试躺在装有隔音装置的小房间的床上，并且蒙上半透明的眼罩，戴上厚厚的棉手套，塞上耳塞，枕在用 U 形泡沫橡胶做成的枕头上，即让被试无法看到、听到、摸到任何东西。实验发现，剥夺感觉严重影响了人的复杂思维过程或认识过程。被试报告说，在实验期间他们对任何事情都不能进行清晰的思考，也不能集中注意力，思维活动似乎是"跳来跳去的"。此外，有 50% 的被试产生了幻觉。可见，感觉向大脑提供有关环境的信息是有机体与环境保持平衡的必备条件。没有感觉，人不仅不会产生新的认识，也不能维持正常的心理生活。

(二)感觉的种类

根据刺激的来源，可以把感觉分为外部感觉和内部感觉。外部感觉是由机体以外的客观刺激引起、反映外界事物个别属性的感觉。这些感觉的感受器位于身体的表面或接近身体表面的地方，它们能够接受来自外部的各种刺激并响应。具体包括视觉、听觉、嗅觉、味觉和肤觉。视觉是由光线刺激引起的，让我们能够看到周围的事物；听觉是由声音刺激引起的，让我们能够听到各种声音；嗅觉是由气味分子引起的，让我们能够闻到各种气味；味觉是由食物中的化学物质引起的，让我们能够品尝并辨别各种味道；肤觉是由皮肤表面接触到的物质引起的，让我们能够感觉到触摸、温度、疼痛等。

内部感觉是由机体内部的客观刺激引起、反映机体内部状态和内部变化的感觉。这些感觉的感受器位于身体内部，它们能够接受来自身体内部的各种刺激并响应。具体包括机体觉、运动觉和平衡觉。机体觉是一种对体内器官和组织状态的感觉，如饥饿、口渴、恶心等；运动觉是一种对身体运动和肌肉收缩的感觉，如在运动时感受到肌肉的紧张和疲劳；平衡觉是一种对身体平衡和姿势的感觉，如在站立或行走时感受到身体的倾斜和摇晃。

综上所述，外部感觉和内部感觉在我们的生活中都扮演着重要的角色。外部感觉让我们能够感知外部环境中的各种刺激，而内部感觉则让我们能够感知身体内部的状态和变化。这些感觉的共同作用使我们能够更好地适应和理解周围的环境和自身的状态。

不同感觉对应的感受器和适宜刺激见表 2-1。

表 2-1　不同感觉对应的感受器和适宜刺激

感觉种类		感受器	适宜刺激
外部感觉	视觉	视网膜上的视锥细胞和视杆细胞	波长为 380～780 nm 的光波
	听觉	耳蜗中的毛细胞	20～20000 Hz 的声波
	嗅觉	鼻腔中的嗅觉受体细胞	有气味的挥发性物质
	味觉	舌、咽、腭上的味蕾	有味道、溶于水的物质
	肤觉	分布于真皮中的神经末梢	作用于皮肤表面的物理、化学刺激

续表

感觉种类		感受器	适宜刺激
内部感觉	机体觉	内脏器官壁上的游离神经末梢	内脏器官的活动和变化
	运动觉	肌梭、腱梭、关节小体	肌肉、关节的运动,身体位移的变化
	平衡觉	前庭器官	身体的加速、减速、旋转等

1. 外部感觉

(1)视觉

反映外界事物的大小、明暗、颜色、动静等特性的感觉被称为"视觉"。视觉的适宜刺激是波长为 380~780 nm 的光波,也被称为"可见光";超出可见光谱两端的电子波,如短波方面的紫外线、长波方面的红外线等,是人眼感受不到的光波,需要借助特殊的仪器才能被发现。

视网膜上有视锥细胞和视杆细胞两种感光细胞。视锥细胞分布在视网膜的中央部分,它能感受强光和颜色的刺激,并分辨事物的细节,被称为"明视器官";视杆细胞分布在视网膜的周围部分,它对弱光很敏感,但不能分辨颜色和物体的细节,被称为"暗视器官"。当我们看到一朵红色的玫瑰花时,我们的眼睛通过感光细胞将光线的信息转化为神经信号,再传递到大脑皮层进行处理。我们的大脑将这些信号解读为花瓣的形状、颜色、大小等信息,使我们能够感知到这朵花的整体特征。

通过视觉,人们可以获得对机体生存具有重要意义的多种信息。在人类获得的外界信息中,有 80% 以上的信息是经视觉器官输入的。因此,视觉是人类最重要的感觉。

(2)听觉

由声波作用于听觉器官所产生的感觉是听觉。听觉的适宜刺激是频率为 20~20000 Hz 的声波,频率低于 20 Hz 的次声波和频率高于 20000 Hz 的超声波,都是人耳不能接受的。

听觉是通过耳朵来实现的。耳朵的结构包括外耳、中耳和内耳。外耳能够收集声波并引导其至中耳,中耳通过三个小骨头(锤骨、砧骨、镫骨)放大声波并将其传递到内耳,内耳的耳蜗中的毛细胞对声波进行感知并将其转化为神经信号,再传递到大脑皮层进行处理,使我们能够听到声音。听觉为我们提供了关于外部世界的声音信息，如音调、音量、声音的方向等。听觉是仅次于视觉的重要感觉，在人类获得的外界信息中，约有 10% 是经听觉通道获得的。因此，听觉在人类的生活中起着重要的作用。当我们在音乐会上听到一首美妙的交响乐时，声波通过外耳、中耳、内耳被转化为神经信号，再传递到大脑皮层进行处理。我们的大脑将这些信号解读为不同的音符、音调、音量等信息，使我们能够感受到这首交响乐的整体效果。

（3）嗅觉

嗅觉的适宜刺激是有气味的挥发性物质。这种物质作用于鼻腔中的嗅觉受体细胞，产生的神经信号经嗅束传至嗅觉的皮层部位（颞叶区）而使人产生嗅觉。

嗅觉是通过鼻子来实现的。鼻子的鼻腔内有许多嗅觉受体细胞。当外界气体分子进入鼻腔时，这些分子会与嗅觉受体细胞相互作用，进而转化为神经信号，再传递到大脑皮层进行处理，使我们能够闻到气味。嗅觉为我们提供了关于外部世界的嗅觉信息，如香味、臭味等。当咖啡店店员制作了一杯新鲜磨制的咖啡时，我们的鼻子通过嗅觉受体细胞感知到咖啡的气味分子，二者相互作用后转化为神经信号，再传递到大脑皮层进行处理。我们的大脑将这些信号解读为咖啡的香味等信息，使我们能够感受到咖啡的诱人之处。

（4）味觉

味觉的适宜刺激是有味道、溶于水的物质，其感受器是位于舌表面、咽后部和腭上的味蕾。人的基本味觉有四种，即酸、甜、苦、咸，其他味觉都是由这四种味觉混合而来的。在四种基本味觉中，人对咸味的感觉最快，对苦味的感觉最慢，但就人对味觉的敏感性来讲，对苦味最敏感。

当食物进入口腔时，食物中的分子会与舌头上的味蕾结合，进而转化为神经信号，再传递到大脑皮层进行处理，使我们能够品尝到不同的味道。味觉为我们提供了关于食物的信息等。当我们品尝一块美味的巧克力蛋糕时，我们的舌头通过味蕾感知到蛋糕的甜味等信息，转化而成的神经信号传递到大脑皮层进行处理。我们的大脑将这些信号解读为蛋糕的口感和味道等信息，使我们能够感受到这块蛋糕的美味。

（5）肤觉

皮肤表面感受到的感觉被称为肤觉。肤觉并非单一感觉，而是包括触压觉、温度觉和痛觉等多种感觉的总称。

触压觉是指皮肤表面承受某物体压力或触及某物体时产生的感觉，其中包括触觉和压觉。人体各部位对触压觉的敏感度存在显著差异，一般来说，手指最为敏感，脸部次之，而肩部与背部的敏感度较低。此外，不同性别的人群的触压觉也存在明显的差异，女性的触压觉敏感度普遍高于男性。

温度觉包括温觉和冷觉，是由皮肤表面的冷、热刺激及其变化所引起的感觉。这种感觉的引发基于刺激温度与皮肤表面温度之间的关系。皮肤表面的温度被称为"生理零度"，高于生理零度的温度刺激引发温觉，低于生理零度的温度刺激引发冷觉，与生理零度相等的温度刺激则不会引发温度觉。

痛觉是有机体受到伤害性刺激时产生的感觉。值得注意的是，痛觉是一种很特殊的感觉，因为不存在所谓适宜刺激。任何一种刺激，无论是物理性的（如刀割、撞击等）还是化学性的（如酸碱侵蚀等），只要达到一定强度并对机体造成损害或破坏，都会引发痛觉。痛觉是机体内部的警戒系统，它监视来自任何感觉的异常刺激，引发警觉，使人体处于防御状态，从而设法避开有害刺激，达到保护机体的目的。因此，痛觉具有重要的生物学意义。

当我们握手时，我们的皮肤通过触压觉感知到对方的手部形状等信息。如果对方的手非常冰冷或者非常炙热，我们可以通过温度觉来感受到这些差异。如果对方握得非常用力或者指甲非常尖锐划到了我们的手部皮肤，我们可以通过触压觉和痛觉来感受到这些刺激。这些感觉信息为我们提供了关于对方手部的全面感知体验。

2. 内部感觉

(1)机体觉

因机体内部器官受到刺激而产生的感觉被称为"机体觉"，也被称为"内脏感觉"。这种刺激主要来源于机体内部器官的活动和变化。例如，当我们饥饿时，胃部会产生一种空虚感，这就是一种机体觉。它向我们传达了身体对食物的需求的信息。同样，当我们身体疼痛或者不适时，也会产生一种机体觉，向我们传达身体某个部位出现问题的信息。如果我们有一段时间没有吃东西，我们的胃会发出"咕咕"声。它告诉我们，我们的胃部是空的，需要补充食物以维持身体的正常运作。如果我们吃了太多东西，我们的胃也可能会感到不适，提示我们胃部已经装满了食物，不能再继续进食了。

（2）运动觉

因个体的身体活动、姿势变化和位置改变而引起的感觉被称为"运动觉"，也被称为"动觉"。这是我们感知自己身体运动和姿势变化的一种感觉。我们的肌肉和关节的收缩和放松可以刺激运动觉的感受器，向我们传达关于身体运动状态的信息。当我们学习新的运动技能时，我们通过运动觉感受到身体的姿势和动作的变化，进而调整我们的动作以达到更好的效果。同样，当我们从睡眠中醒来并开始活动时，我们的肌肉收缩或放松，通过运动觉我们感知到身体的动作和姿势的变化，这有助于我们调整自己的姿势以保持平衡。

（3）平衡觉

反映头部位置和身体平衡状态的感觉被称为"平衡觉"，也被称为"静觉"。这种感觉的感受器位于内耳的前庭器官中，其适宜刺激是身体运动时速度和方向的变化以及旋转、翻转、震颤等。平衡觉的主要功能是维持身体的平衡和姿势。当我们站在一条线上等待火车时，如果有人从后面推我们一下，我们的平衡觉会立即感受到身体的角度和方向的变化，并迅速调整我们的姿势以保持平衡。同样，当我们闭上眼睛并尝试保持直立时，我们的平衡觉会感知到身体的角度和方向的变化，并调整我们的姿势以保持平衡。

感觉是我们感知外部世界的重要途径。通过不同的感觉类型，我们可以了解到外部世界的信息，以及我们自身的身体状态。无论是机体觉、运动觉还是平衡觉，它们都在帮助我们更好地理解并适应周围的环境。同时，这些感觉也是我们日常生活和学习的基础，通过它们我们可以更好地与外部世界互动。

（三）感受性及感觉阈限

感受性是指感觉器官对适宜刺激的感觉能力。简单来说，就是我们的身体能够感知到的最小刺激量。而这个最小的刺激量，就叫作感觉阈限。感受性是通过感觉阈限的大小来度量的，二者呈反比关系。阈限值越低，感受性越高；阈限值越高，感受性越低。

感受性和感觉阈限可以分为两种：绝对感受性和绝对感觉阈限，以及差别感受性和差别感觉阈限。

1. 绝对感受性和绝对感觉阈限

绝对感受性是指能够感受微小刺激的能力。而这个最小的刺激强度，就叫作绝对感觉阈限。例如，我们能够听到声音的最小音量，就是我们的绝对听觉阈限。如果声音的音量低于这个阈限，我们就不会听到声音。同样，我们的味觉、嗅觉和触觉都有各自的绝对感觉阈限，这些阈限决定了我们能够感知到的最小刺激量。

2. 差别感受性和差别感觉阈限

差别感受性是指能够感受刺激之间最小差别的能力。而这个最小的刺激变化量，就叫作差别感觉阈限，也称最小觉差。这种感受性对于我们日常的物体识别和动作协调至关重要。例如，当我们拿起两个苹果时，我们能够感受到苹果在重量、形状、纹理等方面的微小差别。这些微小的差别被我们的差别感受性所捕捉，帮助我们精确地识别和操作物体。

在实际生活中，我们可以通过许多例子来解释这种差别感受性。比如，我们在烹饪时，即使糖和盐的颗粒大小相近，我们也可以通过味觉来区分它们。还有一些调味料，如果它们的颗粒大小相差较大，我们则可以通过视觉来区分它们。

感受性和感觉阈限是衡量我们身体对外部刺激感知能力的关键参数。这些参数不仅可以帮助我们更好地理解外部世界，也能够使我们的生活更加便利和舒适。

对于一些特殊领域的工作者来说，如科研人员、艺术家等，他们需要拥有比普通人更高的感受性和更低的感觉阈限。例如，音乐家需要能够听到微小的音高变化和音色差异，以便在演奏时能够准确地表达音乐的情感和意境。科研人员需要能够感知到实验数据中的微小变化，以便进行精确的科学研究和分析。

(四)感觉的相互作用

感觉的相互作用是指不同感觉之间相互影响和相互作用的现象，它可能发生在同一感受器上，也可能发生在不同感受器之间。这种相互作用可以改变我们对外部刺激的感知和反应。下面我们将详细介绍同类感觉的相互作用和不同感觉的相互作用。

1. 同类感觉的相互作用

同类感觉的相互作用是指同类感觉之间相互影响和相互作用的现象。这种相互作用可以表现为感觉适应、感觉对比和感觉后效。

(1)感觉适应

感觉适应是指由于刺激对感受器的持续作用而使感受性发生变化的现象。感觉适应现象在所有感觉中都存在，但不同感觉的适应表现有所不同。以视觉适应为例，可分为暗适应和明适应。暗适应是指照明停止或由亮处转入暗处时，视觉感受性提高的过程。例如，当我们从阳光明媚的室外进入光线暗淡的室内时，一开始会感到一片漆黑，但是一段时间后，我们的视觉感受性会逐渐提高，就能够看到室内的物体。与暗适应相反，明适应是指照明开始或由暗处转入亮处时，视觉感受性下降的过程。例如，当我们从昏暗的电影院走出来时，会感到阳光异常刺眼，但是一段时间后，我们的视觉感受性会逐渐降低，就能够看清周围的景象。

(2)感觉对比

感觉对比是指同一感受器接受不同的刺激而使感受性发生变化的现象。感觉对比分为同时对比和继时对比。几个刺激物同时作用于同一感受器会产生同时对比现象。例如，当我们看到一张白色纸上的灰色线条时，会感到线条暗淡些。但是，如果我们将灰色线条画在一张黑色纸上时，会感到线条的颜色变得明亮了。这是由线条和纸之间的颜色对比度在两种情况下不同所致的。继时对比是指刺激按一定的时间顺序作用在同一感受器时产生的感觉对比。例如，当我们吃了甜食后再吃酸食时，会感到酸食特别酸。这是因为我们的味觉感受器先受到甜食的刺激，而后受到酸食的刺激，从而产生了继时对比。

(3)感觉后效

在刺激作用停止后暂时保留的感觉现象被称为感觉后效，即感觉后像。在各种感觉中，视觉后像最显著。视觉后像有两种：正后像和负后像。正后像是指刺激消失后保留的是和刺激相似的后像。例如，当我们注视发光的灯泡几秒钟后，再闭上眼睛，就会感觉眼前有一个同灯泡差不多的形象出现在黑暗的背景上。负后像是指刺激消失后保留的是和刺激相反的后像。例如，当我们注视一个红色的苹果几秒钟后，再闭上眼睛，就会看到一个青色的苹果。

2. 不同感觉的相互作用

不同感觉的相互作用是指不同感觉之间相互影响和相互作用的现象。这种相互作用可以表现为以下几种形式。

（1）不同感觉的相互影响

不同感觉的相互影响是指在同一时刻不同感觉之间相互干扰的现象。例如，当我们一边听音乐一边看书时，音乐会影响我们的听觉感受性，同时也会干扰我们的阅读理解能力。这是因为音乐和阅读都利用了我们的大脑资源，因此在同一时刻它们之间会产生相互影响。

（2）不同感觉的相互补偿

不同感觉的相互补偿是指当某种感觉受损时，其他感觉会增强以补偿这种缺陷的现象。例如，当一个人的视觉受损时，他可能会发展出更强的听觉和触觉来补偿这种缺陷。这种现象在现实生活中有很多例子。比如，盲人的听觉和触觉通常比普通人的更敏锐。这些现象表明不同感觉之间存在相互补偿的关系。

（3）联觉

联觉是指一种感觉刺激作用于某一感官时，同时引起另一种感觉的现象。例如，听到某种声音时会感受到身体上的震动，看到某种颜色时会感受到某种温度或质地等属性。这些特殊的联觉现象的产生可能与个体差异、生理特征等因素有关。

二、知觉

（一）知觉概述

知觉是人脑对直接作用于感觉器官的客观事物的整体属性的反映。它是我们通过感官获得的外界信息在大脑中进行加工处理的结果。这些信息通过各自的通道进入大脑，然后被整合成一个有意义的整体，这就是知觉。

知觉不仅包括对感觉信息的接收和整合，而且还包括对这些信息的解释和理解。例如，当我们看到一个苹果时，我们不仅会感知到它的大小、形状、颜色等基本属性，而且还会对它进行进一步的解释和理解，如判断它是否成熟，是酸的还是甜的等。

除此之外，知觉还包括对感觉信息的记忆和识别。记忆是知觉的重要部分，因为我们的大脑不可能记住所有接收到的信息，而是会将它们分类存储在记忆中。当我们再次遇到相似的刺激时，我们的大脑会从记忆中提取相关的信息，然后与当前的刺激进行比较，这就是识别过程。

总的来说，知觉是一种高级的神经活动过程，不仅涉及对感觉信息的接收和整合，而且还包括对这些信息的解释和理解、记忆和识别。通过这些过程，我们能够感知和理解周围的世界，与它进行互动和交流。

(二)知觉的种类

1. 根据主导感觉器官分类

根据知觉过程中起主导作用的感觉器官的不同，我们可以把知觉分为以下几类。

①视知觉。视知觉是指通过视觉感官接收外界的刺激信息，包括形状、大小、颜色等，并对这些信息进行解释和理解。在日常生活中，人们在阅读书籍、看电视时，会运用视知觉。

②听知觉。听知觉是指通过听觉感官接收外界的刺激信息，包括声音的音调、音量、音色等，并对这些信息进行解释和理解。在日常生活中，人们在听音乐、听广播时，会运用听知觉。

③嗅知觉。嗅知觉是指通过嗅觉感官接收外界的刺激信息，包括臭味、香味等，并对这些信息进行解释和理解。在日常生活中，人们会运用嗅知觉分辨食物的新鲜程度、辨认不同物体的气味等。

④味知觉。味知觉是指通过味觉感官接收外界的刺激信息，包括水果的味道、饮料的口感等，并对这些信息进行解释和理解。在日常生活中，人们在品尝蛋糕、喝饮料时，会运用味知觉。

⑤触知觉。触知觉是指通过触觉感官接收外界的刺激信息，包括温度、湿度、压力、震动等，并对这些信息进行解释和理解。在日常生活中，人们会运用触知觉分辨物体的质地、温度等。

2. 根据知觉对象分类

根据知觉对象的不同，我们可以把知觉分为物体知觉和社会知觉。

(1)物体知觉

物体知觉是对物体及其外部关系的知觉，包括空间知觉、时间知觉和运动知觉。

①空间知觉。空间知觉是对物体在空间中的位置、大小、形状等特性的知觉。比如，我们可以感知到一杯水相对于其他物体的位置关系。空间知觉是我们理解和操作物体的基础。

②时间知觉。时间知觉是对客观对象的持续性和顺序性的知觉。我们可以通过时间知觉感知到时间的流逝和事件发生的先后顺序。例如，我们可以感知到某一事件发生在另一事件之后。时间知觉是我们安排日常生活和学习活动的重要依据。

③运动知觉。运动知觉是反映物体在空间位置的移动和速度快慢等运动特性的知觉。通过运动知觉，我们可以分辨物体的运动、静止和速度的快慢。例如，我们既可以感知到一辆汽车在行驶中，也可以感知到这辆汽车行驶的速度快慢。运动知觉是我们理解和操作物体的基础。

（2）社会知觉

社会知觉是人对人的知觉，它涵盖了我们对自己、他人、群体以及人与人之间关系的知觉。这种知觉是在我们的社会生活实践中逐渐建立起来的，是基于我们的社会经验和知识积累而形成的，是我们理解和预测人的行为的基础。社会知觉包括以下四个方面。

①自我知觉。自我知觉是指我们对自身的内部特征和心理状态的知觉。这种知觉包括对自己的身体形象、能力、性格、价值观等方面的认识和理解。例如，当我们成功完成某项任务时，我们会认为自己是有能力的；反之，我们会认为自己是无能的。

②对他人的知觉。对他人的知觉是指我们对他人的外部特征和内在心理状态的知觉。这种知觉不仅包括对他人外貌、身体语言、口头表达等方面的观察，而且还包括对他人的性格、价值观、动机等方面的推断。例如，当我们与陌生人打交道时，我们会通过观察他们的面部表情、言谈举止来推断他们的性格、意图和态度。如果某个人经常微笑并且对人热情友好，我们可能会认为这个人性格开朗、友好善良；如果这个人总是板着脸并且对人冷漠疏远，我们可能会认为这个人难以接近。

③人际知觉。人际知觉是指我们对人际关系和人际互动的知觉。这种知觉

包括我们对人际关系中的角色、地位、权力、竞争等方面的认识和理解。例如，在工作中，我们会知觉到与同事或上级之间的竞争关系，并以此来调整自己的行为和态度。

④角色知觉。角色知觉是指我们对他人所扮演的角色和地位的知觉。这种知觉可以帮助我们理解他人的行为和态度，并做出相应的反应。例如，在家庭中，我们会知觉到父母的角色和地位，并以此来调整自己的行为和态度。

总之，社会知觉是一个复杂的过程，它受到多种因素的影响。了解这些因素可以帮助我们更好地理解自己和他人的行为和态度，从而更好地适应社会生活。

3. 根据反映客观现实的程度分类

根据知觉对象是否符合客观实际及反映现实的精确程度，我们可以将知觉分为四种类型：精确知觉、模糊知觉、错觉和幻觉。

(1)精确知觉

精确知觉是对客观事物或现象形成符合客观实际的、清晰的反映的知觉。在我们的日常生活中，大多数情况下，我们对物体或人的知觉都是精确知觉。例如，当我们看到一个苹果时，我们会清楚地感知到它的形状、颜色和大小，并根据这些信息进行正确的判断。这种知觉是符合客观实际的。

(2)模糊知觉

当物体或现象在大脑中形成的映象不清晰、不准确时，产生的知觉就是模糊知觉。例如，当我们从远处看一个人时，我们可能无法清晰地看到他的面孔或细节，这时，产生的知觉就是一种模糊知觉。

(3)错觉

错觉是指人在特定条件下，对人或客观事物产生的不正确的、歪曲的知觉。错觉通常是由某些心理因素或环境因素引起的。例如，当我们走进一个黑暗的房间时，我们可能会觉得房间比实际要小，这就是一种错觉。又如，我们可能会在看到一条斜拉着的、笔直的绳索时产生错觉，认为绳索是曲折的。

错觉的种类繁多，常见的有大小错觉、形状错觉、方向错觉、运动错觉、时间错觉等。这些错觉在人类感知和认知过程中扮演着重要的角色，同时也具有重要的心理学意义。下面将详细介绍这些错觉类型，并举例说明。

①大小错觉。大小错觉是指对物体大小或长短的知觉与实际不符的错觉。常见的大小错觉包括艾宾浩斯(Ebbinghaus)错觉、缪勒·莱尔(Müller Lyer)错觉等。艾宾浩斯错觉是说，两个大小完全相同的圆，因周围围绕的物体大小不同，其中一个圆看起来比另一个圆大。缪勒·莱尔错觉是说，两条相等的线段，因两端箭头的朝向不同，其中一条线段看起来比另一条线段长。

②形状错觉。形状错觉是指对物体形状或轮廓的知觉与实际不符的错觉。常见的形状错觉包括黑林(Hering)错觉等。黑林错觉是说，两条平行线在某些情况下看起来是弯曲的。

③方向错觉。方向错觉是指对物体方向或方位的知觉与实际不符的错觉。常见的方向错觉包括波根多夫(Poggendorff)错觉等。波根多夫错觉是说，在某些情况下，一条直线被分割成的两个部分看起来有些错位。

④运动错觉。运动错觉是指对物体运动或动态的知觉与实际不符的错觉。常见的运动错觉包括似动现象和自主运动现象等。似动现象是指当我们看到一个物体在空间中移动时，有时会感觉它没有移动或者移动得不够快。自主运动现象则是指当我们看到一个静止的物体时，有时会感觉它在移动。

⑤时间错觉。时间错觉是指对时间流逝的知觉与实际不符的错觉。常见的时间错觉包括时间扩张和时间压缩等。时间扩张是指当我们处于紧张或焦虑的状态时，时间似乎过得很慢或者停滞不前。时间压缩则是指当我们处于放松、愉快或兴奋的状态时，时间似乎过得很快。

在研究人类感知和认知的过程中，心理学家们已经提出了许多理论和模型来解释这些错觉现象。例如，大小错觉、形状错觉可能是由视觉系统中不同神经元之间的相互作用和信号传递导致的；时间错觉可能是由大脑中不同区域的神经元活动不同步或者信息处理速度不同导致的。这些理论和模型为我们更好地理解人类的感知和认知过程提供了重要的帮助。需要注意的是，这些错觉并不是可以通过简单的训练或调整就能够消除的，它们是人类的感知和认知系统的一部分。虽然有些错觉可能会对我们的日常生活造成一定的影响，但是在大多数情况下，这些错觉并不会对我们的生活造成太大的困扰。

总之，错觉是人类感知和认知过程中普遍存在的现象之一。通过了解常见的错觉类型和相关的心理学理论，我们可以更好地理解人类的感知和认知过程，并更好地应对生活中的各种挑战和问题。

（4）幻觉

在没有外界任何刺激作用的情况下，所出现的知觉体验被称为"幻觉"。幻觉是因个体神经系统功能紊乱，引起大脑皮质区的细胞不随意联系而产生的。幻觉是心理异常的表现，是一种精神病性症状，但偶然也见于常人。幻觉一般有幻听、幻视、幻嗅、幻味等。临床上最为常见的是幻听，幻视次之，其他种类的幻觉较少出现。例如，在某些精神疾病中，患者可能会看到不存在的人或动物，听到不存在的声音或闻到不存在的气味等。

（三）知觉的基本特性

1. 知觉的选择性

知觉的选择性是指人们在知觉客观世界时，会受某些因素的影响，而从背景中选择特定的对象进行感知。例如，当我们在繁忙的街头行走时，可能会注意到周围的人和建筑；当我们听到自己喜欢的歌曲时，会不自觉地停下来聆听。这说明我们在知觉客观世界时并不是被动地接受信息，而是会主动地选择我们感兴趣的对象进行感知。

影响知觉选择性的因素有很多。从客观因素来看，其中最重要的是对象和背景的差异以及知觉对象本身的特点。在对象和背景的差异方面，如果对象与背景的对比度较高，就更容易被人们注意到。例如，在白色的背景上所写的黑色的字会更容易被人们识别。此外，知觉对象本身的特点也会影响知觉的选择性。例如，较大的物体、颜色鲜艳的物体、动态的物体等都更容易吸引人们的注意。

除了客观因素外，主观因素也会影响知觉的选择性。例如，我们的需要、兴趣、经验和动机等因素都会影响我们选择感知的对象。当我们对某个领域感兴趣时，就更容易注意到与该领域相关的信息；当我们需要完成某个任务时，就更容易关注与任务相关的信息。因此，在日常生活中，我们需要有意识地调整自己的注意力和兴趣，以便更好地感知和理解周围的事物。

2. 知觉的整体性

知觉的整体性是指人们在知觉客观世界时，会将对象作为一个整体进行感知和理解。这种整体性不仅包括对物体各个部分特征的整合和理解，而且还包括对物体整体特征的感知和理解。也就是说，在知觉的整体性中，知觉的整体和部分是紧密联系的。首先，知觉的整合特性离不开组成整体的各个部分的特点。例如，在识别一张人脸的表情时，我们需要根据眼睛、鼻子、嘴巴等各个部分的特点进行整合和理解。其次，我们对事物个别部分的知觉又依赖于事物的整体特性。例如，在某种场景下，当我们看到一个穿着红色衣服的人时，会根据整体情况来识别这个人的身份。因此，在知觉过程中，我们需要将整体和部分结合起来进行感知和理解。

知觉的整体性能使我们迅速地把握和认识客观事物的整体，但同时也会使我们忽略事物的细节。例如，当我们看到一个熟悉的人时，可能会忽略其细节特征(如衣服的颜色、发型等)，而只关注其整体特征。这可能会导致我们在某些情况下无法准确地识别和记忆细节信息。因此，在日常生活中，我们需要有意识地培养自己的观察力和细节捕捉能力，以便更好地感知和理解事物的细节信息。

3. 知觉的理解性

知觉的理解性是指人们在知觉客观世界时，会根据自己的知识经验对知觉对象进行理解和解释。例如，当我们看到一只狗时，会根据我们的知识和经验判断它是一只德国牧羊犬还是一只哈士奇。这种判断是基于我们对狗这个物种的已有知识和经验进行的。

知识经验对知觉的理解性具有决定性的意义，知识经验越丰富，越有利于对客观事物的理解。例如，一个养狗的人可能比一个没有养狗的人更容易识别不同品种的狗；一个音乐家可能比一个普通人更容易识别不同乐器的声音。此外，词语对知觉的理解性也具有指导作用。例如，当我们看到一张图片时，如果有相应的文字说明或者听到相应的语音讲解，会更容易理解图片的内容。

除了知识经验和词语外，个人的需要、动机、兴趣和情绪等也会影响知觉的理解性。例如，当我们的需要得到满足时，会更容易对客观事物产生正面的理解和评价；当我们的动机很强时，会更容易关注和重视客观事物的某些方面；当我们的兴趣浓厚时，会更容易对客观事物产生深入的理解和探索；当我们的情绪积极时，会更容易对客观事物产生乐观的理解和评价。

4. 知觉的恒常性

知觉的恒常性是指在客观事物本身不变的前提下，当知觉的条件在一定范围内发生了变化时（如角度、距离、明度等），人们的知觉映象仍保持不变。这种恒常性在视知觉领域内表现最为明显，主要包括大小恒常性、颜色恒常性、亮度恒常性和形状恒常性等。

大小恒常性是指当条件改变时，我们对物体大小的知觉仍然保持不变。例如，当一个物体摆放在离我们较远的地方时，我们仍然能够判断出它的大小。

颜色恒常性是指当条件改变时，我们对物体颜色的知觉仍然保持不变。例如，当一个红色的苹果放在不同的光照条件下时，我们仍然会认为它是红色的。

亮度恒常性是指当条件改变时，我们对物体亮度的知觉仍然保持不变。例如，当一个物体从阳光下移到阴影中时，我们仍然会认为它的亮度没有改变。

形状恒常性是指当条件改变时，我们对物体形状的知觉仍然保持不变。例如，当一个正方形的盒子放在不同的光照条件下时，我们仍然会认为它是正方形的。

知觉的恒常性由我们的经验和对大小、颜色、亮度、形状的认知所决定，它在日常生活中具有重要的意义，能帮助我们正确地认识客观事物，及时适应变化的环境。例如，在夜晚开车时，如果我们的视觉系统没有恒常性，那么随着车灯的照射角度和距离的变化，我们会不断地调整对前方车辆的判断，这会极大地干扰我们的驾驶行为。因此，保持恒常性的能力对于我们的日常生活和安全至关重要。

总之，利用知觉的四个基本特性，即选择性、整体性、理解性、恒常性，我们可以有效地从复杂的环境中提取出有用的信息，并对这些信息进行整合、解释和记忆，从而更好地适应不断变化的环境和更好地完成日常生活与工作中的任务。

第三节　记忆与遗忘

一、记忆的概述

记忆是大脑对人们经历过的事物的反映，是我们认知、思考、学习、交流等众多复杂行为的基础。记忆是一种复杂的心理过程，它由三个基本环节组成：识记、保持和再现（再认或回忆）。

（一）识记

识记是记忆的第一个环节，它指的是人们通过感觉器官获取外界信息，并在大脑中留下印象的过程。这个过程可以是有意识的，也可以是无意识的。例如，当我们第一次看到一幅画时，我们的大脑会对其中的颜色、形状等元素进行编码，并形成印象。这就是识记的过程。

根据识记的目的性，可将识记分为有意识记和无意识记。有意识记是指具有预定目的、需要意志参与并采取一定方法和步骤的识记，其特点在于具有高度的自觉性，要求学习者将注意力集中于识记对象上，并付出一定的智力劳动来采取措施进行识记。相比之下，无意识记没有预定目的，不经任何意志努力，具有偶然性和片段性，但事后能够再认和回忆。另外，无意识记具有选择性，只有那些具有重要意义的事件以及能引起人们浓厚兴趣并激发情感的事物才容易被记住。

根据识记材料和方法的不同，可将识记分为机械识记和意义识记。机械识记是指依据事物的外部联系和特点，采用多次机械重复的方法进行的识记，其效果较差。而意义识记则是在理解材料意义的基础上进行的识记，它需要借助已有的知识经验，通过分析综合来把握材料特点和内在逻辑联系，并将其纳入人的认知结构中以保持记忆。意义识记具有全面、牢固、精确和迅速有效等特点。

（二）保持

保持是记忆的第二个环节，它指的是人们的大脑将获取的信息存储起来，以便以后使用。这个过程是短暂的，通常只持续几秒到几分钟。然而，这些信息可能会被我们的大脑重新组织和强化，从而形成长期的记忆。例如，当我们听到一首歌时，我们的大脑会将其旋律和歌词存储起来，即使过了很长时间，我们仍然能够回忆起这首歌的旋律和歌词。

保持是指识记的材料在头脑中得到巩固和储存的过程，这个过程并非简单地将材料原封不动地保存，而是一个动态的、富于变化的过程。这种变化不仅表现在数量上，而且还表现在质量上。

在数量上，保持表现为识记的内容随着时间的推移呈减少的趋势，甚至出现遗忘。例如，对于教师讲课的内容，当天回忆可能很清楚，但一周或一个月后再去回忆，效果就大不一样了。此外，保持还表现为记忆恢复，即识记某种材料后，经过一段时间后测得的保持量大于识记后即时测得的保持量。

在质量上，保持主要表现为对记忆材料的简化或概括，使原材料更完整、详细具体、夸张突出，或者使故事编得更合乎逻辑等。这些变化体现了大脑对记忆材料进行加工、整理和储存的过程，这是人们学习和记忆的重要机制之一。因此，保持是一个动态的过程，只有不断地进行复习和巩固，才能使记忆得到更好的保持和再现。

(三)再认或回忆

再认或回忆是记忆的第三个环节。再认和回忆是两种不同的信息提取形式，它们在记忆过程中扮演着重要的角色。再认是指当过去经历过的事物再次出现时，我们能够识别出它们的能力。例如，多年后能够认出曾经的同学等，就是再认的表现。再认可以被视为记忆的初级表现形式，它帮助我们将过去的经验和当前的信息联系起来。

回忆是指即使过去经历过的事物不再出现在眼前，我们也能够在大脑中重新呈现出来的能力。例如，背诵以前所学的课文就是回忆的一个例子。回忆通常比再认更加困难一些，因为需要我们将信息从长时记忆中提取出来。一般来说，能够回忆的内容通常也能够再认，但是能够再认的内容不一定能够回忆起来。

记忆的这三个基本环节是相互联系和相互制约的，它们共同构成了我们的记忆系统。

从信息加工的观点来看，记忆就是对输入信息的编码、存储和提取的过程。这个观点认为，记忆是我们的大脑对输入的信息进行处理和组织的过程。在信息编码阶段，我们将输入的信息转换为神经元之间的连接和活动模式；在信息存储阶段，我们将这些连接和活动模式存储在大脑的神经元网络中；在信息提取阶段，我们根据需要从大脑中提取这些存储的信息。这个过程类似于计算机的信息加工过程，其中输入相当于人的感知觉输入，编码相当于计算机的数据输入和处理，存储相当于计算机的数据保存，提取相当于计算机的数据输出。

二、记忆的分类

记忆是我们认知世界、学习知识、思考问题、进行决策的基础。它就像一个巨大的图书馆，存放着我们过去的经验、知识和感受。在这个图书馆中，信息被分类和存储，以供我们在需要时提取和使用。

(一)根据记忆内容的不同分类

记忆可分为形象记忆、运动记忆、情绪记忆和语言逻辑记忆。

①形象记忆。形象记忆，顾名思义，是以我们感知过的事物形象为基础的记忆。例如，我们对某个人或某个地方的记忆，可能首先是通过其形象来识别的——那个人的发型、衣着、声音，或者那个地方的颜色、气味、氛围等。这种记忆在我们的日常生活中扮演着重要的角色，帮助我们识别和回忆起各种人和事物。

②运动记忆。运动记忆，则是与我们过去的动作和行为相关的记忆。例如，我们可能记得如何打篮球、游泳或者骑自行车。这种记忆不仅包括我们做过的动作，而且还包括我们如何做这些动作——我们的姿势、力度和动作的顺序等。

③情绪记忆。情绪记忆，是以我们体验过的情绪和情感为基础的记忆。例如，我们对某次旅行或某个特别的日子的记忆，可能与其带给我们的情绪体验相关——是快乐、悲伤、愤怒还是平静等。这种记忆让我们能够再次体验到当时的情绪与情感，从而影响我们的行为和决策。

④语言逻辑记忆。语言逻辑记忆，是以语词所概括的逻辑思维结果为基

础的记忆。例如，我们可能记得某个数学公式、历史事件的细节或者某次谈话的逻辑结构等。这种记忆对于我们的学习和理解复杂的概念和理论非常重要。

(二)根据记忆材料保持时间的长短分类

记忆可分为感觉记忆、短时记忆与长时记忆。

①感觉记忆。感觉记忆，又称瞬时记忆或感觉登记，是指客观刺激物停止作用后，它的印象在人脑中只保留一瞬间的记忆。例如，当我们看一张图片时，图片的信息会短暂地停留在我们的大脑中，这就是感觉记忆。这种感觉记忆对我们的决策和行为反应非常重要，因为它能够快速地提供给我们关于周围环境的信息。

②短时记忆。短时记忆是指信息在头脑中保持的时间不超过 1 分钟的记忆。例如，我们可能记得一个电话号码或者一段短暂的对话，但一旦时间过去，这些信息可能会被遗忘。这种记忆在我们的日常学习和工作中非常常见，它帮助我们处理和存储暂时需要的信息。

实验表明，短时记忆的容量是 7±2 个组块。组块，就是记忆的单位，是任何一个有意义的记忆单元。它可以是一个或几个数字、一个或几个汉字、一个或几个英文字母，也可以是一个词、一个短语、一个句子。例如，37284596302 这组数字串，如果被试没有采用分块记忆的方法，很可能只能记住其中的七个左右数字；如果被试将其划分为 372、8459、6302 这三个部分来记忆，那么在相同的时间内，他们可能会记住全部的数字。这时，这三个数字块即三个组块。增加组块的内容，可以增加短时记忆的容量。短时记忆的内容若加以复述、运用或进一步加工，就被输入长时记忆中；否则，很快消失。

③长时记忆。长时记忆是指信息在记忆中的储存时间超过 1 分钟，直至数日、数周、数年乃至一生的记忆。例如，我们会记得自己的生日或者某个人的名字等。这种记忆能够帮助我们构建个人身份和进行知识积累。

(三)根据意识参与程度分类

记忆可以分为外显记忆和内隐记忆。

①外显记忆。外显记忆是指我们需要有意识地或主动地收集某些经验用以完成当前任务时所表现出的记忆。例如，当我们需要记住一个电话号码时，我

们会主动地在心中重复这个号码。这种记忆是我们主动参与的结果，它需要我们有意识地努力和注意。

②内隐记忆。内隐记忆则是在不需要意识或有意回忆的情况下，个体的经验自动对当前任务产生影响而表现出来的记忆。例如，当我们看到一张熟悉的脸庞时，我们可能会无意识地记起这张脸对应的人的名字。这种记忆在我们不需要有意识地回忆的情况下起作用，它帮助我们在日常生活中自动识别和处理信息。

三、遗忘

遗忘是指我们对曾经识记过的材料不能再认或回忆，或者错误地再认或回忆。这是我们大脑在处理和存储信息的过程中常见的问题，也是心理学和认知科学领域一直在研究的问题。

德国心理学家艾宾浩斯是第一个对遗忘现象进行系统研究的人。他通过实验发现，人们在学习之后，随着时间的推移，记忆的保持率会逐渐降低。他根据实验数据绘制出了艾宾浩斯遗忘曲线，这条曲线描述了人们在不同的时间点上对学习内容的记忆保持率。

艾宾浩斯遗忘曲线表明，遗忘并不是随时间均匀进行的，而是有一定的规律。具体来说，人们在学习的最初阶段，遗忘速度很快，但随着时间的推移，遗忘速度逐渐减慢。这个规律被称作"遗忘规律"。

(一)遗忘的原因

关于遗忘的原因，心理学家们提出了多种理论假设。以下是其中四种主要的理论。

①衰退理论。这种理论认为，遗忘是由记忆痕迹的逐渐减弱或消失导致的。也就是说，随着时间的推移，我们在大脑中存储的记忆痕迹会逐渐减弱或消失，导致我们无法回忆起以前学过的内容。

②干扰理论。这种理论认为，遗忘是由我们在学习新的材料时，新的记忆痕迹与旧的记忆痕迹相互干扰导致的。也就是说，当我们学习新的内容时，新的记忆痕迹会与旧的记忆痕迹相互重叠或干扰，导致我们无法准确地回忆起以前学过的内容。

③动机遗忘理论。这种理论认为，遗忘是由我们的大脑有意识地压制某些记忆导致的。也就是说，我们的大脑会根据我们的需要和动机，有意识地选择记住某些信息，而忽略或压制其他信息。这种压制可能会导致我们无法回忆起以前学过的内容。

④线索依存遗忘理论。这种理论认为，遗忘是由缺乏有效的记忆线索导致的。也就是说，我们在记忆一个信息时，需要将它与已有的知识或经验联系起来，形成一个记忆线索。如果没有形成有效的记忆线索，我们就无法回忆起以前学过的内容。

(二)影响遗忘的因素

除了以上四种理论之外，还有一些因素也会影响遗忘。以下是其中四个主要的因素。

①识记材料的性质与数量。一般来说，复杂、抽象、难以理解的材料比简单、具体、容易理解的材料更容易被遗忘。同时，识记材料的数量也会对遗忘产生的影响，过多的材料会增加我们的记忆负担，导致我们难以全部记住。

②学习的程度。一般来说，学习程度越高，记忆保持率越高，遗忘越少。也就是说，如果我们投入更多的时间和精力来学习一个材料，我们就更有可能记住它，并且更不容易忘记。

③识记材料的系列位置。在一组连续的材料中，开头和结尾的部分通常比中间的部分更容易被记住。这是因为开头和结尾的部分在记忆过程中受到了更多的注意和加工，而中间的部分则相对容易被忽略。

④识记者的状态。如果一个人对识记材料感兴趣或者对它有需求，那么他就不容易忘记这个材料。相反，如果他对这个材料不感兴趣或者认为它没有用处，那么他就更容易忘记这个材料。此外，乐观的情绪和精神状态也有助于记忆的长时间保留。举个例子，如果一个人对学习英语很感兴趣，他就会投入更多的时间和精力来学习英语，从而提高了记忆保持率，减少了遗忘的可能性。如果一个人对英语感到厌恶，他可能会在短时间内忘记他学过的内容。总的来说，兴趣、需求、情绪和精神状态等因素都会影响人们的记忆保持率，从而影响他们的遗忘过程。

第四节 思维与想象

一、思维

(一)思维的一般概念

思维是人脑对客观事物本质属性与内在规律的间接的、概括的反映。思维属于认知的高级阶段。它反映事物个别属性、整体属性以及事物之间的内部联系。例如，通过对人的观察分析得出"人是能言语、能制造和使用工具的高等动物"；根据对水的研究得出水和温度之间的关系，在 101 kPa 下，水的温度降低到 0℃以下就会结冰，升高到 100℃就会沸腾等。这些都是人脑对客观事物的本质及其规律的认识。

(二)思维的特点

思维具有概括性和间接性的特点。

思维的概括性是指人们将同一类事物的共同特征和本质特征抽取出来加以概括，以及将多次感知到的事物之间的联系和关系加以概括，得出有关事物之间的内在联系的结论。这种能力使得人们能够总结出事物的一般规律和共性，从而更好地理解和应用这些规律。例如，通过感知觉，我们只能看到具体的一只鸟的外形和活动情况；而通过思维，我们才能认识鸟的本质属性，即有羽毛、卵生，我们会把不会飞的鸡、鸭归入鸟类，而不会把会飞的蝙蝠、蜻蜓等归入鸟类。又如，温度升降与金属膨胀的关系，植物与动物、动物与人类的生态平衡关系等，都是通过概括活动过程而产生的对自然界事物之间规律认识的结果。

思维的间接性是指人们凭借已有的知识经验或以其他事物为媒介，理解或把握那些没有直接感知过的或根本不可能感知到的事物。这种能力使得人们能够超越直接感知的界限，进一步认识事物的本质和事物间的规律。例如，内科医生不能直接看到患者内脏的病变，却能以听诊、化验、试体温、量血压、做B超等手段为中介，经过思维加工间接判断出病情；地震工作者可以根据动物的反常现象或某些仪表的数据来分析与预报震情。又如，人们要认识原始社会人类的生活、宇宙太空状况、原子结构、生命运动，要认识超声波、红外线等，都需要借助某些媒介物与思维加工进行间接的认识。

在我们的生活和学习中，思维的概括性和间接性得到了充分体现。例如，当我们看到一张照片时，可以通过对照片中的人物的外貌、服饰和动作等特征的观察和分析，间接地推断出这个人物的性格、职业和行为习惯等信息。这种推断是基于我们对人类行为和特征的一般规律的概括性认识。又如，当我们看到一个电路图时，可以根据电路图中的各种符号和线路的连接方式，概括出电路的功能和工作原理。这种概括是基于我们对电路的一般规律的间接性认识。

总之，思维的概括性和间接性相互联系、相互促进，使人们能够更好地理解事物、解决问题和创造价值。在生活和学习中，我们也应该注重培养和提高学生的思维能力和创造力，帮助他们更好地应对未来的挑战和机遇。

(三)思维的类型

思维是人类认识世界和解决问题的重要工具。根据不同的分类方式，可以将思维分为不同的类型。以下是几种常见的思维类型及其举例说明。

1. 动作思维、形象思维与抽象思维

动作思维是指通过实际操作来解决问题的思维。例如，当孩子们学习如何系鞋带时，他们需要通过反复尝试和调整来找到正确的方法，这是典型的动作思维的体现。形象思维则是指通过形象或表象来解决问题的思维。例如，当我们在脑海中想象一个场景或形象时，我们使用的就是形象思维。抽象思维则是指通过概念、判断和推理来解决问题的思维。例如，当我们在解决某些数学或物理问题时，可能会使用抽象思维。

2. 聚合思维与发散思维

聚合思维是指将问题所提供的各种信息或条件朝着一个方向集中，从而得出一个正确的答案或一个最优的解决问题的方案。例如，当我们需要在给定的一组数字中找到最大值或最小值时，我们会使用聚合思维。发散思维则是指沿着不同的方向去思考，对信息或条件加以重新组合，找出几种可能的答案、结论或假说。例如，当我们面对一个开放性问题时，我们可能会使用发散思维来找出多种可能的答案。

3. 常规思维与创造性思维

常规思维是应用人们已有的知识经验，按照常用的方法来解决问题的思维。例如，当我们使用九九乘法表来计算时，我们使用的是常规思维。创造性思维则是用创造性方法来解决问题的思维。例如，当一个设计师设计出一件新颖的产品时，他运用的是创造性思维。创造性思维具有独创性，通常能够产生新的思维成果。

除了以上几种常见的思维类型外，还有一些其他的分类方式。例如，根据思维的深度和广度，可以将思维分为简单思维和复杂思维；根据思维的逻辑性，可以将思维分为有序思维和无序思维等。

总之，不同的思维方式适用于不同的问题和情境，在解决问题时需要灵活运用不同的思维方式。同时，培养和发展各种思维方式对于提高个人的创造力和解决问题的能力也具有积极的作用。因此，我们应该在日常生活和学习中注重培养和发展各种思维方式，提高自己的综合素质和能力水平。

(四)思维的过程

思维的过程包括分析、综合、比较、分类、抽象、概括、具体化、系统化等。

1. 分析与综合

分析是指将整体分解成各个部分、方面或个别特征的思维过程。它旨在将复杂的事物或问题分解成更小、更易于管理和理解的部分。例如，当我们分析一个数学问题时，我们可能会将其分解成若干个更小的子问题，以便更深入地理解并找到解决方案。

综合是指将事物的各个部分、各个方面、各种特征结合起来进行考虑的思维过程。它旨在将各个部分或特征有机地结合在一起，以形成对事物的全面认识。例如，当我们阅读一篇文章时，我们会将各个段落的内容综合起来，理解文章的主旨和意义。

分析与综合在人们的认识过程中有不同的作用。通过分析，人们可以进一步认识事物的基本结构、属性和特征；可以区分出事物的表面特性和本质特性，使认识深化；可以区分出问题的情境、条件、任务，便于解决思维问题。通过综合，人们可以完整、全面地认识事物，认识事物间的联系和规律；可以整体地把握问题的情境、条件与任务的关系，提高解题的技巧。

2. 比较与分类

比较是指将各种事物或现象进行对比，确定它们之间的异同点的思维过程。通过比较，我们可以更好地识别和理解事物之间的差异和相似之处。例如，当我们比较两个不同国家的文化时，我们可以更好地理解它们之间的异同点，以便更好地理解和欣赏不同的文化。

分类是指根据事物或现象的共同点和差异点，把它们区分为不同种类的思维过程。它是在比较的基础上，将有共同点的事物划为一类，再根据更小的差异，将它们划入同一类中不同的属。例如，在对动物进行分类时，我们可以根据它们的特征将它们分为哺乳类、鸟类等不同的类别。由于学生年龄的差异，思维发展的水平不同，分类的水平也不同。小学生往往不是根据事物的本质特征进行分类的，而是根据事物的外部特征和事物的功能进行分类的；少年期的学生容易把本质特征与非本质特征并列来进行分类；青年期的学生则会按事物的本质特征进行分类。

3. 抽象与概括

抽象是指把同类事物或现象的共同的、本质的特征抽取出来，并舍弃个别的、非本质特征的思维过程。它旨在从大量的事物或现象中抽象出共性和本质特征，以便更好地理解和概括事物。例如，当我们抽象出一个几何形状的概念时，可以忽略其颜色、质地等非本质特征，而关注其形状和大小等共性特征。

概括是指把抽象出来的事物的共同的、本质的特征综合起来并推广到同类事物中去，使之普遍化的思维过程。它旨在将共性和本质特征推广到更广泛的事物或现象中，以便形成更普遍的规律和原理。例如，当我们概括出一个物理定理时，可以将其应用于不同的情境和条件下，以解释和预测更多的物理现象。

抽象与概括的关系十分密切。如果不能抽出一类事物的本质特征，就无法对这类事物进行概括；而如果没有概括性的思维，就抽不出一类事物的本质特征。抽象与概括是相互依存、相辅相成的。抽象是高级的分析，概括是高级的综合。抽象、概括都是建立在比较的基础上的。任何概念、原理和理论都是抽象与概括的结果。

4. 具体化与系统化

具体化是指把抽象、概括出来的一般概念、原理与理论同具体事物联系起来的思维过程，也就是用一般原理去解决实际问题、用理论指导实际活动的过程。它旨在将抽象和概括出来的知识和理论应用到实际情境中，以解决具体问题并指导实践活动。例如，当我们学习数学时，可以通过抽象和概括得出一些普遍适用的数学定理和公式，然后将其应用到实际情境中解决具体的问题。

系统化是指把学到的知识分门别类地按一定程序组成层次分明的整体系统的过程。它旨在将零散的知识和信息整合成一个系统化、有组织的知识结构，以便更好地理解和记忆。例如，生物学家按界、门、纲、目、科、属、种的顺序，把世界上所有的生物分了类，并揭示了各类生物间的关系和联系，这就是人脑中对生物系统化的过程。又如，学生掌握数的概念，在掌握了整数、分数的知识之后，可以将其概括归纳为有理数；在学习了无理数之后，又可把有理数和无理数概括为实数；在掌握了虚数之后，又可把实数和虚数概括为数，从而掌握了系统化的数的知识。

系统化是在分析、综合、比较和分类的基础上实现的。系统化的知识便于在大脑皮层上形成广泛的神经联系，使知识易于记忆。也只有掌握了系统的知识结构，才能真正地理解知识，在不同条件下灵活地运用知识。

(五)思维的品质

1. 思维的深刻性

思维的深刻性指思维的深度。它集中地表现为善于深入地思考问题，抓住事物的规律和本质，预见事物的发展和进程。这一品质要求人们具有精深的知识。一个知识浅薄的人，其思维的深刻性较差。在思维的深刻性方面，有的人思考问题善于"打破砂锅问到底"，非弄个明白，但又不钻牛角尖；而有的人思考问题往往很肤浅，一知半解。一般说来，那些好学深思、喜欢提问的学生，其思维是深刻的；而那些不求甚解的学生，其思维则具有肤浅的不良品质。

2. 思维的敏捷性

思维的敏捷性是指思维过程的速度。思维敏捷是指人们能够在短时间内当机立断，根据具体情况做出决定，迅速解决问题。"眉头一皱，计上心来"便是思维敏捷的一种表现。在日常生活和工作中，有的人遇事胸有成竹，善于迅速做出判断，但又不匆忙草率；有的人遇事或优柔寡断，或草率行事。

3. 思维的灵活性

思维的灵活性是指思考问题、解决问题的随机应变程度。思维灵活的具体表现是，当问题的情况与条件发生变化时，人们能够打破旧框，提出新办法。这一品质与思维的敏捷性联系密切，可以说，没有敏捷性，就没有灵活性。在工作、学习、生活中，有的人遇事足智多谋，善于随机应变；而有的人脑筋僵化，惯于墨守成规。例如，有的学生在解题时，不喜欢套用现成的解题方法，而愿意开动脑筋，尽管题目变化很大，但能应付自如、独立解决。这说明该学生的思维具有较大的灵活性。

4. 思维的独创性

思维的独创性表现为善于独立地分析问题和解决问题。思维具有独创性的人不依赖别人的思想和原则，不依赖现成的解决问题的方案，而是创造性地寻求解决问题的新途径，提出新的解释和新的结论。在学习和工作中，有的人遇事能够独立思考，有独特见解，解决问题时有独到方法，但也不固执己见、唯我是从；有的人遇事盲从附和，解决问题时人云亦云，表现出很大的依赖性和受暗示性。

5. 思维的批判性

思维的批判性是指客观地分析、评价以及处理信息的能力。思维具有批判性的人既善于批判地评价他人的思想与成果，也善于批判地对待自己的思想与成果。也就是说，既能够吸取别人的长处和优点，吸取别人的思想精华，而摒弃别人的短处和缺点，摒弃别人思想的糟粕，又能够严格地检查自己思想的进程及其结果，缜密地验证自己所提出的种种设想或假说，在没有确证其真实性之前，绝不轻易相信这就是真理。在学习中，有的学生敢于同教师争论，敢于向权威挑战，把"吾爱吾师，吾更爱真理"作为座右铭，这便是思维具有批判性的表现。

(六)创造性思维的过程

创造性地解决问题的过程是一个复杂的过程，涉及更深入的心理活动和独特的思维活动程序。英国心理学家华拉斯(G. Wallas)通过对创造过程的分析，将与创造活动相联系的创造性思维过程分为四个阶段：准备期、酝酿期、豁朗期和验证期。通过了解创造性思维过程的各个阶段，我们可以更好地理解创造者在解决问题时的心理活动过程，以及他们在每个阶段所面临的挑战和任务。

在准备期，创造者会积极收集和整理资料，包括收集创造活动所必需的各种信息，组织已有的旧经验，并掌握必要的技能。这个阶段是创造过程的基础，创造者努力准备所需的素材，并整理和组织这些信息。

在酝酿期，创造者会继续对问题进行思考和探索，但进度可能会暂时搁置，以便让潜意识进行进一步的处理和加工。这个阶段中，创造者不会消极地存储收集到的信息，而是会以某种我们目前尚不清楚的方式重新组织和加工这些信息。

在豁朗期，创造者已经过长期的思考和酝酿，由于灵感的出现，新假设产生或对考虑的问题豁然开朗。这个阶段是创造活动中极为重要的阶段，因为这是新思想、新观点和新解决方案突然涌现的时期。

在验证期，创造者需要将头脑中产生的新假设或新观点通过实践加以检验。这个阶段可以对新假设进行确定、修正、补充或完善。通过实践检验，创造者可以验证其想法的有效性和可行性，并对解决方案进行必要的调整和改进。

以一个简单的例子来解释创造性思维的过程。假设你是一位设计师，准备设计一款新的智能手机。

准备期：你开始收集关于当前市场上的手机设计、用户需求、技术趋势等各方面的信息。你还会研究竞争对手的产品，了解其优点和缺点。

酝酿期：在收集了所有这些信息后，你开始在大脑中思考如何设计一款新的手机。你会尝试将不同的想法和概念组合在一起，试图找到一个独特的设计思路。你可能还会进行一些初步的草图绘制和模型制作，以帮助自己更好地思考。

豁朗期：有一天，一个想法突然闪现，你意识到可以将手机设计成一种完全不同的形状，这将使手机更加易于使用和携带。这个想法可能就是你在酝酿期一直在寻找的突破口。

验证期：一旦你有了新的设计思路，你需要将其付诸实践，看看它是否真的可行。你可能需要进行一些研究和实验，以验证你的设计是否符合市场需求、技术上是否可行以及是否可以大规模生产。如果发现任何问题或不满意的地方，你将回到设计阶段进行修改和改进。

通过以上例子，我们可以看到创造性思维的过程是一个不断循环的过程，需要反复进行思考、尝试、验证和修改。在这个过程中，创造者需要保持开放的心态，接受新的想法和观点，并不断探索和实验，以找到最佳的解决方案。

(七)问题解决

1. 问题与问题解决的一般概念

思维的产生和进行起源于有待解决的问题。虽然我们每天都会碰到各种各样的问题，但这里所讲的问题是指有一定难度的问题，而不是指个人仅凭经验就可直接加以处理的问题。例如，像"你做过早操吗?"这类问题，你只需从记忆中提取出信息即可，无须思维活动的参加。但像"做早操为什么有利于身体健康?"这类问题，你记忆中未必有现成的答案，于是你感到困惑并设法寻求问题的答案。

问题解决是由一定的情境引起的，按照一定的目标，应用各种认知活动、技能等，经过一系列的思维操作，使问题得以解决的过程。以河内塔问题为例，如图 2-1 所示，一块木板上有 1、2、3 三根立柱，1 柱上串放着三个圆盘，小的在上面，大的在下面(当前状态)。要求被试将 1 柱上的三个圆盘移到 3 柱(目标状态)。条件是：每次只能移动任何一根柱子上面的一个圆盘，但大的圆盘不能放在小的圆盘上，移动的次数越少越好。要将当前状态转变为目标状态，中间必须经过一系列操作步骤，也称中间状态。这就是一个典型的问题，而问题解决就是从当前状态经过一步一步的中间状态，最后达到目标状态。

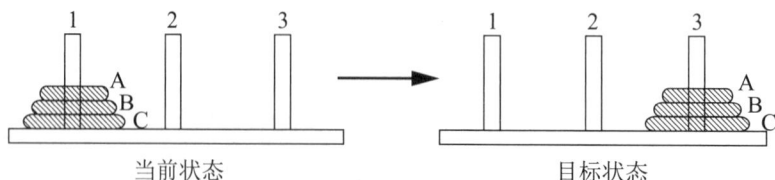

图 2-1　河内塔问题[1]

问题解决具有以下几个基本特征。

首先，目的的指向性。问题解决具有明确的目的性，它总是要达到某个特定的目标状态。没有明确目的指向的活动，都不能被称为问题解决。

---

[1]　裘宗燕、李安邦：《从问题到程序：C/C++ 程序设计基础》，191 页，北京，机械工业出版社，2023。

其次，操作的序列性。问题解决必须包括一系列的心理操作过程，如分析、联想、比较、推理等。假如仅仅是简单的记忆提取等单一的认知活动，没有认知操作的序列，不能被称为问题解决。

最后，认知的操作性。问题解决必须通过个体的认知活动来完成。比如，走路、穿衣等自动化的操作不能被称为问题解决。

问题解决一般分为提出问题、分析问题、提出假设和检验假设四个过程。提出问题是问题解决的开端，也是问题解决的动力。只有发现问题，才能激励和推动人们投入问题解决的思维活动之中。所谓分析问题就是明确问题，抓住问题的核心与关键，找出主要矛盾的过程。提出假设就是在明确问题的基础上，对问题解决的具体方案提出假定和设想。假设的提出是从分析问题开始的，在分析问题的基础上，根据问题的性质、问题解决的一般规律及个人的知识经验，在头脑中进行推测、预想和推论，然后有指向、有选择地提出解决问题的建议和方案(即假设)。方案是否符合实际、是否有利于问题的解决，还有待于验证。检验假设是对假设进行验证的过程，它是问题解决的最后步骤。检验假设最有效的方式是实践，任何假设无论正确与否，最终都要接受实践的检验。

2. 问题解决的影响因素

人们进行问题解决时会遇到很多障碍，这些障碍有的来自主观方面，如个体的知识经验、智力水平、使用的策略、心理定式、动机状态等，也有的来自客观方面，如问题情境。人们了解这些障碍有助于更好地理解问题解决的过程，从而在实践中促进问题的解决。

(1)问题情境

问题情境是指人们所要解决问题的客观情境或刺激模式，如特定空间位置的配置、时间的先后顺序、距离等，也就是问题中材料的组织方式或问题呈现的知觉方式。问题的难易常常和刺激模式的特点有关。当刺激模式直接提供了人们解决问题的线索，人们就容易找到问题解决的方法；当刺激模式掩蔽或干扰了解决问题的线索，就会增加问题解决的难度。

例如，已知一个圆的半径是 2cm，问圆的外切正方形的面积有多大(图 2-2)。图中用不同的方式画出了圆的半径。A 图与 B 图比较，由于 A 图中较难看出圆的半径是正方形的一部分，因此，解决 A 图表征方式下的问题难于解决 B

图表征方式下的问题。

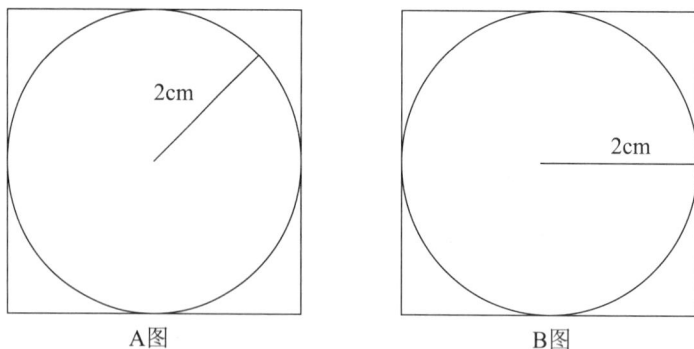

图 2-2　不同问题情境下的问题解决

（2）定式

定式是指由先前的心理活动所形成的准备状态对同类后继心理活动的影响，它使人们按照一种固定的倾向去反映现实。定式对问题解决既有积极的作用，也有消极的影响。其中，定式的积极方面反映出心理活动的稳定性和前后一致性，从而促进问题的解决；定式的消极方面在于妨碍思维的灵活性，阻碍问题的有效解决，或使问题解决变得复杂。

（3）功能固着

功能固着是指个体在解决问题时只看到某事物通常的功能，而看不到事物所具有的其他方面功能的现象。比如，人们一般会认为发卡是女同学用来卡头发的，不会想到它可以充当螺丝刀拧螺丝钉；尺子是用来测量物体长度的，不会想到它还可以做指挥棒。这种功能固着现象有时会限制人们思维和解决问题的能力。

（4）知识经验

知识经验的丰富程度会影响人们解决问题的能力。在生活中，我们遇到困难时会倾向于找某一方面的专家来解决。专家（如医学专家、数学家、气象学家、心理学家等）在解决他们所属领域的问题时比新手容易得多。那么是什么原因使得专家在解决问题时更容易呢？心理学的研究表明，专家和新手在解决问题效率上的差异，主要是由专家和新手在知识数量上的差异和知识的组织方式上的不同造成的。

作为教师，很好地储存大量的专业知识是很有必要的。同时，也应清醒地认识到，虽然大量的知识能够使问题解决变得容易，但是也可能使自身的思维僵化，容易以同一种方式来看待和解决问题，不利于创造性思维的发挥。

（5）情绪和动机状态

个体的情绪和动机状态对问题解决有一定的影响。比如，乐观、愉快等积极的情绪将有助于问题解决；而紧张、烦躁、悲观等消极的情绪往往会妨碍问题解决，减慢问题解决的速度。个体对活动的态度不但能成为发现问题的强烈动机，而且会影响问题解决的效果。心理学的研究表明，动机强度适中是解决问题的最佳状态，而动机过强或过弱都不利于问题的解决。

3. 问题解决的策略

采用什么样的策略解决问题，是影响问题解决效率的一个重要的因素。好的策略有利于问题的解决。例如，$1+2+3+4+5+6+7+8+9=$？人们可以按照顺序进行加法运算，但是用这种方法解决问题的效率太低，且容易出现错误。如果采用凑 10 的方法，就能迅速解决问题。纽厄尔（Newell）和西蒙（Simon）认为，人们的问题解决策略可以分为两类：算法和启发法。

（1）算法

算法策略是在问题空间中搜索所有可能解决问题的方法，直至找到一种有效的方法解决问题。简言之，算法策略就是把解决问题的方法一一进行尝试，最终找到问题的答案。例如，一只密码箱有 3 个转钮，每个转钮有 0～9 十个数字，现要采用算法策略找出密码打开箱子，就要逐个尝试 3 个数字的随机组合，直到找到密码为止。算法一般能保证问题解决，但是比较费时费力。当问题复杂时，人们很难用这种方法找到答案。另外，有些问题也许没有现成的算法或尚未发现其算法，对这种问题采用算法策略将是无效的。

（2）启发法

启发法是根据经验解决问题的方法。启发法不能保证问题一定得到解决，但解决问题的效率常常较高。目前比较常见的启发法主要有手段—目的分析、顺向工作、逆向工作、计划四种。

①手段—目的分析。手段—目的分析是指问题解决者将当前状态与目标状态进行对比以发现差距，然后采取多种方法来努力缩短两者之间的这种差距。使用手段—目的分析来解决问题的学生需要将总目标分解成若干子目标，通过

实现一系列的子目标最终达到总目标，即问题解决。在日常生活中，手段一目的分析是人们比较常用的一种解题策略，它对解决复杂的问题有重要的应用价值。

②顺向工作。顺向工作也称顺向推理，是指从问题的已知条件出发，通过逐步扩展已有的信息直到问题解决的一种策略。例如，已知，$D=5$，解下面这个密码算题：

$$\begin{array}{r} DONALD \\ + GERALD \\ \hline ROBERT \end{array}$$

问题解决者往往采用顺向推理的策略，先从 $D=5$ 这一信息出发，一步步地找到正确答案。研究表明，顺向工作是专家问题解决行为的一个重要特点。专家在看到问题时，会发现问题提供了什么信息，然后立即想到用哪些方法能从这些信息中推出新的信息，从而对问题中各要素的相互关系增进了解，达成问题解决。

③逆向工作。逆向工作是指问题解决者从问题的目标状态往回走，最后倒退到起始状态。其主要特点是将问题解决的目标分解成若干子目标，直至使子目标按逆推途径与给定的条件建立直接联系或等同起来，即目标—子目标—子目标—现有条件。例如，解下面问题：已知图 2-3 中的图形 $ABCD$ 是一个长方形，证明 AD 与 BC 相等。从目标出发进行反推时，问题解决者可能会问：如何才能证明 AD 与 BC 相等？如果能证明 $\triangle ACD$ 与 $\triangle BDC$ 全等，那么就能证明 AD 等于 BC。下一步的推理就是：如果能证明两边和两边之间的夹角相等，那么就能证明 $\triangle ACD$ 和 $\triangle BDC$ 全等。这样，从一个子目标出发反推到另一个子目标，就可以达到问题的解决。

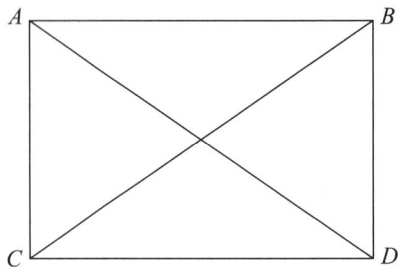

图 2-3　长方形

④计划。计划是指人们在解决问题时通常抛开问题的某些方面或细节，将问题抽象成简单的形式，找到问题的主要结构，先解决抽象成较为简单的问题，然后再利用所得到的答案来帮助指导解决更复杂的未经简化的问题。例如，小学数学中经常会遇到同向追击问题，我们可以直接用公式，即追击时间(t)＝两物体间的距离(s)/两物体的移动速度差(v_1-v_2)，忽略两物体具体是什么。这种抽象概念的提出，可以为以后解决更加复杂的问题提供指导。

二、想象

(一)想象的概念

想象是人在头脑里对已储存的表象进行加工改造并形成新形象的心理过程。例如，人的大脑里储存有很多人的形象和很多动物的形象，如果能够把人的形象和动物的形象进行结合，创作出新的形象，这就是想象。吴承恩创作猪八戒、孙悟空等文学形象的过程就是这样的想象过程。

想象与思维有着密切的联系，都属于高级的认知过程，由个体的需要所推动。例如，在科幻小说的创作中，所有的场景都是指向未来的，当前世界的人们怎么可能知道未来世界是什么样子？这就需要通过想象和思维来完成。科幻小说里丰富的画面是通过想象创作出来的，而各种各样符合逻辑的故事是通过思维的推理来撰写的。

(二)想象的方式

想象活动中的加工方式主要有黏合、夸张、拟人化和典型化。

1. 黏合

黏合是把两种或两种以上本无关系的客观事物的属性和特征结合在一起，构成新形象。例如，童话故事里的飞马等形象，就是使用黏合这种想象的方式创作出来的。

2. 夸张

夸张是故意增大或缩小客观事物的正常特征，使之变形。《格列佛游记》中的大人国和小人国是经典的例子。此外，深受小朋友喜爱的中国制作的动画片《大头儿子和小头爸爸》，也是使用夸张的手法进行创作的。

3. 拟人化

拟人化是将客观事物赋予人的形象和特征，从而产生新形象。大多数的少儿文学作品中都会用到此类手法，大树会说话，小鸟会唱歌，连土地都可以幻化出人形。

4. 典型化

典型化是根据一类事物的共同特征来创造新形象。作家、艺术家通过收集、分析大量的生活材料，从中提炼出最能体现某种人物或某种生活现象特点的素材进行整合、虚构，在艺术加工的基础上创造出新的艺术现象。鲁迅作品中很多经典的形象都是使用典型化的方式进行创作的，孔乙己、阿 Q、祥林嫂等都是那个时候某类人群的典型代表。

(三)想象的作用

想象在人类生活中作用广泛而深远，它不仅丰富了我们的精神世界，而且还能帮助我们更好地应对生活中的挑战。以下是对想象作用的详细说明。

1. 补充作用

想象有着重要的补充作用。我们生活的世界是既定的，有着各种规则和限制，而想象则突破了这些框架，使我们能够超越现实，探索可能性。例如，当我们面对一个复杂的问题时，我们可以通过想象来模拟可能的解决方案，从而拓宽我们的思维空间。这种想象的过程可以激发我们的创造力，帮助我们找到新的解决方案。

2. 预见作用

想象也具有预见作用。它使我们能够预测未来的可能情况，从而做好准备，应对未来的挑战。例如，在商业领域，想象可以帮助我们预测市场趋势，从而制定适应市场的策略。在科学研究中，想象可以帮助我们预测实验结果，从而调整实验方案。这种预见能力使我们在面对未知时更有信心和准备。

3. 替代作用

想象还具有替代作用。在现实生活中，我们可能会遇到各种困难和挫折。通过想象，我们可以创造出自己想要的生活场景，给自己以安慰和鼓励。例如，当我们感到失落或沮丧时，我们可以想象自己成功克服困难、实现目标的场景，从而提升我们的士气和自信心。这种替代作用可以缓解我们的负面情绪，帮助我们保持积极乐观的态度。

4. 对机体和情绪的调节作用

想象不仅对思维有着重要的影响，也对我们的机体和情绪有着调节作用。首先，通过想象我们可以调节机体的内部状态。例如，当我们感到身体紧张或疲劳时，我们可以想象自己在宁静的海滩上放松身心，这种想象可以减轻身体压力，帮助我们恢复精力。其次，想象也可以帮助我们调节情绪。当我们感到沮丧或愤怒时，我们可以尝试用想象来转化我们的情绪。例如，我们可以想象自己正在欣赏美丽的风景或与家人朋友共度愉快的时光，这种想象可以帮助我们转移注意力，缓解负面情绪。最后，通过想象积极的场景，我们还可以增强自身的心理韧性，提高对挫折的抵抗力。

综上所述，想象在人类生活中扮演着重要的角色。它具有补充、预见、替代以及对机体和情绪的调节作用。通过充分发挥想象力的作用，我们可以拓宽思维空间、预测未来、提升自信心和积极性、缓解机体和情绪的压力。因此，我们应该积极地培养自己的想象力，让它在我们的生活中发挥更大的价值。

(四)想象的种类

根据是否有目的性，是否可以人为控制，可以把想象分为无意想象和有意想象。

1. 无意想象

无意想象，又被称为"不随意想象"，是指没有预定的目的、没做任何努力的想象，常常在意识减弱时或某种刺激下发生，此时，头脑中会不由自主、自然而然地出现一些新的形象。例如，抬头看见天上的白云或远处的山石，可能想象它像某种动物。

梦是无意想象的极端情况，是人在睡眠时候的一种心理活动，梦中的心理活动与人清醒时的心理活动一样，都是客观事物在人脑中的反映。离奇的梦境是由人在睡眠中大脑意识不清，对各种客观事物的刺激产生错觉所引起的。做梦与快速动眼睡眠有关，绝大部分科学家相信所有人类都会做梦，如果一个人觉得他没有做梦，是因为他关于那些梦的记忆已经消失了。这种"记忆抹除"的情况，通常发生在一个人自然缓和地从快速动眼睡眠期经过慢波睡眠期而进入清醒状态的过程中。如果一个人直接从快速动眼睡眠期被叫醒的话(如被闹钟叫醒），他就比较可能会记得在快速动眼睡眠期所做的梦。

2. 有意想象

有意想象指的是有预定目的、自觉进行的想象。它是人为了达到某种目的或完成某项任务而进行的有意识的、积极主动的想象。例如，学生按照教师的语言描绘在头脑中浮现出相应的形象，文学家、艺术家创作之前头脑中的表象活动等，都属于有意想象。有意想象在人的想象中占主导地位。按有意想象的新颖性、独立性和创造性程度的不同，又可以分为再造想象、创造想象和幻想。

（1）再造想象

再造想象指的是根据别人的描述或图样，在头脑中形成新形象的过程。例如，建筑工人根据建筑蓝图想象出建筑物的形象；没有领略过北国冬日风光的人们，通过诵读某些描写北国冬日风光的文章，在脑海中形成相关的景象；读到马致远的"枯藤老树昏鸦，小桥流水人家，古道西风瘦马。夕阳西下，断肠人在天涯"，头脑里浮现出相应的景象。这些过程都属于再造想象。

由于个体间的知识经验、兴趣爱好、个性等的差异，对同样的描述提示会再造出各不相同的形象，例如，一千个人看了小说《阿 Q 正传》，头脑中会有一千个不同的阿 Q 形象，因此，再造想象也有创造性成分。

再造想象在人类的实践活动中是必不可少的。再造想象使人们能更好地理解抽象的知识，使之变得具体生动、易于掌握；再造想象使人们能超越个人狭隘的经验范围和时空限制，获得更多的知识。

为了形成正确的再造想象，首先要正确理解词与实物标志的意义，其次要积累丰富的表象储备。再造想象依赖于头脑中已有表象的数量和质量，正确反映客观现实的表象越丰富，再造想象的内容就越生动、准确。

（2）创造想象

创造想象指的是不根据现成的描述，而在大脑中独立地产生新形象的过程。它是根据一定的目的、任务，在脑海中创造出新形象的心理过程。创造想象具有独立性、首创性、新颖性的特点，是人类创造性活动不可缺少的心理成分。没有创造想象，创造性活动就难以顺利进行。创造想象的产生需要一定的条件。

第一，适度的创造动机。人类的社会生活中存在着大量需要解决的问题。社会实践不断向人类提出新的问题，需要人类在创造想象的基础上进行创造性思维，解决现实中存在的实际问题。这就不断产生出创造新事物、解决新问题的需要。当这种需要达到一定程度时，就会激励人类从事各种创造活动，形成创造想象的动力。例如，以前人类用纸糊窗户，为了提高窗户的亮度和防止浸湿破坏，人类产生了对玻璃的想象。这推动了制造玻璃的创造活动，经过反复实践，人类终于制造出玻璃。但在玻璃的使用过程中，人类发现玻璃不能阻挡紫外线和不够坚固，于是又想象有一种能够阻挡紫外线和像钢一样坚硬的新型玻璃。人类的实践活动就是这样，已实现的想象引起新的需要，新的需要产生新的想象，新的想象又推动新的创造活动。

第二，丰富的表象储备。进行创造想象，首先要对有关事物进行细致观察，储备丰富的表象材料，因为想象决定于已有表象材料的数量和质量。表象材料越丰富，质量越高，人的想象就会越广、越深，创作的形象也会越逼真；表象材料越贫乏，人的想象就会越狭窄、肤浅，有时甚至完全失真。托尔斯泰在《战争与和平》一书中创造的娜塔莎的形象，是基于观察和分析他的妻子、他的妹妹两个人的性格和特点而塑造成的。鲁迅曾说过：如要创作，第一须观察，第二是要看别人的作品……必须博采众家，取其所长……这些都说明表象储备的重要性。

第三，必要的知识积累。要进行创造想象，还必须对有关领域进行深入研究，掌握必要的知识。每一个发明创造都是发明者对相应领域进行深入研究的结果。只有就某一领域深入研究，掌握必要的知识，才能在相应的领域展开想象的翅膀，进行创造想象。

第四，适时的原型启发。所谓"原型"，就是起启发作用的事物。任何发明创造或革新，都不是凭空想象出来的，创造者在开始时总要受到某种类似事物或模型的启发。例如，鲁班从茅草割破手得到启发，发明了锯子；瓦特受到水蒸气冲开壶盖的启发，发明了蒸汽机。原型之所以有启发作用，是因为原型本身的特点与所要创造的事物之间有相似之处，可以成为创造新事物的起点。某一事物的原型启发作用的发挥，还取决于创造者的心理状态，特别是创造者当时的思维状态。当人的思维处于积极状态时，往往能激发灵感，从而导致人的创造活动。

第五，积极的思维活动。创造想象不是一般的想象，而是一种严格的构思过程，必须在思维的调节支配下进行。积极的思维活动就是在进行创造想象的过程中，把以表象为基础的形象思维与以概念、判断、推理为手段的逻辑思维结合起来。一方面，有理性、意识的调节支配；另一方面，积极捕捉生活经历中各种有利于主体目标形象产生的表象，并迅速地把它们组合配置，完成对新形象的创造性思维活动。

第六，关键的灵感突现。在创造想象的过程中，新形象的产生往往带有突然性。灵感出现时的特征包括注意力高度集中于创造的对象上，意识活动十分清晰、敏锐，思维活跃。例如，思如泉涌，就是指众多新事物、新形象、新观念不知不觉地涌入脑中，它们相互结合，聚集或强调、突出，很多已有的记忆被唤起，新形象似乎由天而降，使人茅塞顿开。灵感并不是什么神秘物，它是想象者个人在长期生活实践中勤于积累经验的结果。由于注意力高度集中于要解决的问题，过去积累的大量表象被唤起，并且迅速结合，构成了新的形象。正如爱迪生所说，天才，就是百分之一的灵感加百分之九十九的汗水。柴可夫斯基说，灵感是这样一位客人，他不喜欢拜访懒惰者。

（3）幻想

幻想指的是与个人生活愿望相联系并指向未来的想象。符合事物发展规律并可能实现的想象，被称为"理想"。不以客观规律为依据，甚至违背事物发展的客观进程，不可能实现的想象，被称为"空想"或者"妄想"。

一般情况下，人们如果想要事有所成，就应该有理想，而不是空想和妄想，更不能得过且过，什么都不想。只有树立自己的目标，并且为之付出努力，这样才有可能让自己梦想成真。

单元测试

一、单项选择题

1. 注意的两个基本特征是（　　）。

A. 指向性与选择性　　　　　　　　B. 指向性与集中性

C. 指向性与分散性　　　　　　　　D. 集中性与紧张性

2. 铭铭在吵闹的教室中仍能专心读书。这体现了注意具有（　　）。

A. 选择功能　　　　B. 分配功能　　　　C. 保持功能　　　　D. 调节功能

3. 王老师讲课时，迟到的小明突然推门而入，同学们不约而同地把目光投向了他。同学们的这种心理活动属于（　　　）。

A. 无意识记　　　　B. 有意识记　　　　C. 无意注意　　　　D. 有意注意

4. 感受性与感觉阈限之间的关系是（　　　）。

A. 正比　　　　　　B. 反比　　　　　　C. 倒 U 形曲线　　D. 对数级数

5. 白墙在阳光和月色下看都是白的，煤块在阳光和月色下看都是黑的。这体现了（　　　）。

A. 知觉的整体性　B. 知觉的恒常性　　C. 知觉的理解性　D. 知觉的选择性

6. 学生考试时能够迅速、正确地提取先前存储在头脑中的知识，这一过程体现了记忆的（　　　）。

A. 流畅性　　　　　B. 永久性　　　　　C. 正确性　　　　　D. 备用性

7. "一朝被蛇咬，十年怕井绳"，这个过程中最突出体现的是（　　　）。

A. 情境记忆　　　　B. 语言逻辑记忆　　C. 运动记忆　　　　D. 情绪记忆

8. 创造性思维的核心是（　　　）。

A. 抽象思维　　　　B. 形象思维　　　　C. 发散思维　　　　D. 聚合思维

二、判断题

9. 注意稳定性的标志是活动在某一段时间内的高效率。

三、简答题

10. 简述有意想象的种类。

第三章　动机、情绪与意志

>>> 学习目标

1. 掌握动机、情绪与意志的概念。

2. 了解情绪与情感的区别、联系、分类和功能。

3. 了解情绪理论。

4. 了解动机的一般分类、功能和动机理论。

5. 了解意志行动的内涵与特征。

6. 掌握意志品质的特性。

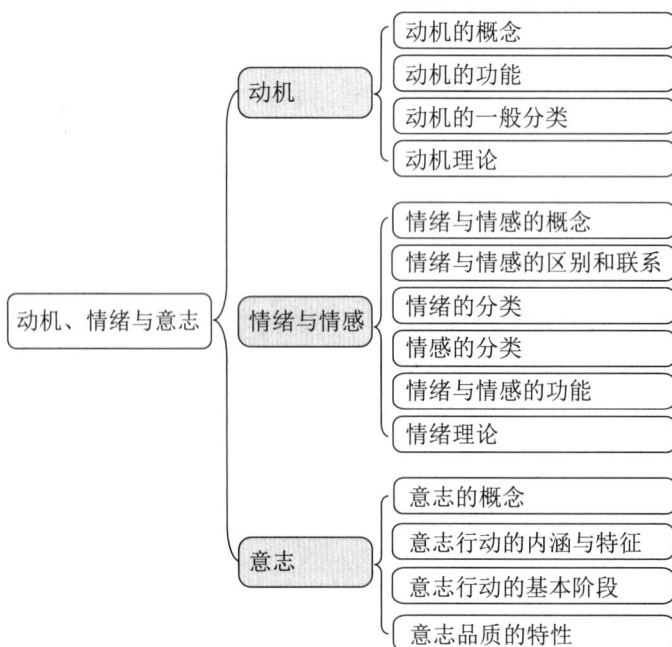

【案例导入】

　　中学生张同学最近在学习上表现得很消沉，课堂上不能集中精力，家庭作业也不能按时完成。教师和家长沟通后，发现张同学最近比较焦虑，意志力也比较薄弱，导致学习上出现了困难。

　　根据心理学理论，个体的认知活动是由动机、情绪和意志等心理因素所影响的。动机是指由目标引导、激发和维持个体活动的一种内在心理过程，情绪是指人类对客观世界的特殊反映形式，意志是指一个人自觉地确定目的，并根据目的来调节和控制自己的行动，克服各种困难，从而实现目的的心理过程。在这三个因素的共同作用下，个体的认知活动才能顺利进行。

　　在上述案例中，张同学的动机、情绪和意志方面都存在问题，导致学习上出现了困难。具体来说，张同学的动机可能不够明确，对学习没有清晰的目标和计划，比较焦虑，影响了学习的状态，意志比较薄弱，不能很好地控制自己的行为和认知活动。针对这些问题，教师和家长可以采取相应的方法，帮助张同学恢复学习状态。

第一节　动机

一、动机的概念

　　动机是推动人们进行各种活动的内在原因，它既是个体行为的驱动力，也是个体行为的动力源泉。动机与需要密切相关，需要是动机产生的基础，当个体内部或外部的刺激符合个体的需要时，就会引起动机，推动个体去追求并满足这种需要。

　　现代心理学将动机定义为由目标引导、激发和维持个体活动的一种内在心理过程。这个定义强调了动机的目标导向性，即动机总是与一定的目标相联系。这个目标可以是内部的，也可以是外部的，它激发和维持个体的活动，使个体能够有目的地去行动。

人的各种活动都是受动机支配的，动机影响着人们行为的起点、方向、强度以及持久度。例如，一个想要考上好大学的学生会努力学习，这个动机支配着他的行为，决定了他学习的方向。同时，动机的强度和持久度也会影响他的学习行为，如果他非常渴望考上好大学，那么他可能会努力学习很长时间，而且学习强度也会很大。

动机作为一种内在心理过程，不能被直接观察到，但是可以通过观察到的外部刺激与行为反应之间的关系来进行推断。[①] 例如，一个人在面对困难时表现出坚持不懈的行为，可能是因为他的内在动机是追求成功和成就感。

二、动机的功能

动机在人类行为中扮演着重要的角色，它具有多种功能，这些功能帮助我们理解动机对行为的影响。以下是动机的三种主要功能。

①激发功能。动机具有激发和驱动行为的功能。它促使个体产生行动，努力实现目标。例如，当一个人渴望获得某种奖励或避免某种惩罚时，他会被激发去采取行动以实现目标。

②指向功能。动机具有指向功能，它引导个体的行为朝向特定的目标。在追求目标的过程中，动机使个体能够将注意力集中在他需要实现的目标上，并使行为具有明确的方向性。例如，当一个人想要获得更高的薪水时，他的动机指向了提高工作效率和促进职业发展，这使他的行为具有明确的方向性，并专注于实现这个目标。

③维持和调节功能。动机还具有维持和调节功能。当个体接近目标时，动机可以提高他的努力程度和坚持性，以实现目标。当行为偏离目标时，动机也可以调整行为的方向和努力程度，以重新回到正确的轨道。例如，当一个学生在学习过程中遇到困难时，他的动机可以增强他克服困难的努力程度，从而有助于他调整学习方法，以更好地掌握知识。

综上，动机在人类行为中起着重要的作用。充分利用动机的这些功能，我们能够更好地理解动机对行为的影响，并更好地预测和控制自己的行为。

---

① 李美华：《心理学与生活》，150 页，长沙，湖南师范大学出版社，2017。

三、动机的一般分类

动机的分类方法有很多，以下是几种常见的动机分类方法。

(一)生理性动机与社会性动机

根据动机的性质，可分为生理性动机和社会性动机。生理性动机也称驱力，它以有机体自身的生物需要为基础，如饥饿、口渴、睡眠等。这些生理需要是人们进行各种活动的基本动力，它们驱动着人们去获取食物、水分和休息时间。例如，一个饥饿的人会感到身体的不适，并被驱动去寻找食物。

社会性动机是指人们在社会化过程中形成的动机，如交往动机、成就动机等。这些动机与人们的社交生活和职业活动密切相关，它们驱动着人们去与他人交往、追求成功。例如，一个人想要获得同事的认可和尊重，会努力工作并表现出色。

(二)原始动机与习得动机

根据学习在动机形成和发展中的作用，可分为原始动机和习得动机。原始动机是与生俱来的，是以人的本能需要为基础的动机，如好奇心、探索欲等。这些动机促使人们去探索周围的环境和事物，是人类行为的基础。例如，一个婴儿会不断地探索周围的环境，尝试各种物品的味道和体验各种物品的触感。

习得动机是指后天获得的各种动机，即通过学习产生和发展起来的动机，如成就动机、学习兴趣等。这些动机与人们的学业和职业成就密切相关。例如，一个学生为了获得好成绩会努力学习，一个职员为了获得晋升机会会努力工作并表现出色。

(三)有意识动机与无意识动机

根据动机的意识水平，可分为有意识动机和无意识动机。有意识动机是指人们明确意识到自己行为的原因和目的，可以清晰地表达出自己行为的意义。例如，当一个人为了达到某种目的而完成任务时，他明确地知道自己的行为是为了获得奖励或避免惩罚。

无意识动机是指人们没有意识到自己行为的原因和目的，这些行为是在不知不觉中产生的，人们可能无法明确地表达出自己行为的意义。例如，一个人可能会在不知不觉中形成一些习惯性行为模式，并以这些行为模式对刺激情境做出反应。这些行为模式是在过去的学习和经验中形成的。

(四)内在动机与外部动机

根据动机的来源，可分为内在动机和外部动机。内在动机是指个体对任务本身感兴趣和充满热情，如热爱某个领域、渴望获取知识等。这些动机激发个体去追求自己喜欢的事物，并从中获得满足感和成就感。例如，一个对绘画有着浓厚兴趣的人会主动地学习和创作，这种内在的动力促使他不断地提高自己的绘画技能和表现水平。

外部动机是指由外部因素引起的动机，如奖励、惩罚、竞争等。例如，一个学生为了获得好成绩而努力学习，这种努力学习的原因是获得外部的奖赏(如父母的奖励、教师的赞扬等)。

(五)主导性动机与辅助性动机

根据动机在活动中所发挥的作用，可分为主导性动机和辅助性动机。主导性动机是指在某个阶段或某种情境下，对个体行为起主要作用的动机，它能够决定个体行为的方向和目标。例如，当一个人在工作中想要获得晋升机会时，这种想要获得晋升的愿望就会成为他的主导性动机，并决定他的努力方向和工作表现。

辅助性动机是指在某个阶段或某种情境下，对个体行为起次要作用的动机，它能够增强主导性动机的作用。例如，当一个人在工作中除了想要获得晋升机会之外，还希望能够获得同事的认可和尊重。这种想要获得同事认可和尊重的愿望就会成为他的辅助性动机，并增强他的主导性动机的作用。

(六)近景性动机与远景性动机

根据动机引起的行为与目标之间的关系，可分为近景性动机和远景性动机。近景性动机是指与当前行为或目标直接相关的动机，它能够激发个体立即采取行动。例如，当一个人感到饥饿时，他会被驱动去寻找食物来满足自己的需求。这种饥饿感和寻找食物的行为之间是直接相关的，因此可以称这种动机为近景性动机。

远景性动机是指与长远目标或最终结果相关的动机，它能够激发个体为了实现长远目标而付出努力。例如，一个人接受高等教育是为了将来能够获得更好的就业机会，达到更高的收入水平。这种想要获得更好的就业机会、达到更高的收入水平的动机可以被称为远景性动机，它能够激发个体为了实现长远目标而付出努力去接受高等教育并取得优异成绩。

四、动机理论

动机究竟是怎样产生的？动机又是如何影响行为的？围绕着这些问题，心理学家尝试着对动机的实质进行多方面的探讨，并提出了不同的看法。下面介绍几种有关人类动机的理论。

(一)本能理论

本能理论是一种心理学理论，认为人类行为是由内在的本能驱使的。这个理论最早由达尔文(Darwin)提出，他认为人类行为是由进化过程中形成的本能所驱动的。本能是指一种天生的、遗传的、不需要学习就能产生的行为模式。这种行为模式是为了适应环境、满足生理和心理需求而产生的。

许多心理学家从本能的角度来解释人类行为。美国心理学家詹姆斯认为，人类行为是本能和环境相互作用的结果。本能是天生就有的，不需要学习就能产生，如求食本能、求偶本能、自卫本能等。弗洛伊德认为，人类行为是由本我、自我和超我三种心理结构所决定的。其中，本我是最原始的部分，是由一系列本能组成的，包括性本能和攻击本能等。弗洛伊德认为，这些本能是天生就有的，是人类行为的基础。麦独孤(McDougall)系统地提出了动机的本能理论，认为人类行为是由一系列本能驱使的。他还提出了一些具体的本能，如争斗本能、逃避本能、求偶本能等。

然而，跨文化人类学家本尼迪克特(Benedict)和米德(Mead)指出，普遍代表"人类天性"的行为模式往往因不同人群的文化和价值观而呈现差异。也就是说，人类行为不仅是由本能驱使的，而且还受到环境和文化的影响。行为主义的实验研究也演示了环境因素对行为的决定作用，对本能理论提出了致命挑战。

事实上，人类行为是由多种因素共同作用的结果，包括遗传、环境、文化和个人经验等。因此，不能简单地将人类行为归结为由一种本能所驱动。

(二)驱力理论

驱力理论是一种心理学理论，旨在解释引发个体行为的动机。该理论认为，个体行为是由内在的驱力所驱动的，这种驱力是由生理需求引起的，它关注的是个体为了满足生理需求而产生的行为。

在驱力理论中，驱力是指个体由于生理需求未满足而产生的一种紧张状态。这种紧张状态可以激发或驱动个体的行为，以消除紧张并满足需求。当个体获得满足时，紧张状态就会消除，驱力也会减少。举例来说，假设一个人感到饥饿，他会因此产生一种驱力，这种驱力会激发他去寻找食物并进食。当他吃下食物后，他的驱力就会减少，紧张状态也会消除。

在驱力理论的发展过程中，赫尔(Hull)提出了驱力减少理论。他认为，个体的行为是为了满足需求，从而减少驱力。也就是说，这种驱力的目标是减少驱力本身。

驱力既可来自内部刺激，也可来自外部刺激。内部刺激是指个体内部的生理需求，如饥饿、口渴等。外部刺激是指来自外部环境的刺激，如社交环境、工作环境等。比如，广告中的美食图片可以激发人们的食欲，从而驱动他们购买食品或去餐馆就餐。

(三)唤醒理论

唤醒理论是一种心理学理论，旨在解释个体对于刺激的偏好和行为反应。该理论认为，个体对于刺激的偏好水平是决定其行为的重要因素之一。唤醒理论主要关注的是刺激和个体反应之间的相互作用，以及这种相互作用如何导致个体的行为反应。

在唤醒理论中，唤醒是指个体受到外部刺激或内部刺激后产生的一种兴奋状态。这种状态可以激发个体的注意力和警觉性，从而促使其做出相应的行为反应。唤醒理论认为，个体偏好中等强度的刺激水平，因为这种刺激水平可以导致最佳的唤醒状态。

柏林(Berlyne)是唤醒理论的早期代表人物之一。柏林认为，当刺激与个体的驱力水平相匹配时，个体会产生最强的唤醒反应。如果刺激过于复杂或过于简单，个体的驱力水平就会受到影响，导致唤醒反应减弱。

赫布也是唤醒理论的代表人物。他认为，个体的行为是由其所处的环境刺激所决定的。赫布提出,环境刺激和个体反应之间存在一个"联想"过程,这个过程使得个体能够对环境刺激做出适当的反应。赫布认为,个体对于刺激的偏好水平取决于该刺激所提供的唤醒程度。

唤醒理论在教育、广告和工业等领域得到了广泛应用。在教育领域,教师可以通过调整教学策略和教学方法来提高学生的学习效果。例如,教师可以利用多媒体技术或互动游戏等手段来提高学生的参与度和兴趣,从而提高学生的学习成绩。在广告领域,广告商可以利用唤醒理论来提高消费者对产品的兴趣和购买欲望。例如,广告商可以通过使用动感的音乐和绚烂的图像来提高消费者的唤醒水平,从而使其对产品产生更强烈的兴趣和购买欲望。在工业领域,工程师和设计师可以利用唤醒理论来提高用户的满意度。例如,设计师可以通过调整产品的外观和功能来提高用户的唤醒水平,从而使其对产品产生更强烈的兴趣和购买欲望。

(四)诱因理论

诱因理论是一种心理学理论,强调环境刺激对个体行为的影响。该理论认为,诱因是指能够满足个体需要的刺激物,它具有激发或诱使个体朝向目标的作用。诱因既可以是外部的奖励、惩罚、社交认可等,也可以是内部的成就感、自我实现等。

诱因理论认为,个体对于诱因的偏好和追求是行为的重要决定因素之一。不同的诱因可以激发不同的行为反应,而且个体对于诱因的偏好程度也会随着时间和情境的变化而变化。

举例来说,假设一个人在工作中有两个目标:一个是完成任务获得奖金,另一个是得到同事的认可和尊重。这两个目标都可以成为诱因,激发个体的行为。如果任务比较简单,个体可能会更倾向于追求奖金;如果任务比较复杂或困难,个体可能会更倾向于追求同事的认可和尊重。

在实践中,诱因理论被广泛应用于教育、管理、营销等领域。在教育领域,教师可以利用诱因理论来设计教学策略和教学方法,以激发学生的学习兴趣和动力;在管理领域,管理者可以利用诱因理论来设立奖励和惩罚机制,以激励员工;在营销领域,广告商可以利用诱因理论来设计广告和促销活动,以激发消费者的购买欲望。

第二节 情绪与情感

一、情绪与情感的概念

情绪与情感作为人类心理活动的重要方面，在认知和实践活动中扮演着关键的角色。它们是人类对客观世界的特殊反映形式，直接影响着我们对事物的认知和行为的实践。

情绪与情感是在认知和实践活动的过程中产生的。当人们面对外部环境、事物或情境时，他们会根据个体的认知能力、经验和价值观等因素，产生相应的情绪和情感反应。例如，一个人经历了某件事情，他可能会感到快乐和满足，也可能会产生愤怒或沮丧。情绪和情感是复杂的心理现象，由独特的主观体验、外部表现和生理唤醒三种成分组成。

①主观体验是情绪与情感的核心成分，它反映了个体在特定情境下的感受和体验。这是一个极为私密和个体化的层面，不同的人可能对同一情境产生不同的主观体验。比如，面对一份让人意外的生日礼物，一个人可能会感到高兴和惊喜，而另一个人可能会感到困惑或失望。这种主观体验的差异反映了个体之间情绪体验的主观性和多样性。

②外部表现是情绪与情感的可观测部分，通常通过面部表情、肢体语言、声音等方式展现出来。当一个人感到愉悦时，他可能会展露出笑容，举止轻松愉快；而当一个人感到愤怒时，可能会出现愤怒的面部表情和较为紧张的肢体语言。

③生理唤醒是个体情绪与情感出现时，伴随着出现的生理上的变化，如心率的加快、呼吸的急促等。这种生理唤醒反映了情绪与情感对个体生理状态的影响，也进一步影响着个体的行为和思维。比如，当一个人出现惊恐的情绪时，心率可能会急速加快，呼吸变得急促，这种生理唤醒会使个体处于高度警觉状态，可能会导致行为上的紧张和思维上的混乱。

情绪与情感作为人类心理活动的重要组成部分，直接影响着我们对事物的认知和行为的实践。通过深入了解情绪与情感的概念、特征以及举例说明，我们能够更好地理解它们在认知与实践中的作用，也能够为我们更好地理解自己的情绪和情感提供一定的参考。

二、情绪与情感的区别和联系

情绪和情感虽然都是人对客观事物与自身需求之间关系的反映，但它们在某些方面还是存在明显的区别。

（一）情绪与情感的区别

从复杂程度来看，情感是多种复杂因素交织的结果，融合了个人的经历、价值观、社会文化等；而情绪则相对单纯，更多取决于当下的感受和外部刺激。例如，母亲对孩子的爱是一种复杂的情感。它融合了母亲自己的成长经历、家庭背景、教养方式等因素，同时也受到社会文化的影响。"慈母多败儿"即表达了一些母亲对孩子的溺爱。母爱还随着孩子的成长而不断调整变化，从最初的无条件保护到逐渐给予自主空间，这一过程涉及母亲的教育理念等诸多方面的改变。又如，当我们吃到一块美味的蛋糕时，可能会产生愉悦的情绪。这种情绪主要来自当下的感官刺激和主观感受，虽然个人的味觉喜好会有所不同，但总体而言，这种情绪反应相对简单直接。

从持续的时间来看，情绪通常是比较短暂的、情境性的反应，而情感则通常是较为持久的状态。例如，当一个人在生日当天收到一份让人意外的礼物时，他可能会感到高兴和惊喜，但这种情绪体验通常会随着时间的推移而减弱。当一个人对某个人产生了深厚的感情时，这种情感体验可能会持续很长一段时间，甚至伴随他的一生。

从引起原因来看，情感常常源自个体与他人或环境的互动，如对家人的亲情、对朋友的友情等；而情绪则可能由更直接、简单的因素引起，如因吃到美食而高兴、因被人批评而沮丧。例如，小明每次回家看到父母，都会感到温暖，产生一种归属感。这种情感是长期积累的，基于他与父母之间的血缘关系、共同的经历以及相互的支持和关爱。即使有时因为意见不合而暂时产生矛盾，这种亲情依然稳固存在。又如，小张在餐厅尝试了一道新菜，非常符合他的口味，他立刻感到非常高兴和满足。这种情绪是由直接的感官体验触发的，是即时的、短暂的，并且与具体的情境紧密相连。

(二)情绪与情感的联系

情绪与情感之间存在着紧密的联系。在从属关系方面，情绪是情感的一种表现形式，而情感则是一个涵盖更广的概念，包含了情绪在内的多种心理体验。在触发机制方面，情感常常会引发相应的情绪，并通过情绪反应来表达。例如，当我们感受到爱时，往往会产生喜悦的情绪。同时，情绪和情感都会引起一定的生理和心理反应，如心跳加速、血压升高等生理变化，以及主观上的心理体验。情绪与情感都需要通过面部表情、肢体语言等外在的方式来表达，才能被他人感知和理解。由此可见，情绪是情感得以表达和传达的重要渠道，两者之间存在着密不可分的联系。

总之，情绪和情感虽然有区别，但它们也是相互联系的。它们都是人对客观事物与自身需求之间关系的反映，只是在表现形式和侧重点上有所不同。理解情绪与情感的联系和区别对于深入探讨人类心理活动的本质和提高人际交往的技能都具有重要的意义。

三、情绪的分类

情绪是我们与生俱来的心理反应，它影响着我们的行为、思考和感觉。了解情绪的分类有助于我们更好地理解和管理自己的情绪。

(一)情绪的基本分类

一般来说，情绪可以分为快乐、愤怒、恐惧和悲哀四种基本类型。

①快乐。快乐是一种积极的情绪，通常与满足、愉悦和舒适的感觉相关。当我们实现目标、获得奖励或者有积极的事件发生时，我们会产生快乐的情绪。

②愤怒。愤怒是一种消极的情绪，通常与不满、气愤和烦躁的感觉相关。当我们遭受挫折、不公正的对待或者被威胁时，我们会产生愤怒的情绪。

③恐惧。恐惧是一种消极的情绪，通常与害怕、不安和紧张的感觉相关。当我们面临危险、不确定性或者未知的事物时，我们会产生恐惧的情绪。

④悲哀。悲哀是一种消极的情绪，通常与悲伤、失落和沮丧的感觉相关。当我们失去重要的东西或者经历失败时，我们会产生悲哀的情绪。

这四种基本情绪在我们的生活中经常出现，影响着我们的行为和决策。

(二)情绪状态的分类

情绪状态是指一段时间内各种情绪体验的一般特征表现。根据情绪状态的强度和持续时间，可以分为心境、激情和应激三种类型。

1. 心境

心境是一种微弱、平静和持久的情绪状态，也叫心情。它不是特别强烈的，但是会持续较长时间，对我们的日常生活产生潜移默化的影响。比如，当一个人处于愉悦的心境中时，他可能会感到轻松、愉快，并且对事物持有积极的态度；而当一个人处于忧郁的心境中时，他可能会感到沉闷、沮丧，并且对事物持有消极的态度。心境具有弥散性和长期性，它会影响我们日常生活中的许多方面，包括我们的工作、学习和人际关系。

2. 激情

激情是一种爆发强烈而持续时间短暂的情绪状态。它通常由某种突发的刺激事件引起，如取得重大成功或失败、与爱人争吵等。激情具有爆发性和冲动性，同时伴随有明显的生理变化和行为表现。在激情状态下，人们可能会失去理智，做出冲动的行为，如大喊大叫、摔东西等。激情对人的影响有积极和消极两个方面。一方面，激情可以激发内在的心理能量，成为行为的巨大动力，提高工作效率，使人有所创造；另一方面，激情也有很大的破坏性和危害性，如果不能有效地控制自己的激情，就可能给自己和他人带来不必要的伤害。

3. 应激

应激是由出乎意料的紧张和危急情况引起的情绪状态。它通常由某种突发的事件或压力引起，如自然灾害、车祸等。在应激状态下，人们可能会感到紧张、焦虑或恐惧，并且会出现一系列生理反应，如心跳加速、呼吸急促等。应激对人的影响既有积极的一面也有消极的一面。一方面，它可以使人更加警觉和敏锐，有助于应对突发情况；另一方面，如果长期处于应激状态，可能会对身体和心理健康产生负面影响。

四、情感的分类

情感是人们在与外界互动过程中产生的一种复杂的心理体验，它涉及人们的喜怒哀乐、爱恨情愁等。这些情感可以按照不同的分类方式进行划分，其中一种比较常见的分类方式是根据情感的性质和来源进行分类。

根据这种分类方式，可以将情感分为道德感、理智感和美感。

(一)道德感

道德感是指人们用一定的道德标准去评价自己或他人的思想和言行时产生的情感体验。这个标准可以是社会的道德规范、价值观等。当思想和言行符合这个标准时，人们就会产生积极的情感体验，反之则会产生不安或者内疚等消极的情感体验。

例如，人们看到有人舍己为人、无私奉献时，会感到敬佩和敬重，这就是道德感的表现。再如，当人们做出违背道德规范的行为时，会感到内疚和自责，这也是道德感的表现。

(二)理智感

理智感是指人们在智力活动中，认识和评价事物时产生的情感体验。这种情感体验与人们的认知活动紧密相关。

例如，当一个人在解决一个问题时，可能会经历一系列的思维过程和情感体验。在这个过程中，他可能会感到好奇、充满兴趣、产生困惑等，这些都是理智感的表现。当最终他解决了问题时，可能会产生喜悦感和幸福感，这也是理智感的体现。

(三)美感

美感是指人们用一定的审美标准来评价事物时产生的情感体验。这种情感体验与人们的审美活动紧密相关，是人们在欣赏美、创造美等活动中所表现出来的一种情感反应。

例如，当人们在欣赏一幅美丽的画作或者聆听一首动听的音乐时，会感到愉悦和满足等。这种情感体验是与人们的审美活动紧密相关的，是美感的表现。美感不仅可以在艺术领域中表现出来，而且还可以体现在人们日常生活中的方方面面。例如，当人们看到美丽的风景或者闻到好闻的气味时，也会产生愉悦的情感体验，这也是美感的表现。

总之，道德感、理智感和美感是三种不同的情感体验，它们分别与人们的道德标准、认知活动和审美标准相关联。这三种情感在人们的生活中发挥着重要的作用，它们可以影响人们的行为选择、认知过程和价值判断等方面。通过深入了解情感的分类和表现形式，人们可以更好地认识和理解自己的情感世界，从而更好地与外界互动和沟通。

五、情绪与情感的功能

情绪与情感在个体生活中发挥着重要的功能，作为人类行为的基本动力，极大地影响着个体的生活质量。

(一)适应功能

情绪与情感是个体适应环境、求得生存与发展的重要形式。情绪与情感是人类从远古时代进化而来的，并随着大脑的进化而不断分化。从一开始，它们就具有帮助人类适应环境的功能。比如，惊惧的时候瞪大眼睛，不自觉地做出防御性的动作等，其本身就具有抵御外来侵害的功能。婴儿期的哭声可以告诉大人自己的身体不适或饥饿。儿童在学校或家庭生活中如果情绪情感出现了危机，说明儿童应有的需要没有得到满足，多数情况下预示着家庭、社区或学校环境的功能出现了问题。情绪与情感是个体对环境的适应状况的指示器。如果个体长期高度紧张或不良情绪不断出现，说明个体的环境适应出现了问题，应该及时做出适当的调整。

(二)动机功能

需要是动机产生的内在条件和源泉，而情绪和情感作为个体需要是否得到满足的主观体验，影响着人们从事某些活动的动机和活动效率。例如，积极的情绪和情感会成为个体行为的积极推动力，而消极的情绪和情感则会成为行动的阻力。研究表明，适度的紧张和焦虑能促使个体积极思考并产生行动去成功地解决问题，而过于松弛、过于紧张或过度焦虑的状态，会对人的行为和问题解决带来消极影响。

(三)组织功能

相比于认知过程对信息进行选择和加工的功能而言，情绪和情感则对心理过程进行监督，对其他心理活动具有组织的作用。情绪和情感为人类活动提供了一定的心理状态和背景，其他一切心理活动都是在一定的情绪和情感状态下进行的，因此，情绪和情感必然对其他心理活动产生影响。积极、良好的情绪和情感可以激发和促进人们的活动，提高活动的效率；而消极、不良的情绪和情感会阻碍活动的顺利进行。强烈而持久的积极情绪和情感能够促使个体产生无限能量去进行某种活动。

(四)信号功能

情绪和情感在人际交往中具有传递信息、沟通思想的功能。这种功能是通过情绪和情感的外部表现，即表情来实现的。面部表情、体态表情和言语表情不仅是言语交流的重要补充，能使言语信息表达得更加明确，而且与有声的口头语言相比，更能传递内心的情绪情感、态度意向和性格气质，并显示出独特的可靠性、隐蔽性和感染力。另外，从信息交流的发生来看，表情交流比言语交流要早得多，如在前言语阶段，很多时候婴儿与成人的相互交流是通过情绪和情感进行的。情绪和情感的适应功能也正是通过信息交流而实现的。

(五)健康功能

许多研究都证明，积极的情绪有助于身心健康，消极的情绪可能会引起人的各种疾病。我国古代医书《黄帝内经》中就有"怒伤肝""喜伤心""思伤脾""忧伤肺""恐伤肾"的记载。有许多心因性疾病与人的情绪失调有关。美国心脏病学会将易患上心脏病的人群定义为 A 型性格人群，这类人群的特征是生活压力过大，自我要求过高，性情暴躁，易发脾气。一些临床医学研究也证明，长期受不良情绪困扰，会导致各种心身疾病。因此，对不良情绪进行控制、引导，代之以积极乐观的情绪，不但能提高生活质量，也能有效地防治身体疾病。积极而正常的情绪体验是保持心理平衡与身体健康的条件。

六、情绪理论

情绪体验同时伴有生理和心理两种过程，情绪理论试图对生理、心理过程以及它们的关系做出系统的解释。不同的心理学流派和心理学家从不同的角度对情绪的产生进行了研究，因而产生了许多不同的观点，进而形成了各种情绪理论。

(一)詹姆斯—兰格情绪理论

情绪的产生往往伴随着一定的生理变化，如血液循环、肌肉、呼吸、腺体分泌等方面的变化。1884年和1885年，美国心理学家詹姆斯和丹麦生理学家兰格(C. Lange)先后提出了相似的情绪理论：情绪产生于植物性神经系统的活动。他们把情绪的产生归因于身体外周活动的变化，如哭泣是悲伤产生的原因，惧怕产生于颤抖等，所以这种理论又称情绪的外周理论。

人们习惯地认为，先受到某种刺激，产生了某种情绪，才会引发机体变化和反应。但是，詹姆斯和兰格认为，情绪只是对身体状态的感觉，其出现的原因纯粹是身体的，先有机体的生理变化，然后才有情绪。一个情绪刺激物作用于感官，引起个体生理上的某种变化和反应，并激起神经冲动；神经冲动传至中枢神经系统产生一定的情绪。

詹姆斯—兰格情绪理论重视情绪与机体变化的密切关系，但又片面地强调了植物性神经系统的作用，忽视了中枢神经系统在情绪产生中的控制和调节作用。这种最早的情绪理论引起了生理学家和心理学家的长期争论，促进了情绪理论的发展。

(二)坎农—巴德情绪理论

美国生理学家坎农(Cannon)首先对詹姆斯—兰格情绪理论进行了质疑：①在各种情绪状态下机体的生理变化差异较小，无法根据生理变化对复杂多样的情绪做出区分；②由植物性神经系统支配的机体生理变化较迟缓，无法适应情绪的丰富变化；③机体的生理变化可由药物引起，但药物只能激活一定的生理状态，不能创造某一特定的情绪。

在对詹姆斯—兰格情绪理论提出批评的同时，坎农及其追随者巴德(Bard)阐述了他们自己的观点。这种后来被称为坎农—巴德情绪理论的学说认为，情绪的中心不在外周神经系统，而在中枢神经系统的丘脑。当丘脑活动被唤起时，情绪的特殊性质就附加于简单的感觉之上。

坎农—巴德情绪理论重视对情绪中枢性生理机制的研究，相比于詹姆斯—兰格情绪理论前进了一大步，但它忽视了大脑皮层对情绪的作用以及外周神经系统对情绪的意义，因而有较大的局限性。

(三)阿诺德和拉扎勒斯的认知—评价理论

早期的情绪理论将重点放在对情绪引起的生理变化和生理唤醒的解释上，而美国心理学家阿诺德(Arnoid)倡导的认知—评价理论则将情绪的产生同认知活动联系起来，使情绪理论的发展步入了一个新阶段。

阿诺德在20世纪50年代提出了著名的认知—评价理论。该理论主要有两个方面的内容。

1. 情绪刺激必须通过认知—评价才能引起一定的情绪

阿诺德认为，面对同样的刺激情境，由于对它的估量和评价不同，个体会产生不同的情绪反应。对以往经验的记忆存储和通过表象达到的激活，在认知—评价中起关键作用。老虎是让人恐惧的，但与山林中的老虎不一样，关在动物园的老虎不会引起人的恐惧。因为经验告诉人们被围住的老虎无法对人构成威胁，这种认知—评价决定了个体对动物园的老虎没有恐惧情绪，产生的更多是好奇。

2. 大脑皮层兴奋对情绪的产生具有重要作用

阿诺德认为，外界情绪刺激作用于感受器时产生的神经冲动经内导神经传至丘脑，再到大脑皮层，由大脑皮层产生对情绪刺激与情境的评价，从而形成相应的情绪。

拉扎勒斯(Lazarus)发展了阿诺德的认知—评价理论，将"评价"扩展为评价、再评价的过程。他认为，这个过程由筛选信息、评价、应对冲动、交替活动、身体反应的反馈，以及对活动后果的知觉等环节组成。情绪的产生是生理、行为和认知三种成分的综合反应。对认知起决定作用的是个体心理结构，即信仰、态度和个性特征等。社会文化因素影响着个体对刺激情境的知觉和评价。

(四)沙赫特和辛格的三因素论

美国心理学家沙赫特(Schachter)和辛格(Singer)在20世纪60年代由一系列情绪实验的结果推论出与前人迥然不同的情绪认知理论——三因素论。这个理论的基本观点是：认知的参与以及认知对环境和生理唤醒的评价过程是情绪产生的机制。各种情绪状态是交感神经系统以一定形式的普遍唤醒。人们通过环境的暗示和认知加工对这些状态进行一定的解释和归类。认知对刺激引起的一定的生理唤醒的引导与解释导致情绪的产生。

　　沙赫特和辛格精心设计了证明环境事件、生理状态和认知过程在情绪产生过程中的作用的实验。先给三组被试注射肾上腺素，使他们处于典型的生理唤醒状态，但只告诉被试：注射的是一种维生素，其目的是研究这种维生素对视觉的影响。然后，实验者对三组被试作了三种不同的说明来解释注射此物后可能出现的反应：告诉第一组被试，注射后将出现心悸、手抖、脸发烧等反应；告诉第二组被试，注射后除身体发抖、脚有点麻外，不会有其他的反应；对第三组被试不作任何说明。

　　将三组注射完肾上腺素的被试各分为两部分，让他们分别进入预先设计好的两种实验情境中休息。一种实验情境是引人发笑的愉快情境，被试能看到一些滑稽表演；另一种实验情境是惹人发怒的情境，有人强迫被试回答烦琐的问题，并强加指责。

　　实验预测：如果情绪由刺激引起的生理唤醒状态决定，那么这三组被试应产生一致的情绪反应；如果情绪由环境因素决定，则结果应是在愉快情境中的被试感到愉快，在惹人发怒的情境中的被试感到愤怒。但是，实际结果却是：第二、第三组被试在愉快情境中表现出愉快的情绪，在惹人发怒的情境中表现出愤怒的情绪，而第一组被试则没有表现出相应的愉快或愤怒的情绪。即第二、第三组被试的情绪反应证实了生理唤醒和环境因素的作用，而第一组被试的表现则说明了认知因素的决定作用。由于实验者准确地向第一组被试介绍了注射后会出现的身体反应，使被试对后来的真实生理反应有了正确的估计与解释，并将环境对他们的影响也进行了认知解释，因而能平静地面对环境的作用。

　　这个实验说明，情绪状态实际上是认知过程、生理状态和环境因素共同作用的结果。大脑皮层将外界环境信息、内部生理变化信息以及认知信息整合起来，情绪由此产生。

(五)伊扎德的动机—分化理论

　　伊扎德(Izard)以整个人格结构为基础研究情绪的性质和功能。他的动机—分化理论受汤姆金斯(Tomkins)的影响很大，重视情绪的动机作用。伊扎德认为，情绪是在生命进程中逐渐分化和发展起来的，包括情绪体验、脑和神经系统的相应活动以及面部表情三个方面。他提出了一个情绪—认知—运动反应模型，认为在激活情绪的过程中人与环境是相互作用的，其间个体内部认知过程起着重要的作用。认知、运动系统和情绪的相互作用经过认知整合导致了一定的情绪体验和反应。

在重视认知因素对情绪作用的同时，伊扎德将情绪的适应价值置于十分重要的地位，认为情绪是基本动机。情绪使机体对环境事件更敏感，更能激起机体的活力；情绪对认知的发展和认知活动起着监督作用，它激发人去认识、去行动。

伊扎德认为情绪不是其他心理活动的伴随现象，而是具有独特作用的心理活动，强调情绪对人格整合的动机功能。他认为，人格是由知觉、认知、运动、内驱力、情绪和体内平衡六个子系统构成的复杂组织，情绪是这个复杂组织的核心。这个复杂组织的整合是靠情绪的动机作用来完成的。

动机—分化理论既继承了情绪有生物成分和进化价值的观点，又重视社会文化环境、个体经验和人格结构等对情绪的制约作用，还强调情绪受主体认知功能的调节，是一种较全面的情绪理论，有着广阔的发展前景。

第三节 意志

一、意志的概念

意志是指一个人自觉地确定目的，并根据目的来调节和控制自己的行动，克服各种困难，从而实现目的的心理过程。在这个过程中，人不是消极、被动地接受外部刺激，而是积极、主动地对外界进行反映和干预。

人对客观世界的反映不是简单的反射或被动接受，而是通过积极主动的思维和行动来实现的。人在反映客观世界的过程中，不仅接受来自内部和外部的刺激作用，产生各种认识、理解和情绪情感，而且还会采取相应的行动来反作用于客观世界。

意志对行动的调节和控制主要表现在两个方面：发动和制止。发动是指推动和激发人们采取行动，以实现设定的目标；制止则是指抑制和阻止不符合目标的行为或冲动。只有通过这两个方面的调节和控制，才能实现由意志支配的行动，即意志行动。

综上所述，意志反映了人的积极主动性和自我控制能力，是人在反映客观世界过程中不可或缺的一部分。

二、意志行动的内涵与特征

(一)意志行动的内涵

人的行动会受到许多因素的影响，包括环境、情绪、习惯等，但只有当行动是基于自己的意愿和目的时，才能被称为意志行动。意志行动是人类行为中的一种特殊形式，它不同于无意识的行为或纯粹的本能行动。意志行动是人们为了实现预定目的而自觉地克服困难，通过不断尝试和调整，努力完成任务的过程。

1. 意志行动是自觉确立目的的行动

在进行意志行动时，个体会经过自我思考和选择，明确一个具体的目标或目的。这个目标通常是与个体的愿望、价值观和目标密切相关的，是经过一定的理性考量后确定的。假设一个学生决定要提高自己的数学成绩，他会自觉地确定这个目标，并且意识到这需要他付出更多的努力和时间来学习数学。这就是一个典型的自觉确立目的的意志行动。

2. 意志行动以随意运动为基础

随意运动是指个体在不受外界强制作用的情况下，通过自己的意志和决定进行的运动或行动。意志行动并不是被动地受到外部因素的影响，而是由个体内部的自愿决定所驱动的。例如，一个人决定通过锻炼身体来保持健康。他自愿选择每天早晨去跑步，而不是因为受到了外界压力的影响。这个行动是基于他自己的决定和意愿的，完全符合以随意运动为基础的特征。

3. 意志行动是与克服困难相联系的行动

意志行动往往涉及面对各种困难、阻力和挑战，个体需要克服这些障碍以实现所确定的目标。这种克难的过程是意志行动的一个重要组成部分，也是其与其他行动的显著区别之一。例如，一个人决定戒烟，他意识到这是一个困难的过程，因为他可能会出现戒断症状、经受各种诱惑等。然而，他仍然选择去克服这些困难，坚定地朝着戒烟的目标前进。这个过程体现了意志行动与克服困难相联系的特征。

(二)意志行动的特征

1. 意志行动的目的性和计划性

意志行动是有目的的行动,人们在进行意志行动之前会明确自己的目的,并制订相应的计划。例如,一个学生为了考上心仪的大学而制订学习计划,通过不断努力和调整,最终实现自己的目标。

2. 意志行动的主动性和创造性

意志行动是人们主动地反映世界和改造世界的过程。在意志行动中,人们会主动地调整自己的行为和策略,以适应不断变化的环境。同时,人们还会创造性地解决问题,通过尝试新的方法和途径来实现目标。例如,一个企业家在创业过程中,需要不断创新和调整自己的商业模式,以适应市场的变化和竞争的压力。

3. 意志行动的前进性

意志行动以不断向前发展为特征。在行动中,人们会不断地克服困难和挫折,努力朝着目标前进。例如,一个运动员在训练过程中需要不断挑战自己的极限,通过不断努力和坚持,最终达到自己的最佳状态。

4. 意志行动必须符合客观规律

人们在进行意志行动时,需要充分考虑实际情况和规律,制订合理的计划和策略。例如,一个农民在种植作物时需要了解农作物的生长规律和气候条件,通过合理的耕作和施肥来提高产量。

以上四个方面是意志行动的基本特征。在意志行动中,人们需要充分发挥自己的主观能动性,通过不断尝试、调整和创新来实现目标。同时,人们还需要充分考虑实际情况和规律的要求,制订合理的计划和策略,以避免盲目行动和不必要的失败。

下面我们通过一个例子来说明意志行动的特征。一位大学生想提高自己的英语水平。经过自我分析,他发现自己的英语口语能力较差,于是决定每天早上坚持朗读英语半小时。在这个过程中,他明确了自己的目的和计划,每天按时朗读英语。他克服了懒惰和其他困难,坚持每天早起半小时。他还尝试了采用不同的方式来朗读和运用。通过一段时间的努力和坚持,他的英语口语能力得到了显著提高。

三、意志行动的基本阶段

意志行动的基本阶段包括采纳决定阶段和执行决定阶段。在采纳决定阶段，个体需要解决动机斗争问题，确定行动目的。在执行决定阶段，个体需要选择行动方法和策略，努力克服各种困难，最终实现所确定的目的。

(一)采纳决定阶段

采纳决定阶段是意志行动的起始阶段，它决定了行动的方向和目的，是整个意志行动过程的关键。在这个阶段，个体经历了解决动机斗争问题和确定行动目的两个重要环节。

1. 解决动机斗争问题

动机斗争是在个体确定行动目的之前，对自身各种动机进行权衡和选择的过程。这是一个决定性的阶段，影响着最终行动目的的确定。动机斗争可以呈现出不同的形式，主要包括接近—接近型冲突、回避—回避型冲突、接近—回避型冲突和多重接近—回避型冲突。

(1)接近—接近型冲突

这种冲突形式又称为双趋冲突。在这种情况下，个体同时被两个或多个目标所吸引，但只能选择其中一个。个体必须在这些目标之间做出选择，但因为无法决定哪个目标更有吸引力，所以感到困惑和矛盾。例如，一个人可能同时对两个不同的职业感兴趣，但每个职业都有其优点，他需要权衡自己的职业规划和个人喜好来做出决策。

(2)回避—回避型冲突

这种冲突形式又称为双避冲突。在这种情况下，个体同时排斥两个或多个目标，但必须接受其中一个。个体感到左右为难，因为每个目标都有其不利之处。例如，一个人可能需要在两个都不令人满意的工作机会之间做出选择，每个工作都有其缺点，他需要权衡自己的职业需求和生活质量来做出决策。

(3)接近—回避型冲突

这种冲突形式又称为趋避冲突。在这种情况下，一个目标对个体来说既有吸引力又有排斥力。目标既有积极的方面，也有消极的方面，这使得个体感到矛盾和困惑。例如，一个人可能对某个职业的某些方面感到非常满意，但同时也对这个职业的某些方面感到担忧或不安。他需要权衡自己的职业兴趣和个人需求来做出决策。

(4)多重接近—回避型冲突

这种冲突形式又称为多重趋避冲突。在这种情况下，个体面临多个目标，每个目标都有其吸引力和排斥力。个体需要在这些目标之间进行权衡和选择。例如，一个人可能面临多个职业机会，每个职业都有其优点和缺点，他需要综合考虑自己的职业规划、个人需求和生活质量来做出决策。

动机斗争是人们在生活中经常面临的困境之一。无论是个人生活中的决策，还是职业发展中的选择，动机斗争都无处不在。理解动机斗争的不同形式有助于我们更好地认识和理解自己的内心世界，并帮助我们更好地做出决策。

2. 确定行动目的

确定行动目的是采纳决定阶段的最终环节。个体在解决动机斗争问题后会明确自己的行动目的。这个目的通常与个体的愿望、价值观密切相关，是经过一定的理性考量后确定的。

目的作为意志行动的核心，是指引我们行动方向和结果的关键因素。一个明确、具有社会价值的目的，将激发我们更强大的毅力，使我们展现出惊人的意志水平。相反，如果行动缺乏明确目的，往往会引发患得患失的情绪和斤斤计较的行为，导致我们无法取得真正的成就。然而，目的的确立并非易事。一般来说，具有一定难度但经过一定意志努力可以达到的目的，是较为合适的。一旦实现这个目的，我们能够感受到心理上的满足感和成就感，弥补目的确定过程中可能产生的内心冲突带来的损害，为后续实现其他目的做好准备。当面临多个适宜和诱人的目的时，我们可能会体验到内心冲突，难以做出抉择。此时，我们需要进行合理安排，先实现主要和近期的目的，再逐步实现次要和远期的目的。或者反之，先实现次要目的以创造条件，再集中力量实现主要目的。

(二)执行决定阶段

目的确定以后，就要解决如何实现目的的问题。一般来说，要经历选择行动方法和策略、努力克服困难以实现所确定的目的两个环节。

1. 选择行动方法和策略

在执行决定阶段，个体需要选择适合实现目的的行动方法和策略。这涉对各种可能的方案进行评估和选择，以确定最有效的行动路径。假设一个创业者决定推出一款新产品，他需要选择适合的市场推广策略等。他可能会进行市场调研，了解目标受众的需求，选择合适的定位和营销手段。

2. 努力克服困难以实现所确定的目的

执行决定阶段也包括了克服困难和挑战的过程。在实践中，个体可能会面临各种障碍和困难，需要通过坚持和努力来实现他们所确定的目的。回到前述创业者的例子，他可能会面对营销费用高、竞争激烈等困难。然而，通过精细的计划和团队的合作，他可以逐步克服这些困难，实现产品的成功推出。

意志行动的基本阶段包括采纳决定阶段和执行决定阶段，每个阶段都具有其独有的特征和重要环节。了解这些阶段和环节可以帮助我们更全面地理解意志行动的本质，也可以为我们在实践中更好地进行意志行动提供指导和参考。

四、意志品质的特性

意志品质是指个体在意志行动中表现出的稳定的、积极的心理特征，是人格的重要组成部分。这些品质在人的意志行动中贯彻始终，反映了个体所具有的意志水平，并直接影响个体的行为结果。在日常生活和学习中，我们都希望能够拥有良好的意志品质，以便更好地应对挑战和困难。

(一)自觉性

自觉性是指个体明确自己的行动目的，并对此有深刻的认识和坚定的信念。在行动中，能够主动地支配自己的行动，使其符合实现目的的要求。具有自觉性的人能够独立思考，找到问题的关键所在，并制订出合理的计划和策略。举例来说，一位成功的创业者必须具备强烈的自觉性。他清楚地知道自己创业的目的和使命，对自己的产品或服务有深刻的了解和信心。他能够独立思考并制定出有效的策略，面对困难和挑战时能够迅速调整自己的行动方向。

(二)果断性

果断性是指个体在面对复杂情境和多种可能时，能够迅速做出决策并付诸行动。果断的人具有当机立断的能力，不会犹豫不决或拖延。他们知道如何权衡利弊得失，并做出最佳的决策。举例来说，优秀的医生必须具备果断性。在面对复杂的病情时，他们需要迅速做出辅导方案，以确保患者的生命安全。果断性也表现在紧急情况下，医生能够迅速做出决策并采取有效的措施。

(三)坚韧性

坚韧性是指个体在面对困难和挫折时，能够坚持不懈地追求目标，不轻易放弃。坚韧的人具有顽强的毅力和耐力，能够持之以恒地付出努力。他们知道成功需要付出代价，并愿意为了实现目标而付出长期的努力。举例来说，一位优秀的运动员必须具备坚韧性。他们需要不断地训练和比赛，面对各种困难和挑战。只有具备坚韧不拔的毅力，才能在竞争激烈的环境中脱颖而出。

(四)自制力

自制力是指个体能够自觉地控制自己的情绪和行为，保持冷静和稳定。具有自制力的人能够克制自己的冲动和情绪，不会因短暂的快乐或痛苦而放弃长远的目标。他们能够自我约束，遵守规则和道德规范。举例来说，一位优秀的教师必须具备自制力。在面对学生的问题行为时，他们需要保持冷静和稳定，不会因学生的不当行为而发脾气或放弃学生。他们能够克制自己的情绪，采取有效的教育措施来解决问题。

单元测试

一、单项选择题

1."鱼，我所欲也；熊掌，亦我所欲也。二者不可得兼……"所反映的动机冲突是(　　)。

A. 双趋冲突　　　　　　　　　　B. 双避冲突

C. 趋避冲突　　　　　　　　　　D. 多重趋避冲突

2. 发现问题的惊喜感、解决问题的喜悦感、为真理而献身的自豪感，这体现了情感的(　　)。

A. 责任感　　　B. 义务感　　　C. 道德感　　　D. 理智感

3. 积极的情绪有助于拓宽注意的范围，促进问题的解决。这体现了情绪的(　　)。

A. 组织功能　　　B. 动机功能　　　C. 适应功能　　　D. 社会功能

4."人逢喜事精神爽"，这体现出受(　　　)的影响。

A. 激情　　　　　B. 心境　　　　　C. 热情　　　　　D. 应激

5. 当同学们获悉本班取得学校合唱比赛第一名的成绩时，欣喜若狂的情绪状态属于(　　　)。

A. 心境　　　　　B. 激情　　　　　C. 应激　　　　　D. 热情

6. 学期末，学生们为迎接考试而紧张地复习功课。这时电视台播出了精彩的球赛，大家都选择不看。这是(　　　)的表现。

A. 意志　　　　　B. 情绪　　　　　C. 认知　　　　　D. 思维

二、简答题

7. 简述动机的功能。

8. 简述情绪与情感的区别和联系。

9. 简述沙赫特和辛格的三因素论。

10. 简述意志行动的内涵。

11. 简述意志行动的基本阶段。

第四章　能力与人格

>>> **学习目标**

1. 了解能力的含义、种类、测量，掌握能力形成和发展的影响因素。

2. 了解人格的含义、理论，熟悉人格形成和发展的影响因素。

3. 了解性格与认知风格的含义、差异。

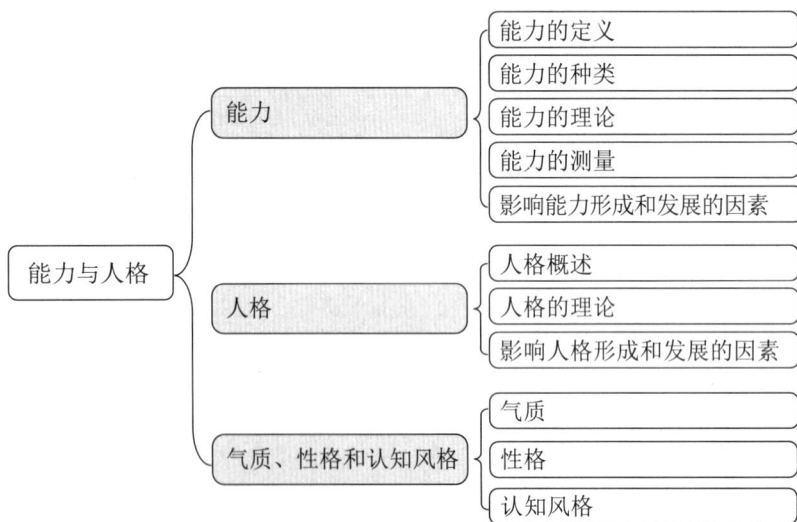

【案例导入】

　　中学生王某在学校中表现优异，成绩稳定，经常参加课外活动，并且与同学建立了良好的人际关系。然而，他在家庭中却容易发脾气，对家人的要求比较苛刻，且常常感到自己无能。

　　能力与人格理论分析：他在学校中的优异表现可能与他的高智力、高创造力、高敏感性和高控制性有关。他在家庭中的表现可能与他的情绪不稳定、焦虑和低自尊有关。这些人格特质会影响他的行为、情感和认知方式。

气质与性格理论分析：他在学校中的优异表现可能与他的活泼、乐观、自信和勇敢有关。他在家庭中的表现可能与他的易怒、任性、易苛求和懦弱有关。这些气质和性格特点会影响他的行为方式和生活态度。

针对王某的不同表现，教师和家长可以采取不同的方法来帮助他发展健康的人格特质和行为方式。例如，教师可以鼓励他参加更多的课外活动和挑战性的课程，以发展他的创造力和控制力。家长可以与他进行更多的沟通和交流，帮助他处理情绪问题和增强自尊心、自信心。

第一节　能力

一、能力的定义

能力是直接影响人的活动效率，促使活动顺利完成的个性心理特征。我们说某人在某个领域有能力，意味着他可以高效、优质地完成相关任务。值得注意的是，能力是成功完成活动的必要条件，但不是全部条件。以学习为例，两个学生可能拥有相同的学习知识和技巧，但由于个人能力差异，他们在学习效率和质量上可能有所不同。其中一个学生可能更容易理解和记忆知识，而另一个学生可能在应用和实践方面更出色。

首先，能力是通过活动的效率和质量加以体现的。若一个人能够顺利完成某项任务，或完成任务的效率较高、质量较好，我们便称此人有这方面的能力或此方面的能力较强。

其次，能力是一种心理特征，它有别于气质、性格。能力是直接影响活动效率和质量的心理因素，既包括现实的能力也包括潜在的能力，而气质、性格的作用则是间接的。例如，一个性格内向的人可能在团队合作中表现出色，因为他具备出色的倾听和协调能力。

最后，能力与知识和技能既有联系又有区别。联系表现在以下方面。①能力是掌握知识与技能的前提，能力的高低会影响到知识掌握的深浅和技能水平的高低。例如，一个学习能力强的学生，可以更快地掌握知识和技能，从而提高学习成绩。②能力是在掌握知识和技能的过程中形成和发展起来的，掌握系统的知识和技能有利于能力的增长和发挥。例如，教师可以通过组织实践活动、设置问题情境等方式，来培养学生的分析问题、解决问题的能力。区别表现在以下方面。①知识是对人类社会历史经验的概括，技能是对一系列活动方式的概括，能力是对人在从事某种活动时表现出来的多种心理品质的概括。②在一个人身上，知识和技能的发展是无止境的，它们会随着学习进程的推进而不断丰富，而能力的发展则有一定的限度。③知识、技能的掌握和能力的发展是不同步的。有时，知识的增多并不意味着能力的提高。这就是为什么教师在教学中不仅要注重知识的传授，而且要注重对学生能力的培养。

二、能力的种类

人的能力多种多样，可以从多个角度进行分类。以下是四种常见的分类方式。

(一)一般能力和特殊能力

一般能力，指人在进行各种活动中所必须具备的基本能力。这些能力包括观察力、注意力、记忆力、思维力、想象力等。例如，在学习新知识时，需要运用观察力来获取信息，运用注意力来保持专注，运用记忆力来储存信息，运用思维力来理解信息，以及运用想象力来拓展思路。

特殊能力，指人在某一特定领域或任务中所表现出的独特能力。这些能力通常需要通过专门的训练和实践才能获得。例如，一位音乐家可能具有出色的音乐感知和表演能力，一位运动员可能具有卓越的竞技能力。

(二)模仿能力和创造能力

模仿能力，指人通过观察和模仿他人的行为或作品来学习新知识和技能的能力。例如，一个孩子可以通过模仿大人的语言和行为来学习说话和社交规范。

创造能力，指人在解决问题或创造新作品时所表现出的独特思维和创新能力。例如，一位发明家可能运用创造能力来设计出新颖实用的产品。

(三)认知能力、操作能力和社交能力

认知能力，指人在获取、加工、储存和运用信息时所表现出的能力。这些能力包括注意力、记忆力、思维力等。例如，在学习新知识时，需要运用认知能力来理解和掌握知识。

操作能力，指人在实践中运用所学知识和技能完成任务的能力。这些能力通常需要通过反复练习和实践才能获得。例如，一位厨师可能具有出色的烹饪能力，能够制作各种美味佳肴。

社交能力，指人在与他人交往和互动中所表现出的能力。这些能力包括沟通能力、合作能力、领导能力等。例如，一位销售人员需要具备良好的社交能力来与客户建立良好的关系并促成交易。

(四)优势能力和非优势能力

优势能力，指人在某个或多个方面相对于其他人表现出色的能力。这些能力可能是天赋导致的，也可能是通过长期的训练和实践获得的。例如，一位演讲家可能具有出色的口才和表达能力，能够在演讲中吸引听众的注意力并传达有效信息。

非优势能力，指人在某些方面相对于其他人表现较弱的能力。这些能力可能是由缺乏训练、经验或天赋不足而导致的。然而，通过努力学习和实践，非优势能力也有可能得到改善和提升。例如，一个人可能在口语表达上能力较弱，但通过持续的学习和练习，他的口语表达能力可能会提高。

三、能力的理论

能力的理论是心理学家们对人类能力进行深入研究后所提出的一系列学说和思想。这些理论模型从不同的角度对能力的成分构成、各成分之间的关系，以及能力在更广泛领域中的地位和关系进行了诠释。

(一)因素说

因素说是关于能力结构的一种学说，认为人的能力是由一些基本因素或原始能力构成的。这些因素或原始能力被认为是人类行为的基础。

1. 二因素说

英国心理学家斯皮尔曼（Spearman）认为，人的能力由两种因素组成：一般因素（G 因素）和特殊因素（S 因素）。一般因素是各种活动的共同基础，而特殊因素则是各种活动的特殊要求。

2. 群因素说

美国心理学家瑟斯顿（Thurstone）认为，人的能力是由七个基本因素组成的，包括词语理解、词语流畅、数字运算、空间关系、联想记忆、知觉速度和一般推理。这些因素相互独立，可以通过训练得到提高。

3. 流体智力和晶体智力理论

由美国心理学家卡特尔（Cattell）提出。流体智力是指以生理为基础的认知能力，如记忆力；而晶体智力则是指以习得的经验为基础的认知能力，如语言文字能力。流体智力随年龄增长而下降，而晶体智力则可以随经验和训练而不断提高。

4. 多元智力理论

多元智力理论，是由美国心理学家霍华德·加德纳（Howard Gardner）在 1983 年提出的。该理论认为，人类的智力不是单一的，而是由多种相对独立的智力组成的。这些智力具体包括以下内容。（表 4-1）

表 4-1　多元智力[1]

智力类型	定义
语言智力	个体运用语言进行表达、理解和创造的能力
逻辑数学智力	个体进行逻辑推理、数学运算和问题解决的能力
空间智力	个体对空间关系、图形和图像的理解、记忆和操作能力
音乐智力	个体感知、理解、创作和表现音乐的能力
身体运动智力	个体运用身体协调、平衡和运动的能力
人际交往智力	个体与他人交往、沟通和合作的能力
自我认识智力	个体认识自我、理解自我情感和动机、进行自我管理的能力

---

[1]　吴志宏、郅庭瑾等：《多元智能：理论、方法与实践》，6～7 页，上海，上海教育出版社，2003。

加德纳认为，这些智力是相对独立的，每个人都有自己的优势智力和弱势智力，而且这些智力可以通过教育和训练得到提高。这一理论强调了智力的多样性和差异性，挑战了传统的单一智力观念，为教育提供了更加全面的视角和方法。

多元智力理论在教育领域有着广泛的应用。它提醒教育者要关注学生的多种智力，提供多样化的学习方式和机会，以满足不同学生的需求。同时，它也为评价学生提供了更加全面的视角，不再局限于传统的学术成绩，而是考虑到学生在不同领域的发展和表现。

(二)结构说

智力的结构说是关于智力结构的一种学说，主张智力是由不同维度的特定内容构成的。最具代表性的理论是吉尔福特(Guilford)的三维结构模型。他认为智力包括操作、内容和产品三个维度，每个维度下又有多个子维度。

具体来说，操作维度包括认知、记忆、发散思维、聚合思维等多种智力操作方式；内容维度包括视觉、听觉、符号、语义、行为等多种智力操作对象；产品维度则包括单元、类别、关系、系统、转化等多种智力操作结果。这样，每种智力操作方式、对象和结果的组合都构成了一种独特的智力。(表4-2)

表 4-2 吉尔福特三维结构模型的具体内容[①]

维度	子维度	描述	示例
操作维度	认知	个体在问题解决、推理、判断等认知活动中所表现出的能力	注意力、观察力、想象力等
	记忆	个体对信息的存储、保持和回忆能力	工作记忆、长时记忆等
	发散思维	个体在面对问题时，产生多种不同的解决方案或观点的能力	创造性思维、头脑风暴等
	聚合思维	个体在面对问题时，分析、归纳和整合信息，得出唯一正确答案的能力	演绎推理、归纳推理等

---

① 叶奕乾：《现代人格心理学》，143～144 页，上海，上海教育出版社，2005。

续表

维度	子维度	描述	示例
内容维度	视觉	个体通过视觉感知和理解信息的能力	空间感知、图形识别等
	听觉	个体通过听觉感知和理解信息的能力	语音识别、音乐感知等
	符号	个体理解和运用符号系统(如语言、数学符号等)的能力	词汇理解、数学运算等
	语义	个体理解和运用语义信息(如词义、句义等)的能力	阅读理解、文本解析等
	行为	个体在社交、运动等实际活动中所表现出的能力	社交技巧、运动协调等
产品维度	单元	个体处理信息时所关注的基本单位或元素	字词、数字等
	类别	个体将相似或相关的信息归为一类的能力	分类思维、概念形成等
	关系	个体理解和运用不同信息之间关系的能力	因果关系、相关关系等
	系统	个体将多个信息或元素整合为一个有机整体的能力	系统思维、整体观念等
	转化	个体将信息或知识转化为实际应用或创新产品的能力	创新思维、实践能力等

这些子维度相互交织,构成了智力的复杂结构。个体在这些子维度上的表现和发展都是独特的,因此每个人的智力结构都是独特的。在教育实践中,我们需要充分考虑学生的个别差异和多样性,为每个学生提供适合他们智力发展的教育环境和资源,从而促进他们的全面发展。

吉尔福特的三维结构模型强调了智力的复杂性和多样性,认为每个人的智力结构都是独特的,不同的智力可以在不同的情境和任务中得到发挥和运用。这一理论为教育提供了更加全面的视角和方法,指导教育者关注学生的多种智力,为每个学生提供适合他们智力发展的教育环境和资源,从而促进他们的全面发展。同时,也提醒教育者不断探索和研究智力的本质和结构,以更好地理解和应对学生发展中的各种问题和挑战。

(三)智力的信息加工理论——三元智力理论

三元智力理论，也称为智力的三元理论，是由美国耶鲁大学的心理学家斯腾伯格(Sternberg)在 1985 年提出的。他认为，一个完备的智力理论必须说明智力的三个方面，即智力的内在成分、这些智力成分与经验的关系，以及智力成分的外部作用。这三个方面构成了智力成分亚理论、智力经验亚理论、智力情境亚理论。（表 4-3）

表 4-3 三元智力理论内容①

智力类型	描述	主要特点	组成	示例
成分智力	考查智力的基本组成元素和它们如何相互作用	多种认知能力的组合	元成分、操作成分、知识获得成分	一个数学家利用他的数学知识(知识获得成分)来制定解决复杂问题的策略(元成分)，并在解决问题的过程中集中注意力(操作成分)
经验智力	探讨个体如何利用已有的知识和经验来处理新信息和新问题	利用经验和知识解决问题	已有经验	一个经验丰富的医生利用他的医学知识和经验(经验智力)来治疗患者的疾病。他能够根据疾病的症状和患者的病史，快速制定有效的辅导方案
情景智力	关注智力如何在实际生活中应用和表现	与外部世界互动和适应	利用内部知识和外部环境进行适应和改变	一个国际象棋大师能够根据不同的对手和棋局情况(情景智力)调整他的下棋策略。他不仅需要理解棋局(成分智力)，还需要利用他以前比赛的经验(经验智力)来预测对手可能的走棋并制定相应的策略

这个理论的意义在于，它提供了一个更全面和深入的视角来理解人类的智力。传统的智力理论往往只关注智力的某一方面，如认知能力或学业成绩，而忽视了智力的其他重要方面，如创造力、实践能力和社交能力。三元智力理论则强调了智力的多样性和复杂性，认为智力是由多种成分组成的，并且这些成分在不同的情境和经验中会有不同的表现和发展。

① [美]R. J. 斯腾伯格：《超越 IQ——人类智力的三元理论》，俞晓琳、吴国宏译，43～123 页，上海，华东师范大学出版社，2000。

四、能力的测量

(一)智力测验(一般能力的测量)

1. 斯坦福-比纳智力量表

斯坦福-比纳智力量表是一种用于测量人类智力的标准化测试工具,由美国斯坦福大学教授推孟(Terman)于 1916 年对比纳-西蒙智力量表进行修订而成,其后又进行了三次修订。该量表采用了比纳-西蒙智力量表的特点,并添加了斯腾的商数量表,即比率智商(ratio IQ)。斯坦福-比纳智力量表的测验以个别方式进行,完成时间通常幼儿为 30~40 分钟,成人不多于 90 分钟。测验程序是,从稍低于被试实际年龄组的项目开始,如果在这组内有任何一项目未通过,则降到低一级的年龄组继续进行,直至某组全部项目都通过,此组对应的年龄就作为该被试的"基础年龄";然后再依次完成年龄较大的各组的项目,直至某组的项目全部未通过为止,此组对应的年龄作为该被试的"上限年龄"。通过计算比率智商来得出个体的智力水平。斯坦福-比纳智力量表被广泛应用于心理学、教育学、医学等领域,用于评估儿童的智力水平、制订教育计划、诊断智力障碍等。同时,该量表也被用于研究人类智力的本质和发展规律,为心理学和神经科学研究提供了重要的工具。

【知识链接】

斯坦福-比纳智力量表部分题项举例

五岁组(每通过一个项目得二个月)题项:

①在人像画上补笔。

②折叠三角。模仿将一张正方形的纸对角折叠两次。

③为皮球、帽子、火炉下定义。

④临摹方形。

⑤判断图形的异同。

⑥把两个三角形拼成一个长方形。

(备用项目)用鞋带在铅笔上打个结。

七岁组(每通过一个项目得二个月)题项:

①指出图形的谬误。

②指出两物的相同点(木和炭、苹果和桃、轮船和汽车、铁和银)。

③临摹菱形。

④理解问题。例如,如果你在马路上遇到一个找不到父母的三岁小孩,你应该怎么办?

⑤完成相应的类比:雪是白,炭是(?);狗有毛,鸟有(?)等。

⑥顺背五位数。

(备用项目)倒背三位数。

斯坦福-比纳智力量表中智商的计算公式如下:

智商＝智力年龄/实际年龄×100。

由于智商是智力年龄与实际年龄之比,因此,也被称为比率智商。

2. 韦克斯勒智力量表

韦克斯勒智力量表由美国心理学家韦克斯勒(Wechsler)所编制,是继比纳-西蒙智力量表之后国际通用的另一套智力量表。它包括成人、儿童和幼儿三个版本,分别适用于不同年龄段的个体。

韦克斯勒智力量表主要考查的是个体的认知能力、注意力、记忆力、思维灵活性等多个方面,通过多个子测试来评估个体的智力水平。每个子测试都是标准化的,有明确的评分标准和解释。最终通过计算总分或者各个子测试的得分来得出个体的智力水平。

韦克斯勒智力量表相比于斯坦福-比纳智力量表,在评估个体智力水平时更加注重考查个体的多个方面,包括非言语性的能力,因此被认为是一种更加全面和深入的智力评估工具。同时,韦克斯勒智力量表也更加注重评估个体在不同文化和社会背景下的智力表现,因此具有更广泛的适用性。

智力测验的种类很多。除前面介绍的两种个人智力测验外,还有团体智力测验,如适用于中小学生的洛奇-桑代克智力测验和美国陆军所使用的陆军普通分类测验等。此外,还有非文字的图形测验,如瑞文推理测验等。

(二)特殊能力测验和创造力测验

特殊能力测验是针对某一种特殊能力所包含的各个方面进行的测量。测量的目的在于了解个体在专业领域的既有水平，并预测个体今后在此专业领域成功的可能性。常见的特殊能力测验主要有音乐能力测验、美术能力测验和机械能力测验等。这些测验通常包括多个子测试，用于评估个体在特定领域内的技能、知识和表现。

创造力测验则用于评估个体的创造力水平。创造力是指个体产生新颖、独特、有价值的想法和解决问题的能力。创造力测验通常包括多个任务，要求个体在短时间内产生尽可能多的创意和解决方案。创造力测验的结果可以用于评估个体的创造力水平和发展潜力，也可以用于比较不同个体之间的创造力差异。

需要注意的是，特殊能力测验和创造力测验只能评估个体智力和能力的一部分，我们还需要结合其他测验和观察来全面评估个体的智力和能力水平。同时，这些测验也需要由专业的心理学家或测评师来进行，以确保测试的准确性和有效性。

五、影响能力形成和发展的因素

（一）遗传与营养

遗传是指个体从父母那里继承下来的基因信息，这些基因信息决定了个体的遗传特征。研究表明，智力有一定的遗传性，即父母的智力水平会对子女的智力水平产生一定的影响。但是，遗传并不是决定个体智力水平的唯一因素，环境和经验也对个体智力的发展起着重要作用。

营养也是影响个体智力发展的重要因素之一。充足的营养可以保证大脑的正常发育和功能，从而提高个体的智力水平。反之，营养不良则会影响大脑的正常发育和功能，进而影响个体的智力发展。因此，合理的饮食和营养摄入对个体智力的发展至关重要。

（二）产前环境和早期经验

产前环境是指胎儿在母体内的生长环境，包括母体的健康状况、营养状况、药物使用情况等。产前环境对个体智力的发展具有重要影响，不良的产前环境可能导致胎儿大脑发育异常，进而影响个体的智力水平。

早期经验是指个体在婴幼儿期所接受的刺激和经验，包括家庭环境、教育方式、亲子关系等。早期经验对个体智力的发展具有关键作用。丰富的早期经验可以促进大脑的发育，提高个体的智力水平。反之，缺乏早期经验或不良的早期经验则可能影响个体智力的发展。

(三)学校教育

学校教育是影响个体智力发展的重要因素之一。学校教育不仅可以提供知识和技能的学习机会，而且还可以培养个体的思维能力、创新能力、社交能力等。学校教育的质量和方式也会影响个体智力的发展。例如，启发式教育可以激发个体的思维和创造力，而机械式教育则可能限制个体的思维发展。

(四)社会实践

社会实践是指个体在社会生活中所参与的活动和经验，包括工作、社交、文化娱乐等。社会实践对个体智力的发展具有重要影响。通过社会实践，个体可以接触到更多的信息和知识，拓展自己的视野和思维方式，提高自己的认知能力和解决问题的能力。同时，社会实践也可以锻炼个体的意志品质和情绪管理能力，促进个体智力的全面发展。

(五)主观努力

主观努力是指个体在发展过程中所付出的努力，包括学习、训练、实践等。主观努力对个体智力的发展具有关键作用。通过不断的学习和训练，个体可以提高自己的认知能力和解决问题的能力，进而提高自己的智力水平。同时，通过主观努力，个体也可以培养自律性、毅力和自信心等品质，从而促进智力的全面发展。

第二节　人格

一、人格概述

(一)人格的概念

人格一词，最初源于古希腊语，原意是指希腊戏剧中演员戴的面具，这些面具随着人物角色的不同而变换，生动地体现了角色的特点和人物性格，就如同我国戏剧中的脸谱一样，成了一种象征。在心理学上，人格一词沿用了面具的含义，并被定义为一个人在人生舞台上所表现出来的种种言行，这些言行是人们遵从社会文化习俗的要求而做出的反应。

人格这个词还包含了另一个意思，即一个人由于某种原因不愿意展现的人格成分。这就像在舞台上，有些演员会选择隐藏自己的真实面目，以保护自己的隐私或者避免外界的干扰。同样，一个人也可能因种种原因而选择隐藏自己真实的人格成分，这体现了人格的内在特征。

人格是一个复杂的概念，它包含了人们的外在表现和内在真实自我两个方面的特征。在心理学领域，人格被深入研究，以了解人类的心理和行为特征。人们通过了解自己和他人的性格特点，可以更好地理解彼此的行为和情感，从而建立更好的人际关系。

为了更好地理解人格这一概念，我们可以将其定义为：人格是构成一个人的思想、情感及行为的特有模式。这个模式不仅体现了每个人的独特性，而且还是一种相对稳定且统一的心理品质的体现。这种心理品质是与众不同的，它使得每个人在思想、情感和行为上都有其独特的表现方式。

(二)人格的特征

人格是一个具有丰富内涵的概念，它具有独特性、稳定性、统合性、功能性、社会性等特征。下面将详细阐述这些特征。

1. 独特性

人格的独特性是指每个人的人格特点都是独特的，不同的个体具有不同的人格特点。人格特点是由遗传、成熟、环境、教育等先后天因素的交互作用形成的。人格的独特性表现在各个方面，包括兴趣爱好、价值观、动机、情感反应等。这些特点使得每个人都是独一无二的，具有自己独特的思考方式、行为模式和应对策略。这种独特性也反映在人们的生活中，不同的人会有不同的生活方式、目标和追求。

2. 稳定性

人格的稳定性是指一个人的人格特点一旦形成，就相对稳定下来，不会轻易改变。这种稳定性也称为人格的惯性。人格的稳定性是由个体的神经生理结构决定的，是长期适应环境的结果。人格的稳定性表现在两个方面：一是人格特质的跨时间一致性，二是人格特质的跨情境一致性。人格特质的跨时间一致性是指同一特质在不同时间表现出稳定性。比如，一个内向的人在青少年时期、成年期都可能表现出内向的特点，那么这种特质就是跨时间一致的。人格特质的跨情境一致性是指同一特质在不同情境下表现出稳定性。比如，一个人在家庭和工作场合都表现出同样的领导风格，那么这种特质就是跨情境一致的。

3. 统合性

人格的统合性是指个体的人格是一个有机整体，是在自我意识的调控下保持一致的。人格的统合性是人格发展的结果，具体表现在各个方面，包括认知、情感、动机、行为等。比如，一个人在面对挫折时，能够积极调整自己的心态，采取有效的应对策略，从而保持内心的平静和稳定。这种统合性使得个体在面对挑战时能够保持一致的行为和思考方式，从而更好地适应环境。

4. 功能性

人格的功能性是指人格特点对个体的生存和发展具有重要的意义和作用。人格的功能性是人格发展的内在动力，是人们行为和思考的基础。人格的功能性表现在各个方面，包括情感、动机、能力等。比如，一个人的乐观性格可以使其在面对困难时保持积极的心态，从而更好地应对挑战。这种功能性使得个体能够更好地适应环境，提高生存和发展的机会。

5. 社会性

人格的社会性是指个体作为社会成员之一，其人格特点受到社会和文化环境的影响和制约。人格的社会性是人类社会化的结果，是人类文明传承和发展的重要基础。人格的社会性表现在各个方面，包括文化背景、社会角色、价值观等。比如，不同文化背景下的个体会有不同的价值观和行为模式，这是社会对个体影响的结果。这种社会性使得个体能够更好地适应社会和文化环境，同时也使得个体能够成为人类文明的传承者和创造者。

总之，人格是一个复杂而多维的概念，它包含了多种成分和特征。其中，独特性、稳定性、统合性、功能性和社会性是人格的重要特征。了解和理解这些特征有助于我们更好地认识自己和他人，从而更好地适应社会和文化环境。同时，也有助于我们更好地理解人类心理和行为的本质和发展规律，为人类心理健康和教育事业的发展提供重要的理论支持和实践指导。

二、人格的理论

(一)特质理论

特质理论，也称为性格理论，是研究人格的理论。特质理论家主要对特质的测量感兴趣。特质可以被定义为行为、思想和情感的习惯模式。特质与状态相反，状态是更短暂的倾向。有两种定义特质的方法：作为内部因果属性或作为描述性摘要。作为内部因果属性的定义表明特质会影响我们的行为，导致我们按照该特质去做事情。作为描述性摘要的定义表明特质是对我们不试图推断因果关系的行为的描述。

1. 奥尔波特的人格特质理论

奥尔波特(Allport)的人格特质理论是一种强调个体差异和稳定性的人格理论，他认为个体的行为和思想是由其独特的人格特质所决定的。

①人格特质的定义。奥尔波特认为，人格特质是个体身上所独具的、与其他人所不同的、持久而又稳定的行为模式，它决定了个体行为的基本倾向和独特性。

②人格特质的分类。奥尔波特将人格特质区分为共同特质和个人特质。共同特质是指在某一社会文化形态下，大多数人或一个群体所共有的、相同的特质。而个人特质则是个人所特有的，代表着个人的独特的行为倾向。奥尔波特特别重视个人特质，认为只有个人特质才能表现个人的真正特质。

③人格特质的层次结构性。奥尔波特将个人特质视为一种组织结构，每一种特质在这个人的人格结构中处于不同的地位，与其他的特质处于不同的关系之中。他因而区分了三种不同的个人特质：首要特质、中心特质和次要特质。其中，首要特质处于支配地位，影响个人的全部行为；中心特质是决定一个人的一类行为而不是全部行为，能够代表一个人的主要行为倾向的特质；次要特质是个体的一些不太重要的特质，往往只有在特殊的情况下才会表现出来。这些特质的层次性和组织结构使它们彼此相关，共同构成了一个人的整体人格。

④人格特质的测量方法。奥尔波特采用了个案研究法来测量人格特质，即从很多人的书信、日记、自传中，分析出各种具有代表性的人格特质。这种方法注重描述性的概括，通过对个体行为和思想的细致观察和记录来推断其人格

特质。这种方法为后续的人格研究提供了重要的参考和启示。

总的来说，奥尔波特的人格特质理论强调了个体差异和稳定性在人格中的重要性，将人格分解为一系列独特而又相对稳定的特质，从而有助于更好地理解个体的行为和思想。

2. 卡特尔的人格特质理论

卡特尔根据特质的层次性和组织结构，将人格特质区分为四个层次：个别特质和共同特质，表面特质和根源特质，体质特质和环境特质，动力特质、能力特质和气质特质。这些特质在不同程度上影响着个体的行为和思想，构成了个体独特的人格结构。（表4-4）

表 4-4　卡特尔的人格特质理论①

层次	描述	示例
个别特质和共同特质	个别特质是某个人独有的特质，共同特质是某个群体共享的特质	诚实是个别特质，而社交性是共同特质
表面特质和根源特质	表面特质是外部可见的行为模式，根源特质揭示了导致这些行为模式的潜在原因	外向是表面特质，而自尊是根源特质
体质特质和环境特质	体质特质由基因或生理因素决定，环境特质由外部经验或环境影响决定	手的长度是体质特质，而语言习惯是环境特质
动力特质、能力特质和气质特质	动力特质驱动行为，能力特质体现技能差异，气质特质影响情绪反应的方式和强度	野心是动力特质，数学能力是能力特质，焦虑是气质特质

表4-4提供了一个基本的分类框架，但需要注意的是，这些分类并不是完全独立的，它们在一定程度上是相互关联和重叠的。例如，一个特定的行为可能同时受到体质和环境的影响，或者一个根源特质可能同时影响多个表面特质。这些分类更多是为了帮助我们思考和讨论人格特质的复杂性和多样性。

此外，卡特尔的16种人格因素问卷提供了对这些特质的更具体测量。这16种人格因素包括乐群性、聪慧性、情绪稳定性、恃强性、兴奋性、有恒性、敢为性、敏感性、怀疑性、幻想性、世故性、忧虑性、激进性、独立性、自律性和紧张性。通过对这些因素的评估，我们可以更全面地了解个体的人格特征和

---

① 叶奕乾：《现代人格心理学》，115～123 页，上海，上海教育出版社，2005。

行为倾向。

总的来说，卡特尔的人格特质理论强调了个体差异和稳定性在人格中的重要性，他将人格分解为一系列独特而又相对稳定的特质，并通过因素分析等方法对这些特质进行测量和研究。这些研究为理解个体的行为和思想提供了重要的参考和启示。

3. 塔佩斯的"大五"人格理论

塔佩斯(Tupes)的"大五"人格理论是一种经典的人格理论，它认为个体的人格可以由五个相对稳定的特质来描述，这五个特质分别是开放性、责任心、外倾性、宜人性和神经质。（表 4-5）

表 4-5　"大五"人格特质描述和具体表现

特质	描述	具体表现
开放性	具有感情丰富、求异、善创造等特质	想象力丰富，善于创造和发明新的事物；对艺术和美学有高度的敏感性和鉴赏力；情感丰富，容易被感动和打动；善于从不同的角度思考问题，有求异思维；具有创新思维和解决问题的能力
责任心	显示了公正、有条理、尽职、克制等特质	对自己的职责和义务有清晰的认识，并愿意承担责任；善于组织和规划，注重细节和条理；对自己的工作能够高度投入和专注，追求成就；能够克制自己的冲动和欲望，遵守规则和纪律
外倾性	表现出热情、好社交、果断、活跃、好冒险、乐观等特质	善于社交和交际，喜欢与人打交道；热情洋溢，充满活力，善于表达自己的情感；果断和自信，善于做出决策和领导他人；喜欢冒险和寻求刺激，乐于尝试新的事物
宜人性	具有直率、利他、依从、谦逊等特质	对他人充满信任和善意，愿意与他人合作和分享；直率和诚实，不掩饰自己的情感和想法；具有利他主义倾向，愿意帮助他人，关注他人的需求；善于倾听和理解他人的观点和情感，有移情能力
神经质	具有焦虑、敌对、压抑、冲动、脆弱等特质	容易感到焦虑和不安，担心未来的事情；对批评和指责过于敏感，容易产生敌对情绪；有压抑和自我否定的倾向，对自己的能力和价值产生怀疑；容易冲动和失控，情绪反应较为激烈

这五个特质构成了人格的海洋，每个人都能在里面找到和自己对应的特质。这五个特质在个体身上的不同程度和组合，构成了个体独特的人格特征。同时，这五个特质也被认为是相对稳定的，它们在个体的一生中不会发生太大的变化。

"大五"人格理论在心理学界得到了广泛的认可和应用，它被用于描述和测量个体的人格特征，以及预测个体的行为和情感反应。同时，它也为研究人类人格的遗传和环境基础提供了重要的工具和方法。

总的来说，"大五"人格理论是一种强调个体差异和稳定性的人格理论，它将个体的人格分解为五个相对稳定的特质，为理解个体的行为和思想提供了重要的参考和启示。

(二)类型理论

类型理论是 20 世纪三四十年代在德国产生的一种人格理论，主要描述一类人与另一类人的心理差异，即人格类型的差异。

1. 气质类型学说

气质类型是指在一类人身上共有的或相似的心理活动特征的有规律的结合，这种结合往往受到个体的遗传、环境、生活习惯、教育等多种因素的影响。古希腊医生希波克拉底(Hippocratēs)提出，人体内有四种性质不同的体液，分别是血液、黄胆汁、黑胆汁和黏液。这四种体液的配合比例不同，就形成了不同类型的人。罗马医生盖伦(Galenus)进一步确定了气质类型，提出了人的四种气质类型，分别是胆汁质、多血质、黏液质和抑郁质。(表 4-6)

表 4-6 四种气质类型①

气质类型	描述	主要特点	示例
胆汁质	直率、热情、精力旺盛、情绪易于激动、脾气暴躁、思维敏捷、活动迅速等	情感强烈、易受情绪影响、行为迅速、活跃	一位销售人员，工作中积极主动，情绪高涨，但遇到挫折时容易发火和失控
多血质	活泼、热情、精力充沛、兴趣广泛、思维敏捷、善于交际、适应能力强等	社交能力强、适应迅速、善于应对变化、思维活跃	一位社交达人，善于与各种人打交道，对新事物充满好奇，经常参加各种活动
黏液质	沉着、冷静、稳重、踏实、思维迟缓、情感不轻易外露、适应性较差等	行为稳重、思维缓慢、情绪稳定、缺乏灵活性	一位会计，工作中细致认真，但对新事物接受较慢，喜欢按照固定的程序进行工作
抑郁质	敏感、多疑、忧虑、悲观、情绪不稳定、思维迟缓、行动迟钝等	情绪敏感、多疑忧虑、易受挫败感影响、思维及行动迟缓	一位艺术家，对事物有深刻的洞察力，但常常陷入自己的情绪中，对新事物持怀疑态度

---

① ［爱尔兰］吉尔伯特·查尔兹：《四种气质类型指南：认识、解读、预判人的心理和行为》，浦玉吉译，29～62 页，北京，中国戏剧出版社，2023。

表 4-6 中的示例可以帮助你更好地理解每种气质类型在现实生活中的表现。需要注意的是，这些示例只是为了说明每种气质类型的特征，并不意味着每个具有某种气质类型的人都会完全符合这些示例。在现实生活中，个体的气质可能是多种气质类型的混合，表现为多种特征的组合。

这四种气质类型并没有好坏之分，每种类型都有其独特的优点和缺点。了解自己的气质类型有助于我们更好地认识自己，发挥自己的优势，弥补不足之处，从而更好地适应生活和工作。

2. 内向—外向人格类型学说

瑞士著名的心理学家荣格（Carl Jung）提出了内向—外向人格类型学说。（表4-7）

表 4-7　内向和外向人格类型的主要特点

人格类型	描述	主要特点	示例
外向	心理活动倾向于外部世界	活泼、开朗、热情、大方、不拘小节、情绪易于外露、善于交际、反应迅速、易于适应环境变化	一位销售人员，喜欢与客户互动，善于表达自己的想法和情感，能够快速适应市场的变化，对新的销售策略充满好奇和渴望
内向	心理活动倾向于内部世界	深沉、谨慎、多思、不善于交际、不太适应环境变化、注重他人对自己的看法和评价、喜欢独处和内省、对外部世界保持警觉	一位作家，更喜欢独自思考和创作，与外部世界的社交活动保持一定的距离，对自己的作品和他人的评价非常敏感，常常进行自我反思和调整

需要注意的是，这些描述只是对每种人格类型的典型特征的一般性概述，实际上个体差异可能很大。同时，每个人的内向和外向特征可能会在不同情境下表现出来，没有绝对的内向或外向性格。

根据荣格的理论，每个人都有一定的内向和外向特征，但其中一种特征可能占据主导地位，从而决定了一个人的性格是内向型还是外向型。这种学说为理解个体的性格和行为提供了重要的理论框架，也对心理学领域的发展产生了深远的影响。

3. 霍兰德的人格理论

美国心理学家霍兰德（Holland）把人格分成了六种类型，每一种类型的人在职业选择上都有其独特的倾向和特点。（表4-8）

表 4-8 霍兰德人格理论中六种人格类型的主要特点和示例

人格类型	描述	主要特点	示例
社会型	喜欢与人交往和结交新朋友、善言谈，愿意教导别人，关心社会问题，渴望发挥自己的社会作用	外向、友好、善于社交、合作性强、喜欢帮助他人、重视社会道德和义务	一位社会工作者善于倾听和理解他人的问题，喜欢与人合作解决社会问题，关注弱势群体的权益和福祉
企业型	追求权力、权威和物质财富，具有领导才能，喜欢竞争、敢冒风险、有野心和抱负，习惯以利益得失、权力、地位等来衡量做事的价值	雄心勃勃、自信、竞争性强、喜欢冒险、务实、有领导才能、目的性强	一位企业家具备强烈的竞争意识和创新能力，善于发掘商机并制定有效的商业策略，追求企业成功和财富积累
常规型	尊重权威和规章制度，喜欢按计划办事，细心、有条理，习惯接受他人的指挥和领导，自己不谋求领导职务，关注实际和细节情况，谨慎保守，缺乏创造性，不喜欢冒险和竞争，富有自我牺牲精神	顺从、细心、有条理、习惯接受他人的领导和指导、关注细节、谨慎保守、有自我牺牲精神	一位会计师严格按照规定和制度进行工作，注重细节和准确性，对自己的工作负责并愿意为团队的成功做出贡献
实际型	愿意使用工具从事操作性工作，动手能力强，做事手脚灵活、动作协调，偏好于具体任务，不善言辞，做事保守、较为谦虚，缺乏社交能力、通常喜欢独立做事	实际动手能力强、注重实践、不善言辞、独立工作能力强、喜欢具体操作性的任务、偏好独立解决问题	一位机械师擅长使用和维修机械设备，注重实际动手能力和问题的解决，相对独立且注重效率
调研型	思想家而非实干家，抽象思维能力强，求知欲强、肯动脑、善思考、不愿动手，喜欢独立的和富有创造性的工作，知识渊博、有学识才能，不善于领导他人，考虑问题理性，做事喜欢精确，喜欢逻辑分析、推理和不断探讨未知的领域	善于思考和分析问题、独立性强、富有创造力、好奇心强、求知欲旺盛、关注理论和抽象概念	一位科研人员具备丰富的学科知识和独立思考能力，善于发现问题并提出创新的解决方案
艺术型	有创造力，乐于创造新颖、与众不同的成果，渴望表现自己的个性、实现自身的价值，做事理想化，追求完美，不重实际，具有一定的艺术才能和个性	创造力强、注重个性和情感表达、追求美感和独特性、理想化倾向较强	一位画家具备创造力，喜欢创作独特而新颖的艺术作品，做事追求完美，注重表达自己的情感和理念，善于通过绘画表达复杂的情感和内心世界，同时也可能表现出怀旧和复杂的心态

综上所述，不同人格类型的人在职业选择上具有明显的差异。了解自己的人格类型并据此选择合适的职业是非常重要的。

(三)人格发展理论

1. 弗洛伊德的人格发展理论

人格发展理论是弗洛伊德精神分析理论中的一个不可或缺的组成部分，它揭示了人类从出生到死亡的各个阶段的心理发展过程。这个理论被广泛称为人格性欲阶段理论，因为它是基于性兴奋的不同部位来细致划分人格发展阶段的。这个理论将人格的发展阶段划分为五个，分别是口唇期、肛门期、性器期、潜伏期和生殖期。每个阶段都有其特定的心理特征和发展任务。

例如，在口唇期，婴儿通过口腔活动来探索和了解世界，这种口腔活动包括吸吮、咬和嚼等。在肛门期，儿童开始通过控制排泄来获得快感，这在一定程度上塑造了他们的自尊和自我控制能力。在生殖期，也称青春期，青少年开始产生强烈的性冲动和情感需求。这个阶段的特点是青少年对独立和自主的追求，以及与父母和社会规范的脱离。

人格发展理论不仅揭示了人类心理发展的连续过程，而且还揭示了人格发展的各个阶段如何影响个体的行为和决策。这个理论对于理解人类行为和心理发展具有重要的意义，也为教育和心理咨询提供了宝贵的启示和建议。例如，了解儿童在不同阶段的身心发展特点可以帮助教育者更好地设计和实施教育计划，促进儿童的全面发展。同时，心理老师可以使用这个理论来理解和解决个体在发展过程中遇到的问题，帮助他们更好地应对生活中的挑战和压力。

2. 埃里克森的社会性发展阶段理论

埃里克森(Erikson)是新精神分析派的代表人物。他的理论不仅继承了弗洛伊德的精神分析理论，也在此基础上进行了深入的探讨和拓展。他认为，人的自我意识发展是一个持续一生的过程，这个过程被划分为八个阶段，这些阶段的顺序是由人类的遗传基因决定的。然而，每个阶段能否顺利度过，却是由环境因素决定的。因此，埃里克森的这个理论又被称为"心理社会"阶段理论。

埃里克森认为，每一个阶段都是不可忽视的。这些阶段不仅代表着个体自我意识的发展阶段，也反映了人类普遍的心理社会发展过程。在每个阶段中，个体都面临着不同的挑战和任务，需要与周围的环境进行交互作用，形成自我意识并发展出相应的能力。

与弗洛伊德的理论相比，埃里克森的理论更加全面和细致。他不仅考虑了生物学和生理学的影响，也充分考虑了文化和社会因素在人格发展中的作用。

埃里克森在《儿童期与社会》这本书中，详细地阐述了人的八个发展阶段以及每个阶段的发展任务。这些阶段的划分和任务的确立，基于他对人类心理发展的深入研究和观察，具有很高的科学性和实用性。鉴于本书的读者为师范生和在职教师，在此只介绍前五个阶段。

(1)婴儿期(0~1岁)：基本信任和不信任的冲突

在这个阶段，婴儿开始认识和感知周围的人和事物，对于外界的刺激和反应也越来越敏感。此时，婴儿开始形成对周围人的信任感，尤其是对父母的信任感。当父母能够及时回应婴儿的需求，给予关爱和支持时，婴儿就会逐渐建立起对人的基本信任感。这种信任感是儿童心理发展的重要基础，有助于增强儿童的自尊心和自信心，提高自我价值感。

相反，如果在这个阶段婴儿的需求得不到满足，或者遭受父母的冷漠、忽视和虐待时，婴儿就会产生不信任感。这种不信任感可能会使婴儿在成长过程中变得善疑虑、担忧，不敢轻易相信他人。因此，在这个阶段，父母和其他照顾者对婴儿的关注、关爱和支持是非常重要的。

在这个阶段，埃里克森认为婴儿需要克服基本信任和不信任的心理冲突，形成希望和信心的品质。希望是指对自己愿望的可实现性的持久信念，而信心则是指对实现愿望的坚定信心。拥有希望和信心的婴儿会敢于表达自己的愿望和追求，积极面对生活中的挑战和困难。反之，缺乏希望和信心的婴儿则会感到无助和失望，难以在人生中取得成功。

(2)儿童早期(1~3岁)：自主和羞怯、怀疑的冲突

在这个时期，儿童将会掌握大量的技能，包括但不限于爬行、步行、说话等。更重要的是，他们将开始学习如何坚持或放弃，这意味着他们开始以自己的意志决定要做什么或不要做什么。此时，父母与儿童之间的冲突可能会变得相当激烈，这表明第一个反抗期出现。

父母在这个阶段有一个重要的任务，那就是引导和训练儿童的行为，使其符合社会规范。这包括引导他们养成良好的卫生习惯、饮食习惯，形成节约资

源的意识等。然而，这个时期的儿童开始表现出强烈的自主性，他们可能会坚持自己的方式和方法，如拒绝按时吃饭、随地大小便等。

在这个阶段，如何平衡对儿童的引导和控制成了一个重要的问题。如果父母过度控制，可能会伤害到儿童的自主感和自我控制能力。反之，如果父母过于宽松，可能会让儿童在社会化方面产生问题。

如果父母对儿童的保护或惩罚不当，儿童可能会表现出羞怯、怀疑。因此，找到一个合适的平衡点是至关重要的，这有助于在儿童的人格内部塑造出良好的意志品质。

(3)学前期(3~6岁)：主动和内疚的冲突

学前期是幼儿发展中的一个关键时期。在这个阶段，幼儿开始主动探索周围的世界，表现出主动性和好奇心。然而，这个时期也是一个充满挑战的时期，因为幼儿常常会面临主动和内疚的冲突。

这个时期的幼儿，如果他们的主动探究行为得到鼓励和认可，那么他们就会形成一种主动性和自信心。这种主动性是他们未来成为有责任感和创造力的人的基础。当他们受到鼓舞时，他们会更加自信地探索世界，勇于尝试新事物，不怕失败或受伤。

然而，如果在这个时期，他们的独创行为和想象力被成人讥笑或忽视，那么他们可能会失去自信心，感到内疚和羞愧。这会使他们更倾向于生活在别人为他们安排好的狭窄圈子里，缺乏主动开创自己幸福生活的勇气和意愿。

当幼儿的主动感超过内疚感时，他们就具备了"目的"的品质。这意味着他们有了自己的目标和方向，能够主动地追求自己想要的东西，而不是被动地接受别人的安排。这种品质对于他们的未来发展非常重要，能够帮助他们更好地适应社会和生活。

(4)学龄期(6~12岁)：勤奋和自卑的冲突

这一阶段的儿童正处于接受基础教育的关键时期。学校不仅是他们学习知识、掌握技能的地方，也是他们逐渐适应社会、培养独立生活能力的重要场所。在这个阶段，儿童需要完成一系列的学习任务，如掌握基础知识、提高学习能力、培养良好的学习习惯等。如果他们能够顺利地完成这些学习任务，就会获得一种勤奋感，这种勤奋感会让他们在未来的生活和工作中充满信心，从而更好地应对挑战。

相反，如果儿童在这个阶段没有顺利地完成学习任务，他们就会产生自卑感。这种自卑感会让他们对自己的能力产生怀疑，从而影响他们在未来的生活和工作中的表现。此外，如果儿童在这个阶段过分看重自己的学习，而忽略了生活的其他方面，他们的生活将是单调而可悲的。

当儿童的勤奋感大于自卑感时，他们就会获得"能力"的品质。这种品质包括自由操作的熟练技能和智慧，它能够帮助儿童更好地应对未来的挑战。因此，在学龄期，家长和教育工作者应该注重培养儿童的勤奋感和能力感，帮助他们建立自信，以应对未来的挑战。

(5)青春期(12～18岁)：自我同一性和角色混乱的冲突

青春期，对每个人来说都至关重要。这个阶段的心理冲突，往往源于自我同一性和角色混乱之间的矛盾。一方面，青少年本能的冲动和欲望高涨，这股力量让他们难以抵挡。另一方面，青少年面临着全新的社会期待和要求，这使得他们感到困扰和混乱。

因此，这一阶段的主要任务是建立新的同一感，或者说建立在别人眼中对自己形象的认知，以及明晰自己在社会集体中所占的情感位置。这是一个全新的自我认知过程，需要他们不断探索和尝试。这一阶段的危机是角色混乱。角色混乱是指青少年在试图定义自己的身份和角色时出现的困惑和不确定性。他们开始质疑传统的性别角色、职业选择、社会地位等，对自我产生迷茫，不知道自己是谁、应该成为什么样的人，试图寻找自己在这个世界中的真正位置。

在这个过程中，如果自我感觉与自己在别人眼中的感觉相称，那青少年会逐渐形成一种自信心。这种自我认知和自信心的建立，对于青少年的成长和发展至关重要，将影响他们的一生。

三、影响人格形成和发展的因素

人格是怎样形成的？科学发展到现在的水平，人们一般都承认人格是在遗传与环境交互作用下逐渐形成和发展的。遗传决定了人格发展的可能性，环境决定了人格发展的现实性。

(一)遗传因素

每个人独特的基因组合，奠定了人格发展的生物学基础。然而，遗传对人格各个方面的影响程度并非一致。一般而言，在与生物因素关联较大的特征上，如气质，遗传的作用更为显著。相比之下，与社会环境紧密相关的人格特征更多受到后天环境和个人经历的影响。

遗传因素一方面决定了人格发展的大致方向和倾向，另一方面也影响着人格养成的难易程度。良好的遗传素质可以帮助个体更从容地应对环境挑战，拥有更多的可能性去发展优秀人格。而先天的生理缺陷则可能给人格发展带来额外困难。无论怎样，后天的环境因素始终能够在所提供的遗传土壤之上，发挥建设性或破坏性的作用。人格是天生与后天、遗传与环境共同交织的结果。只有充分认识到二者的交互影响，才能更好地理解和促进个体的健康人格发展。

(二)社会文化因素

人不是孤立存在的，而是生活在特定的社会文化背景之中。文化传统、价值观念、行为规范等，都通过社会化过程渗透到个体的心理和行为之中，成为人格不可分割的组成部分。这种影响在人格形成的后天发展阶段尤为明显。个体的价值取向、思维方式、情感特点等，很大程度上是在与所处文化环境的互动中逐步确立的。

然而，社会文化对个体人格的影响力度，因文化自身的强弱而有所差异。文化传统发达、社会规范严格的群体，其成员在言行举止上表现出更多的一致性。反之，文化传统薄弱、社会规范宽松的群体，个体人格多样性更高。这是因为，文化通过社会期望和行为后果塑造个体，越强的文化施加的顺应压力就越大，个体的选择空间也就越小。

从宏观角度看，正是由于社会文化因素的作用，同一文化背景下的群体成员在人格上才会呈现出某种整体性的共同特征。这种相似性体现在价值理念、思维逻辑、情感表达等诸多方面。比如，不同民族的礼仪传统、审美情趣，都会在该民族成员的人格中投射出或隐或现的烙印。

社会文化像一张无形的网，将个体人格联结其中，既赋予其独特的内涵，又投射出时代的印记。个体要发展健全的人格，既要从所处的社会文化中汲取养分，又要在个性与共性、传统与创新之间达成平衡。

(三)家庭因素

家庭是个体人格形成的摇篮，在人格发展过程中发挥着不可替代的重要作用。作为社会文化的基础单元，家庭以其独特方式，将社会文化、价值观念、行为规范等传递给个体，深刻影响和塑造着个体的人格特征。其中，父母的教养方式对孩子人格的健康发展至关重要。家庭教养方式一般可以分为三类，这三类方式造就了具有不同人格特征的孩子。（表4-9）

表4-9　三种不同教养方式及其影响

教养方式	父母行为	孩子表现	孩子形成的人格特征
权威型	过于支配，孩子的一切由父母控制	消极、被动、依赖、服从、懦弱	缺乏主动性，可能形成不诚实的人格
放纵型	对孩子溺爱，让孩子随心所欲，教育失控	任性、幼稚、自私、野蛮、无礼、独立性差	唯我独尊，蛮横胡闹，社交能力差
民主型	尊重孩子，给予自主权，积极正确指导	活泼、自立、彬彬有礼、善于交往、富于合作、思想活跃	形成积极的人格品质，如自立、合作、社交能力强

此外，父母自身的人格特点也在日常生活的点点滴滴中潜移默化地影响着孩子。孩子从模仿父母言行开始，逐渐内化父母的价值观念和行为方式，形成与父母相似的人格特征。总之，家庭因素通过多种途径塑造个体人格，是人格发展中不可忽视的重要影响源。

(四)学校教育因素

学校教育在个体人格的形成与发展中具有重要作用。学生通过课堂教育接收系统的科学知识，同时形成科学的世界观。通过学习，学生还可以形成与发展坚持性、主动性等优良的人格特征。校风和班风也是影响学生人格形成与发展的重要因素。良好的校风和班风能促使学生养成积极性、独立性和遵守纪律等品质。在学校，教师要通过各种教育教学活动，塑造学生的人格特征。同时，教师又是学生学习的榜样，教师的言行对学生的人格同样会产生潜移默化的影响。

(五)个人主观因素

环境中的各种影响因素，首先要被个人接受和理解，才能转化为个体的需要、动机和兴趣，才能推动他去思考与行动。值得注意的是，个体的心理发展水平对人格特征形成的作用会随着年龄的增加而日益增强。

第三节　气质、性格和认知风格

人格是一个复杂的结构系统，它包括许多成分，主要包括气质、性格、认知风格等。

一、气质

(一)气质的含义

气质是指人的相对稳定的个性特征和风格，它通常表现为一个人内在的人格魅力和质量的升华。气质是人个性心理特征之一，是指人的认识、情感、言语、行动中，心理活动发生时力量的强弱、变化的快慢和均衡程度的大小等稳定的动力特征。这种动力特征主要表现在情绪体验的强弱和快慢、表现的隐显以及动作的灵敏或迟钝方面。例如，在情绪体验方面，一个人可能因内在修养和平衡能力而表现出冷静、沉稳的气质，不容易被外界因素所动摇。

气质也可以理解为一个人在举手投足间，或衣着打扮、言语声调上给他人带来的一种美学享受或好感。这种气质是长期的内在修养和文化修养的结合，表现为一个人持久的个性和风格。例如，一个修养高、品德好的人可能表现出高雅、恬静的气质，而一个性格豪爽、开朗的人可能表现出粗犷或豪放大气的气质。

总结来说，气质是由个人的内在修养、文化修养、个性特征等多方面因素所共同塑造的一种相对稳定的个性魅力和风格，它可以通过情绪体验、举止行为、言语声调等方面来展现，并对他人产生一定的影响。

(二)气质类型学说

人的气质是有明显差异的，这些差异属于气质类型的差异。气质类型学说有多种，其中最为著名的是希波克拉底的体液说和巴甫洛夫的高级神经活动类型说。关于体液说，我们已经在前文中进行了详述；这里仅对高级神经活动类型说进行概述。

巴甫洛夫根据高级神经活动的强度、平衡性和灵活性将人的高级神经活动分为四种类型。高级神经活动类型与气质类型对照如表 4-10 所示。

表 4-10　高级神经活动类型与气质类型对照表

高级神经活动类型	高级神经活动过程	气质类型
不可遏制型	强、不平衡	胆汁质
活泼型	强、平衡、灵活	多血质
安静型	强、平衡、不灵活	黏液质
抑制型	弱	抑郁质

现代研究认为，气质是由多种因素共同作用的结果，包括遗传、环境、教育和生活经历等。每一种气质类型都有其积极的和消极的方面，具有相当的稳定性和持久性。但是，气质并不是一成不变的，它可以受到环境、教育等的影响而有所改变。

二、性格

(一)性格的含义

性格是一个人对现实的稳定的态度，以及与之相应的习惯化了的行为方式。在人格特征中，具有核心意义的心理特征是性格，它是人格的核心，最能体现一个人的人格特点。

性格包含多个方面。例如，小明的性格可以被描述为开朗、乐观和积极。他总是愿意与人交往，对新鲜事物充满好奇，并且总能在困难中找到积极的一面。当面对压力或挫折时，他很少沮丧或消沉，而是积极寻找解决问题的方法。小明应对各种情境的方式、思考方式、情感反应以及行为模式等就是小明性格的体现。

然而，性格并不是单一维度的，同一个体可能存在多种性格特征。例如，小明可能是细心的，能注意到细微的变化，同时又能够从宏观的角度看待事物。

性格的形成受到多种因素的影响，包括遗传、环境、教育和个人经历等。

每个人的性格都是独一无二的，没有性格完全相同的两个人。同时，性格也是可以改变和发展的。通过自我认知和自我提升，一个人可以调整自己的态度和行为方式，从而能够更加适应环境。

(二)性格的差异

性格的差异表现在性格的特征差异和性格的类型差异两个方面。

1. 性格的特征差异

关于性格的特征差异，心理学家一般是从以下四个方面进行分析的。一是对现实态度的性格特征，包括对社会、集体、他人、自己的态度，对劳动、工作和学习的态度。在这几个方面，个体间存在着很大的差异。二是性格的理智特征，是指人在感知、记忆、思维、想象等认识过程中所表现出来的习惯化了的行为方式。三是性格的情绪特征，是指个体在情绪活动时的强度、稳定性、持续性以及主导心境等方面表现出来的个别差异。四是性格的意志特征，是指个体在对自己行为的控制和调节方面，如自觉性、果断性、自制力以及坚韧性等方面表现出来的差异。

例如，小明是一个外向的人，善于社交，喜欢与人交流，精力旺盛。他常常主动与他人建立联系，善于表达自己的情感和想法。相反，小华则是一个内向的人，喜欢独处，不太善于与人交流，更注重内心的体验。他更倾向于独处，不太愿意主动与他人分享自己的想法和情感。这种特征差异使得他们在不同的情境下展现出不同的优势和适应方式，如使得小明在社交场合中表现得更加自如和自信，使得小华在遇到问题时能够深入思考。

2. 性格的类型差异

根据一定的分类标准，可以将个体划分为不同的性格类型。有一种常见的性格分类方法是，根据个体的心理需求，将性格划分为"A 型"和"B 型"。A 型性格的人通常具有较强的竞争意识和时间紧迫感，他们追求完美和高效，常常处于高压状态。相反，B 型性格的人相对较为放松和随和，他们不太追求竞争和成就，更注重享受生活和与他人的互动。

例如，小红是一个 A 型性格的人，她总是追求卓越和高效，给自己设定较高的目标，并不断努力实现。她常常感到时间紧迫，对自己和他人都有较高的期望。小刚是一个 B 型性格的人，他相对较为放松和随和，不太追求竞争和压力。他更注重与他人的互动和享受生活，对时间和成就的要求相对较低。这种类型差异使得他们在不同的情境下有不同的优势和偏好，如使得小红在工作和学习中表现出强烈的责任心和自律性，使得小刚能够积极建立与他人的关系和进行情感交流。

需要注意的是，性格的特征差异和类型差异并不是绝对的和固定的，它们都受到多种因素的影响，包括遗传、环境、教育和个人经历等。此外，人的性格也可能随着时间和情境的变化而有所调整和发展。

三、认知风格

(一)认知风格的含义

认知风格是指个体在信息加工过程中表现出的独特和一贯的认知方式和偏好。它是人们在感知、记忆、思考和解决问题时所采用的习惯化的模式。

(二)认知风格的差异

1. 场独立型—场依存型的差异

场独立型的人倾向于依靠自己的内部参照系来感知和判断事物，他们独立于周围环境，对物体的知觉不易受到外来因素的影响和干扰。他们在信息加工中对内在参照有较大的依赖倾向，善于进行知觉分析，能把所观察到的细节同背景区分开来，知觉改组能力强。与人交往时也很少能体察入微。

场依存型的人更多地依赖外在参照物来感知和判断事物，他们的知觉受背景和周围环境的影响较大，往往需要参照外部环境信息来定义和解释自己的知觉。他们的信息加工方式更多地依赖于外在的线索和情境，与人交往时能更多地考虑对方的想法和感受。

例如，小红是一个场依存型的人，她在处理信息时更倾向于考虑整体的背景和情境。当她学习时，她善于将信息与已有的知识进行联系，并将其应用到具体的情境中。她善于理解和记忆具体的事实和细节，并且在解决问题时注重考虑各种可能性和情境。小刚是一个场独立型的人，他更倾向于以逻辑和分析的方式处理信息。他善于将问题分解成若干个小部分，并对每个部分进行仔细的分析和推理。他注重事实和逻辑，对抽象概念和理论框架有较强的理解能力。

他在解决问题时更注重逻辑和规则的应用，而不是对情境的考虑。这种不同的认知风格影响了他们的学习方式和问题解决策略。小红可能更擅长记忆和叙述具体的事实和情境，而小刚则更擅长分析和推理抽象概念和原理。

2. 冲动型—沉思型的差异

冲动型的人倾向于快速地做出决策，反应速度快但往往容易出错。他们在信息加工中倾向于依赖直觉和快速思维，往往只考虑到问题的表面特征，而忽视问题的深层结构和含义。他们往往缺乏耐心和细心，容易因急于求成而犯错。

沉思型的人倾向于深思熟虑后做出决策，反应速度相对较慢但准确性较高。他们在信息加工中注重细节和准确性，善于发现问题和解决问题。他们往往有更多的耐心和细心，愿意花费更多的时间和精力来思考和解决问题。他们更注重问题的深层结构和含义，善于从不同角度思考问题。

了解自己和他人的认知风格差异有助于更好地理解彼此的行为方式和决策方式，提高人际交往的效果和工作效率。

单元测试

一、单项选择题

1. 在人格特征中，具有核心意义的心理特征是（　　　）。

A. 能力　　　　　B. 气质　　　　　C. 性格　　　　　D. 动机

2. "三岁看大，七岁看老"体现的是（　　）对人格的影响。

A. 同辈群体　　B. 遗传因素　　　C. 早期童年经验　D. 社会文化环境

3.（　　）指获得语言、数学知识的能力，它取决于后天的学习，与社会文化有密切的关系。

A. 一般智力　　B. 流体智力　　　C. 特殊智力　　　D. 晶体智力

4. 我国古代思想家王充提出"施用累能"，下列能反映其含义的是（　　　）。

A. 学校教育对智力的影响　　　　B. 社会实践对智力的影响

C. 遗传对智力的影响　　　　　　D. 家庭环境对智力的影响

5. 杨老师在教学中对所讲的例题尽可能给出多种解法，同时也鼓励学生"一题多解"。杨老师的教学方式主要用来促进学生（　　　）能力的发展。

A. 动作思维　　　　　　　　　　B. 直觉思维

C. 辐合思维　　　　　　　　　　　D. 发散思维

二、简答题

6. 简述人格形成与发展的影响因素。

三、案例分析题

7. 小明和小罗今年上高三，是一对好朋友，两个人在处理问题的认知风格方面有较大差异。小明在学习上遇到问题时，常常利用个人经验独立地对其进行判断，喜欢用概括的与逻辑的方式分析问题，很少受到同学与教师建议的影响。而小罗遇到问题时的表现则与小明相反，他更愿意倾听教师和同学的建议，并以他们的建议为分析问题的依据。另外，他还善于察言观色，关注社会问题。

(1)结合材料分析小明和小罗的认知风格差异。

(2)假如你是他们的老师，如何根据认知风格差异开展教学？

第二篇

中学生心理发展

【本篇介绍】

　　中学时期，学生的生理发育迅速，第二性征显现。生理变化会对学生的心理产生重要影响。中学生的认知发展主要表现在概括思维飞速发展，理解抽象概念和理论的能力增强，学习动机逐渐内在化，对未来发展的规划能力加强等方面。中学生情感较为激烈而多变，异性吸引力加强，亲密关系和友谊的建立变得越来越重要。中学生自我意识高涨，道德判断能力不断发展，群体归属感增强。这些变化促进了中学生社会化的进程。中学生道德判断主要依据社会规则和群体期望，同时也体现了对个人利益和效用的考量。中学生的价值观和生活方式逐渐确立。中学生的学习动机从外在赞扬向内在兴趣和认知需求转变。学习策略更加丰富和有针对性，自主学习能力不断提高。中学生的兴趣和爱好主要体现在音乐、体育竞技、阅读等方面。兴趣爱好的转变与认知和社会发展密切相关，并对学习和职业选择产生重要影响。中学是职业兴趣觉醒的重要阶段，中学生对未来职业生涯的思考与规划能力日益加强，这为升学和未来职业选择奠定基础。

以上内容涵盖了中学生心理发展的主要方面，对理解和指导中学生的全面发展具有重要意义。教师需要全面了解中学生的心理发展特征，妥善指导学生的学习、生涯发展与人格塑造。

本篇共四章：第五章中学生心理发展概述，第六章中学生认知的发展，第七章中学生情绪情感的发展，第八章中学生人格和自我意识的发展。

第五章　中学生心理发展概述

>>> 学习目标

1. 掌握青春期的生理特点，包括外形巨变、生理机能增强以及性器官与性功能发育成熟。

2. 认识中学生学习活动的变化，了解学习内容、学习方法和学习结果的变化对中学生心理发展的影响。

3. 分析中学生集体关系的变化，了解学校和家庭中的人际关系对中学生心理发展的作用。

4. 深入探讨中学生心理发展的主要特点，包括过渡性、闭锁性、社会性和动荡性，并了解这些特点对教育和培养中学生的意义。

5. 了解青春期生理发育对中学生心理发展的促进作用，以及生理发育与心理发展的相互作用。

6. 了解性成熟对中学生心理变化的影响，学会如何正确引导和教育中学生对待性成熟及其带来的变化。

7. 通过学习，能够运用中学生心理发展的规律，指导教育实践，促进学生全面健康发展。

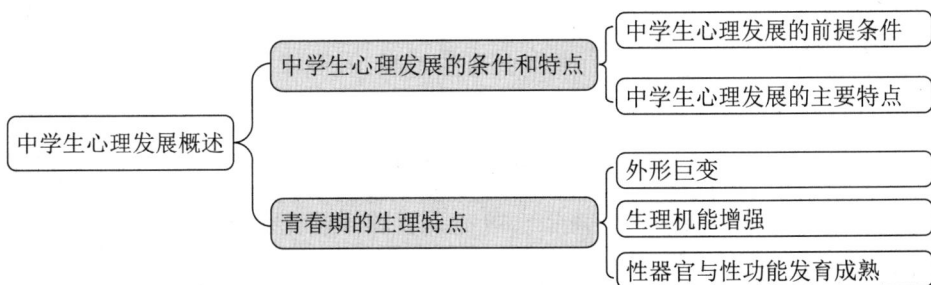

【案例导入】

中学生小李是一个活泼开朗的学生，近期他变得沉默寡言，与同学间的关系也变得紧张。教师和家长注意到，小李在学习上的积极性明显下降，成绩有所下滑，而且时常表现出焦虑和不安的情绪。通过进一步的交流，教师发现小李对自己身体的变化感到困惑和不安，特别是进入青春期后，身体的迅速发育和第二性征的出现让他感到非常困扰，甚至产生了自卑感。

分析：

小李的情况反映了中学生心理发展的复杂性和敏感性。根据中学生心理发展的理论，青春期是一个身心急剧变化的阶段，伴随着身体外形的巨变、生理机能的增强以及性器官与性功能的发育成熟。这些生理上的变化往往伴随着心理上的动荡，中学生可能会因为身体的变化而产生自卑、焦虑等情绪，影响他们的社交和学习。

小李正处于这样一个过渡时期，他的心理发展表现出过渡性、闭锁性、社会性和动荡性的特点。他的内心世界逐渐复杂，不轻易表露内心活动，这正是闭锁性特点的体现。同时，他与同学关系的紧张以及学习上的困扰，也反映了他心理发展上的动荡和不稳定。

建议：

为了帮助小李顺利度过这一心理发展的关键时期，建议教师和家长采取以下措施。

加强性教育。向小李提供科学、全面的性知识教育，帮助他正确理解身体的变化，消除对性发育的困惑和不安。

增强自信心。鼓励小李参与体育锻炼和户外活动，通过展现自己的身体能力来增强自信心。同时，引导他关注自己的内在品质和能力，而非仅仅关注外表。

改善社交环境。组织丰富多彩的集体活动，促进小李与同学之间的交流和合作，帮助他建立积极的人际关系。同时，教育他学会倾听和尊重他人的意见，增强社交能力。

提供心理支持。教师和家长应给予小李足够的关爱和支持，鼓励他表达自己的内心感受。如有需要，也可以寻求专业的心理咨询师的帮助，以缓解他的焦虑和不安情绪。

调整学习方法。针对小李学习上的困难，教师和家长应共同协助他调整学习方法，提高学习效率。可以通过注意力训练、记忆技巧训练等方式，帮助他提高学习能力和成绩。

在教育的整体架构中，中学教育则扮演着承前启后、至关重要的角色。中学生正处于少年期与青年初期的交汇时期，这一阶段亦可统称为青春期或青少年期。

青春，这一充满诗意的词，寓意着生机与美好。处于青春期或青少年期的中学生，他们洋溢着活力，怀揣着希望与理想，身心均处于迅速且茁壮的成长状态。此阶段是他们生命中一个尤为特殊的时期，伴随着急剧的发展、变化与成熟，同时也是他们逐步承担起更多社会责任的阶段。

社会各界均对处于这一阶段的中学生寄予厚望，期望他们能保持那份蓬勃的朝气，不断迸发出智慧的光芒；期望他们能保持那份奔放的热情，永远积极向上，最终成为社会的栋梁之材。这不仅是民族的期望，更是国家的希望、时代的要求。

为了积极教育和培养中学生，广大的中学教师、家长以及全社会需要共同努力。然而，在教育和培养的过程中，我们必须充分考虑中学生这一教育对象的特点，尤其是他们的心理特点。因此，深入了解中学生的心理活动及其规律，对于更好地教育和培养他们具有至关重要的意义。

第一节　中学生心理发展的条件和特点

青少年发展心理学作为发展心理学的一个重要分支，专注于探究在校青少年即中学生心理发展的规律与特性。它深入剖析了中学生在教育环境影响下认知能力的发展、情感与意志的变迁、品德的塑造与演进、社会性或人格特征的稳固与成熟，以及此阶段可能遭遇的心理障碍等核心心理特点。

一、中学生心理发展的前提条件

尽管中学生与小学生均处于学龄阶段，但两者在学习活动、集体关系，以及生理发育等方面，均展现出本质上的差异。

(一)学习活动的变化

中学生的学习活动相较于小学生而言，经历了显著的变化，主要体现在以下三个方面。

①学习内容。中学学科门类更为丰富，且每门学科内容趋向专门化，紧密贴近科学体系。随着年级的提升，中学生所接触的知识中常识性内容日益减少，而更多地反映客观事物的规律性，知识的严密性和逻辑性也愈发增强。

②学习方法。伴随着学科的多样化和学科内容的深化，中学生的学习方法相较于小学生而言，更具自觉性、独立性和主动性。他们不仅需主动制订学习计划，还需逐步学会组织自己的智力活动。创造性的学习方法逐渐受到中学生的青睐，他们的自学能力也随之增强。

③学习结果。无论是初中毕业还是高中毕业，学生都面临着升学、就业选择甚至人生规划的重要决策。因此，中学生的学习更具严肃性、目的性和竞争性。

(二)集体关系的变化

中学生在学校和班级中的人际关系或集体关系，以及他们在集体中的地位，与小学生相比存在显著差异。

在学校和班级层面，班主任不再像小学阶段那样对学生进行具体而细致的照顾。科任教师增多，班主任也不一定是主课教师。这一变化使得学生干部的作用日益凸显，同时促进了中学生独立性、自觉性和积极性的发展。

此外，随着学生年龄的增长和觉悟的提升，从八年级起，逐渐有学生加入共青团。九年级或高一之后，每个班都有团支部组织。随着组织教育的深入，他们的觉悟进一步提高，理想和信念也得以发展。

在家庭中，中学生的地位同样发生了变化。随着青春期体态和生理机能的变化，他们能够承担的事务越来越多。成人也逐渐安排他们承担家庭或社会事务，尊重他们在这个阶段所展现出的独立性。而中学生自己也随着这些关系的变化，增强了"成人感"，能够积极主动地完成任务，并日益了解家庭生活中的各种关系，意识到自己在家庭中的地位和职责。

(三)生理发育的变化

中学生正处于青春期，这一时期他们的外形体态急剧变化，生理机能特别是脑和神经系统的发育以及性的成熟都经历了戏剧性的变化。这一系列生理变化不仅提升了中学生从事各种活动、学习和工作的能力，而且促进了他们的认知、情感、意志以及整个个性或人格的发展变化。

心理是人脑对客观现实的反映。学习活动、集体关系和生理发育为中学生的心理发展提供了物质基础和生理基础。同时，生动而充实的中学生活构成了他们深刻而丰富的心理内容。

二、中学生心理发展的主要特点

青春期，是人生中最关键且独具特色的时期，是黄金时代的开端。中学生朝气蓬勃、风华正茂，在各方面都展现出积极向上的趋势。然而，它又是一个动荡多变的阶段。国外心理学界给这个时期赋予了诸多标签，如"动荡期""疾风怒涛期""第二断乳期"，甚至是对社会的"反抗期"等。我们将处于这一阶段的中学生的心理发展特点概括为过渡性、闭锁性、社会性和动荡性。[①]

(一)过渡性

中学以前，儿童更多地依赖成人的照顾和保护，他们的独立性和自觉性相对较差。青年期则是个体发展的成熟期，标志着个体真正成为独立的社会成员。中学生处于少年期与青年初期的交汇时期，这刚好是从儿童期(幼稚期)向青年期(成熟期)发展的一个过渡时期。

中学生所处的时期又可具体分为中学初期(少年期)和中学后期(青年初期)。前一时期是一个半幼稚、半成熟的时期，独立性和依赖性、自觉性和被动性错综复杂，充满矛盾；后一时期则是一个逐步趋于成熟的时期，是独立地走向社会生活的准备时期。即使如此，中学生也只是刚刚进入成熟时期，他们的认识

---

① 成慧：《中学生心理发展的特点》，载《思想政治课教学》，1988(4)。

能力、水平还不高，个性倾向还不稳定，仍需要教师、家长和社会上的成年人的关怀和指导，以便加强他们的自我修养，从而真正走向成熟。

(二)闭锁性

中学生的心理显示出"闭锁性"特点，即随着内心世界的逐渐复杂，他们开始不再轻易将内心活动表露出来。

中学生的认识能力迅速发展，抽象思维占优势，并逐步地从"经验型"向"理论型"发展。于是，智力活动的"内化"程度、抽象的水平越来越高，这是闭锁性在认识能力方面的基础。①

同时，中学生处于青春期，生理上的一系列变化必然会引起情绪情感上的变化。这些变化一般不会流露出来。即使因此引起情绪上的波动，中学生也因相应的意志力的发展，而学会有所控制，不轻易表现出来。这是闭锁性在情感与意志方面的基础。

由于闭锁性的特点，中学生的心里话有时不愿对长辈说，年龄越大，这个特点就越明显。研究表明，八年级以后的中学生，即使自己的抽屉里没有什么要紧的东西，也总爱加上锁。因此，要了解和研究这个阶段的中学生，尤其是高中生的心理，如果仅根据他们的一时一事或某个举动就做出判断或得出研究结论，是很容易发生错误的。但是，研究也表明，比起成年人，中学生毕竟经历有限，还比较纯真、直率。他们容易对同年龄、同性别的人，特别是"知己"袒露自己的心理和思想，这是了解中学生心理活动的一个重要渠道。

(三)社会性

我们应关注社会与文化对中学生发展的影响，以及教育过程与人的社会化过程的关系。所谓社会化，是指个体掌握知识与积极再现社会经验、社会联系和社会必需的品质、价值、信念以及社会所赞许的行为方式的过程。② 社会化过程的基础是接受教育。

与小学生的心理特点相比，中学生的心理具有更强的社会性、政治性。

---

① 崔新民：《中等职业学校"问题学生"行为及其意志力培养的研究》，硕士学位论文，苏州大学，2007。

② 林崇德、李庆安：《青少年期身心发展特点》，载《北京师范大学学报(社会科学版)》，2005(1)。

小学生的心理发展更多地依赖生理的成熟和家庭、学校环境的影响，而中学生的心理发展则在很大程度上受社会和政治环境的影响。特别是九年级以上的学生，在选择未来生活的道路时，具有很强的现实性和严肃性。这种对未来生活道路的选择，无论在中学生的学习上还是在个性发展上，都具有极其重要的意义。

研究表明，中学阶段是理想、动机和兴趣发展的重要阶段，是世界观从萌芽到形成的重要阶段，是品德发展的重要阶段。理想、动机、兴趣、价值观和世界观等是中学生心理发展中的社会性的重要方面，是中学生活动的重要动力系统。良好的品德或不良品德都将在中学阶段形成并初步成熟。因此，青少年发展心理学需在一定程度上深入探讨中学生心理的社会性和社会化的过程，揭示其发展规律，以利于我们更好地培养年青一代。

(四)动荡性

当被问及从小学到大学，哪个阶段的学生最难教时，有的教师毫不犹豫地回答："中学阶段的学生，特别是初中生。"这形象地指出了中学生心理发展的动荡性特点。

中学生的思想比较敏感，有时比小学生和成年人更容易产生变革现实的愿望。然而，中学生也容易走向另一个极端——品德不良往往容易出现在中学阶段，诸如溺水、斗殴等意外伤亡率最高的年龄阶段也是中学阶段，心理障碍的发生率从中学阶段起逐年提高。因此，中学生在这一阶段的发展中既包含了正确的内容，也往往容易产生消极的因素。

为什么会出现这些现象呢？中学阶段是一个过渡时期，中学生希望受人重视，被看成"大人"，被当成社会的一员。他们思想单纯，敢想敢说，敢作敢为。但在他们的心目中，对什么是正确的幸福观、友谊观、英雄观、自由观和人生观，理解还不到位。他们的自尊心和自信心在增强，对于别人的评价十分敏感，好斗好胜，但思维往往片面，容易偏激，容易摇摆。他们很热情，也重感情，但有极大的波动性，激情常常占有相当的地位。他们的意志特征也在发展，但在克服困难中毅力还不够，往往把坚定与执拗、勇敢与蛮干混同起来。他们的精力充沛，能力也在发展，但性格未最后定型，尚未找到正确的活动途径。总之，这个年龄阶段的心理面貌很不稳定，可塑性强，这是心理成熟前动荡不稳的时期，是令人喜忧参半的阶段。因此，对中学生的教育和培养工作在整个国民教育中极为关键。

第二节　青春期的生理特点

心理的发展，必须有其生理基础。青春期生理上的显著变化，为中学生心理的急剧发展创造了重要条件。

人体从出生到成熟，其生理发育有快有慢，有两个时期是增长速度的"高峰"期：一个是出生后的第一年，另一个就是青春期。（图 5-1）青春期生理上的变化多种多样且十分显著，归结起来，主要有三类：一是外形的巨变，如身高、体重、胸围、头围等都加速增长；二是生理机能的健全，如肌肉力量、肺活量等均有所增强；三是性器官与性功能的成熟，这是人体内部发育最晚的部分，性器官发育成熟，标志着人体的全部器官接近成熟。

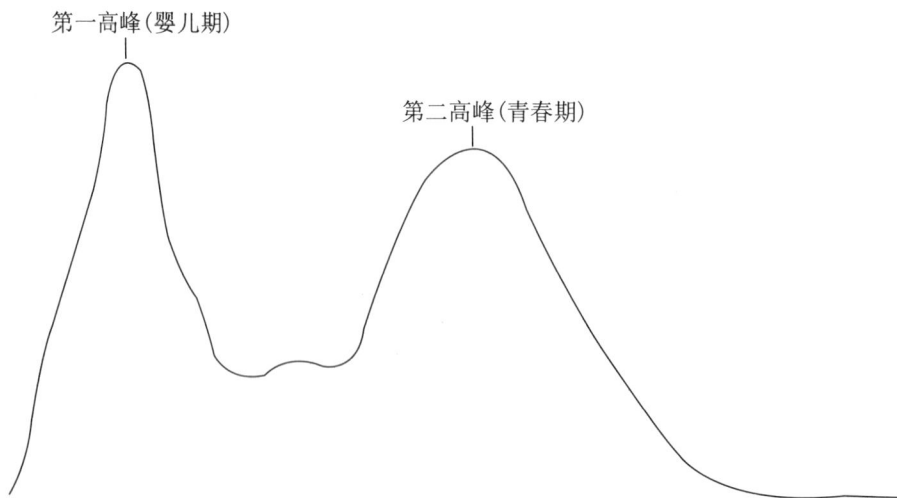

第一高峰(婴儿期)

第二高峰(青春期)

图 5-1　人生的两次生长高峰①

---

① 林崇德：《发展心理学（第二版）》，383 页，杭州，浙江教育出版社，2019。

一、外形巨变

青春期中学生的外形巨变主要表现在三个方面。

(一)身体长高

身体迅速地长高，是中学生在外形上最明显的变化。在青春期之前，个体平均每年长高3～5 cm；但在青春期，每年长高少则6～8 cm，多则10～11 cm。（表5-1）

表5-1　11～18岁男女生身高发育评价标准(中位数)①

单位：cm

年龄	11岁	12岁	13岁	14岁	15岁	16岁	17岁	18岁
男生	146.01	152.18	160.19	165.63	169.02	170.58	171.39	171.42
女生	147.36	152.41	156.07	157.78	158.47	158.93	159.18	160.01

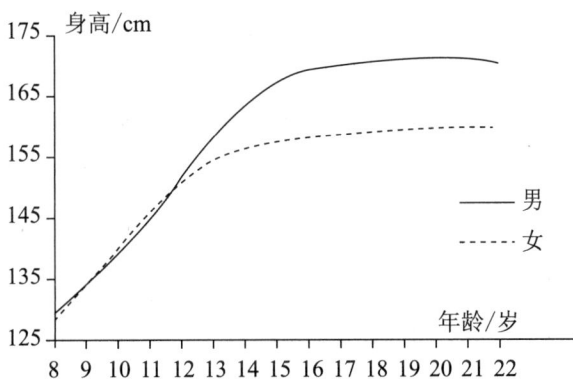

图5-2　身高与年龄的关系

男女中学生在身高的变化上是不一样的(见图5-2)。童年期男女生的身高是差不多的，男生稍高于女生，但到了青春期的前期，就发生了明显的变化。女生从9岁开始，进入生长发育的突增阶段，11～12岁时达到突增高峰；而男生的这一过程却比女生晚将近两年，从十一二岁起急起直追，在14岁前后身高超过了女生。可见，男生和女生在身高增长上既反映了发育的一般趋势，又有早晚之分。

———————————

① 数据来源于中华人民共和国国家卫生健康委员会2018年发布的《7岁～18岁儿童青少年身高发育等级评价》。

(二)体重增长

在青春期，学生的体重呈现出显著的加速增长趋势。相较于儿童时期每年不超过 5 kg 的体重增幅，青春期的学生体重年增加量可达到 5～6 kg，部分个体甚至可达 8～10 kg。

性别差异在青春期的体重增长中亦有所体现。10 岁之前，男女生的体重增长轨迹相近。然而，9 岁后，女生率先进入快速发育阶段，体重随之增加，而男生的体重则通常在两年后赶上女生。

体重的增长不仅是身体质量增加的直接反映，更深层次地揭示了内脏器官、肌肉组织和骨骼结构的发育状况。因此，体重是评估青春期发育进程和健康状况的重要指标之一。

(三)"第二性征"显现

"第二性征"指的是性器官与性功能的发育在外形上的表现，其具体特征如下所述。

1. 男性特征

①喉结突出与声音变粗。喉结的突出与声音的变化紧密相连。据科学研究，男生通常在 13 岁左右(最早可始于 8 岁)进入变声期，至 15 岁时，几乎所有男生均已进入变声期，且半数人的声音已明显变粗。19 岁以后，所有男生的喉结均显著突出，声音变粗过程完成。②上唇茸毛密生及胡须生长。

2. 女性特征

①声音变尖。青春期女生的喉结无显著外观变化，但内部声带结构却发生了显著改变，声带增长、变窄，导致发音频率升高，声音随之变尖。②乳头突起。乳房的变化是女生进入青春期的首要标志。③骨盆扩宽与臀部增大。

青春期外形的显著变化对青少年的心理发展具有深远影响。他们逐渐认识到自己已步入成熟阶段，不再视自己为孩童，这种自我意识的觉醒增强了他们的"成人感"，促进了个性发展的加速。然而，由于生理发育的迅速推进，心理发展往往难以同步跟上，因此在青春初期，即初中阶段，他们的行为表现可能显得较为笨拙。此外，外形的变化也可能导致部分青少年出现心理上的不适应。例如，有的女生因体重增加而焦虑，有的男生因胡须茂密而烦恼。因此，应特别关注他们的心理健康，尤其注重对其进行美感教育。

青春期的生理变化为教师与家长提出了新的保健与教育挑战。教师与家长需加强对青少年在物质与精神层面的管理，特别是在外形巨变层面，青少年需要消耗大量营养物质，因此加强营养摄入至关重要。同时，应引导他们积极参与体育锻炼，以促进身体发育。此外，还需为他们安排适度的劳动，并注重卫生习惯的养成，以确保身体各部分均能得到充分发育。

二、生理机能增强

到青春期，体内的各种机能迅速增强，并逐步趋向成熟。

(一)心脏的发育

有人做过一个统计，假定新生儿心脏的发育程度为1，那么，随着年龄增加，心脏发育的趋势如表 5-2 所示。

表 5-2　个体心脏发育的趋势①

成长阶段	新生儿	近一个月	12 岁	35～40 岁
心脏发育趋势	1	3	10(接近成人)	心脏恒定

血压和脉搏与心脏功能有紧密关系。血压说明整个循环系统的工作情况。成人正常的血压，高压为 120 mmHg，低压为 80 mmHg。而十一二岁的中学生，一般高压为 90～110 mmHg，低压为 60～75 mmHg。正常情况下心率和脉搏是一致的，也就是说，心跳次数和脉搏次数是相同的。刚出生时约为 140 次/分钟，十一二岁时约为 80 次/分钟，20 岁左右时约为 62 次/分钟。为什么年龄越小，心脏跳得越快呢？一是年龄小时，脑的兴奋度高；二是由于排出血量少，供血不足，要满足机体对血液的需要，心脏就要加快跳动。

(二)肺的发育

7 岁时，肺的结构就已发育完成。肺的发育经历了两次"飞跃"，第一次在出生后第三个月，第二次在 12 岁前后。12 岁青少年的肺活量是出生时肺活量的 9 倍。肺活量的增长是肺发育的重要指标。

---

① 林崇德：《中学生心理学》，50 页，北京，中国轻工业出版社，2013。

由图 5-3 可见，男女中学生肺活量的差距是明显的。男生到十七八岁时、女生到十六七岁时就可以达到或接近成人的肺活量。中学阶段，是肺的发育过程中十分重要的阶段。教师和家长要对男女生采取不同的方法进行教育与引导。例如，对男生，要教育他们不要过高估计自己的能力，更不要去冒险；对女生，要鼓励她们加强体育锻炼和户外活动，不要束胸和束腰。

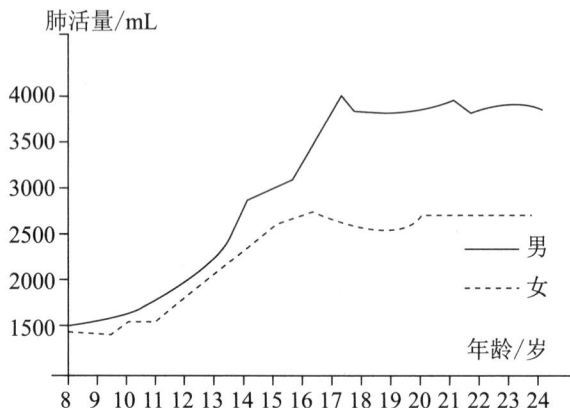

图 5-3　男女生肺活量平均数曲线图①

(三)肌肉力量的变化

肌肉力量是身体素质的体现，它是人体在运动、活动和劳动中所表现出来的机能力量。

体重的增加，表明肌肉和骨骼发生了变化，尤其是肌肉，在青春期发育得特别快。肌肉发达了，力量就也增大了。以手的握力为代表，可以看出在 14 岁以前，男生的握力略高，14 岁以后，男女生之间握力的差距越来越明显。（见图 5-4）。

肌肉力量的增长为中学生体力的增强提供了可能性。中学生意识到这一点，对于他们的心理发展具有很大的意义。体会到有力量，会加速他们的"成人感"，促进他们意志的发展。但是，与成人相比，中学生的肌肉疲劳得快些，他们还不能适应长期的紧张状态。教师在引导中学生参加体育活动和体力劳动的时候必须考虑到这一特点。运动器官的发育伴随着运动的不协调，表现为不善于控

---

① 王耘、叶忠根、林崇德：《小学生心理学》，9 页，杭州，浙江教育出版社，2007。

制自己的身体,如动作不协调、不灵活、生硬等,这可能会使中学生产生消极的情绪体验或失去信心。对此,教师与家长要予以重视。此外,由于男女生的肌肉力量差距较大,在体育活动时,男女生应该分开,锻炼的内容和要求达到的标准也要有所不同。

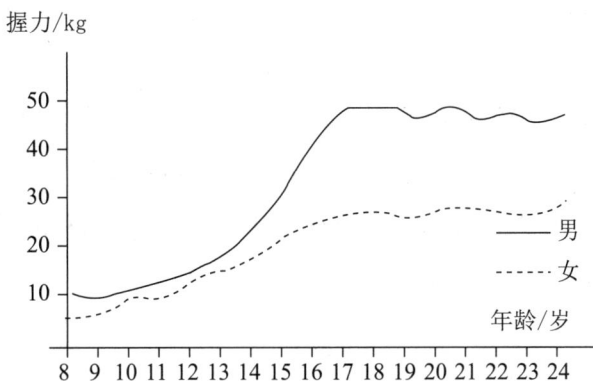

图5-4 男女生握力发展对比曲线图 ①

(四)脑和神经系统的发育

如前所述,心理是脑的机能,是高级神经活动的机能。脑的发育、神经系统的发育,是心理发展的直接前提和物质基础。那么,青春期脑和神经系统的发育有什么特点呢?

1. 脑重量的发育轨迹

研究数据揭示,人脑的平均重量随年龄增长呈现出一定的变化规律:新生儿脑重约为390 g,相当于成人脑重的25%;六七岁幼儿脑重为1280 g,基本接近成人脑重的90%;12岁少年脑重达到1400 g,与成人脑重相当。这一数据表明,在青春初期,青少年脑的平均重量已接近成人水平。

2. 脑容积的变化规律

人脑平均容积的发展同样经历了一个逐步增长的过程。12岁少年脑容积为1400 mL,基本达到成人的水平。此外,发展认知神经科学家还针对男性与女

① 王耘、叶忠根、林崇德:《小学生心理学》,10页,杭州,浙江教育出版社,2007。

性大脑容积的差异进行了深入研究，发现男性大脑容积比女性大 9%～12%。[1]
值得注意的是，男性大脑总容积在 14.5 岁左右达到峰值，而女性大脑发育速度
更快，大约在 11.5 岁时即可达到峰值。

3. 脑电波的发展特征

脑电波是通过将电极贴在头皮不同点，记录大脑皮质神经细胞群体自发或
接受刺激时诱发的微小电位变化而形成的波形。频率作为脑发育过程中最重要
的参数，是研究儿童脑发展历程的关键指标。研究发现，4～20 岁中国被试的脑
电波总趋势表现为 α 波频率逐渐增加。脑的发展主要体现为 α 波与 θ 波之间的竞
争，最终 θ 波逐渐让位于 α 波。在这一发展过程中，脑发育存在两个显著加速时
期，即 5～6 岁和 13～14 岁。前者标志着枕叶 α 波与 θ 波之间最激烈的竞争，而后
者则标志着除额叶外，几乎整个大脑皮质 α 波与 θ 波之间竞争的基本结束。

4. 神经系统的结构和机能的发育

到青春初期，青少年神经系统的结构已基本上和成人没有什么差异了。此
时，大脑发育成熟，大脑皮质的沟回组织已经完善、分明。（见图 5-5）神经元
细胞完善化和复杂化，传递信息的神经纤维的髓鞘化已经完成，好像裸体导线
外边包上了一层绝缘体，保证信息传递畅通，不互相干扰。

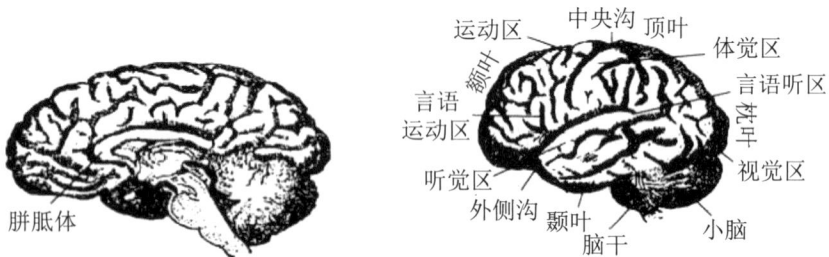

图 5-5　人的大脑皮层分叶分区图

在新的、更为复杂的生活条件影响下，兴奋与抑制过程逐步达到平衡，特
别是内抑制机能逐步发育成熟，使得兴奋和抑制在十六七岁后能够协调一致。
此外，第二信号系统不仅逐步占据优势地位，而且在概括和调节作用上也表现

---

① Giedd, J. N., Vaituzis, A. C., Hamburger, S. D., et al., "Quantitative MRI of the Temporal Lobe, Amygdala, and Hippocampus in Normal Human Development: Ages 4-18 Years," *Journal of Comparative Neurology*, 1996 (2), pp. 223-230.

出显著的发展。

　　尽管如此，脑和神经系统要发育到与成年人完全相同的水平，还需要到20～25岁。在青春期，脑下垂体、甲状腺和肾上腺等器官分泌出的激素会促使全身组织迅速发育，并加强脑和神经系统的兴奋性。因此，中学生容易表现出情绪激动和易疲劳的特点。然而，到了20～25岁，这种激素分泌量会显著减少。

　　综上所述，脑和神经系统的基本成熟为中学生心理的基本成熟提供了可能性。但中学生仍处于从不成熟向成熟的过渡阶段，他们的脑和神经系统仍有待进一步锻炼。因此，教师与家长应引导中学生合理安排作息时间，兼顾学习与娱乐，注意劳逸结合，这对他们的身心健康成长与成熟至关重要。

三、性器官与性功能发育成熟

　　生殖器官直至青春期才进入迅速发育的阶段，此时个体开始具备生殖机能。

(一)女生生殖器官与生殖机能的发育成熟

　　女生生殖器官的发育始于十一二岁，首先表现为外生殖器的变化，随后阴道深度逐渐增加。月经初潮，即女生首次月经来潮，标志着性发育即将达到成熟阶段，是女生青春期到来的明确信号。月经初潮通常出现在身高增长速度开始减缓后的半年至一年内，但在月经初潮后，体重增长速度显著加快。

(二)男生生殖器官与生殖机能的发育成熟

　　男生生殖器官的成熟进程相较于女生更为迟缓。10岁以前，睾丸仅呈现缓慢增长，13岁开始活跃，15岁时男生睾丸的重量已接近成人水平。当男生长至十五六岁时，随着生殖器官和第二性征的发育，遗精现象开始出现。首次遗精标志着男性生殖腺开始走向成熟。

(三)性成熟与心理变化的关系

　　性成熟在中学生心理发展中起着举足轻重的作用。中学生开始意识到自己正向成熟过渡，同时对性机能产生好奇心与新颖感。对于女生而言，尽管她们可能事先已具备性知识，但月经初潮的出现仍会给她们带来强烈的不安和恐惧感。男生则可能在女生面前表现得更加积极，不愿教师或家长在女生面前批评自己；在情感上愿意接近女生，但在行动上又故意疏远，处于一种矛盾的心理状态。无论是男生还是女生，都已开始意识到两性关系，并对异性产生兴趣，产生新的情绪体验。例如，他们开始注重外表仪容，喜欢照镜子、追求打扮。

在我国，绝大多数中学生能够健康成长，正确对待性成熟及其带来的一系列变化。然而，如果不能正确引导他们对两性关系的认识，不加强必要的性知识教育，则可能导致中学生出现不良习惯和道德品质问题。因此，教师与家长应深入了解性成熟给中学生心理带来的变化，对他们进行必要的性知识教育。教育过程中不应过于强调生理学因素，而应更多地启发他们树立正确的人生观。通过组织丰富多彩的文体活动，自然地引导男女生之间建立团结友爱的集体关系，尽量避免不良刺激的影响，将中学生的主要精力引导到学习活动中去，以培养健康的心理和良好的道德品质。

单元测试

一、单项选择题

1. 中学生所处的发展阶段，在发展心理学中通常被称为（　　）。

A. 婴儿期　　　　　　　　　　B. 学龄前期

C. 青春期或青少年期　　　　　D. 青年期

2. 中学生相比于小学生，在学习内容上的主要变化是（　　）。

A. 更加注重常识性知识

B. 学科内容趋向专门化，知识严密性和逻辑性增强

C. 学习方法以被动接受为主

D. 学习结果不以升学和职业选择为导向

3. 下列哪项不属于中学生心理发展的主要特点？（　　）

A. 过渡性　　　　　　　　　　B. 开放性

C. 社会性　　　　　　　　　　D. 动荡性

4. 青春期身体外形巨变的主要表现不包括（　　）。

A. 身高迅速增长　　　　　　　B. 体重显著下降

C. 第二性征显现　　　　　　　D. 骨盆扩宽（女性）

5. 根据皮亚杰的认知发展阶段理论，中学生处于哪个阶段？（　　）

A. 感知运动阶段　　　　　　　　B. 前运算阶段

C. 具体运算阶段　　　　　　　　D. 形式运算阶段

6. 中学生心理发展的闭锁性特点主要表现为（　　）。

A. 愿意主动与他人分享内心想法

B. 内心世界逐渐复杂，不轻易表露内心活动

C. 对外界刺激反应迟钝

D. 缺乏自我意识和独立思考能力

7. 下列哪项措施不适合用于提高中学生的注意集中能力？（　　）

A. 冥想练习　　　　　　　　　　B. 减少学习环境的噪声和干扰

C. 增加学习时间，减少休息时间　D. 注意力训练

8. 中学生性器官与性功能发育成熟，女生的通常标志为（　　）。

A. 喉结突出　　　　　　　　　　B. 声音变粗

C. 遗精现象　　　　　　　　　　D. 首次月经来潮

二、简答题

9. 简述中学生心理发展的过渡性特点。

10. 中学生生理上的"三大变化"指的是什么？

11. 如何理解中学生心理发展的社会性特点？

12. 简述教师与家长在中学生性教育中应采取的措施。

三、案例分析题

13. 中学生王小明近期学习成绩明显下滑，情绪波动较大，经常与同学发生冲突。教师和家长通过沟通发现，王小明对自己的身体变化感到非常困扰，特别是声音变粗、胡须生长等男性第二性征的出现，让他感到不适。同时，他对未来的职业选择感到迷茫，缺乏明确的目标和动力。

（1）分析王小明当前面临的问题及其成因。

（2）根据中学生心理发展的理论，提出帮助王小明解决问题的具体建议。

（3）讨论教师和家长在王小明这一心理发展关键时期应扮演的角色和采取的措施。

第六章　中学生认知的发展

>>> 学习目标

1. 了解皮亚杰的认知发展阶段理论。

2. 了解中学生注意发展的特点与规律，知晓注意规律在教学中的运用。

3. 了解中学生感知觉发展的特点与规律，知晓感知觉规律在教学中的运用。

4. 了解中学生记忆发展的特点与规律，能运用记忆规律促进学生的有效学习。

5. 了解中学生思维和想象发展的特点与规律，培养中学生的创造性思维和想象力。

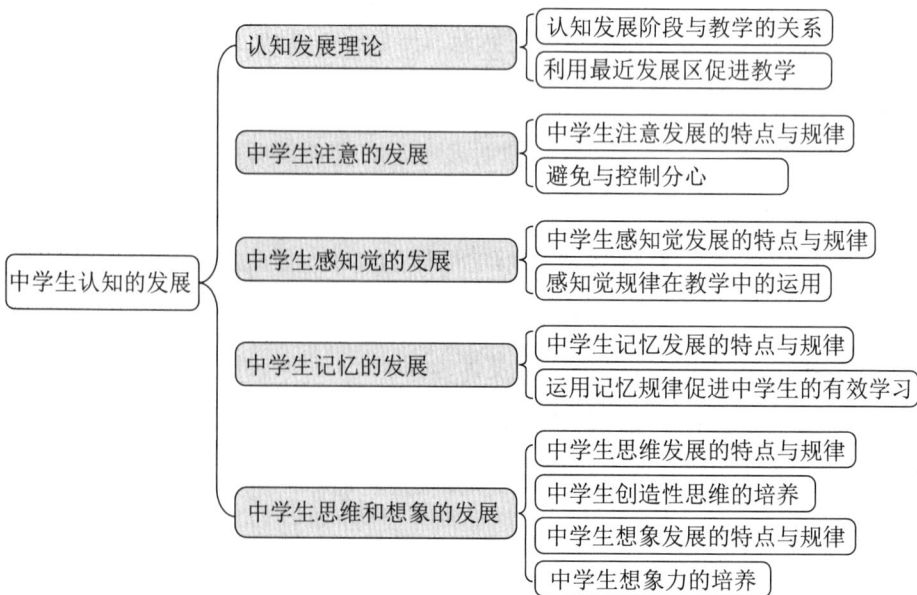

【案例导入】

中学生张三是一个勤奋好学的学生，他的学习成绩一直很好，但他最近在学习上遇到了困难，学习效率降低了。教师发现他学习时注意力不集中，容易分心，记忆力也不如以前。

分析：

中学生的认知发展是有规律可循的。根据皮亚杰的认知发展阶段理论，中学生处于形式运算阶段，他们的思维变得更加抽象和概括。但是，中学生的注意力容易受到情绪和环境的影响，容易分心，因此需要培养他们的专注力和自我控制能力。

建议：

为了提高张三的学习效率，建议教师采取以下措施。

培养张三的专注力和自我控制能力，如通过冥想练习和注意力训练来提高他的专注力。

创造一个有利于学习的环境，如减少噪声和干扰，提供安静的学习空间。

通过传授记忆方法来提高张三的记忆力。

通过创造性思维和想象力的培养来促进张三的思维和想象力的发展。例如，鼓励他参加创造性活动，通过问题解决和创造性思维训练来提高他的思维能力。

第一节　认知发展理论

一、认知发展阶段与教学的关系

(一)皮亚杰的认知发展阶段理论

皮亚杰提出的认知发展阶段理论重点讨论了认知发展的一般性特征和深层机制，强调生物学因素和个体自身因素在认知发展中的重要作用。

1. 关于认知发展的基本观点

皮亚杰认为，认知发展是个体在成长过程中，其一般认知能力和认知技能的形成，以及认知方式随着年龄和经验的增长而发生的变化。在这个过程中，青少年会主动构建他们对世界的认知。皮亚杰使用"图式"这一概念来描述这种心理结构或框架。图式用于组织和解释个体所处环境中的信息，它像是一套指引和决定个体如何处理外界信息的计算机软件。对于婴儿来说，图式代表的是具体的行为，如吮吸和伸手等。随着年龄的增长，儿童的图式会变得更加复杂和抽象。例如，他们骑自行车或玩视频游戏时所使用的技巧。

在皮亚杰的理论中，个体的智慧本质被视为一种适应，即个体在与环境的交互作用中逐步对环境进行适应的过程。他提出，适应是通过同化和顺应两种形式实现的。同化指的是个体把外界的信息直接纳入自己已有的认知结构中的过程，这个过程中图式并不会发生改变。顺应则是指个体通过调整自己的认知结构来适应外界信息的过程，这个过程中图式发生了改变。同化和顺应并不是独立存在的两个过程，而是相互交织、同时存在于个体的认知过程之中。

皮亚杰还强调了平衡这个过程。平衡指的是个体保持其认知结构处于一种相对稳定状态的内在倾向性。这种平衡是同化和顺应之间的平衡。当个体能够轻松地将新知识经验纳入其原有的认知结构中时，个体会感到平衡。然而，当现实与个人对其的理解不协调时，就会产生失衡。这种失衡会促使个体进一步调整其认知结构，以适应新的环境，并最终达到新的平衡。青少年在尝试理解世界的过程中，有时会经历这种认知冲突和不平衡的状态，但正是这种状态推动他们去解决问题，达到新的认知平衡。

2. 认知发展的四个阶段

皮亚杰提出了个体认知发展的四个阶段理论。在每一个阶段，个体对其周围环境的理解和组织方式都会经历一次根本的变化，从简单到复杂，逐渐形成更为复杂的推理方式。皮亚杰认为个体认知发展的四个阶段是循序渐进的，每个阶段都有其特定的推理方式。这些阶段的持续时间因人而异，但每个个体都会经历这些阶段。（表 6-1）

表 6-1 认知发展的四个阶段

阶段	年龄	基本特点
感知运动阶段	0～2岁	婴儿对外部世界的认知是基于他们的感觉和运动技能的。婴儿通过眼睛、耳朵、手和嘴与外界互动，进行"思维"。因此，他们会发明一些解决问题的方式。比如，通过拉杠杆来听音乐盒的声音，找藏起来的玩具，把物体放入容器后又拿出来。到这一阶段末，他们会使用心理表征
前运算阶段	2～7岁	儿童学会使用符号（如词汇和数字）来反映外部世界的各个方面，反映他们在感知运动阶段的认识。但是他们与外部世界的联系是以自己的观点为基础的
具体运算阶段	7～11岁	儿童的推理变得具有逻辑性。学龄儿童会理解一定数量的柠檬水或橡皮泥在改变其外形后其属性仍然保持不变。他们也会把物体归入各种分类和亚类中。然而，其思维还未达到成人的水平，也仍然不是抽象的
形式运算阶段	11～15岁	抽象、系统的思维能力使得青少年在面对问题时能够先提出假设，演绎出可供检验的推理，孤立和综合各种变量，看看哪一个推理会得到证实

（1）感知运动阶段（0～2岁）

这一阶段儿童的认知发展主要体现在感觉和动作的分化上。初生的婴儿只有一系列笼统的反射，这些反射是他们对外界刺激的初步反应。然而，随着年龄的增长，他们开始通过组织自己的感觉和动作来应对环境中的刺激，这是一个重要的转折点，标志着他们开始逐渐分化出更具体的感觉和动作。

在这个阶段后期，感觉和动作的分化更加明显，儿童开始表现出一些调适行为，这是他们开始适应环境的一种表现。此外，他们的思维也开始萌芽，这意味着他们开始理解周围的世界，并开始运用自己的想象力去探索和发现新的事物。

总的来说，这一阶段儿童的认知发展是一个从笼统到具体的过程，他们开始分化出更细致的感觉和动作，同时思维方面也开始萌芽，这将为他们未来的学习和成长打下坚实的基础。

（2）前运算阶段（2～7岁）

在这个阶段，儿童的各种感知运动图式开始内化为表象或形象图式，这种变化尤其体现在语言的出现和发展上。语言能力的提升使得儿童越来越频繁地使用表象符号来代表外界的事物，然而他们的语词或其他符号还不能完全代表抽象的概念。尽管如此，他们的思维已经逐渐摆脱具体直觉表象的束缚，开始尝试从知觉中解放出来。

这个阶段儿童思维的主要特征可以总结如下。首先，他们认为外界的一切事物都是有生命的，这是因为他们还不能理解事物的本质和非生命性。其次，所有的儿童都认为所有人都有相同的感受，一切以自我为中心，这是因为他们还没有意识到他人的存在和感受。再次，他们的认知活动相对具体，还不能进行抽象的运算思维。最后，他们的思维不具有可逆性，这意味着他们不能理解事物的变化和相对性。

这些特征反映了儿童思维发展的阶段性和局限性。然而，随着年龄的增长和经验的积累，他们的思维会逐渐变得更加成熟和复杂。从另一个角度来看，这些特征也为教育者提供了指导和启示，帮助他们更好地理解和引导儿童的思维发展。

（3）具体运算阶段（7～11岁）

这一阶段儿童的认知结构已经相当成熟，已经具有了抽象概念，他们的思维非常灵活，可以逆转，因此能够进行逻辑推理。这一阶段的标志性特征是儿童已经完全掌握了长度、体积、重量和面积的守恒概念，这意味着他们理解到尽管物体在外形上发生了变化，但其特有的属性保持不变。守恒概念的出现是这一阶段儿童思维的主要特征。在具体运算阶段，儿童主要依赖于具体的事物或从具体事物中获得的表象进行逻辑思维和群集运算。尽管他们的思维已经超越了前一阶段的直观性，但仍然需要具体事物的支持。

这个阶段的儿童还展现出了另一个重要的特征，那就是去自我中心主义。去自我中心主义是指儿童逐渐学会从他人的角度看问题，这是他们社会性发展的重要标志。在此之前，儿童往往以自我为中心，难以理解和接受他人的观点。但随着年龄的增长，他们逐渐能够接受别人的意见，修正自己的看法，这是儿童心理发展的重要里程碑。

（4）形式运算阶段（11～15岁）

这一阶段的儿童思维已经超越了早期对具体可感知的事物的依赖，变得更加抽象和概括，他们开始能够将形式从内容中解脱出来。这意味着他们能够理解和运用抽象的概念和符号，进行逻辑推理和概括。他们能理解符号的意义、隐喻和直喻，能对事物做一定的概括，其思维发展水平已接近成人。

在这个阶段，儿童的思维是以命题形式进行的。他们不仅能够考虑命题与经验之间的真实性关系，而且能够看到命题与现实之间的关系，并能推理两个或多个命题之间的逻辑关系。这种能力使得他们能够解决更为复杂的问题，如科学实验中的假设和推理。

此外，本阶段的儿童不仅能够运用经验—归纳的方式进行逻辑推理，而且能够运用假设—演绎推理的方式来解决问题。他们能在考虑问题细节的基础上，假设这种或那种理论或解释是正确的，再从假设中演绎出这样或那样的经验现象实际上应该或不应该出现，然后检验他们的理论。这种推理方式需要他们考虑多种可能的解释和结果，并运用已有的知识和逻辑进行判断和验证。

本阶段的儿童还具备了可逆思维。他们不仅能够从正面思考问题，而且能够从反面思考问题，并找到问题的解决方法。例如，对于"在天平的一边加一点东西，天平就失去平衡。怎样使天平重新平衡"的问题，他们不仅能考虑把所加的东西拿走（逆向性），而且能考虑移动天平的较重的盘子使它靠近支点，即使力臂缩短（补偿性）。这种思考方式需要他们综合考虑问题的多个方面和因素，并运用已有的知识和逻辑进行判断和解决。

在这个阶段，儿童的思维也变得更加灵活和开放。他们不再刻板地恪守规则，反而常常因规则与事实不符而违反规则。这表明他们已经开始具备独立思考和解决问题的能力，同时也需要我们鼓励和支持他们自己做出决定和解决问题。对于教师和家长来说，应该给予他们更多的自主权和决策权，同时也要给予他们必要的指导和建议，帮助他们更好地成长和发展。

(二)认知发展理论在教学中的运用

1. 认知发展阶段制约教学的内容和方法

在皮亚杰的理论中，学习是受到主体的一般认知水平所制约的，因此，各个学科的教学应该研究如何针对处于不同发展阶段的学生，提供既不超出他们当时的认知结构和同化能力，又能激发他们向更高阶段发展的具有启发性的适当内容。这种适当的内容既可以帮助学生更好地理解和掌握知识，也可以促进他们的思维能力和创造力的发展。因此，在学科教学中，应该注重如何将学科知识与学生的认知结构和发展阶段相结合，以实现最优的教学效果。

此外，皮亚杰的理论还强调了教育的本质和目的，即通过促进学生的发展，提高他们的认知水平和思维能力，帮助他们更好地适应社会和生活。因此，各门学科的教学应该注重如何启发学生，激发他们的学习兴趣和动力，帮助他们实现自我发展和成长。

总之，皮亚杰的理论为各门学科的教学提供了重要的启示和方法论指导，帮助我们更好地理解和实现教育的目标。

2. 教学促进学生的认知发展

皮亚杰的研究表明，教师必须认真考虑儿童的认知发展规律和特殊兴趣。在选择教材和教学方法时，教师需要根据儿童所处的认知发展阶段来选择。例如，对于处于前运算阶段的儿童，教师应该选择有趣、形象、生动的教材，这样能够吸引儿童的注意力并激发他们的学习兴趣；当儿童进入学龄阶段，教师需要通过各种学科教学活动，帮助儿童掌握基本的科学概念和它们之间的关系，提高儿童的逻辑思维能力，并促使他们从具体运算思维向形式运算思维发展。

皮亚杰的研究揭示了没有特殊训练条件下儿童的认知发展阶段，但并未考虑专门教学的影响。从一般发展的观点来看，这种研究是必要的。大量的研究表明，通过适当的教育训练来加快各个认知发展阶段之间的转化速度是可能的。只要教学内容和方法得当，系统的学校教学肯定可以起到加速认知发展的作用。

总结而言，在教育实践中，教师需要认真考虑儿童的认知发展阶段和特殊兴趣，选择适合的教材和教学方法。通过适当的教育训练来加快儿童认知发展的速度是可行的。同时，教师还需要注意教学内容和方法的选择，以充分发挥学校教育在儿童认知发展过程中的积极作用。

二、利用最近发展区促进教学

(一)最近发展区的定义

苏联著名的心理学家维果茨基(Vygotsky)认为，儿童在发展过程中存在着两种不同的水平。第一种是儿童已经达到的发展水平，这表现为儿童已经完全掌握了一些概念和规则，这些概念和规则是在一定的教育系统中或者文化背景下获得的。第二种是儿童在接下来的发展中即将达到的水平，这通常是在有成人指导和帮助的情况下，儿童能够解决问题的水平。这两种水平之间的差距，就是所谓"最近发展区"。

最近发展区实际上描述了两个邻近发展阶段之间的过渡状态。这个概念对于理解儿童的学习和发展过程具有重要的意义。通过了解儿童的最近发展区，教育者可以更好地设计和实施有针对性的教育策略，帮助儿童在他们的能力范围内最大限度地发展和进步。

最近发展区的概念还可以帮助我们理解儿童在解决问题时所面临的挑战。当儿童在独立解决问题时，他们可能会遇到困难，因为他们还没有足够的能力去解决这些问题。然而，在有成人指导和帮助的情况下，他们可以解决问题并达到更高的水平。这表明了最近发展区的重要性，它为教育者和儿童提供了共同努力的方向和目标。

此外，维果茨基的理论还强调了成人的指导和帮助在儿童发展中的重要作用。他认为，成人应该为儿童提供适当的挑战和指导，以激发他们的学习兴趣和发展潜力。通过与成人合作解决问题，儿童可以接触到新的概念和规则，并逐渐将其纳入自己的认知结构中。这种互动和学习过程有助于儿童在他们的最近发展区内发展和成长。

综上所述，最近发展区是一个重要的概念，它描述了儿童现有发展水平和即将达到的发展水平之间的差距。这个概念强调了成人的指导和帮助在儿童发展中的重要性，并为教育者和儿童提供了共同努力的方向和目标。通过了解儿童的最近发展区，我们可以更好地理解和支持他们的学习和成长过程。

(二)对教育的启发

维果茨基的"最近发展区"理论提醒我们，教学不能只满足于适应儿童现有的发展水平，还应该预见并引导儿童达到新的发展水平。因此，我们应该采取支架式教学方式，以适应儿童的最近发展区。

支架式教学是一种形象化的教学方式，将儿童视为正在构建自身能力的建筑，而教师的教则是必要的脚手架，支持儿童不断地构建自己，引导他们达到新的发展水平。这种教学方式以"最近发展区"理论为依据，通过建立适当的支架，帮助学生向潜在的发展水平迈进并逐步提高，不断创造新的"最近发展区"。这种教学方式有助于激发学生的学习热情和创造力，培养他们的独立思考能力和解决问题的能力。

第二节 中学生注意的发展

一、中学生注意发展的特点与规律

(一)注意发展的特点

从个体注意发展的过程看,儿童最初发展起来的是无意注意,之后,又从无意注意占优势逐渐向有意注意占优势过渡,最后才形成有意后注意。

在无意注意的基础上,儿童有意注意的发展是通过与成人交往,在生活实践中进行的。一般要经历三个阶段。第一阶段,儿童服从成人的指示,学会在周围环境中分出一定的对象,从而使注意产生了选择性的指向。第二阶段,儿童开始把自己的行为逐渐建立在自我命令的基础上,于是初步形成了注意的自我组织能力。在这一水平上,支持儿童有意注意的条件是外部动作或外显的言语。第三阶段,随着有意注意的发展,支持有意注意的外部条件逐渐消失,变为内部的言语指令或内部的智力动作。在这个阶段,儿童有意后注意也获得了有效的发展。当然,由于生活实践及其他因素的不同,儿童各种注意发展的水平是有差异的。

(二)中学生注意发展的规律

1. 注意的个别差异明显

少年期学生注意的一个重要特点是个别差异明显。尽管他们注意的有意性有所增强,但是无意注意在他们的学习与活动中仍然占有一定的地位。不少学生依然习惯于通过无意注意的方式去获取知识,稍作有意注意的努力或有意注意持续的时间长一些,便会感到疲劳。因此,在教学中教学环境或者教学内容、方法稍有变化,也会影响他们注意的稳定与集中。他们可以专心致志地听一堂课,也可以心不在焉地听另一堂课。这些情况说明,少年期学生的注意发展存在着矛盾性,标志着他们正处于由无意注意占优势向有意注意占优势的过渡时期。

调查表明，少年期学生在学习或活动中，支配自己的心理活动，使之及时定向与集中的能力是很不相同的，存在着有明显差异的三种注意类型：①以无意注意占优势为特征的情绪型；②以有意注意占优势为特征的意志型；③以有意后注意占优势为特征的自觉意志型(智力型)。

少年期学生注意的个别差异只是说明这个时期学生注意的某种倾向性和最一般的表现特征而已。教师的任务是采取必要的手段，引导学生向正常的注意方向发展。

2. 直接兴趣在注意中起着巨大的作用

与小学生相比，中学生具有更加积极的求知欲和好奇心，他们渴望知道更多未知的东西。但是，由于他们的注意还具有明显的情绪色彩，因此直接兴趣在注意中起着巨大的作用。只要他们对东西感兴趣，就能长时间地保持稳定的注意，通常每次可持续 40 分钟之久。研究表明，受强烈的直接兴趣因素的影响，约有 90％的中学生明显地表现出对某些学科特别爱学和特别不爱学的偏科现象。直接兴趣的作用还表现在阅读方面。对中学生课外阅读兴趣的研究发现，过半数的人阅读时只是满足于书中故事的有趣情节，而对人物的刻画及作品的社会意义则毫不介意。他们常常会由于缺乏兴趣而放下上课时所用的课本，去阅读更有趣味性的另一本书。

中学生往往是多种兴趣并存的。因此，教师一方面要特别重视帮助他们培养中心兴趣，另一方面要指导他们克服肤浅的好奇心和对学习的轻率态度，加强对他们注意的目的性、方向性的引导和对自我组织能力的培养。

3. 探究新奇事物的主动性增强

小学生探究新事物的能力已有所发展。到了初中阶段，学生对一切新奇的、自己不了解的东西的探究表现出更明显的主动性和自觉性。例如，学习了植物生长过程与环境的相互关系的知识后，有的学生就主动地设法改变植物生长发育的环境条件，从而探究植物能否更好地开花、结果。当然，中学生主动探究新事物的热情中还带有强烈的冲动性。他们在对某种新奇事物的注意达到入迷的程度时，会把纪律置之脑后。有时，上着语文课却想去探究电动玩具的电动原理；上数学课时却突发奇想，长大了要去研究怎样让树上长出谷子来等。

中学生探究新奇事物的主动性增强是符合这个阶段儿童心理发展的年龄特征的。教师应当采取积极引导的态度，让他们理解获取知识的正确途径和方法，千万不能采取讽刺挖苦的态度，这样会扼杀他们的想象力。

4. 开始发展对抽象材料的稳定注意

心理学的有关研究表明，小学高年级学生更多是对具体生动的材料保持较好的注意稳定性；而对抽象的、与自己的实际生活缺少联系的材料，注意的稳定性会大大削弱。中学生则不同，由于学习的需要，他们开始接触更多的抽象材料，如定理、公式、议论文、概念等，面对这些抽象的材料，他们能比较长时间地稳定自己的注意。不过，由于他们的思维还不成熟，对于过分抽象与深奥或缺乏具体经验支持的材料，他们也会因不理解而感到乏味，进而分心。

对抽象材料的注意稳定水平的提高，不是自发实现的，而且中学生也只是处于注意的稳定性刚开始发展的阶段。因此，教师既要组织丰富的教学内容，以生动有趣的教学方法去吸引并稳定学生的注意，又要重视培养学生正确的学习动机和端正的学习态度，促使他们保持对抽象材料的稳定注意。

二、避免与控制分心

分心是学生在学习过程中常见的现象，它会导致学生的注意力不集中，影响学习效果。为了避免与控制分心，教师可以采取以下措施。

(一)超前控制

超前控制是指在分心出现之前，提前采取预防措施，防止分心的发生。具体措施包括以下几点。

①创造良好的学习环境。保持教室的整洁、安静，减少外部干扰，使学生能够在舒适、专注的环境中学习。

②安排适当的学习任务。根据学生的实际情况，合理安排学习任务的难度和数量，避免学生因任务过重或过难而分心。

③激发学生的学习兴趣。通过设计有趣的教学活动、使用生动的教学语言等方式，激发学生的学习兴趣，使他们更加专注于学习。

(二)信号控制

信号控制是指利用某种信号来提醒学生集中注意力。具体措施包括以下几点。

①使用声音、光线等信号。当教师发现学生分心时，可以通过敲击黑板、变换灯光等方式来提醒学生集中注意力。

②使用手势、眼神等信号。教师可以通过手势、眼神等方式来与学生进行交流，提醒他们集中注意力。

(三)提问控制

提问控制是指通过提问来引导学生思考，防止他们分心。具体措施包括以下几点。

①随机提问。教师可以随时向学生提出问题，要求他们回答，这样可以使学生保持紧张状态，防止分心。

②定时提问。教师可以在教学过程中定时提出问题，要求学生回答，这样可以帮助学生保持注意力集中。

(四)表扬、批评控制

表扬和批评是控制学生分心的重要手段。具体措施包括以下几点。

①表扬。当教师发现学生在课堂上表现出色时，应及时给予表扬和鼓励，这样可以增强学生的自信心和学习动力，防止他们分心。

②批评。当教师发现学生分心时，应及时给予批评和指正，帮助他们认识到自己的错误并加以改正。

第三节　中学生感知觉的发展

一、中学生感知觉发展的特点与规律

(一)感知更加精确

中学生感知的精确性与小学生相比有很大的提高。在小学阶段，学生的感知能力已有较大的发展。由于教学的要求，小学高年级学生一般能分辨 12 种红色、10 种黄色、6 种绿色和 4 种蓝色，与小学一年级相比，他们区别颜色的精确度提高了 50% 以上。中学生区别各种颜色的精确度又有明显的提高。对于听觉的发展，音乐和语音课起着重要的促进作用。中学生对各种音调的区别能力比小学一年级学生提高了 3 倍以上。中学生听觉的灵敏度甚至超过成人。随着骨骼和小肌肉群的发展与逐渐成熟，中学生的运动觉也有明显的发展。据研究，中学生运动觉的精巧性要比小学生提高 50% 以上。这对他们学习书法、绘画、制图及体育技巧等非常有利。但是，中学生的骨骼尚未完全骨化，教师要防止他们在剧烈的运动中损伤身体。

在空间知觉方面，中学生已经能很好地形成有关地球、宇宙等的空间表象，能很好地理解三维空间的相互关系以及图形的透视原理。在时间知觉方面，中学生已经能够精确地掌握秒、分、时、日、周、月等时间单位，也开始对公元、世纪、年代、时期等较长的时间单位有所理解。由于空间知觉和时间知觉能力的发展与知识经验的关系密切，因此对于缺乏有关知识经验的中学生来说，他们常常会缩短遥远的空间距离以及缩短过去与现在之间的时距。

(二)知觉过程中分析与综合能力统一发展

少年期学生在知觉过程中的分析与综合能力也获得了统一发展。这种发展与小学生相比较，有三个特点：一是不会像小学生那样孤立地感知事物的个别部分或属性；二是不会像小学生那样割裂事物的个别部分与整体的联系；三是不会像小学生那样找不出事物的重要部分以及事物各部分与重要部分之间的联系。

促使中学生知觉过程中分析与综合能力统一发展的条件，首先是教学，教学要求他们必须认真、精确地去感知各种教材；其次是教师，教师在教学中经常采用分析、综合、抽象、概括的方法讲解教材对他们产生了积极的影响；最后是学校，学校的各种活动为他们提供了比较知觉对象的相同点和不同点的机会。但是，在不正确的教学影响下，中学生知觉的片面性、肤浅性仍然有可能突出地表现出来，这是影响他们知觉过程中分析与综合能力统一发展的不良因素。

(三)应用观察成果的能力日益提高

从小学开始，由于好奇心的驱使，学生已经能初步应用自己观察的成果。例如，看到寒暑表红色液柱可以测量气温，就把红墨水灌进细玻璃管当作寒暑表等。到了初中阶段，由于知识经验的增长，他们能够更有效地应用自己的观察成果。例如，有的学生观察到靠近路灯的树相比于远离路灯的树，其落叶的时间推迟了，于是就在家里的花盆旁安上电灯，延长光照时间，借以研究花的落叶时间是否也推迟；有的学生从植物喜欢光得到启发，想要探究动物是否也喜欢光，于是把电灯安装在鸡窝旁边，并认真地观察光对鸡的生长过程是否有影响。

应用观察成果能力的提高，说明中学生的知觉活动中，已经包含着较高水平的分析、综合、抽象、概括。中学生应用观察成果能力的发展对他们的学习活动的开展与知识面的拓宽起着巨大的作用，不少中学生就是在这一过程中成为"小科学家"的。

二、感知觉规律在教学中的运用

(一)感觉规律的运用

1. 感觉适应与感觉强度规律的运用

如果没有感觉适应的机制，学生就不容易在变化的教育教学环境中对各种知识进行精确的分析，对学校各种复杂的生活条件和人际关系的反应也会发生困难。因此，学校应当在校舍设计以及校风、教风、班风、学风建设等方面，创造符合心理要求的良好环境和人际关系，从而对师生的心理适应产生积极的作用。

在学校的环境中，要避免对视觉、听觉等刺激过强的因素。教师讲课的音量不能过强或过弱，板书的大小要适宜，演示教具或实验时要使现象清晰、明显。教师还要学会应用刺激因素的绝对强度与相对强度的积极成分，来提高教学质量、组织教学过程。

2. 感官协同活动规律的运用

在教学中，要让学生有尽可能多的感官参与感觉活动。心理实验表明，用视觉识记10张画片，事后平均可以正确再现70%；用听觉识记同样的材料，平均只能正确再现60%；而利用视、听觉并允许学生大声说出画上物品的名称，则平均能正确再现86.3%。可见，多种感官协同活动是提高识记效果的重要条件。

(二)知觉规律的运用

①知觉选择性规律的运用。在教学中，教师可以通过突出重要信息、使用不同颜色或字体等方式，帮助学生选择性地关注重要内容，提高学习效果。例如，在PPT中使用醒目的颜色和字体来强调关键词和重点内容，可以帮助学生更快速地掌握知识点。

②知觉整体性规律的运用。在教学中，教师可以通过将知识点进行整合和归纳，帮助学生形成系统化的知识结构。例如，在历史课上，教师可以通过将不同历史事件进行联系和比较，形成历史发展的整体脉络，从而帮助学生理解。

③知觉理解性规律的运用。在教学中，教师可以通过引导学生运用已有的知识和经验来理解新知识，提高学习效果。例如，在物理课上，教师可以通过引导学生运用生活中的实例来解释抽象的物理概念，帮助学生更好地理解和掌握知识点。

④知觉恒常性规律的运用。在教学中，教师可以通过提供多种不同的示例和情境来帮助学生加深对知识点的理解和记忆。例如，在英语课上，教师可以通过提供不同的听力材料和口语练习情境来帮助学生掌握英语单词和语法结构，使学生能够在不同的语境中运用所学知识。

第四节　中学生记忆的发展

一、中学生记忆发展的特点与规律

中学阶段是人的一生中记忆力的最佳时期。相关研究指出，在同样长的时间里，高中一、二年级学生记住学习材料的数量，比小学一、二年级学生多四倍，比八、九年级学生多一倍多，达到了记忆的"高峰"。在这一阶段，中学生的学习任务繁重，记忆在学习中起着重要的作用。中学生记忆发展的特点与规律如下。

(一)记忆的有意性加强

在教学影响下，中学生的有意记忆逐渐占重要地位。记忆有意性的发展有一个过程。最初，中学生还经常需要教师提示，如哪些内容为记忆的重点，以及主要的记忆方法。教师的任务不仅是及时地为学生制定识记的目的和任务。更重要的是培养学生自己制定识记的目的和任务的能力。中学生经过教师的启发与指导，通过学习与实践活动，能够逐渐学会根据不同的教材内容，为自己制定相应的识记的目的和任务。从八、九年级起，他们能逐步自觉地、独立地检查自己的记忆效果，主动地根据识记任务的具体内容与自己的特点选择良好的记忆方法，记忆的有意性有了较大的提高。

(二)意义识记能力迅速发展

年级越高，意义识记的成分越多，机械识记的成分越少。中学教学中对学生的意义识记提出了更高的要求，要求学生对记忆材料进行逻辑加工，要求他们把材料按段意分段落，为每一段标上小标题，有时还要求用图来表示各部分之间的联系，并要求在上述基础上对材料进行重现。这种活动都要求学生通过理解并借助言语来掌握记忆材料的主要内容，这就促进了中学生意义识记能力的迅速发展。

(三)无意识记也在发展

不管有意识记还是无意识记，其记忆效果主要取决于记忆过程中思维活动的程度，也就是说，记忆效果的好坏在于能否将所记忆的东西或材料当作智力活动的内容或对象。教师和家长不仅要有计划地发展中学生的有意识记，而且要发展他们的无意识记，特别是教师，如果讲课生动、风趣，能激发情感，那么学生无意识记的效果会相当显著，识记能力也能有较快的提高。

(四)机械识记和意义识记的特点

在中学阶段，教学内容越来越反映事物的本质特点，这对学生的意义识记提出了更高的要求，要求他们对记忆材料进行逻辑加工。加上他们的知识经验日益丰富，言语和思维进一步发展，在学习过程中，中学生会不断地掌握学习方法和技巧，发展意义识记。中学阶段，年级越高，机械识记运用得越少；相反，意义识记是他们的主要识记方法，且效果也越来越好。

虽然意义识记很重要，也是中学生主要的识记方法，但是机械识记也必不可少。因为中学阶段的有些知识，如人名、地名、年代等，都要运用机械识记来加以记忆；在学生对教材不理解或理解不深入的情况下，也要运用机械识记。这时候，教师和家长要鼓励中学生利用好机械识记，使更多的知识储存在自己头脑中，成为必要的财富；同时要引导中学生运用理解的方法，找出事物的内在联系，以提高记忆效率。

（五）抽象识记能力有了进一步发展

抽象识记，就是对概念、公式、定律、定理等抽象材料或语词材料的识记。从小学四年级起，思维逐渐从形象思维占优势发展到抽象思维占优势。进入中学以后，学习内容的抽象程度大大提高，他们必须识记与重现大量几乎完全用词来表示的复杂材料。中学生在学习过程中，必须大量掌握各种科学概念、因果关系，必须进行逻辑判断、推理和证明，因而抽象识记能力日益发展起来。

但是，中学生的抽象识记能力还不足，只是和小学生相比，发展的速度稍快些。研究材料表明，中学生对具体材料的识记能力仍然高于对词的识记能力，因此，教学的直观性在中学阶段仍需加以重视。

二、运用记忆规律促进中学生的有效学习

（一）合理地组织识记

合理地组织识记应从以下几个方面着手。

①提出明确的识记目的和任务。同样的材料，有目的的有意识记要比无目的的无意识记效果好。因此，要经常启发学生明确了解自己识记的目的和任务，要让他们自觉地制定需要较长时间记忆的任务，从而提高记忆能力。

②避免外在因素的影响。教师要教学生把注意力集中于一个对象，做到"一心不二用"。同时，在课堂上教师也应当排除与教学内容无关的刺激，使学生不分心，以便能够准确地、尽可能地领会教师所讲的内容。

③合理安排识记材料的数量和性质。避免材料过多、过难，增加学生的记忆负担。

④在理解基础上进行识记。对记忆的内容理解得越深刻，思维活动越积极，则识记效果越显著。

⑤合理选择识记方法。需要记忆的材料很多，可通过分类、分段、拟定小

标题等方式，使所记内容重点突出，这样可以提高记忆的效果。

(二)有效地组织复习

复习在学习过程中扮演着至关重要的角色，它不仅能够帮助学生巩固所学知识，而且还能够加深学生对知识的理解和应用。以下是几种有效的复习方法。

1. 及时复习

及时复习是巩固所学知识的关键。当学生在课堂上学习了新知识后，如果不及时复习，很容易遗忘。因此，教师应该鼓励学生在课后立即进行复习，以巩固新知识并提高学习效果。例如，学生可以在课后花几分钟回顾课堂内容，或者复习相关笔记和教材。

2. 复习方式多样化

单一的复习方式可能会使学生感到枯燥和厌倦，从而降低复习效果。因此，教师应该采用多种复习方式来激发学生的学习兴趣。例如，除了传统的笔试和背诵外，教师还可以组织小组讨论、角色扮演、游戏等活动来进行复习。这些活动不仅可以提高学生的参与度，而且还能够加深他们对知识的理解和记忆。

3. 运用多种感官参与复习

研究表明，运用多种感官参与学习可以提高学习效果。同样，在复习过程中，教师也应该引导学生运用多种感官来参与复习。例如，教师可以结合图片、音频和视频等多媒体资源来复习，以帮助学生更好地理解和记忆知识。此外，教师还可以鼓励学生通过做笔记、画重点等方式来加深对知识的印象。

4. 尝试回忆与反复识记相结合

尝试回忆是一种有效的复习方法，它要求学生先尝试回忆所学内容，然后再查阅相关资料进行验证。这种方法可以帮助学生检测自己的记忆情况，并加深对知识的印象。同时，反复识记也是巩固知识的重要手段。教师应该鼓励学生反复识记重要知识点和公式，以确保他们能够熟练掌握和应用这些知识。

5. 合理分配复习时间

合理的复习时间安排对于提高学习效果至关重要。教师应该帮助学生制订详细的复习计划，并确保他们有足够的时间来复习。同时，教师还应该根据学生的实际情况和课程进度来调整复习计划，以确保学生能够及时完成复习任务。

6. 掌握复习的"量"

掌握适当的复习量也是提高学习效果的关键。过多的复习量可能会使学生感到压力和厌倦，从而降低学习效果；而过少的复习量则可能不足以巩固所学知识。因此，教师应该根据学生的实际情况和课程进度来确定合理的复习量，并确保学生能够按时完成复习任务。

(三)培养学生的记忆力

1. 明确记忆目的

向学生提出明确的记忆目的和任务，调动学生记忆的积极性，对提高学生的记忆效率意义重大。

2. 加强对记忆材料的理解

指导学生加深对材料的理解，引导他们把意义识记与机械识记结合起来，使他们运用正确的方法进行识记。

3. 掌握记忆规律

记忆的每个环节都有相应的规律与特点。让学生了解和掌握各环节的特点与规律，能够为制定记忆策略、选择记忆方法提供依据。

4. 掌握科学的记忆方法

记忆方法既是完成记忆任务的保证，也是影响记忆效果的重要因素。运用科学、合理的记忆方法，我们可以收到事半功倍的效果。教师要把方法论教育渗透在知识的传授之中，使学生能用科学的方法去记忆知识，不断提高记忆效率。

5. 树立记忆的信心

教师要帮助学生认识并发挥记忆上的优势，依靠优势去克服记忆上的劣势。教师要通过不同的方式给学生以鼓励和肯定，使学生看到自己的记忆效果，看到自己的进步，从而树立起记忆的信心。

(四)常见的记忆方法

1. 直观形象法

把抽象的材料加以直观形象化来记忆。学生在学习理性知识时，必须以相应的感性经验为支柱，才能真正地理解和牢固地记住。对于难以记忆的定理、公式等，如果辅以模型，将减轻记忆的负担。例如，学习生理结构一章的内容时，如果辅以人体模型，学生的识记可能会更准确。

2. 图表法

对于复杂的材料，我们可以通过制作图表，将其由繁化简来进行记忆。例如，制作实验流程图；在学习历史时，使用时间轴来呈现事件发生的顺序。

3. 谐音记忆法

谐音记忆法是以谐音为中介的一种记忆方法。这种方法使记忆更加有趣，把生疏的材料变成熟悉的材料。例如，在学习化学元素周期表时，可以使用口诀来帮助记忆元素的顺序。

4. 归类记忆法

对那些在认识上易产生泛化的相似材料，我们可以通过归类比较，分辨其细微差别，使其在认识上产生分化，从而保持牢固记忆。例如，对形近而音义不同的"已""己""巳"等字进行归类。

5. 联想法

事物之间彼此联系，人的认识之间同样也有着复杂而系统的联系。联想法是利用识记对象与客观现实的联系、已知与未知的联系、材料内部各部分之间的联系来记忆的方法。例如，淝水之战发生于383年，由"淝"可联想到肥，由肥可联想到胖娃娃，而"8"的两个圆正好是胖娃娃的头和身体，"3"则是两个耳朵。这样一想就记牢了。

6. 音律法

学习中，若将需要识记的材料编成押韵的歌诀，能提高记忆的效果。例如，记忆中国农历的二十四节气时就可以用音律法。"春雨惊春清谷天，夏满芒夏暑相连，秋处露秋寒霜降，冬雪雪冬小大寒。"背熟以后，再把每个字词加以讲解，即立春、雨水、惊蛰、春分、清明、谷雨，立夏、小满、芒种、夏至、小暑、大暑，立秋、处暑、白露、秋分、寒露、霜降，立冬、小雪、大雪、冬至、小寒、大寒。这样就能够记住了。

对于以上的记忆方法，我们不能把它们绝对地孤立开来，而要针对具体情况加以合理利用。

第五节　中学生思维和想象的发展

一、中学生思维发展的特点与规律

中学阶段是学生思维发展的重要时期，思维能力会经历一系列的变化和发展。中学阶段包括初中和高中，不同阶段的学生在思维发展上具有一定的差异。

(一)初中阶段

1. 抽象思维初步形成

初中生开始逐渐摆脱具体形象的束缚，能够更加深入地思考问题，理解抽象概念，并运用逻辑推理来解决问题。他们开始接触代数、几何等抽象学科，需要运用逻辑推理和证明来解决数学问题，不再仅仅依赖于具体的图形和实例。

2. 创造性思维萌芽

初中生开始尝试提出自己的假设并进行实验验证，能够运用创造性思维来设计实验方案，并根据实验结果得出结论。他们对新事物和新观点充满好奇心和探索欲望，愿意尝试新的方法和解决方案。

3. 理解能力有限

虽然初中生的理解能力有所发展，但仍然有限。他们对于复杂的问题和抽象的概念理解起来可能有一定的困难，需要教师的引导和帮助。同时，他们也开始关注历史事件和社会现象，但对于其背后的深层原因和影响可能理解不够深入。

(二)高中阶段

1. 抽象思维进一步发展

高中生的抽象思维得到进一步发展，他们能够更深入地思考问题，理解更为抽象的概念，并运用更为复杂的逻辑推理来解决问题。他们开始接触更为高级的数学知识，需要运用更为复杂的逻辑推理和证明来解决数学问题。

2. 辩证思维逐渐形成

高中生开始逐渐形成辩证思维，能够用对立统一的观点来看待问题，分析事物的矛盾性，并提出合理的解决方案。他们对于历史事件和社会现象的理解更为深入，能够运用辩证思维来评价历史人物和事件。

3. 创造性思维和再生思维同步发展

高中生的创造性思维和再生思维得到同步发展。他们不仅能够提出新颖的观点和想法，而且还能够从已有的知识和经验中提炼出新的信息和解决方案。同时，他们也更加注重实践和创新，愿意尝试新的方法和方案来解决问题。

4. 理解能力显著提高

高中生的理解能力显著提高，能够更深入地理解问题的本质和含义，并运用所学知识来解决问题。他们对于文学作品、历史事件和社会现象的理解更为深入和全面，能够提出自己的见解并进行评价。同时，他们也开始关注科学研究和学术领域的前沿动态，对于新知识和新技术有着浓厚的兴趣。

总之，初中阶段和高中阶段学生的思维能力得到了迅速发展。教师应该根据学生的年龄和认知水平来制订相应的教学计划和采取相应的教学方法，以促进学生思维能力的全面发展。

二、中学生创造性思维的培养

中学阶段是学生创造性思维发展的重要时期，教师应该通过各种途径来培养学生的创造性思维。

(一)初中阶段

1. 创设有利于创造力产生的适宜环境

为了培养学生的创造性思维，教师应该创设一个有利于创造力产生的适宜环境。例如，在课堂上可以设置一种创造性的学习氛围，鼓励学生提出自己的想法和观点，不进行过多的限制和约束。在学习语文时，教师可以让学生自由发挥，创作一个小故事或者诗歌，不进行过多的限制和指导，让学生充分发挥自己的想象力和创造力。

2. 注重创造性人格的塑造

(1)保护好奇心

好奇心是创造性思维的重要基础。教师应该保护学生的好奇心，鼓励他们积极探究新事物和新观点。例如，在学习生物时，教师可以引导学生观察生物现象，提出自己的问题和观点，不进行过多的纠正和评价，让学生保持对生物的好奇心和探究欲望。

（2）克服对答错问题的恐惧心理

学生对于答错问题常常存在恐惧心理，这不利于创造性思维的发展。教师应该鼓励学生勇于尝试，多表达自己的观点和想法。例如，在课堂上，教师可以采用小组讨论或者角色扮演等方式，让学生自由表达自己的观点和想法，教师不进行过多的指责和评价，从而让学生逐渐克服对答错问题的恐惧心理。

（3）培养独立性和创新精神

独立性和创新精神是创造性思维的重要特征。教师应该鼓励学生独立思考和解决问题，提出新颖的观点和想法。例如，在学习历史时，教师可以引导学生分析历史事件的产生原因和影响，提出自己的观点和评价，教师不进行过多的限制和指导，让学生充分发挥自己的独立性和创新精神。

（二）高中阶段

1. 开设培训创造力的课程，教授具体策略

为了培养学生的创造性思维，教师可以开设培训创造力的课程，教授培养创造性思维的策略和方法。例如，可以进行发散思维训练、推测与假设训练、自我设计训练以及头脑风暴训练等。在学习物理时，教师可以引导学生进行发散思维训练，从一个物理现象出发，提出多种可能的解释和应用场景，让学生拓展自己的思维视野。

2. 鼓励直觉思维

直觉思维是创造性思维的重要组成部分，教师应该鼓励学生运用直觉思维来解决问题和提出新颖的观点。可以通过引导学生获得应用知识和解决问题的经验，认真掌握每门学科的基本理论和体系，对问题进行推测、猜想、应急性回答等方式来培养学生的直觉思维。例如，在学习化学时，教师可以引导学生进行直觉判断，根据化学现象和化学原理提出自己的假设和预测，不进行过多的验证和证明，从而逐渐培养自己的直觉思维能力。

3. 发展学生的想象力

想象力是创造性思维的重要基础，教师应该通过引导学生努力学习科学文

化知识、学会观察、积极思考以及积极参加科技、文艺、体育等活动来发展学生的想象力。例如，在美术课上，教师可以引导学生进行创作设计，鼓励学生发挥自己的想象力和创造力，创作出体现个性和新颖性的作品。

三、中学生想象发展的特点与规律

想象是人类思维的重要组成部分，中学阶段是学生想象发展的重要时期。

(一)初中阶段

1. 想象内容逐渐丰富

初中生的想象内容逐渐丰富起来，他们能够构思更加复杂和多样的场景和情节。例如，在学习历史时，教师可以让学生想象自己穿越时空回到古代，成为一位历史人物，参与历史事件。这样的想象活动可以帮助学生更加深入地理解历史事件和人物，提高他们的历史素养。

2. 想象与现实开始分离

初中生的想象逐渐从现实中分离出来，他们开始能够构思出完全脱离现实的场景和情节。这种分离使得他们的想象更加自由、灵活和富有创造性。例如，在写作课上，教师可以让学生写一篇科幻小说，鼓励学生发挥自己的想象力，构思出未来世界、外星文明等完全脱离现实的场景和情节。这样的写作练习可以帮助学生锻炼想象力，提高写作水平。

3. 想象具有情感色彩

初中生的想象开始具有情感色彩，他们能够在想象中获得强烈的情感体验。这种情感体验使得他们的想象更加生动、形象和具有感染力。例如，在学习语文时，教师可以让学生朗读一篇文学作品，并引导他们通过想象来体验作品中的情感。读到描写自然景观的段落时，教师可以引导学生想象自己身处其中，感受大自然的美丽和壮观。这样的情感体验可以帮助学生更加深入地理解文学作品，提高他们的文学素养。

(二)高中阶段

1. 想象力更加丰富和复杂

高中生的想象力更加丰富和复杂，他们能够构思出更加庞大、复杂的场景和情节。这种丰富和复杂的想象力使得他们能够更好地理解和处理复杂的问题和任务。例如，在学习文学作品时，高中生可以运用想象力深入分析人物形象和情感。在学习莎士比亚的悲剧《哈姆雷特》时，学生可以想象自己处在哈姆雷特的境遇中，体会他内心的挣扎和痛苦。通过想象哈姆雷特面对父亲死亡、母亲改嫁、国家动荡等一系列打击时的复杂心理，学生能够更深刻地理解这个人物的思想和行为，领悟作品所蕴含的人性深度和哲理。又如，在学习地理知识时，高中生的想象力可以帮助他们更好地理解各地的自然和人文景观。在学习河流地貌时，学生可以想象河流从源头到入海的整个过程，思考河流在不同地段的流速、水量、侵蚀和搬运作用等。在学习不同国家和地区的人文特征时，学生可以想象当地居民的生活方式、民俗风情、节日庆典等，从而更深入地认识和理解异国文化，拓展全球视野。

2. 想象力具有创造性和创新性

高中生的想象力开始具有创造性和创新性，他们能够提出新颖的观点和想法，并运用想象力来解决问题和完成任务。例如，在学习化学时，教师可以鼓励学生通过想象力来提出新的化学反应方程式或者合成新的化合物，并探索其性质和用途。这样的化学实验练习可以帮助学生锻炼想象力和创造力，提高他们的化学素养。

3. 想象力与现实结合得更加紧密

高中生的想象力与现实结合得更加紧密，他们开始能够将想象中的场景和情节与现实中的问题和任务相结合，提出更加实际和可行的解决方案。这种结合使得他们的想象力更加具有实用性和应用价值。例如，在学习生物时，教师在讲人体免疫系统时，可以引导学生通过想象来理解免疫细胞如何识别和消灭病原体，帮助学生更好地理解这一复杂的生物过程。同时，教师还可以引导学生将免疫系统的原理应用于实际的问题和任务中，如疫苗的研发和应用等。这样的过程可以帮助学生锻炼想象力和应用能力，提高他们的生物素养。

四、中学生想象力的培养

想象力是人类思维的重要组成部分，对于中学生的成长和发展具有重要意义。

(一)初中生想象力的培养

1. 提供丰富的素材和场景

为了培养初中生的想象力，教师可以提供丰富的素材和场景，让学生有更多的想象空间和资源。例如，可以提供一些有趣的图片、视频、音频或者文字描述，让学生根据这些素材进行想象和创作。又如，教师可以让学生观看一段有关大自然的视频，然后让他们根据自己的想象和感受写一篇关于大自然的文章。这样的活动可以帮助学生锻炼想象力，提高对自然的感知和理解。

2. 鼓励自由发挥和创作

教师应该鼓励初中生自由发挥和创作，不要限制他们的想象空间和创作内容。可以提供一些开放性的问题和任务，让学生根据自己的兴趣和能力进行创作。例如，教师可以布置一个创作任务，让学生根据自己的想象和创意制作一个小发明或者小作品。这样的任务可以激发学生的想象力和创造力，提高他们的动手操作和解决问题的能力。

3. 培养细致观察和思考的能力

细致观察和思考的能力是想象力的基础，教师应该通过培养学生的这些能力来提高他们的想象力。可以引导学生观察周围的事物和现象，思考它们的本质和内在联系。例如，教师可以让学生观察一幅名画或者一个雕塑作品，然后让他们描述自己的观察和感受。这样的活动可以帮助学生锻炼观察力和想象力，提高对艺术作品的欣赏和理解能力。

(二)高中生想象力的培养

1. 引导深入思考和分析问题

高中生已经具备了一定的思考和分析能力，教师可以通过引导深入思考和分析问题来培养他们的想象力。可以提供一些复杂的问题或者情境，让学生从不同的角度进行思考和分析。例如，教师可以提供一个有关环境保护的议题，让学生从不同的角度提出解决方案并进行辩论。这样的活动可以帮助学生锻炼想象力和批判性思维，提高他们解决问题的能力。

2. 提供多元化的学习资源和机会

为了培养高中生的想象力，教师应该提供多元化的学习资源和机会，让学生接触不同领域的知识和不同背景下的文化。可以提供一些跨学科的学习机会和实践活动，让学生拓展自己的视野和思维方式。例如，教师可以组织一次文化交流活动，让学生与来自不同国家和地区的学生进行交流和学习。这样的活动可以帮助学生拓展想象力和跨文化沟通能力，拓宽和提高他们的全球视野和素养。

3. 鼓励创新思维和实践能力

创新思维和实践能力是想象力的重要组成部分，教师应该通过鼓励创新思维和实践能力来培养学生的想象力。可以提供一些创新性的学习任务和项目，让学生运用所学知识进行实践和探索。例如，教师可以布置一个创新性的学习任务，让学生设计一个解决现实问题的方案并实施，如设计一个节能环保的校园照明系统或者一个智能垃圾分类系统等。这样的任务可以发展学生的想象力和创新思维，提高他们的实践能力和解决问题的能力。

单元测试

一、单项选择题

1. 小伟非常喜欢做证明题，而且发现了水下打靶的折射现象。这表明他处于（　　）。

    A. 前运算阶段　　　　　　　　　B. 感知运动阶段

    C. 具体运算阶段　　　　　　　　D. 形式运算阶段

2. 梦佳理解了"物质决定意识，意识反作用于物质"的含义。这表明她处于（　　）。

    A. 感知运动阶段　　　　　　　　B. 前运算阶段

    C. 具体运算阶段　　　　　　　　D. 形式运算阶段

3. "跳一跳，摘到桃"主要强调教师在教学过程中应尽可能挖掘每个学生的潜力，使其得到更好的发展，其理论依据是（　　）。

    A. 最近发展区理论　　　　　　　B. 范例教学理论

    C. 合作教育学理论　　　　　　　D. 教学过程最优化理论

4. 张老师在设置教学目标时，既考虑到学生的现有知识水平，也考虑到他们在教师指导下可以达到的水平。维果茨基将这两种水平之间的差距称为（　　）。

    A. 教学支架　　　　　　　　　　B. 最近发展区

C. 先行组织者　　　　　　　　D. 自我差异性

5. 学生课前预习，带着不懂的问题去上课，以便更有针对性地听讲。这种注意方式属于(　　)。

A. 有意注意　　　　　　　　B. 无意注意

C. 无意后注意　　　　　　　D. 有意后注意

二、辨析题

6. 根据皮亚杰的理论，在良好的外界环境作用下，学生的认知发展能够从前运算阶段直接跨越至形式运算阶段。

三、简答题

7. 简述中学生注意的发展规律。

8. 教师应怎样培养学生的记忆力？

四、案例分析题

9. 一位 3 岁的孩子指着礼物包装盒上"open"单词的第一个字母对妈妈说："我认识，这是字母 o。"妈妈很奇怪，因为以前孩子看到这个字母时总说是"飞碟""月亮""圆蛋糕"之类的东西，于是就问孩子是从哪里学的。孩子告诉妈妈，是幼儿园的教师教给她的。于是，妈妈就以幼儿园教师过早进行知识教育、损害孩子想象力发展为由向法院提起了诉讼。

请你针对此事发表自己的看法。

第七章　中学生情绪情感的发展

>>> **学习目标**

1. 了解中学生情绪发展的特点。

2. 了解影响中学生情绪发展的因素。

3. 熟悉中学生情绪发展常见问题及调节方法。

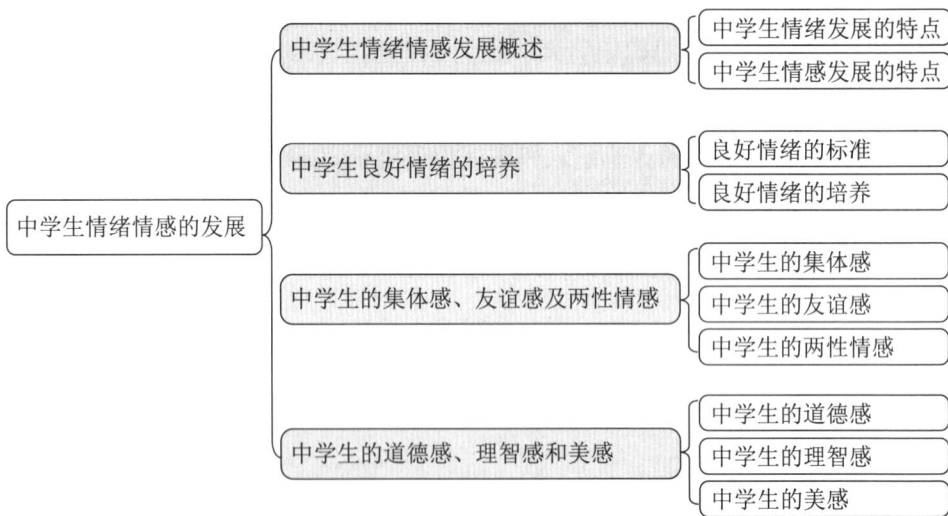

【案例导入】

中学生张三，十五岁，他总觉得自己在学习上没有进步，总是感到很焦虑，经常出现失眠症状，而且在课堂上也经常走神。

分析：

张三的问题表明他正处在情绪和动机发展的关键时期。在这个时期，中学生的情绪波动较大，他们开始拥有更深刻和更复杂的情绪体验。同时，他们的动机也开始发生变化，他们开始有更强烈的追求，而且开始思考自己的未来。

由于学习和发展的压力，张三的焦虑情绪不断蔓延。他想要实现自己的目标，但又感到力不从心，于是造成了上述状况。

针对张三的情况，建议他多参加一些活动，多放松自己，多做一些自己感兴趣的事情，并给自己定一些可以实现的目标，以增强自信心，同时也可以寻求教师和家长的帮助来应对压力。

第一节　中学生情绪情感发展概述

一、中学生情绪发展的特点

中学生的情绪是在活动和人际交往过程中，在教育、成长及环境等诸多条件的影响下，逐步形成和发展起来的。随着青春期身体的发育与成熟、神经系统的内抑制和自控能力的发展，中学生的情绪发展表现出这一时期独有的特征。

(一)初中生情绪发展的特点

1. 情绪波动较大

初中生处于青春期发育阶段，身体和心理都在经历一系列的变化，这些变化导致他们的情绪容易出现波动。他们可能因一件小事就喜形于色，但转瞬间又可能愁眉苦脸。初中生的情绪受外部影响较大，他们可能会因为一些外部因素而出现情绪波动，如与同伴发生矛盾、受到教师批评等。

2. 情绪体验更加深刻

随着初中生自我意识的发展，他们开始更加关注自己的内心世界，对情绪的体验也更加深刻。他们可能会对一些事情产生强烈的情感反应，在友情、学业等方面体验到挫折或成功。

3. 情绪表达更加直接

初中生在情绪表达上更加直接，他们可能会通过面部表情、肢体语言等方式直接表达自己的情绪。然而，由于他们的情绪控制能力还不够成熟，有时会出现过度表达或表达不当的情况。

(二)高中生情绪发展的特点

1. 情绪稳定性增强

与初中生相比，高中生的情绪稳定性有所增强。他们能够更好地控制自己的情绪，情绪波动相对较小。

2. 情绪体验更加丰富和深刻

随着高中生认知能力和自我意识的发展，他们对情绪的体验更加丰富和深刻。他们不仅能够体验到基本的喜怒哀乐，而且还能够体验到更加复杂的情绪，如焦虑、抑郁等。

3. 情绪表达更加内敛和含蓄

与初中生相比，高中生在情绪表达上更加内敛和含蓄。他们可能会通过一些微妙的方式，如写作、唱歌等来表达自己的情绪。

4. 情绪自主调节能力提高

高中生在情绪调节方面的能力有所提高，他们能够更好地控制和调节自己的情绪。他们可能会采用一些积极的策略来缓解负面情绪，如运动、冥想等。同时，他们也更加注重情绪的自我管理，能够更好地应对各种情绪挑战。

二、中学生情感发展的特点

中学生正处于情感极为丰富的人生阶段，他们对生活充满好奇和向往，展现出强烈的情感表达欲望和对美好事物的追求。在学习上，他们渴望获得知识，喜欢探索未知领域；在生活中，他们热爱运动，喜欢交友，渴望参与各种社会实践活动；在理想信念方面，他们心怀梦想，期待成就一番事业。

总的来说，中学生的情感世界是积极向上、充满活力的，他们以饱满的热情拥抱生活，以昂扬的斗志追逐梦想。

当代中学生成长于一个快速发展的时代，社会的进步和科技的发展极大拓展了他们的眼界。他们从小接受爱国主义和集体主义教育，热爱祖国，关心国家大事。许多中学生积极参与志愿服务、环保行动等社会实践活动，用实际行动回馈社会、奉献他人。同时，中学生在德智体美劳各方面表现出广泛的兴趣和才能，他们阳光自信、乐观向上，展现出新时代青年一代的精神风貌。

中学生朝气蓬勃的精神状态与其年龄特征密切相关。这个阶段，他们的身体发育进入快车道，体格日渐强健，这为旺盛的精力提供了物质基础。与此同时，思维能力的快速发展使他们能够以更加成熟、理性的方式认识世界，树立远大理想，这进一步激发了他们对生活的热爱和对未来的憧憬。

家庭、学校以及社会各界应该为中学生搭建施展才华的平台，鼓励他们在学习和生活中保持积极向上的情感状态，最大限度地释放青春活力。

第二节　中学生良好情绪的培养

一、良好情绪的标准

①能正确反映一定环境的影响，善于表达自己的感受。这意味着中学生应该能够准确地感知并理解自己的情绪，以及这些情绪是如何受到周围环境影响的。他们应该能够用适当的方式，如口头表达或书面表达，来分享自己的感受和情绪。

②能对引起情绪的刺激做出适当强度的反应。中学生的情绪反应应该是适度的，既不过于强烈也不过于微弱。他们应该能够根据刺激的重要性来调整自己的情绪反应，以保持情绪的平衡和稳定。

③具备情绪反应的转移能力。中学生应该能够灵活地转移自己的情绪，以适应不同的情境和需求。比如，在面对挫折或困难时，他们应该能够调整自己的情绪，采取积极的态度来应对问题。

④情绪应符合中学生的年龄特点。中学生的情绪表达和处理方式应该与他们的年龄阶段和成熟度相符。他们的情绪反应应该与他们的认知发展水平和社会经验相符，既不过于幼稚也不过于成熟。

综上所述，中学生良好情绪的标准应该是正确地感知和理解情绪、适当的情绪反应强度、灵活的情绪转移能力以及符合年龄特点的情绪表达和处理方式。

二、良好情绪的培养

①增强自我意识和情绪认知能力。帮助学生了解和识别自己的情绪，包括喜悦、愤怒、悲伤、焦虑等。通过自我观察和反思，学生可以更好地了解自己的情绪反应模式，并学会用适当的方式表达自己的情感。

②培养积极的情绪态度。鼓励学生以积极的心态面对生活中的挑战和困难。教育他们要乐观向上，相信自己的能力，并从失败中学习。帮助他们培养自信、自尊和自爱，以奠定积极的情绪基础。

③建立良好的人际关系。与同学、教师和家人建立积极、支持性的人际关系是培养学生良好情绪的重要途径。鼓励学生积极参与社交活动，学会倾听和尊重他人的观点，培养同理心和合作精神。

④丰富情绪调节和管理的技巧。教育学生有效地管理和调节自己的情绪。教授给他们一些情绪调节技巧，如深呼吸、积极思考等。帮助他们学会在情绪激动时保持冷静，以理性的方式应对问题。

⑤寻求适当的支持和指导。学生在面临困难或挫折时，需要得到支持和指导。教师和家长要关注学生的情绪变化，提供必要的帮助和支持。与学生建立良好的沟通渠道，鼓励他们分享自己的感受和问题，并提供积极的解决方案。

⑥培养应对压力的能力。中学生常常面临来自学业、社交和家庭等方面的压力。教育学生学会应对压力，如制订合理的学习计划、管理时间、放松休闲等。帮助他们掌握积极的应对策略，以减轻压力对情绪的负面影响。

⑦积极参与体育活动。参与体育活动是学生放松身心、培养积极情绪的有效途径。鼓励学生参与感兴趣的活动和运动，以释放压力、提高自信心。

总之，中学生良好情绪的培养需要学校、家庭和社会的共同努力。通过增强学生的自我意识和情绪认知能力、培养积极的情绪态度、建立良好的人际关系、丰富情绪调节和管理的技巧等方法，我们可以帮助学生培养健康、稳定的情绪，为他们的全面发展打下坚实的基础。

第三节　中学生的集体感、友谊感及两性情感

中学阶段是学生身心快速发展的关键时期，在生理成熟的同时，他们的情感也日趋丰富。这一时期，学生的情感发展主要体现在集体感、友谊感以及两性情感的发展等方面。这些情感的形成和发展，既是个体社会化过程中的必然产物，也是中学生身心健康发展的重要内容。

一、中学生的集体感

集体感是个体对自己所属集体产生的情感体验和心理态度，它包括集体荣誉感、归属感、责任感等多个维度。中学阶段，学生的交往范围不断扩大，参与的集体组织日益多样化，这些变化为集体感的形成和发展提供了广阔的空间。

在学校中，班级是中学生最基本的集体归属。随着班级凝聚力的增强，学生逐渐形成了强烈的班级荣誉感。他们以班级为荣，积极参与班级事务，在集体活动中展现自我、服务他人。在这个过程中，班干部发挥着重要的引领作用。他们以身作则、任劳任怨，用自己的言行感染和带动每一个同学，增强班集体的向心力和凝聚力。

除班集体外，学生还广泛参与学校、年级、社团等多个层面的集体组织。在学校的重大活动中，每个学生都以校为荣，自觉维护学校形象，展现良好的精神面貌。各种社团组织如学生会、社团联合会等，也极大地丰富了中学生的集体生活，为他们提供了展示自我、锻炼能力的广阔舞台。

参与集体的过程，也是中学生张扬个性、渴望被认可的过程。许多学生希望在集体中"出头露面"，得到同龄人的赞许和尊重。然而，中学生的自我意识尚未完全成熟，有时会出现急于表现自己而忽视集体利益的情况。对此，教师应加强引导，帮助学生正确看待个人与集体的关系，处理好展示自我和服从集体的关系，培养他们正确的集体主义价值观。

中学阶段，学生的道德品质也在不断发展。他们在集体生活中逐渐形成责任意识，懂得集体利益高于个人利益，自觉遵守集体纪律，为集体做贡献。同

时，学生之间的友爱互助之情也在集体生活中得以升华，集体意识和组织纪律性得到加强。

总之，在参与集体的丰富实践中，中学生逐步形成了以集体为荣、以集体为家的思想情感，个性与集体主义在矛盾中得到统一，这为他们今后更好地融入社会打下了坚实基础。作为教育者，我们应充分发挥集体教育的优势，引导学生在集体生活中展现自我，增强组织观念，塑造高尚品格，促进身心全面发展。

二、中学生的友谊感

进入中学，随着交往范围的扩大，友谊在学生的人际关系中占据了越来越重要的地位。与儿童时期不同，中学生对友谊有了更加成熟和理性的认识，他们开始追求精神层面的契合，渴望与朋友分享快乐、诉说烦恼，在真诚的交流中获得心灵的慰藉。

中学时代结下的友谊往往最为深厚，许多人的挚友就是在这一时期结识的。调查发现，中学生普遍重视友谊，认为拥有知心朋友是快乐生活不可或缺的一部分。与好朋友在一起，他们感到无拘无束、轻松愉悦。朋友之间的相互信任、支持和鼓励，成为他们面对学习和生活压力时强大的精神支柱。

然而，中学生的友谊关系也存在一些问题。有些学生过于看重友谊而忽视学业，盲目追随朋友而迷失自我；有些学生则难以与同学建立良好关系，感到孤独、自卑。这些现象反映出部分中学生的人际交往能力还有待提高。

对此，教师和家长要给予正确引导。一方面，要帮助中学生树立正确的交友观念，学会交友的方法和技巧。引导学生选择益友，以积极健康的人格吸引同伴，真诚相待。另一方面，要帮助学生正确看待友谊在生活中的地位，处理好友情与学业的关系。让学生明白，虽然友谊重要，但学习是最根本的任务，要以学习为重，避免因交友不慎而影响学业和人生。

此外，学校和社会还要为中学生营造良好的人际交往环境，开展丰富多彩的集体活动，为学生提供展示自我、结交朋友的平台。通过参与集体活动，学生可以拓宽交友视野，提升交往技能，学会换位思考、体谅他人，在平等互利、真诚友爱的氛围中建立起深厚友谊。

总的来说，友谊在中学生情感发展中有着不可替代的重要作用。健康向上的友谊，能够给学生的身心带来诸多益处，如树立自信、陶冶情操、增强责任感等。作为教育者，我们应尊重学生对友谊的需要，引导他们以积极健康的心态对待友谊，在良性互动中体验友谊的真谛，让友谊成为激励他们不断进步的动力源泉。

三、中学生的两性情感

中学阶段，随着生理的逐渐成熟，学生开始对异性产生好感，两性间的互动日益频繁。调查显示，多数中学生对恋爱持谨慎态度，认为应以学业为重，此时恋爱为时尚早。但也有少数学生受到错误观念和外界不良信息的影响，过早地涉足两性交往，这不仅影响了学业，还给身心健康埋下隐患。

面对中学生萌动的两性情感，成人应给予科学引导。一方面，学校应开设优质的青春期教育课程，教给学生必要的生理卫生知识，帮助他们正确认识和对待自己的性别意识。要引导学生树立健康的两性观，懂得尊重异性，学会与异性友好相处，在平等互爱中体验与异性交往的快乐。

另一方面，对早恋现象，成人应加强教育和疏导。早恋会分散学生的注意力，影响身心健康发展。因此，教师和家长应给予科学引导，促使学生把更多精力投入学习和自我提升中。对那些一时难以自拔的学生，教师和家长更应给予关爱和帮助，教育他们顺其自然，把握好分寸，避免陷入感情旋涡。

两性情感教育关系到学生的健康成长，容不得半点马虎。学校、家庭、社会应多方联动，深入开展性教育和道德教育，引导学生树立正确的人生观和价值观。要用发展的眼光看待学生的情感变化，包容他们在成长中所犯的错误，同时严格要求他们遵纪守法，做一个有理想、有道德、有文化、有纪律的社会主义建设者和接班人。

总而言之，情感教育是中学教育的重要内容，集体感、友谊感和两性情感的健康发展，关系到学生的全面成长和终身发展。作为教育者，我们应高度重视学生的情感需求，科学引导他们的情感世界，帮助他们处理情感困惑，为他们营造积极向上、和谐友爱的成长环境。

第四节 中学生的道德感、理智感和美感

中学阶段是学生身心快速发展的关键时期，在智力不断提升的同时，他们的情感也日趋丰富和成熟。在这一时期，中学生的高级情感如道德感、理智感和美感都有了长足的进步，这既是个体全面发展的必然要求，也是社会主义核心价值观教育的重要内容。

一、中学生的道德感

道德感是个体对自己和他人行为的道德评价，以及由此产生的情感体验。它源自个体对社会道德准则的内化，代表着个体道德品质和修养的高度。中学阶段，学生的辨别是非能力逐步提高，道德判断日益成熟，这为道德感的深入发展奠定了坚实基础。

在我国，中学生道德感的发展与社会主义核心价值体系的建设密不可分。《中小学生守则(2015年修订)》明确提出，中学生要爱党爱国爱人民，明礼守法讲美德等。这既体现了党和国家对中学生的殷切期望，也为广大师生的道德教育指明了方向。

当前，我国中学生的国家认同感总体较高，这与学校持续开展爱国主义教育是分不开的。通过升旗仪式、红色经典诵读、革命传统教育等活动，学生深刻领会到国家富强、民族复兴的伟大意义，对祖国的命运和前途倍感责任重大。然而，个别学生的国家认同感不强，这或许与经济全球化背景下价值观多元化有关。对此，教师应因势利导，引领学生用辩证的眼光看待中外文化差异，自觉抵制各种错误思潮的侵蚀，筑牢"四个自信"，做有理想、有本领、有担当的时代新人。

中学生正处于世界观、人生观、价值观形成的关键期，道德情感教育任重而道远。教师应充分利用思政课、班会等渠道，将社会主义核心价值观贯穿于教学全过程，引导学生树立正确的义利观念、权责意识、诚信观念、友善意识，培养他们的社会责任感。要注重实践育人，鼓励学生走出课堂，深入社区，参

与志愿服务，在奉献他人、服务社会的过程中升华道德情操。

中华优秀传统文化蕴含着丰富的道德内涵，对于涵养中学生高尚的道德感大有裨益。"仁义礼智信""忠孝廉耻"等传统美德，既彰显了中华民族的精神风貌，也为当代中学生的道德建设提供了宝贵养料。教师应创新教学形式，用好用活中华优秀传统文化资源，引导学生从经典名篇中汲取智慧，自觉传承和弘扬中华民族的伟大精神。

中学阶段是培养学生道德感的黄金时期，学校、家庭和社会应多方联动，形成育人合力，帮助学生筑牢道德根基。广大教师更应以德立身，用高尚的人格魅力感染学生、引领学生，使他们在道德情感的滋养中健康成长，成为有理想、有道德、有文化、有纪律的社会主义建设者和接班人。

二、中学生的理智感

理智感是个体在认知探索中产生的一种愉悦的心理体验。它源自人类求知的本能，体现了个体对真理的强烈渴望。作为未来社会的建设者，中学生必须具备旺盛的求知欲和探究精神，而这正是理智感的重要表现。

理智感的发展与个体的认知水平密切相关。随着抽象思维能力的提高，中学生对事物的认识日益深入，求知的兴趣也随之增强。他们不再满足于死记硬背，而是主动探寻事物的内在规律，体验探索未知、攻克难题的快感。教学中，许多学生表现出了极大的好奇心和求知欲，课堂气氛热烈而生动。然而，学习兴趣因人而异，部分学生因基础薄弱、学习方法不当等原因，面对课业感到疲惫和厌倦。对此，教师要因材施教，激发不同学生的学习兴趣，为他们提供展示才华的舞台。

培养中学生浓厚的学习兴趣，离不开教师的引领和督促。教师要改进教学方式，用心设计每一堂课，激发学生的求知欲。要多为学生创设问题情境，鼓励质疑，培养批判性思维，引导他们主动探究、乐于钻研。同时，教师还要关注学生的心理变化，及时化解他们的疑虑和不安，帮助他们树立学习自信。只有当学生真正爱上学习，体验到求知的快乐时，他们的理智感才能得到充分发展。

家庭是学生重要的学习场所，良好的家庭氛围有助于理智感的培养。父母要以身作则，言传身教，让孩子从小养成爱读书、肯动脑的好习惯。要支持孩子的兴趣爱好，鼓励他们广泛涉猎、全面发展。面对孩子的疑问，父母要耐心解答，启发引导，培养他们的探究精神和创新意识。理智感的发展，不仅关乎学生的学业成就，更关乎国家的科技进步。习近平总书记指出，创新是引领发展的第一动力。培养大批勇于创新、敢于超越的优秀人才，是教育的重要使命。中学教育应适应时代要求，更新教育理念，优化课程设置，加强创新人才培养，为学生的终身发展奠定坚实基础。要引导学生树立远大理想，增强使命担当，把个人发展与国家富强紧密结合，在建设社会主义现代化强国的宏伟事业中实现人生价值。总的来说，对中学生理智感的培养任重而道远。学校、家庭、社会应通力合作，构建良好的教育生态，为学生提供广阔的成长空间。

三、中学生的美感

美感是个体对美的主观感受和体验。它源自人类对美好事物的本能追求，是精神生活的重要组成部分。中学阶段，学生审美能力日臻成熟，对美的鉴赏力和表现力不断提高，这为美感的全面发展提供了有利条件。在中学教育中，美育与德育、智育并驾齐驱，在学生全面发展中发挥着不可替代的作用。一方面，学校开设了丰富多彩的艺术课程，如音乐、美术等，为学生提供了感受美、表现美的广阔空间。学生在欣赏和创作的过程中，情操得到陶冶，个性得到张扬，审美能力得到全面提升。另一方面，语文、历史等人文学科的教学，也十分注重美的引导和渗透。优秀的文学作品如诗词歌赋，不仅文采斐然、意蕴悠长，更承载着中华民族高尚的审美追求，对学生美感的培养大有裨益。

然而，在信息时代，学生接触到的文化信息良莠不齐，一些低俗、媚俗的作品对学生的审美情趣和道德品质产生了消极影响。贪图感官刺激、追捧过度娱乐化的倾向，在部分学生中有所抬头。面对这一问题，学校和教师责无旁贷。要加强艺术鉴赏教育，引导学生辨别美丑、优劣，自觉抵制低级趣味。要开展形式多样的课外活动，组织学生观看高雅艺术作品，参与文化实践，在潜移默化中提升他们的审美境界和人文素养。

美感教育不能局限于校园，还需要家庭和社会的共同参与。父母要以身作则，在日常生活中为孩子树立优雅高尚的审美榜样。要利用节假日带孩子走进美术馆、音乐厅，感受艺术的魅力。要督促孩子加强艺术修养，远离庸俗低级的网络文化，做一个有理想、有道德、有文化的新时代好少年。

此外，美感教育还应关注学生的身心健康。随着青春期的到来，中学生对自身的外貌与形象日益关注，容易产生自卑、焦虑等心理困扰。对此，学校要开展心理健康教育，帮助学生正确认识自我，学会欣赏自己的独特之美。要创设和谐友爱的校园环境，引导学生相互尊重、彼此欣赏，用美好的人际关系滋养心灵。在社会主义现代化建设的新征程上，广大中学生要以美育人、以美化人、以美培元，在真善美的陶冶中塑造高尚品格，在日益丰富的精神生活中构筑理想信念，为民族复兴贡献青春力量。

总而言之，道德感、理智感、美感作为高级情感，对中学生的健康成长和全面发展具有重要意义。学校、家庭和社会应协同联动，因地制宜地开展情感教育，让爱国、求知、向美成为引领学生成长的精神力量。

单元测试

一、单项选择题

1. 一个高中生喜欢写诗。前几天，他的诗首次在报纸上发表，他因此得到了平生第一笔稿费，这使他近期做什么事都很愉快。该高中生表现出的情绪状态属于（　　）。

A. 心境　　　　B. 激情　　　　C. 应激　　　　D. 热情

2. 中学生小博得知自己的物理竞赛成绩排在年级第一，在家里高兴得手舞足蹈，但在学校却表现出若无其事的样子。这反映了小博的情绪具有（　　）。

A. 矛盾性　　　B. 激动性　　　C. 掩饰性　　　D. 短暂性

二、简答题

3. 简述中学生情绪发展的特点。

4. 简述中学生情感发展的特点。

5. 简述中学生集体感的发展特点。

6. 成人如何处理中学生的两性情感关系问题？

第八章 中学生人格和自我意识的发展

>>> **学习目标**

1. 了解中学生人格发展的特点。
2. 了解中学生自我意识发展的特点。

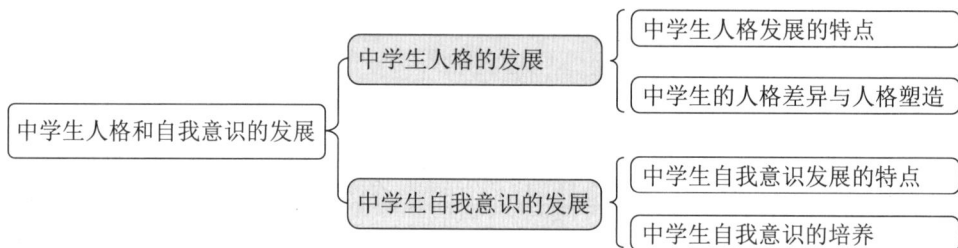

```
                                              ┌─ 中学生人格发展的特点 ─┐
                          ┌─ 中学生人格的发展 ─┤
                          │                   └─ 中学生的人格差异与人格塑造 ─┘
中学生人格和自我意识的发展 ─┤
                          │                     ┌─ 中学生自我意识发展的特点 ─┐
                          └─ 中学生自我意识的发展 ─┤
                                                └─ 中学生自我意识的培养 ─┘
```

【案例导入】

中学生张三，一直以来他都觉得自己有点"不一样"。他发现自己越来越独立，不再依赖家长，但他还是不太清楚自己到底是什么样的人，以及自己想要什么。他发现自己的情绪也越来越不稳定，有时会莫名其妙地产生沮丧感。

分析：

张三的人格和自我意识正在发展，他的独立性越来越强，能够摆脱对成人的依赖。但与此同时，他正处于寻找自我同一性的关键时期，需要克服角色混乱的问题。情绪波动较大也是这一阶段中学生的显著特点。

建议：

此时，家长和教师应该多关注张三，多和他交流，帮助他在发展的过程中更好地了解自己，发现自己的潜力，培养自己的兴趣爱好，树立正确的价值观，建立正确的自我认知，从而促进他的发展。同时，也应该帮助他学会调节情绪和应对挫折。

第一节　中学生人格的发展

人格是一个人总体的精神面貌，是一个人区别于其他人的独特心理特征的总和。中学阶段是人格发展过程中一个非常重要的阶段，这个阶段通常被视为人格从不稳定到稳定、从不成熟到成熟的重要时期。在埃里克森的社会性发展阶段理论中，中学阶段被视为个体寻找自我同一性的关键时期，这个时期的青少年需要克服角色混乱的问题，以便在成长过程中建立自我认同和自我价值感。

这个阶段，中学生更加关注自己的内心世界和外部环境，对自我认知和自我价值有了更多的思考和探索。他们开始意识到自己的行为、态度和情感反应是如何影响他人的，同时也更加关注他人的反馈和评价。这种自我反思和自我认知的过程对于中学生的人格发展至关重要。

由于中学阶段是人格发展的关键阶段，它对人一生的影响非常大；因此，教育者需要重视中学生的人格发展，充分了解中学生人格发展的特点，以便在教育过程中更好地促进中学生健全人格的形成。教育者可以采取积极的方法和策略，如提供支持和鼓励、引导学生探索自己的兴趣爱好、提供自我表达的机会等，来帮助中学生建立积极的自我形象和自我价值感，促进他们的人格发展。

一、中学生人格发展的特点

（一）人格倾向逐步向高层次方向发展

这里所说的人格倾向可以分为低层次的需要、动机、兴趣和高层次的理想、信念、价值观等。随着中学生生理的逐渐成熟、知识的日益丰富和能力的逐步增长，中学生的人格倾向也逐步发展，表现为由低层次人格倾向向高层次人格倾向发展，每一种人格倾向内部也逐步向高层次方向发展。具体从以下三个方面来分析。

1. 由低层次需要向高层次需要发展

人类的需要是多种多样的，有生理需要与社会需要、物质需要与精神需要等。中学生的需要结构已逐渐完善，他们并不止步于满足一些生理需要与物质需要，而是追求社会需要与精神需要。像友谊的需要、独立自主的需要、理解和尊重的需要、求知的需要、审美的需要和发展自我的需要等高层次的社会需要与精神需要已经逐渐成为中学生的主导需要。

2. 兴趣逐渐深刻与稳定

中学生兴趣发展的特点表现为：①兴趣由肤浅向深刻发展，已从有趣、乐趣发展为志趣；②兴趣由不稳定逐步向稳定发展；③兴趣广泛且具有中心兴趣，中心兴趣逐步发展成为爱好。

3. 理想、信念和价值观逐渐形成与发展

在理想、信念和价值观的形成与发展上，学生将经历三个阶段。小学高年级到七年级是理想、信念和价值观形成的准备阶段，八年级到高一是对理想、信念和价值观的观察与探索阶段，高二到大学阶段是理想、信念和价值观的定向与确立阶段。中学阶段，尤其是高中阶段是理想、信念和价值观形成的关键阶段，要格外关注。学校要结合中学生的升学和就业，加强对他们的理想、信念和价值观的培养。

(二)性格特征渐趋稳定

性格是指一个人对现实的稳定的态度，以及与之相应的习惯化了的行为方式。性格主要是在后天形成的。中学生已经形成了许多较稳定的、良好的性格特征，如勤奋刻苦、谦虚、热情、大方等。同时，中学生已表现出相当明显的性格类型，就内外倾向来说，中学生性格的内倾型和外倾型已逐步定型。

(三)自我意识高涨

进入青春期后，由于身体的迅速发育，中学生很快出现了成人的体貌特征。正是因为这种生理上的变化，他们自觉或不自觉地将自己的思想意识指向主观世界，导致自我意识的发展。自我意识高涨是中学生自我意识发展的基本特点。

自我意识的高涨突出表现在以下方面。①中学生的内心世界日趋丰富，他们在日常生活和学校生活中，将很多心思用于内省。②中学生的独立意识明显增强，对许多事情都有自己的观点和看法，不再盲目听从成人的教导。中学生迫切地要求享有独立的权利，甚至将父母给予的生活上的关照及情感上的爱抚视为获得独立的障碍，将教师及社会其他成员的指导和教诲也看成对自身发展的束缚。③中学生在个性上表现出偏执，他们总认为自己正确，听不进去别人的意见。他们把主观上的偏执看成有主见的表现。④中学生表现出反抗心理，主要表现为对一切外在力量予以排斥的意识和行为倾向。中学生很注重维护自我形象，追求独立和自尊，当他们的某些想法及行为不能被现实所接受时，他们会产生一种过于偏激的想法，认为其行动的障碍来自成人，于是便产生了反抗心理。

中学生在遇到以下情况时很容易出现反抗心理：第一，独立意识受到阻碍时；第二，自主性被忽视或受到妨碍时；第三，个性伸展受到阻碍时；第四，成人强迫中学生接受某种观点时。中学生的反抗方式也是多样化的，有时表现得很强烈，有时则以内隐的方式相对抗，常有以下几种具体表现：①态度强硬，举止粗暴；②漠不关心，冷淡相待；③反抗的迁移和概化，是指当某一人物的某一方面言行引起他们的反感时，他们倾向于将这种反感及排斥迁移和概化到这一人物的方方面面，甚至将这个人物全部否定。可见，中学生的反抗心理在很大程度上是为了否认自己是儿童、确认自己是成熟的个体。中学生这种突然高涨的自我意识，使得其人格出现了暂时的不平衡性。

二、中学生的人格差异与人格塑造

由于每个学生的先天和后天条件不同，再加上他们自己的主观能动性不同，因此他们形成了不同的人格特征。从典型的气质类型上看，有胆汁质、多血质、黏液质和抑郁质；从性格类型上看，荣格将性格分为外向型和内向型，阿德勒把性格分为独立型与顺从型，培因（Bain）把性格分为理智型、情绪型和意志型；从认知风格上看，威特金（Witkin）把认知风格分为场独立型和场依存型，卡根（Kagan）把认知风格分为冲动型和沉思型。由于中学生的人格具有很大的差异性，所以教师要对中学生实施差异化教育、个性化教育；由于每一种人格都有其优点和缺点，因此教师要引导中学生扬长避短，完善自己的人格。

首先，针对中学生的人格特征，教师应因材施教。"求也退，故进之；由也兼人，故退之。"为此，教师要善于观察和了解学生的人格特征，了解学生在需要、兴趣、人生观与价值观、气质、性格、认知风格等人格特征上的不同点，然后实施有针对性的教育措施，把人格塑造和完善作为教育的重要任务和发展的重要目标。其次，教师要借助各种活动，不失时机地对学生的人格进行塑造。教师可以借助德育课、心理健康教育课，加强对中学生的人格教育，帮助他们树立远大的理想、坚定的信念和高尚的品德，激发他们广泛的社会兴趣和自我实现的愿望；可以利用班会、故事会、宣传板报等宣传伟大的人格与光辉的榜样，通过开展专门的人格教育演讲会，给学生传授修养人格的方法和途径；还可以提供人格实践机会，加强人格锻炼；对于有人格问题或缺陷的学生，可以开展心理咨询，对他们进行心理调适和矫治。最后，教师要引导学生加强自我教育、扬长避短，实现人格的自我完善。教师要根据每个学生的人格特点，和学生一同商量制定适合学生的个性化培养方案，再予以指导与监督，引导学生自我反思、自我监控、自我调节，从而实现扬长避短、自我完善。

第二节　中学生自我意识的发展

一、中学生自我意识发展的特点

(一)中学生自我认识的发展

正确地认识与评价自我是自我意识发展的重要标志。中学生自我认识的能力在逐步发展，他们已经能够较为全面、客观、辩证地看待和分析自己，既能够认识到自己的长处，也能够认识到自己的不足之处。中学生的自我评价实现了由依附性向独立性，由具体性向抽象性、概括性的转变，并且自我评价的深刻性、稳定性都发生着质的变化。在独立性方面，中学生的自我评价已经基本能够摆脱对成人的依赖，他们有独立的看法。但是初中生的自我评价还不够成熟，对自我的评价相对于对他人的评价要偏高一些，对自我的评价容易受到同伴评价的影响。到了高中阶段，他们逐渐克服了同伴的影响，能够较为客观地评价自己，独立倾向明显。在抽象性、概括性方面，中学生已经能够概括地评价自己，能够使用较为抽象的概念概括自己的特点，如"团结、友爱、自信、谦虚"等。在深刻性、稳定性方面，中学生已经能够从内在品质方面评价自我，且不受外部情境的影响，这表明中学生的自我认识已经发展成熟。

(二)中学生自我体验的发展

相对于自我认识来说，中学生的自我体验发展得稍慢一些，但是也在不断地发展。中学生自我体验的发展具体表现为成人感明显增强，自尊心显著增强，内心体验日益丰富和深刻。中学生感到自己已经长大成人了，希望得到如大人般的对待，希望别人把他当成大人看待，希望参与大人的活动、得到大人的尊重。出现成人感是中学生自我发展中最明显的变化。随着成人感的出现，中学生的自尊心也明显增强，他们特别希望别人尊重自己，希望自己的观点和行为得到别人和社会的认可，希望通过自己的努力获得一定的地位。当他人或社会的评价与自己的希望相一致的时候，他们的自尊心就得到满足；反之，自尊心就会受到伤害，就可能导致叛逆、自卑，甚至自暴自弃。随着自我认识的深入和成人感的增强，中学生的自我体验也日益丰富和深刻，他们不仅会因自己的身材、相貌等方面而感到喜悦或烦恼，还会对自己的个性特征、道德品质、社会价值、人际关系、学习成绩等方面产生肯定或否定的态度体验。

(三)中学生自我控制的发展

中学生的自我控制能力得到了初步的发展，但是还不成熟、不稳定。中学生在对行为的自我控制方面由自发性、冲动性向目的性、计划性方向发展。初中生的行为目的性、计划性还较差，他们对行为的结果和影响还缺乏远虑；到了高中阶段，他们的行为目的性和计划性明显增强，不仅能够预计行为的后果，而且还能规划出行动的方案。

二、中学生自我意识的培养

中学生是在教师的引导下逐步学会主动地、协调地发展自己的自我认识、自我体验和自我控制的。加强对中学生自我意识的培养，可以从提高中学生自我认识与评价的能力、丰富中学生积极的自我体验、提高中学生自我控制和调节的能力三方面入手。

(一)提高中学生自我认识与评价的能力

首先，要引导中学生全面地认识和评价自我。许多中学生在进行自我认识和评价时，仅仅从长相、成绩或者能力等某一方面进行评价，就得出自己了不起或不行的结论，这是片面的。教师要引导中学生对自己进行全面的评价，包括学业成绩、人际交往、活动能力、身体特征、在同伴中的地位等各方面的优势与不足。一般可以从身体自我、心理自我、社会自我三个方面进行认识和评价，这样是比较全面的。

其次，要指导中学生客观地认识和评价自我。小学生一般会高估自己，中学生相对来说对自我的认识和评价会客观一些，但是随着身体的发育与成熟、知识的增多和能力的增强，一些中学生也会出现高估的倾向。因此，要指导中学生客观地认识和评价自己，既要看到自己的优点，不要自卑，也要认识到自己的不足，不能自傲；既要了解自己的长处和强项，也要认清自己的短处与弱项。只有认识到每个人都有自己的长处和短处，才能客观地对待自己的长处和短处，从而保持积极向上的学习和生活态度。

如何才能全面、客观地认识和评价自己呢？一是可以通过对自己的行为及行为结果进行观察和分析来了解自己的优势与不足，如"我虽然成绩一般，但是运动能力很强"，或者"我虽然数学成绩不好，但是英语水平很高"等；二是可以通过自我反省来认识自我，经常不断地反思，可以帮助我们比较客观地认识和评价自己的优点和缺点；三是可以通过与他人的交往来认识自我，因为在与他人的交往中，我们既可以通过与他人相对照来了解自己的长处和短处，又可以通过他人对自己的评价来认识和评价自我。

（二）丰富中学生积极的自我体验

1. 充分尊重和关爱学生以增强其自尊感

首先，教师要充分尊重学生。教师要尊重学生的人格，平等地对待学生。教师要充分认识到学生的个体差异，并承认这种差异；要认识到每个人都有优点和缺点，要接纳学生的缺点；要允许学生犯错误，把犯错误看成学生成长的一部分。这样教师就不会轻易地指责学生的缺点和错误，而能够正确对待学生的缺点和错误，从而做到尊重学生，让学生有自尊感。教师尊重学生还表现在能耐心地听取学生的观点和意见，对于正确的意见要予以充分的支持和尊重。

其次，教师要充分信任学生。教师要信任学生，对学生产生积极的期待，这会使学生体验到做人的尊严，还会激发学生的积极性和向上的信心。如果教师总是不信任学生，学生就会产生挫败感，缺乏自尊感。

再次，教师要善于营造相互尊重的氛围，使学生在自由、平等、互敬互爱的环境中学习和生活，从而充分体验到自尊感。

最后，教师要给学生以无条件的积极关注和关爱。教师要积极关注学生的成长，善于发现学生微小的进步，给予积极鼓励，激发其积极性，增强其自信心和自尊感。在教育过程中要以表扬为主，慎用批评，尤其要避免在众人面前批评学生，以免伤害他们的自尊心。

2. 通过对中学生进行积极评价以增强其自我效能感

自我效能感是指个体对于自己能否成功完成任务的主观评价。高自我效能感是一种积极的自我体验，对于学生的成功具有非常重要的意义，因此要提高学生的自我效能感。首先，教师要善于发现学生的进步，并给予及时的表扬和鼓励。对学生的积极评价是增强学生自我效能感的首要因素。在教学中，教师要正确对待学生在学习中出现的错误，要耐心地启发学生，当发现学生在学习上有进步时，要及时给予表扬和鼓励。其次，要增加学生的成功体验。教师应设法使学生在学习活动中获得更多成功的体验，减少失败的体验。如果学生基础比较差，可以先让他们做一些小事，做一些起点低、易做好的事——自我效能感就是通过一次次微小的成功来增强的。再次，要给学生树立榜样。教师在教学过程中要适时地、经常地给学生介绍榜样人物，让他们通过观察榜样的成功而获得替代性的成功经验，从而增强自我效能感。最后，引导学生正确归因。教师要引导学生学会正确地、积极地归因，将成功归为内部因素，将失败归为外部因素，这样可以增强其自我效能感。

3. 给予学生积极的暗示、鼓励和期待

中学生的自信来自成长感、价值感和胜任感。因此，教师要善于发现和欣赏学生的优点，要围绕这几个方面给予暗示和鼓励。比如，经常向他们传递这样的信息：他们在长大，在进步；他们是有用的、被需要的、被喜爱的；他们是有能力的，会做越来越多的事情……在表扬学生的时候，注意比较他们的过去和现在，让他们看到自己的进步，如"这个学期的学习成绩比上个学期进步了很多"。教师要把给予学生积极的暗示和鼓励变成一种教育习惯，善于发现学生微小的进步。

当然，滥用鼓励和表扬也不行，会使学生感到你不真诚，对他期望过低。给予的表扬要与学生付出的努力相一致。根据学生的具体行为，在表扬的程度上要予以区分，不能任何时候都对学生说"好极了"或"太棒了"。同时，表扬时多用具体、准确的描述，少用笼统、含糊的语言，如"我看到你那么关心同学，真不错"，这比笼统地说"真不错"要好。

教师对学生要有积极的期待，著名的罗森塔尔效应证实了教师的期待对学生的发展具有巨大意义。如果教师能充分了解每个学生的心理特点，形成恰当的积极期待，那么学生就有可能在这种积极期待的影响下向好的方向发展；如果教师对学生形成消极期待，那么学生在这种消极期待的影响下，就可能自暴自弃。

4. 鼓励学生积极参加实践活动

各种形式的社会活动如学习竞赛、体育比赛、文艺会演等，既为个人施展才能提供了广阔天地，又为其检验自我认识的正确与否提供了条件。中学生积极投身于实践活动，至少从三个方面有利于自我意识的培养：第一，实践活动是促进认识的最好课堂，中学生根据自己在活动过程中的表现和活动效果进行分析和总结，可以更准确地了解自己；第二，实践活动是获得成功体验的重要途径，中学生在各种实践活动中若能体验到成功，有利于增强自信和自尊；第三，能力只有在实践活动中才能提高，而能力的发展和提高是获得真正自信的保证。

（三）提高中学生自我控制和调节的能力

在中学生的自我意识结构中，自我控制相对来说发展较弱，因此要重视提高中学生的自我控制能力。首先，要引导学生发扬"吾日三省吾身"的精神，加强自我监控，对自己的身心发展状况进行及时把握，通过分析过去自我、现实自我和理想自我的异同，真正做到实事求是地对待自我。其次，要帮助学生主动发现和及时纠正自我意识的偏差。最后，要引导学生经常进行自我信息反馈，在收集前一阶段有关自我调节的信息的基础上，对这些反馈信息进行分析，以便确定学生自我调节的策略或方法是否适当，从而增强其自我调节的能力。

单元测试

一、单项选择题

1. 我们在日常生活中，经常会看到有的人表现出活泼、反应迅速、能说会道的特点，但是有时也会缺少耐性，做事过程中有些粗枝大叶。这说明这类人的气质类型属于（　　）。

A. 胆汁质　　　　　　　　　　B. 多血质

C. 黏液质　　　　　　　　　　D. 抑郁质

2. 小欣和小丽多年未见，同学聚会上再次相遇，相谈甚欢。小丽说："这么多年，你的性格真是一点没变。"这体现出了人格的（　　）。

A. 独特性　　　　　　　　　　B. 稳定性

C. 统合性　　　　　　　　　　D. 功能性

3. 根据埃里克森的社会性发展阶段理论，中学生主要面对的冲突是（　　）。

A. 自主感对羞怯与怀疑　　　　B. 同一性对角色混乱

C. 主动感对内疚感　　　　　　D. 基本信任感对基本不信任感

4. （　　）标志着一个人的独特性，并反映人的自然性与社会性的交织。

A. 人格　　　　　　　　　　　B. 性格

C. 气质　　　　　　　　　　　D. 能力

二、简答题

5. 简述中学生自我意识发展的特点。

6. 中学生应该如何全面、客观地认识和评价自己？

三、案例分析题

7. 周老师在男同学小伟的书包里发现了一封信。出于对小伟的关心，周老师拆阅了这封信。令周老师震惊的是，这竟然是小伟写给班里女生的情书。周老师十分生气，也很庆幸自己及时了解到这个情况。为了让其他同学引以为戒，杜绝早恋现象发生，他在班会上读了这封信，并且严厉批评了小伟。周末，周老师还特意去了小伟家进行家访，和小伟的家长说明了情况，并强调了早恋对孩子学业的不良影响，要求家长配合学校对小伟进行教育。

请你运用中学生自我意识发展的相关知识，评析周老师的行为。

第三篇

学习与教学心理

【本篇介绍】

　　学习是获得、储存、回忆和运用知识的心理过程。学习的主要理论包括：①行为主义学习理论。行为主义学习理论以学习的外在表现为研究重点，强调学习是通过环境刺激及其增强所产生的行为改变。②认知主义学习理论。认知主义学习理论以学习者的内在认知过程为中心，强调学习是获得和组织知识的认知过程。③建构主义学习理论。建构主义学习理论强调学习者通过主动构建意义和理解来学习，学习依赖于个体的叙事、推理和体验。④人本主义学习理论。人本主义学习理论重视学习者的主观体验和独立学习，强调学习者的自由、自主和个性发展。

　　学习动机和态度是促进学习的重要因素。主要包括学习动机的概念、功能、分类、激发与培养等。

学习迁移反映学习的广度和深度。主要包括学习迁移的概念、种类与影响因素等。学习策略可以提高学习的效率和质量。主要包括学习策略的概念、分类、训练等。

课堂教学与管理指导教学活动的开展。其中，课堂教学主要包括教学过程、教学方法、教学评价，课堂管理包括课堂管理概述、课堂气氛管理、课堂纪律管理、课堂问题行为管理。

教师职业心理。教师的职业角色决定教学行为，教师的专业成长促进职业发展。主要包括教师的职业角色、教师的心理特征、教师成长的途径等。

以上内容涉及学习心理学、教学心理学和教育心理学等相关理论知识，对教师的专业发展和教学实践有重要的指导作用。系统学习这些内容，可以提高教师的心理学素养和教学实效性。

本篇共六章：第九章学习的基本理论和中学生学习特点，第十章学习动机，第十一章学习迁移，第十二章学习策略，第十三章课堂教学与管理，第十四章教师职业心理。

第九章 学习的基本理论和中学生学习特点

>>> **学习目标**

1. 了解行为主义学习理论、认知主义学习理论、建构主义学习理论和人本主义学习理论的主要代表人物及他们的主要教育观点。

2. 认识并掌握斯金纳操作性条件作用的基本规律。

3. 了解建构主义的知识观、学生观和学习观。

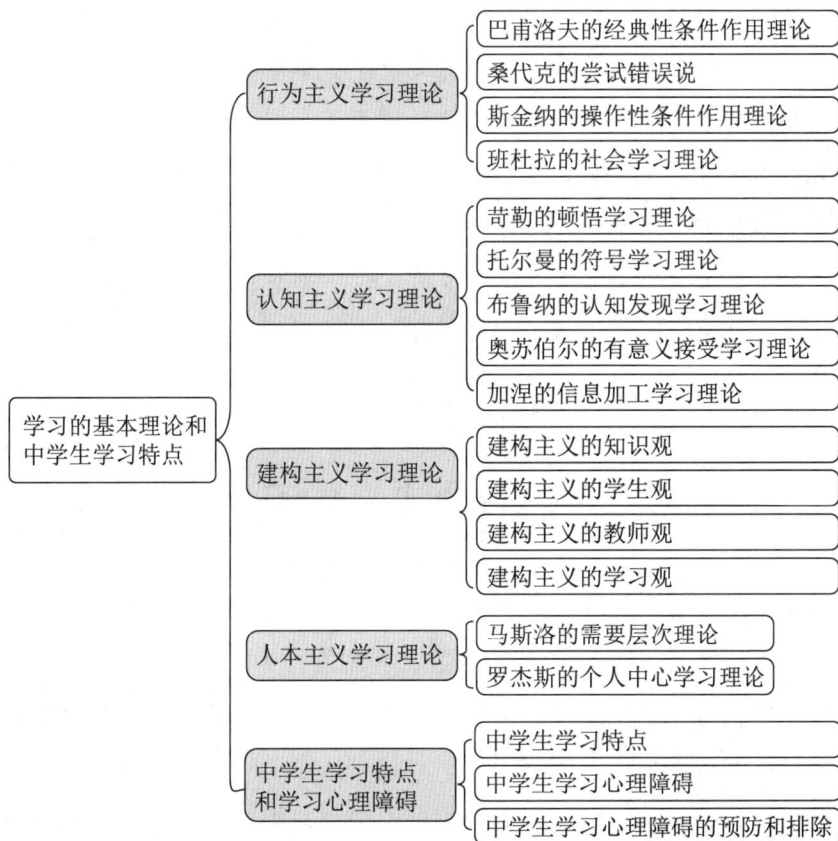

学习的基本理论和中学生学习特点

- **行为主义学习理论**
  - 巴甫洛夫的经典性条件作用理论
  - 桑代克的尝试错误说
  - 斯金纳的操作性条件作用理论
  - 班杜拉的社会学习理论
- **认知主义学习理论**
  - 苛勒的顿悟学习理论
  - 托尔曼的符号学习理论
  - 布鲁纳的认知发现学习理论
  - 奥苏伯尔的有意义接受学习理论
  - 加涅的信息加工学习理论
- **建构主义学习理论**
  - 建构主义的知识观
  - 建构主义的学生观
  - 建构主义的教师观
  - 建构主义的学习观
- **人本主义学习理论**
  - 马斯洛的需要层次理论
  - 罗杰斯的个人中心学习理论
- **中学生学习特点和学习心理障碍**
  - 中学生学习特点
  - 中学生学习心理障碍
  - 中学生学习心理障碍的预防和排除

【案例导入】

中学生张三一直无法适应学习环境，他感到焦虑、压力大，学习效率低下。家长和教师都很担心他。于是，他决定寻求心理咨询师的帮助。

心理咨询师可以使用不同的学习理论来帮助张三。

①行为主义学习理论。行为主义学习理论强调学习是通过奖励和惩罚来实现的。如果张三在学习中得到适当的奖励，那么他就会对学习产生积极的反应。例如，获得更多的自由时间或小礼物。

②认知主义学习理论。认知主义学习理论强调学习是通过思维和认知过程来实现的。如果张三对学习有错误的认知，那么他就很难适应学习环境。因此，心理咨询师可能会帮助张三改变他对学习的看法，并教给他一些有效的学习策略。

③建构主义学习理论。建构主义学习理论强调学习是通过自己的经验来建构知识的过程。因此，心理咨询师可能会建议张三尝试一些新的学习方式，如通过实验和实践来学习，以及与其他学生合作学习和讨论。

④人本主义学习理论。人本主义学习理论强调学习是通过自我实现来进行的。因此，心理咨询师可能会鼓励张三发现自己的兴趣爱好，并尝试在学习中融入这些兴趣爱好，以增强他的自我概念和学习动力。

综上所述，心理咨询师可以使用不同的学习理论来帮助张三适应学习环境，提高他的学习效率，减轻他的焦虑和压力。

第一节　行为主义学习理论

行为主义是由美国心理学家华生于 1913 年创立的，在此后统治西方主流心理学达半个世纪之久。以 1930 年为界线，美国的行为主义可分为早期行为主义和新行为主义。行为主义以行为观察取代意识内省，注重运用科学的实验方法来研究人的外在行为，从而导致了一场心理学的革命。行为主义学习理论是在对动物学习进行实验研究的基础上，通过揭示动物学习过程中的一些外显的行为变化，进而推断人类的学习过程和规律，并据此总结出来的学习理论。在行为主义看来，学习就是刺激—反应的联结，学习的过程就是获得这些联结或建立联系，学习的条件是不断得到强化。

一、巴甫洛夫的经典性条件作用理论

(一)巴甫洛夫的经典实验

巴甫洛夫是俄国著名的生理学家和心理学家。在他的经典实验中，他将狗置于经过严格控制的隔音实验室内。食物通过遥控装置可以送到狗面前的食物盘中。狗的唾液分泌量通过仪器可以随时测量并记录。实验开始后，首先向狗呈现铃声刺激，铃响半分钟后再给予食物，于是可观察并记录到狗的唾液分泌反应。当铃声与食物的配对反复呈现多次以后，仅呈现铃声而不出现食物时，狗也会做出唾液分泌反应。

在这个实验开始时，食物可以诱发狗的唾液分泌反应，而铃声不能诱发狗的唾液分泌反应，这时食物叫无条件刺激，铃声叫中性刺激，诱发的唾液分泌反应称为无条件反应。在铃声与食物经过多次配对之后，单独呈现铃声而没有食物时，狗也会分泌唾液。此时，中性刺激铃声具有了诱发原来仅受食物制约的唾液分泌反应的某些力量而变成了条件刺激，单独呈现条件刺激即能引起的反应则叫作条件反应。这就是经典性条件反射的形成过程。(图 9-1)

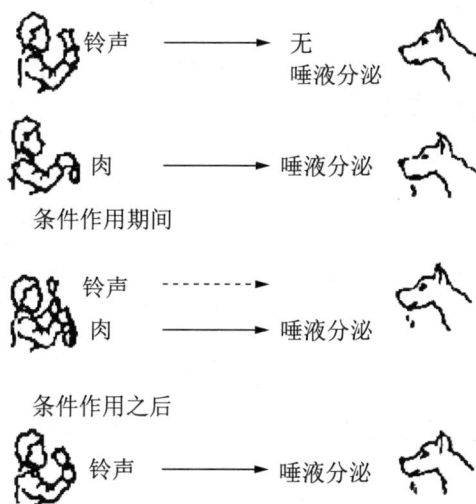

图 9-1　经典性条件反射的形成过程

(二)经典性条件反射的基本规律

1. 获得与消退

条件反射在无条件反射的基础上形成,可分为三个阶段。第一个阶段,无条件刺激引起无条件反应,而条件刺激无法引起条件反应。第二个阶段,无条件刺激与条件刺激多次一起呈现,引起无条件反应。第三个阶段,条件刺激引起条件反应。显然,条件反射的关键,在于条件刺激与无条件刺激的接近出现。

巴甫洛夫认为,条件反射形成的神经机制,在于大脑皮质形成的神经联系。无条件刺激与条件刺激在大脑皮质中有着各自的兴奋点。两个兴奋点间本无联系,因多次接近出现,不断扩散集中,形成了一条暂时的神经通路。条件反射形成时,条件刺激引发的大脑兴奋点能够通过暂时性神经通路,引起条件反射。

在条件作用的获得过程中,条件刺激与无条件刺激之间的时间间隔十分重要。一方面,条件刺激和无条件刺激必须同时或近于同时呈现,间隔太久则难以建立联系;另一方面,条件刺激作为无条件刺激出现的信号,必须先于无条件刺激而呈现,否则也将难以建立联系。

消退是指条件刺激单独出现而不伴随无条件刺激时,条件反应逐渐减弱,以至消失。条件反射消退之后,如果过一段时间再次呈现条件刺激,又引起条件反应,这种现象称作自然恢复。但是,随着进一步的消退训练,这种自然恢复了的条件反应又会迅速削弱。然而,要完全消除一个已经形成的条件反应要比获得这个反应困难得多。

2. 泛化与分化

泛化是对与条件刺激类似的刺激物产生相同的反应。例如,狗听到节拍器每分钟响 70 次就分泌唾液。当节拍器适当变快或变慢时,狗也会对节拍器的声音产生反应,分泌唾液。又如,成语"爱屋及乌"也说明了这个道理。喜欢一个人,会喜欢与之接近的事物。借助刺激泛化,可以把已有的学习经验扩展到新的学习情境,从而扩大学习范围。但是,刺激泛化所引起的泛化反应,有时是不准确或不精确的,这就需要刺激分化。

分化指的是通过选择性强化和消退使有机体学会对条件刺激和与条件刺激相类似的刺激做出不同的反应。例如,为了使狗能够区分开圆形和椭圆形光圈,只在圆形光圈出现时才给予食物强化,而在呈现椭圆形光圈时则不给予强化,那么狗便可以学会只对圆形光圈做出反应而不理会椭圆形光圈。在实际的教育和教学过程中，也经常需要对刺激进行分化，如引导学生分辨勇敢和鲁莽、谦让和退缩，要求学生区别重力和压力、质量和重量等。

泛化和分化是互补的过程，泛化是对事物的相似性的反应，分化则是对事物的差异的反应。泛化能使学习从一种情境迁移到另一种情境，而分化则能促使个体对不同的情境做出不同的恰当反应，从而避免盲目行动。

二、桑代克的尝试错误说

(一)桑代克的经典实验

桑代克(Thorndike)是现代教育心理学的奠基人。他把人和动物的学习定义为刺激与反应之间的联结，认为这种联结是通过盲目尝试—逐步减少错误—再尝试这样的往复过程习得的。

桑代克的这一理论观点建立在小猫"迷笼"实验的基础上。他把一只饥饿的小猫放入迷笼，把食物放在笼外，然后详细记录小猫在笼子中的行为表现。刚放入迷笼中时，小猫竭力想从缺口处挤出来，咬栅栏或铁丝，直至碰巧抓住线、环或扣，打开门逃到笼外为止。第二次再把小猫放入迷笼中时，它的表现和第一次差不多。但重复很多次以后，小猫的那些盲目乱冲、乱抓、乱咬的行为逐渐减少，它从笼子里逃出来所需的时间也越来越短。最后把小猫一放入迷笼中，它就能很快地用一定的方式抓住线、环或扣，逃到笼外。据此，桑代克认为，初次进入一只新的迷笼时，动物会依照某种一般的冲动行事，随着错误反应的逐渐减少、正确反应的逐渐巩固，最终形成稳定的刺激—反应联结。

(二)尝试—错误学习的基本规律

桑代克根据其实验结果提出了联结主义学习理论，认为学习的实质就是在情境与反应间形成一定的联结，而联结形成的过程是一个不断地盲目尝试，不断地淘汰错误反应、保留正确反应的渐进过程，在这一过程中，不需要以观念为中介。在尝试—错误学习过程中，基本规律有三。

1. 准备律

准备律是指学习者在学习开始时的准备状态。如果有学习准备而又进行学习活动，学习者就会感到满意；如果只有准备而不进行学习活动，学习者就会感到失落。反之，如果学习者无准备状态却被强制学习，他也会感到烦恼。

2. 练习律

在尝试—错误学习的过程中，任何刺激与反应的联结，一经练习运用，其联结的力量会逐渐增大。而如果不运用，则联结的力量会逐渐减小。也就是说，刺激—反应联结随着使用次数的增多，变得越来越强；反之，变得越来越弱。在后来的进一步实验的基础上，桑代克又修正了这一学习规律：没有奖励的练习是无效的，联结只有通过有奖励的练习才能增强。

3. 效果律

在尝试—错误学习的过程中，如果其他条件相同，在学习者对刺激情境做出特定的反应之后，若能够获得令人满意的结果，则其联结就会增强；若得到令人烦恼的结果，其联结就会削弱。

这是桑代克关于学习的一条重要规律。桑代克认为，当前的行为结果对未来行为起着关键作用，是影响学习的主要因素，学习是通过行为结果受到奖励而进行的。

三、斯金纳的操作性条件作用理论

(一)斯金纳的经典实验

斯金纳是著名的行为主义心理学家，他的理论也是建立在动物学习实验的基础之上的。斯金纳在以白鼠等动物为被试进行的实验研究中，运用了一种特殊的实验装置——迷箱。箱内有一个伸出的杠杆，下面有一个食物盘，只要箱内的动物按压杠杆，就会有一粒食丸滚到食物盘内，动物即可得到食物。斯金纳将饥饿的白鼠关在箱内，起初白鼠在箱内乱跑，活动中偶然压到了杠杆，则一粒食丸滚到食物盘内，白鼠吃到了食丸。以后白鼠再次按压杠杆，又可得到食丸。由于食物强化了白鼠按压杠杆的行为，因此，白鼠后来按压杠杆的次数迅速增多。

由此斯金纳发现，有机体做出的反应与其随后出现的刺激条件之间的关系对行为起着控制作用，它能影响以后反应发生的概率。他认为，学习实质上是一种反应概率的变化，而强化是增加反应概率的手段。如果一个操作（自发反应)出现以后，有强化刺激跟随，则该操作的概率就增加；已经通过条件作用强化了的操作，如果出现后不再有强化刺激跟随，则该操作的概率就减少，甚至消失。这就是操作性条件反射形成的基本过程。

(二)操作性条件作用的基本规律

斯金纳认为，人和动物的行为有两类：应答性行为和操作性行为。应答性行为是由特定刺激所引起的，是不随意的反射性反应，是经典性条件作用的研究对象；而操作性行为则不与任何特定刺激相联系，是有机体自发做出的随意反应，是操作性条件作用的研究对象。在日常生活中，人的行为大部分都是操作性行为，操作性行为主要受强化规律的制约。

1. 正强化与负强化

斯金纳认为任何学习和行为的发生、变化都是强化的结果，因而可以通过控制强化物来控制行为。强化也是一种操作，强化的作用在于改变同类反应在将来发生的概率。而强化物则是一些刺激物，它们的呈现或撤除能够增加或减少反应发生的概率。强化有正强化与负强化之分。当环境中某种刺激增加而行为反应出现的概率也增加时，这种刺激的增加就是正强化，如给予奖励；当环境中某种刺激减少而行为反应出现的概率增加时，此种刺激的减少就是负强化，如回避惩罚。

2. 逃避条件作用与回避条件作用

当厌恶刺激出现时，有机体做出某种反应，从而逃避了厌恶刺激，则该反应在以后的类似情境中发生的概率也会增加。这类条件作用称为逃避条件作用，它揭示了有机体是如何学会摆脱痛苦的。在日常生活中，逃避条件作用也不乏其例，如感觉屋内人声嘈杂时暂时离屋等。

然而，当预示厌恶刺激即将出现的刺激信号呈现时，有机体也可以自发地做出某种反应，从而避免了厌恶刺激的出现，则该反应在以后的类似情境中发生的概率便增加。这类条件作用则称为回避条件作用，它是在逃避条件作用的基础上建立的，是个体在经历过厌恶刺激的痛苦之后，学会了对预示厌恶刺激的信号做出反应，从而免受痛苦。比如，过马路时听到汽车喇叭声后迅速躲避等。回避条件作用与逃避条件作用都是负强化的条件作用类型。

3. 消退

有机体做出以前被强化过的反应，如果在这一反应之后不再有强化物相伴，那么，此类反应在将来发生的概率便减少，称为消退。在操作性条件作用中，无论是正强化的奖赏，还是负强化的逃避与回避，其作用都在于增加某种反应在将来发生的概率，以达到塑造行为的目的。消退则不然。消退是一种无强化的过程，其作用在于减少某种反应在将来发生的概率，以达到消除某种行为的目的。因此，消退是减少不良行为、消除坏习惯的有效方法。

4. 惩罚

当有机体做出某种反应以后，呈现一个厌恶刺激，以消除或抑制此类反应的过程，称为惩罚。惩罚与负强化有所不同，负强化是通过厌恶刺激的排除来增加反应在将来发生的概率，惩罚则是通过厌恶刺激的呈现来降低反应在将来发生的概率。但是，惩罚并不能使行为发生永久性的改变，它只能暂时抑制行为，而不能根除行为。因此，惩罚的运用必须慎重，对一种不良行为的惩罚应与对一种良好行为的强化结合起来，方能取得预期的效果。（表 9-1）

表 9-1　强化与惩罚的区别

维度	行为发生频率增加	行为发生频率减少
呈现刺激	正强化	惩罚Ⅰ（呈现厌恶刺激）
消除刺激	负强化	惩罚Ⅱ（消除愉快刺激）

(三)程序教学与机器教学

程序教学是斯金纳将操作性条件作用理论运用于教学的典范。程序教学是指将各门学科知识按内在逻辑联系分解为一系列的知识项目，这些知识项目之间前后衔接、逐渐加深，然后让学生逐一学习每个知识项目，并及时给予强化，使学生最终掌握所学的知识。精心设置知识项目序列和及时强化是程序教学取得成功的关键。

在程序教学中，教材被分成若干小步，学生可自定学习步调，对所学内容进行积极反应，并结合及时强化和反馈，使错误率降低。

四、班杜拉的社会学习理论

按照条件作用理论，学习是在个体的行为表现的基础上，经由奖励或惩罚等外在控制而产生的，即学习是通过直接经验而获得的。而班杜拉（Bandura）则认为，这种观点对动物学习来说也许成立，对人类学习而言则未必成立。因为人对许多知识、技能、社会规范等的学习都来自间接经验。人们可以通过观察他人的行为及行为的后果而间接地学习，班杜拉称这种学习为观察学习。

(一)观察学习的经典实验

班杜拉和他的同事进行了一项实验研究。实验中，研究者让儿童观察成人示范的电影，影片中成人的行为具有很强的攻击性，对充气娃娃拳打脚踢，还朝充气娃娃扔东西。这部电影有三种不同的结局，每组儿童观看其中一种结局的影片版本。第一组儿童观看成人因他们的攻击行为而得到奖励的版本；第二组儿童观看成人因他们的攻击行为而受到惩罚的版本；第三组是控制组，儿童观看成人没有得到奖励或受到惩罚的版本。看完电影后，让儿童和充气娃娃玩，结果是：那些看到成人因攻击行为而得到奖励的儿童，比控制组儿童表现出更多的攻击行为；而那些看到成人因攻击行为而受到惩罚的儿童，比控制组儿童表现出更少的攻击行为。这说明，儿童的社会行为是通过观察而习得的，尽管他们自己并没有主动参与。

(二)社会学习理论的基本内容

1. 观察学习

社会学习是通过观察环境中他人的行为以及行为结果来进行的。从学习的结果来看，主要是习得社会行为及行为方式；从学习的方式来看，主要是通过观察来进行的。因此，社会学习也被称为观察学习或替代学习。

班杜拉根据学习者观察学习的不同水平，把观察学习划分为三种类型：①直接的观察学习，学习者对示范行为进行简单模仿；②抽象性的观察学习，学习者从示范者的行为中获得一定的行为规则或原理；③创造性的观察学习，学习者从不同示范行为中抽取出不同的行为特点，并形成了一种新的行为方式。

2. 交互决定论

班杜拉认为，任何有机体的观察学习都是在个体、环境和行为三者相互作用下发生的。环境和行为是可以通过特定的组织而加以改变的，三者对于儿童行为塑造产生的影响取决于当时的环境和行为的性质。

3. 观察学习过程

班杜拉把儿童观察学习的过程分成了四个阶段，即注意、保持、复制、动机。观察学习是通过观察榜样的示范行为而进行的。同时，班杜拉认为，在学习中强化对人的行为具有调节和控制的作用。强化方式有三种：一是直接强化，即对学习者做出的行为反应当场予以正向或负向的刺激；二是替代强化，指学习者通过观察其他人实施这种行为后所得到的结果来决定自己的行为指向；三是自我强化，指学习者根据社会对他所传递的行为判断标准，结合自己的理解，对自己的行为表现进行正向或负向的强化。

第二节 认知主义学习理论

20世纪五六十年代，认知心理学兴起，认知心理学家开始运用信息加工的观点来探讨学习的过程和规律。他们认为，学习不是简单的在强化作用下形成的刺激—反应的联结，而是有机体通过积极主动的内部信息加工过程形成新的完形或认知结构。认知主义学习理论从早期的格式塔学派的顿悟学习理论，到后期布鲁纳的认知发现学习理论、奥苏伯尔（Ausubel）的有意义接受学习理论、加涅的信息加工学习理论，逐步与教学理论相结合，变得更加完善。但是，值得注意的是，行为主义学习理论和格式塔学习理论都是建立在对动物的实验研究的基础上的，所探讨的学习是广义的学习，即包括动物和人类的学习；而布鲁纳、奥苏伯尔和加涅所探讨的学习主要是在教学情境下学生的学习。

一、苛勒的顿悟学习理论

(一)苛勒的经典实验

格式塔学派心理学家苛勒在1913—1917年，对黑猩猩的问题解决行为进行了一系列的实验研究，从而提出了与桑代克的尝试错误说相对立的完形—顿悟说。

在苛勒对黑猩猩的问题解决行为进行的系列实验中，他把黑猩猩置于笼内，笼外放有食物，食物与笼子之间放有竹竿。对于简单的问题情境，黑猩猩只需要使用一根竹竿便可够到食物；而对于复杂的问题情境，则需要黑猩猩将两根竹竿接在一起(小竹竿可以插入大竹竿的一端)，方能够到食物。在复杂问题情境中，最初只见黑猩猩一会儿用小竹竿、一会儿用大竹竿试着够来够去，但怎么也够不着食物。它只得把两根竹竿拿在手里挥舞着，突然之间，它无意地把小竹竿插入了大竹竿的一端，使两根竹竿连成了一根长竹竿，并马上用它够到了食物。黑猩猩为自己的这一"创造发明"而高兴，并不断地重复这一动作。在第二天重复这一实验时，苛勒发现黑猩猩很快就能把两根竹竿连起来并够到食物，而没有进行漫无目的的尝试。

(二)顿悟学习理论的基本内容

1. 学习是通过顿悟过程实现的

苛勒认为，学习是个体利用本身的智慧与理解力对情境及情境与自身关系的顿悟，而不是动作的累积或盲目的尝试。虽然顿悟常常出现在若干尝试与错误的学习之后，但这些尝试不是桑代克所说的那种盲目的、胡乱的冲撞。在做出外显反应之前，头脑中要进行一番类似于"验证假说"的思索。动物解决问题的过程似乎是先提出一些"假说"，然后检验一些"假说"，并抛弃一些错误的"假说"。动物只有在清楚地认识到整个问题情境中各种成分之间的关系时，顿悟才会出现。

2. 学习的实质是在主体内部构造完形

完形是一种心理结构，是对事物关系的认知。苛勒认为，学习过程中问题的解决，都是因对情境中事物关系的理解而构成一种"完形"来实现的。例如，在黑猩猩接竹竿取物的实验中，黑猩猩往往先看一看食物，考虑到所要达到的目的，才开始接竹竿取物。它的行为是针对食物(目标)的，而不只是针对竹竿(工具)的。这就意味着，动物领会了食物(目标)和竹竿(工具)之间的关系，才产生了接竹竿取物的动作。

完形—顿悟说作为最早的一个认知主义学习理论，肯定了主体的能动作用，强调心理具有一种组织的功能，把学习视为个体主动构造完形的过程，强调观察、顿悟和理解等认知功能在学习中的重要作用，这对反对当时行为主义学习理论的机械性和片面性具有重要意义。

二、托尔曼的符号学习理论

(一)托尔曼的迷宫实验

托尔曼设计了一个迷宫，迷宫中主要有三条通道通向食物，被试是白鼠。在最初训练时，白鼠已经熟悉了三条通道，并形成了一定的顺序，首先选择通道1，其次选择通道2，最后选择通道3。实验时，堵住A处，白鼠选择通道2去拿食物；当B处被堵住后，白鼠直接选择通道3，避开通道2。托尔曼认为白鼠头脑中已经形成了认知地图，它们能够按认知地图行动，而不是依靠盲目的行为习惯。(图9-2)

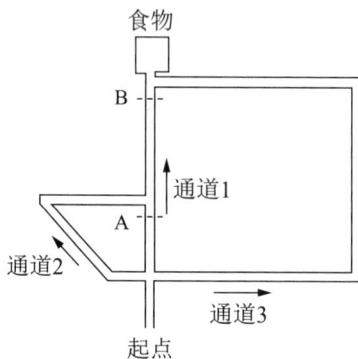

图9-2 托尔曼的迷宫实验①

(二)托尔曼的认知—目的说的基本观点

托尔曼通过迷宫实验得出：①学习是有目的的行为，而不是盲目的；②学习是对"符号—完形"的认知，是对情境整体的领悟，从而形成情境的"认知地图"；③学习不是刺激与反应的直接联结，而是刺激—有机体—反应的过程，有机体为中间变量。

三、布鲁纳的认知发现学习理论

(一)学习观

1. 学习的实质是主动地形成认知结构

布鲁纳认为，学习的本质不是被动地形成刺激—反应的联结，而是主动地

---

① 汪凤炎、燕良轼：《教育心理学新编》，196页，广州，暨南大学出版社，2006。

形成认知结构。学习者不是被动地从外界吸收知识，而是主动地建构知识，并通过把新获得的知识和已有的认知结构联系起来，积极地建构其知识体系。由此，布鲁纳十分强调认知结构在学习过程中的作用，认为认知结构可以给经验中的规律性以意义和组织，使人能够超越给定的信息，举一反三，触类旁通。

2. 学习包括获得、转化和评价三个过程

布鲁纳认为，学习活动首先是新知识的获得。新知识可能是以前知识的精练，也可能与原有知识相违背。获得了新知识以后，还要对它进行转化，可以超越给定的信息，运用各种方法将它们变成另外的形式，以适合新任务，并获得更多的知识。评价是对知识转化的一种检查，通过评价可以核对处理知识的方法是否适合新任务，或者运用得是否正确。因此，评价通常包含对知识的合理性进行判断。

(二)教学观

1. 教学的目的在于理解学科的基本结构

由于布鲁纳强调学习的主动性和认知结构的重要性，所以他主张教学的最终目标是促进学生对学科结构的一般理解。所谓学科的基本结构，是指学科的基本概念、基本原理以及基本学习方法；而所谓掌握学科的结构，就是利用许多别的东西与它有意义地联系起来的方式去理解它。当学生掌握和理解了一门学科的结构，他们就会把该学科看作一个相互联系的整体。因此，布鲁纳把学科的基本结构放在设计课程和编写教材的中心地位，作为教学的中心。他认为，学生理解了学科的基本结构，就容易掌握整个学科的具体内容，就容易记忆学科知识，就能促进学习迁移，促进学生智力和创造力的发展，并可提高学习兴趣。

2. 掌握学科基本结构的教学原则

①动机原则。所有学生都有内在的学习愿望，内部动机是维持学习的基本动力。学生具有三种最基本的内在动机，即好奇内驱力(即求知欲)、胜任内驱力(即成功的欲望)和互惠内驱力(即人与人之间和睦共处的需要)。教师如能善于促进并调节学生的探究活动，便可激发他们的这些内在动机，使他们有效地达到预定的学习目标。

②结构原则。任何知识结构都可以用动作、图像和符号三种表象形式来呈

现。动作表象是借助动作进行学习，不需要语言的帮助；图像表象是借助图像进行学习，以感知材料为基础；符号表象是借助语言进行学习，经验一旦转化为语言，逻辑推导便能进行。至于究竟选用哪一种呈现方式，则应视学生的知识背景和课题性质而定。

③程序原则。通常每门学科都存在着不同的难易程度，它们对学习者来说，有难有易，不存在对所有的学习者都适用的唯一的程序。

④强化原则。教学规定适合的强化时间和步调是学习成功重要的一环。知道结果应恰好在学生评估自己作业的那个时刻。知道结果过早，易使学生慌乱，从而阻挠其探究活动的进行；知道结果太晚，易使学生失去受帮助的机会，甚至有可能接受不了正确的信息。

(三)发现学习法

布鲁纳认为"发现是教育儿童的主要手段"，学生掌握学科基本结构的最好方法是发现学习法。所谓发现学习，就是学生利用教材或教师创设的学习情境，经过自己的探索寻找，以获得问题答案的一种学习方式。发现并不限于寻找人类未知的事物，它包括通过思考来获得知识的一切方法。学生所获得的知识，尽管都是人类已知晓的事物，但如果这些知识是依靠学生自己的力量引发出来的，那么对学生来说这仍然是一种"发现"。为此，教学不应当使学生处于被动地接受知识的状态，而应当让"学生自己把事物整理就绪，使自己成为发现者"。在教学中运用发现学习法，其灵活性和自发性都较大。一般来说，它没有固定的模式，要根据不同学科和不同学生的特点来进行，一般步骤包括：①提出和明确使学生感兴趣的问题；②使学生体验到问题在某种程度上的不确定性，以激发探究的欲望；③提供解决问题的各种假设；④协助学生搜集和组织可用作结论的资料；⑤组织学生审查有关资料，得出应有的结论；⑥引导学生运用分析思维去验证结论，最终使问题得到解决。总之，在整个问题的解决过程中，要求教师向学生提供材料，让学生亲自发现应得的结论或规律，使学生成为发现者。

四、奥苏伯尔的有意义接受学习理论

(一)有意义学习的实质

所谓有意义学习，奥苏伯尔认为就是将符号所代表的新知识与学习者认知结构中已有的适当观念建立起非人为的和实质性的联系。所谓非人为的联系，是指有内在联系而不是任意的联想或联系，即新知识与原有认知结构中有关的观念建立在某种合理的逻辑基础上。所谓实质性的联系，是指表达的语词虽然不同，但是等值的，也就是说这种联系是非字面上的联系。相反，如果学习者并未理解符号所代表的知识，只是依据字面上的联系，记住某些符号的词句或组合，则是一种死记硬背式的机械学习。

(二)有意义学习产生的条件

有意义学习的产生既受学习材料本身性质(客观条件)的影响，也受学习者自身因素(主观条件)的影响。

从客观条件来看，有意义学习的材料本身必须具有逻辑意义，是学习者可以理解的，是在其学习能力范围之内的。一般来说，学习者所学的教科书或教材，是对人类认识世界的概括，都具有逻辑意义。

从主观条件来看，实现有意义学习的条件有以下几方面。

①学习者认知结构中必须具有能够同化新知识的适当的认知结构。如果学习材料本身有逻辑意义，而学习者认知结构中又具备了适当的知识基础，那么，这种学习材料对学习者来说就构成了潜在的意义，即学习材料有了和学习者认知结构中的适当观念建立联系的可能性。

②学习者必须具有积极主动地将符号所代表的新知识与认知结构中的适当知识加以联系的倾向性。

③学习者必须积极主动地使这种具有潜在意义的新知识与认知结构中的有关旧知识发生相互作用，使认知结构或旧知识得到改善，使新知识获得实际意义即心理意义。有意义学习的目的就是使符号代表的新知识获得心理意义。

上述条件缺一不可，否则就不能构成有意义学习。相反，如果学习材料本身缺乏逻辑意义，或者虽然学习材料本身具有逻辑意义，但学习者认知结构中缺乏与新知识进行联系和沟通的原有经验，或者学习者缺乏主动地将符号所代表的新知识与认知结构中原有的适当知识加以联系的倾向性，那么，也无法使它获得心理意义，这必然导致机械学习。

(三)先行组织者策略

奥苏伯尔提出了"先行组织者"的教学策略。所谓"先行组织者"，是先于学习任务本身呈现的一种引导性材料，它的抽象、概括和综合水平高于学习任务，并且与认知结构中原有的观念和新的学习任务相关联。其目的是为新的学习任务提供观念上的固着点，增加新旧知识之间的可辨别性，以促进学习的迁移。

五、加涅的信息加工学习理论

加涅采用当代认知心理学的信息加工观点来解释学习的本质与过程。加涅与布鲁纳、奥苏伯尔等认知主义者一样，认为学习是通过新旧知识的相互作用对认知结构进行组织或重新组织的过程。不过，加涅用学习和记忆的信息加工模式更详细地解释了学习的结构和过程。

该信息加工模式主要包含两大部分：一部分是信息流，即信息从输入依次进入感觉登记、短时记忆、长时记忆进行加工，再依相反的历程检索提取信息；另一部分是控制结构，包含期望和执行控制。期望是指学生期望达到的目标，即学习的动机，正因为学生具有学习动机，教师的反馈才有强化作用。执行控制决定哪些信息从感觉登记进入短时记忆、如何进行编码、采用何种提取策略等。期望和执行控制在信息加工过程中起着极为重要的作用。根据这个模式，加涅将学习过程分为下述 8 个阶段。

①动机产生阶段。学习动机是学习者在学习发生以前就建立的"预期"。

②注意和选择性知觉阶段。加涅在该阶段用记忆的三级加工模型来解释感觉登记中的重要信息经过"注意"而进入短时记忆的过程，并强调教师应采取策略引导学生对刺激特征进行选择性知觉。

③编码与输入阶段。学习需要将新信息和以前习得的信息联系起来，将短时记忆中的信息进行意义编码，把信息转化成概念的形式，并将这一信息输入记忆库中。

④记忆存储阶段。通过复述过程，将新的信息保持在长时记忆中。

⑤检索阶段。学习者利用环境中的有利线索，将存储在长时记忆中的信息加以提取。教师可以利用各种方式使学生得到提取线索，这些线索可以增加学生的信息回忆量。

⑥概括和学习迁移阶段。即将已获得的知识迁移到新的情境中去。教师应给学生提供各种迁移情境，更重要的是要引导学生概括和掌握其中的原理和

原则。

⑦反应与生成阶段。学习者根据长时记忆中再现的内容完成作业。

⑧强化与反馈阶段。当学习者的学习行为满足预期后，就可以强化其学习动机。反馈并不总是靠外界提供，也可以从学生内部获得，即进行自我强化。

第三节　建构主义学习理论

建构主义是认知主义的进一步发展。皮亚杰和布鲁纳的早期思想中已经有了建构的思想，但相对而言，他们的认知主义学习观主要在于解释如何使客观的知识结构通过个体与之交互作用而内化为认知结构。20世纪70年代末，以布鲁纳为首的美国教育心理学家将苏联教育心理学家维果茨基的思想介绍到美国，这对建构主义思想的发展起了极大的推动作用。维果茨基在心理发展上强调社会文化历史的作用，特别是强调活动和社会交往在人的高级心理机能发展中的突出作用。他认为，一方面，高级的心理机能来源于外部动作的内化，这种内化不仅通过教学，而且也通过日常生活、游戏和劳动等来实现；另一方面，内在智力动作也外化为实际动作，使主观见之于客观。所有这些都对当今的建构主义者有很大的影响。

一、建构主义的知识观

建构主义者对知识本质的理解可归为三点：第一，知识不是对现实的纯客观反映，而是人们对客观世界的一种解释或假设，因此，它必然随人们认识活动的深入而不断得到深化和改写；第二，知识不是通过感觉或交流被个体被动接受的，而是由认知主体主动建构的；第三，在建构过程中为了适应不断扩展的经验，个体的认知不断深化，所有的知识都是在这种个体与经验世界的对话中建构出来的。这些观点充分表明了生成建构性是知识的本质特征。

二、建构主义的学生观

建构主义学习理论认为，学生不是消极的、被动的、有待教师填充知识的客体，不是"装知识的容器"，而是有主观能动性的学习者。学生在学习新知识时并不是一个经验的无产者，他们能够在已有知识经验的基础上，通过新旧知识间反复的、双向的作用过程建构起新的意义，从而丰富和改造自己的经验，是自己知识的建构者。因此，在教学中，教师与学生、学生与学生之间需要共同针对某些问题进行探索，并在探索的过程中相互交流和质疑，了解彼此的想法；教师要引导学生从原有的知识经验中生长出新的知识经验；学生要努力通过自己的活动，建构形成自己智力的基本概念和思维形式。

三、建构主义的教师观

建构主义学习理论认为，教师的角色应该是学生建构知识的忠实支持者、学生学习的高级伙伴或合作者。建构主义学习理论要求教师在教学中发挥以下几方面的作用：第一，激发学生的学习兴趣，引发和保持学生的学习动机；第二，通过创设符合教学内容要求的情境和提供新旧知识之间联系的线索，帮助学生建构当前所学知识的意义；第三，为了使意义建构更有效，教师应在可能的条件下组织协作学习，提出适当的问题，引起学生的思考和讨论，在讨论中设法把问题一步步引向深入，以加深学生对所学内容的理解，要启发学生自己去发现规律、自己去完善片面的认识，切忌直接对学生进行灌输。

四、建构主义的学习观

由于学习是在一定情境即社会文化背景下，借助他人的帮助即通过人际协作活动而实现的意义建构过程，也就是学习者主动地对外来信息进行选择加工，从不同背景、角度出发，在教师和他人的协助下，通过独特的信息加工活动，建构自己对现实世界的意义的过程；因此，建构主义学习理论认为"情境""协作""会话""意义建构"是学习环境中的四大要素。其中，情境是意义建构的基本条件，教师与学生之间、学生与学生之间的协作和会话是意义建构的具体过程，而意义建构则是建构主义学习的最终目的。所要建构的意义是指事物的性质、规律以及事物之间的内在联系。在学习过程中帮助学生建构意义，就是要帮助学生对当前学习内容所反映事物的性质、规律以及该事物与其他事物之间的内在联系达到较深刻的理解。

第四节　人本主义学习理论

人本主义心理学是 20 世纪 60 年代兴起的心理学派。人本主义心理学主张，心理学应该研究完整的人，而不是把人的各个从属方面（如行为表现、认知过程、情绪障碍）割裂开来加以分析；主张从行为者而不是从观察者的角度去解释和理解行为，尤其关注人的情感、需要、知觉、信念、尊严与价值等，以发展人性、开发潜能、促进自我实现为人生的目标。人本主义心理学的代表人物有马斯洛、罗杰斯、罗洛·梅（Rollo May）。其中，对学习研究最多、最系统的是罗杰斯。

人本主义学习理论的基本主张是：在学习目标上，要使学生成为完整的人、自我实现的人；在学习动机上，强调需要和内在学习动机；在学习内容上，强调对人生发展有意义的学习内容；在学习途径上，强调"从做中学""从经验中学"，在真实的情境中学；在教学观上，主张以学生为中心，强调良好师生关系的建立，倡导"非指导性"教学模式。

一、马斯洛的需要层次理论

人本主义心理学把动机视为人性成长发展的原动力，马斯洛以及其他人本主义心理学家非常强调个体内部的积极力量。马斯洛主张学习不能靠外铄，只能靠内发。他认为学习者本身已然有学习的潜在能力，教师的任务仅仅是为学生的学习创设良好的环境，引发他们自主学习。那么，个体的学习为什么是内发的？这种内发的潜在力量与学习动机有何关系？马斯洛提出的需要层次理论可以很好地解释这些问题。该理论从人类内在需要的角度解释动机，强调人类的动机是由不同类型的需要构成的，各需要之间又有先后顺序与高低层次之分。最初，马斯洛提出人的需要包含五个层次。它们由低到高依次排列成一定的层次，即生理需要、安全需要、归属与爱的需要、尊重的需要、自我实现的需要。（图 9-3）

后来马斯洛又做了修正，将人的需要从低到高分为七种。（表 9-2）

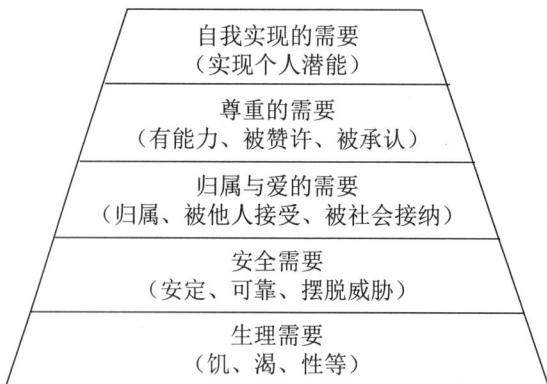

图 9-3　五个层次的需要

表 9-2　七个层次的需要

需要层次	描述	示例
生理需要	最原始、最基本的需要，维持生存及种族延续	食物、水分、性、睡眠
安全需要	希望受到保护和免遭威胁从而获得安全感	生命安全、财产安全、职业安全
归属与爱的需要	对他人和群体的接纳、爱护、关注、鼓励及支持	友谊、亲密关系、团体归属感
尊重的需要	寻求被人认可、爱护、关注、鼓励、赞许等	实力、成就、名誉、声望
求知的需要	期望了解环境、了解自己	好奇心、探索欲、学习新技能
审美的需要	对美丽的需要，保持身心平衡	欣赏艺术、自然美、和谐
自我实现的需要	渴望潜能得到充分发挥，人格得到完善	实现个人潜能、成为理想中的自己

马斯洛的需要层次理论呈金字塔结构，其中生理需要位于最底层，而自我实现的需要位于最顶层。随着每一层次需要的满足，人们会追求更高层次的需要。

需要层次理论指出了人类具有的各种内在需要是构成动机的基本内容。在教育过程中，教师应该考虑这些不同层次的需要是否已经得到满足，并以自我实现为教育的追求，使学生的潜能得到充分发挥，并自主选择学习活动，在这一过程中感受自我实现带来的高峰体验，成为一个真正的自我实现者，在学习过程中获得人格的健全发展。每个学生都有各自不同的成长倾向，倘若学生被允许自由选择，他定会挑选那些最适合自己的学习内容和方法。如果父母和教师按照自己的意愿安排他们的学习，就可能会阻碍其自我实现。因此，家长和教师的职责就是信赖他们，激发他们的学习动机，帮助他们试着发现自己喜欢的东西、擅长的方面，从而使他们趋向自我实现。

二、罗杰斯的个人中心学习理论

(一)学生中心的教学观

与罗杰斯"以来访者为中心"疗法相对应，在教学情境中，罗杰斯提出"以学生为中心"。罗杰斯认为，儿童先天具有内在的学习需求，环境中的许多因素都在向他们发出挑战，他们对此感到好奇，教师的作用就在于帮助学生发现、认识和解决他们所遇到的问题。罗杰斯批判传统教育中，"教师是知识的拥有者，而学生是知识的被动接受者；教师可以通过各种方式来支配学生的学习，而学生无所适从；教师是权力的拥有者，而学生只是服从者"。这是一种"壶与杯"的教育理论，教师(壶)拥有知识，学生(杯)是消极的容器，知识可以灌入其中。因此，罗杰斯主张废除"教师"这一角色，代之以"学习的促进者"。教师的任务不是教学生学习知识(这是行为主义所强调的)，也不是教学生怎样学(这是认知主义所强调的)，而是为学生提供各种学习资源，提供一种促进学习的气氛，让学生自己决定如何学习。

(二)有意义的自由学习观

根据学习对于学习者的个人意义，罗杰斯把学习分为无意义学习和有意义学习两种。无意义学习类似于对无意义音节的学习，即学习材料对于学习者来说没有个人意义，仅仅涉及心智，不涉及情感，与完整的人无关，这类学习让学习者学得吃力，所学的东西也容易遗忘。有意义学习是指一种涉及完整的人的学习，是一种使学习者的行为、态度、个性以及在未来选择行动方针时发生重大变化的学习，这种学习不仅是一种增长知识的学习，而且是一种与每个人各部分经验都融合在一起的学习。

罗杰斯认为学校为学生而设，教师为学生而教。学生都具有求知向上的意愿和能力，只需要设置良好的学习环境，学生便可以学到他们自己所需要的一切。因此，他提出以自由为基础的学习原则，强调教学情境与教学内容只有满足和提高学生的好奇心、自尊心，增进生活经验，实现其生活的目的，才能使学生乐于学习。在教学情境的设置方面，强调要减少对学生的威胁情境，在教学中应注意根据每个学生的条件，尽量使每个学生的优点都能有展示的机会。还应给学生在一定的学习范围内，选择决定他们的学习方向的自由，使其自觉、主动、全身心地投入学习，提倡学生对学习成果的自我评价，培养其独立思维、自我负责的精神。

(三)情知合一的教学目标观

罗杰斯认为，情感和认知是人类精神世界中两个不可分割的有机组成部分，彼此融为一体。因此，罗杰斯的教育理想就是要培养"躯体、心智、情感、精神、心力融会一体"的人，也就是既用情感的方式也用认知的方式行事的情知合一的人。这种情知合一的人，他称之为"完人"或"功能完善者"。当然，"完人"或"功能完善者"只是一种理想化的人的模式，要想最终实现这一教育理想，应该有一个现实的教学目标，这就是"促进变化和学习，培养能够适应变化和知道如何学习的人"。他说：只有学会如何学习和学会如何适应变化的人，只有意识到没有任何可靠的知识，只有寻求知识的过程的人才是可靠的人，才是真正有教养的人。在现代世界中，变化是唯一可以作为确立教育目标的依据的，这种变化取决于过程而不是静止的知识。可见，人本主义重视的是教学的过程而不是教学的内容，重视的是教学的方法而不是教学的结果。

(四)非指导性教学模式

在"以学生为中心"的教学思想指导下，罗杰斯提出了"非指导性教学模式"。这种教学模式以学生为中心，采用开放式的课堂模式，学习内容和方式可以部分由学生确定，或由学生与教师商定，学生有较大的选择权和自治权。在这种自由的、开放的课堂环境中，学生自由地从事他们喜欢的活动，教师采用"非指导"的方式，教师的作用是鼓励和引导他们的活动。

第五节　中学生学习特点和学习心理障碍

一、中学生学习特点

学生从小学进入中学以后，虽然仍然以学习活动为其主导活动，但学习活动在学习动机、方法、性质、内容和途径等多方面都发生了很大变化。

(一)学习动机更加复杂

首先，中学生的学习动机趋于复杂多变。研究发现，中学生的学习动机主要有四种类型：学习动机尚不太明确，学习为了履行社会义务，学习为了个人前途，学习为了国家和集体的利益。其次，远大的、与社会意义相联系的动机逐步发展起来，而与学习活动本身相联系的学习动机仍起着很大作用。最后，学习动机有了更大的自觉性，但仍然不稳定。

(二)学习方法更加灵活

由于上小学时已经习惯了听从教师的要求，进入中学后，一部分学生不习惯自己制订学习计划、独立思考并综合分析学习重点、记好课堂笔记、做好课前预习等中学的学习方法。因此，善于独立学习、喜欢发言、学习方法较灵活的学生能够很好地适应教师对学习的各种要求；而部分学生则在听课、做作业等学习活动中出现了"心理疲劳"现象。中学生的学习更多地依赖于主动学习。因此，学生要形成自我检查、评定、管理、调节的能力，自己安排学习时间和学习内容，创造性地运用学习方法。

(三)学习兴趣更为强烈和广泛

由于学习内容和知识经验的增多，中学生的眼界更为开阔，表现出强烈的好奇心和探求欲。同时，中学生的学科兴趣日益明显，表现为对于所学学科有着不同程度的兴趣，并且容易变化。从最初兴趣的产生来看，有自然而然地产生的，有受同学、兄姊或集体的兴趣倾向熏陶产生的，更有受教师影响或因喜欢某个学科的教师而产生的；从中学生对兴趣的认识来看，有认为兴趣可以给生活带来色彩和生机的，有认为兴趣可以帮助自己结识更多朋友的，更多的学生认为，兴趣是学习取得进步的动力，可以改变一个人的精神面貌。用他们自己的话说："教师和家长常常告诫我们，学习不能单从兴趣出发，但对我来说，兴趣是我在学习上取得进步的主要动力所在。""没有兴趣，就没有动力，很难想象一个人对某件事没有兴趣，却卖力气去干。""兴趣使我总是想努力去发现事物的奥秘，而这正是学好一门课所必需的精神，所以我认为兴趣是学习好的重要因素。"

可见，一方面，兴趣在中学生的心目中有着重要的位置；另一方面，中学生的兴趣又表现出短暂性。原因之一就是有些学生的兴趣仅仅停留在"有趣"的低级水平。原因之二就是由于需要掌握的知识较多，加之方法不当，有些学生感受不到掌握知识的乐趣，而只能感受到学习负担和心理疲劳。因此，他们非常容易受到各种外界因素的刺激和影响而发生兴趣的变化与转移。从这个意义上说，教师如果能在全面而客观地分析学生的兴趣倾向及个性心理特征的基础上，对其学习心理加以正确的分析与引导，不断提高学生的认知兴趣水平，使他们在"有趣"的基础上，把兴趣提高到"乐趣"以至"志趣"的水平，使短暂兴趣变为持久兴趣，就有可能让学生的学习兴趣通过教学活动成为自身成才或致力于某种事业的动力。

(四)学习心理上开始出现矛盾与困惑

随着年龄的增长、年级的升高，一部分学生较好地适应了中学各方面的要求，有了较明确的学习目的，学会了科学而合理地安排自己的学习时间，制订符合自己学习特点的、切实可行的学习计划。特别是临近毕业的学生，已意识到当前的学习与未来的就业或升学密切相关，因而更自觉地追求知识、刻苦学习。但也有些学生(尤其是高年级学生)，由于受社会、家庭、学校等多方面因素的影响，在学习心理上产生了矛盾与困惑。例如，由于历次考试成绩不佳，受到了教师或家长的批评、惩罚等，精神上有负担和痛苦。因此一遇考试，有的学生就出现恐惧心理，并对教师的任何评价都非常敏感，更不敢把试卷拿给父母看。有的学生对读书价值产生了困惑，如对继续学习、拼搏的价值产生怀疑。有的学生因自己有时学习效率低，"头脑就是不听使唤"，而感到无可奈何，甚至自暴自弃或怀疑自己的智力、能力低下等。

(五)师生关系开始变化，并对学习产生积极或消极的影响

中学的师生关系与小学不同，中学生的课程增多，任课教师也多。师生关系主要体现为指导与被指导的关系，中学生对教师的依赖性已经明显减弱，他们开始把对各科教师的评价渗透于学习活动之中，并因此对学习产生了积极或消极的影响。学生对教师的态度倾向及教师在学生心目中的威信制约着教育的效果。具体表现为：如果学生对某学科教师持积极的态度，就会产生对该学科的学习兴趣，提高该学科的学习成绩。有研究资料表明，教师对学生的吸引力表现为情感吸引、品格吸引、知识吸引、才能吸引、仪表吸引和熟识理解吸引。可见，教师的一切教育和教学措施与教师的威信和对学生的吸引力有密切而直接的正相关。学生心目中的好教师会使学生产生敬爱感，而敬爱感是一种自愿接受教师影响的心理因素。与这样的教师接触，学生就乐于接受教育，教育和教学效果就会明显提高。反之，学生可能会产生一系列逆反心理，从而影响教育和教学效果。

二、中学生学习心理障碍

学习心理障碍是指在学习过程中心理活动受阻，心理调节和适应机制不良，从而导致不健康的心理表现和行为倾向。其原因是学生在学习活动中遇到挫折，达不到学习目标或需要得不到满足，又无法克服困难。概括起来，中学生学习心理障碍主要表现在以下几个方面。

(一)焦虑心理

焦虑心理表现为动机强度过高，急于取得理想的学业成绩，形成主观愿望与客观实际的矛盾冲突，常处于忧虑紧张、烦躁不安的情绪状态，或造成精神压抑。例如，产生考试焦虑。

(二)依赖心理

表现为依赖感强，习惯于求助他人，不能独立思考和解决问题，一旦离开教师的辅导或别人的帮助，就会产生无所适从的消极情绪和行为倾向。依赖心理会使学生丧失主动性和独立性，心理承受力差，经不起困难和失败的考验。

(三)文饰心理

文饰心理在学生学习的过程中有多种表现形式。例如，学习成绩不好的学生或某次考试失误的学生，往往把原因归结为"自己身体不好""受同学的不良影响""受家庭的影响"，或归结为教师教得不好等，以掩盖自己的错误与问题，并满足自己的虚荣心。学生的此种心理是他们学习进步的一大障碍，所以必须引起教师的高度重视。

(四)闭锁心理

闭锁心理表现为对外界评价过于敏感，回避失败的意识较强，封闭内心世界，压抑情绪体验，孤独感强，行为胆怯、退缩。例如，有的学生上课时不敢发言，偶尔被教师叫起来便面红耳赤，一句话也说不出来。又如，在升学竞争压力下，同学之间互相戒备，学习情况彼此保密。闭锁心理阻断了学生和他人的交流，从而妨碍了学生智力和潜能的发展，还可能导致变态人格。

(五)自卑心理

自卑心理表现为在学习上缺乏自信，遇到困难时感到无能为力，对成功不抱希望，伴随有沮丧、悲观、不安等消极情绪体验。自卑心理在学习成绩差的学生中表现较明显。

(六)从众心理

从众心理主要指盲从，"随大流"。它特别容易影响学生个性和创造力的发展。在中学阶段，从众心理具有普遍性。从众心理表现为在课堂上不敢或不愿意回答问题，对有争议的问题不发表意见等。因此，教师要引导学生少"从众"，多"创新"。教学中应多给学生充分发表意见的机会，多鼓励学生发表自己的意见及观点。

(七)逆反心理

逆反心理表现为对教学要求怀对立和排斥情绪，以抵抗外界压力来满足自尊、导致抗拒的行为倾向。比如，有的学生受到教师的批评，便产生"你越让我学我越不学"的抵触情绪。学生学习上产生逆反心理的原因是多方面的，如教师教学态度、教育方法的不适当，而学生思想上的片面性则是主要原因。

对此，如果教师没有相应的教育对策，或无意之中强化了学生的逆反心理，学生在上课时对于教师的教育就会明听暗顶，对知识毫无兴趣，似听非听，从而降低学习质量。为此，教师要注意从各方面减少使学生产生逆反心理的诱因，真正做到对学生的了解、理解和宽容。

(八)嫉妒心理

嫉妒心理表现为对成绩或学习能力高于自己的同学产生不满、憎恨情绪，极力排除他人的优越之处，以贬低和诽谤的手段寻求心理上的快慰。嫉妒心理不仅有损他人，而且会给自身带来烦恼和痛苦。

(九)自安心理

自安心理表现为安于现状，心理上的惰性强，意志力薄弱，知难而退，随波逐流。比如，有一个学生说："平时学习中我会随大流，没有自己的计划。一旦遇到不会做的题，自己先泄气了。"

(十)心理定式

心理定式即按固定的思路去考虑问题。积极的心理定式可大大提高人们认识和评价客观事物的能力和速度；而消极的心理定式常常成为人们的心理障碍，其产生的原因多是知识的贫乏和经验的不足。比如，如果学生在上小学时因进行机械、单调的记忆而形成一种"死记硬背"的心理定式，进入中学后，他们就会延续此法，通过做大量的练习和背记书本知识来应付各种考试。

三、中学生学习心理障碍的预防和排除

中学生学习中的心理障碍是互相交错的，各人身上存在的问题不同，程度也各有差异，在预防和排除上都应专门研究。另外，各种心理障碍的成因也较为复杂。这里只从两个主要方面加以说明，以期产生综合治理的整体效应。

(一)良好的外部环境是防治的基础

要预防和排除学生的心理障碍，良好的外部环境是必要条件。首先，社会要给中学生提供一个比较纯净的文化氛围，树立正确的教育观和人才观，这是预防和消除学生的学习心理障碍的社会基础。其次，学校要平等对待学生，尊重、信任、理解学生。不在学生中人为地划分等级，不轻视和歧视后进生，彻底清除智育第一、分数第一、升学第一的旧观念，使每个学生都能在温暖、平等的大家庭中自由愉快地生活、学习和发展。同时，对已有心理障碍的学生，提倡疏导，忌用堵塞，积极引导学生走上健康发展的道路。最后，家庭是培养

学生良好学习习惯的第一基地。家长应该尊重和理解孩子，不能溺爱和娇宠孩子，尤其不能以满足孩子的过分要求作为对学习的奖赏。家长应正确认识和评估自己的孩子，对孩子提出的学习目标不可过高，否则也会导致他们产生自卑、逆反等心理。

(二)加强学生自身的修养是关键

社会、家庭、学校的综合治理可以产生强大的力量，但预防和排除学生的心理障碍还必须通过学生内因产生效果。因此，加强学生自身的修养才是解决问题的关键。

第一，帮助学生树立新的学习目标。每个刚入学的学生都有一种新鲜感、自豪感，也都有好好学习的潜在愿望，这时一定要及时帮助他们树立新的学习目标，这样他们就不会松懈，从而尽快适应学习要求。

第二，培养学生自我教育的能力，学会控制自己的行为和情绪。在学习上应保持适度的紧张，以集中注意力；在行动上要善于自我激励和反省，通过自我暗示、自我说服，克服盲目冲动，把"独立性""成人感"导向自强、自尊、自控的境界。

第三，教育学生严格要求自己，养成良好的学习习惯。无论听课、自习、复习还是作业，学生都要按教师的要求认真完成。学生应学会主动反馈学习情况，如主动回答教师的提问，及时反映自己的疑问，对不懂的、不适应的甚至不满意的问题都要虚心向教师请教和反映，以求得教师的了解和帮助。学生主动接近和求助于教师，其收益往往要比封闭自己大得多。

第四，帮助学生掌握适合自己的学习方法。比如，总结过去的学习经验教训，看哪些方法对自己来说更有效；比较自己各科的学习情况，思考一下为什么某门学科学得好些、某门学科却学得不行，从中找出原因和方法；养成善于总结、思考和自我调节的习惯，逐渐形成一套适合自己的有效方法。

第五，帮助学生尽快适应、关心和热爱班集体，团结同学，与大家建立真诚的友谊。温暖的班集体营造了良好的学习环境，也是健康成长、愉快生活的好园地。

第六，告诉学生每当烦恼、苦闷时，要坦诚地向教师倾吐，求得理解和帮助；遇到表扬或批评要自警和自省；遇到诱惑要自控，要使自己保持开朗和愉快。

总体来说，教师若想预防和排除学习中的心理障碍，一方面必须为学生创造良好的心理氛围，另一方面则要运用教育教学艺术，针对学生的心理矛盾进行适当的疏导工作，使学生形成自我教育和自我调控的能力，加强自身的修养。教师要加强心理训练，有计划地创造适宜的挫折情境，增强学生的心理承受能力，帮助他们在处理失败中学会容忍挫折的技巧，做好心理补偿工作，促进其身心全面健康成长。

单元测试

一、单项选择题

1. 奥苏伯尔认为，学生学习的实质是(　　)。

A. 有意义接受学习　　　　　　　B. 有意义发现学习

C. 发现学习　　　　　　　　　　D. 探究学习

2. 顿悟说的重要代表人物是(　　)。

A. 桑代克　　　　B. 巴甫洛夫　　　　C. 斯金纳　　　　D. 苛勒

3. 提出认知发现学习理论的心理学家是(　　)。

A. 奥苏伯尔　　　B. 布鲁纳　　　　C. 加涅　　　　D. 桑代克

4. 依照桑代克的尝试错误说，学习的基本规律有三：(　　)、练习律和效果率。

A. 准备律　　　　　　　　　　　B. 刺激律

C. 失败—成功律　　　　　　　　D. 成功—成功律

5. 信息加工学习理论的创始者是(　　)。

A. 斯金纳　　　　B. 巴甫洛夫　　　　C. 加涅　　　　D. 苛勒

6. (　　)的学生观强调引导儿童从原有的知识经验中"生长"出新的知识经验。

A. 顿悟学习理论　　　　　　　　B. 认知发现学习理论

C. 信息加工学习理论　　　　　　D. 建构主义学习理论

7. 将符号所代表的新知识与学习者认知结构中已有的适当观念建立起非人为的和实质性的联系属于(　　)。

A. 机械学习　　　　　　　　　　B. 有意义学习

C. 接受学习　　　　　　　　　　　D. 发现学习

8. 张老师在教学中经常用奖励来激发学生的学习动机，培养学生良好的学习习惯。张老师的这种做法符合(　　)。

A. 人本主义学习理论　　　　　　　B. 行为主义学习理论

C. 认知主义学习理论　　　　　　　D. 建构主义学习理论

9. 根据马斯洛的需要层次理论，下列选项中属于缺失需要的是(　　)。

A. 自我实现的需要　　　　　　　　B. 尊重的需要

C. 认知的需要　　　　　　　　　　D. 关怀的需要

10. 下列能代表高成就需要的描述是(　　)。

A. 他宁愿做专业工作也不愿做基本工作

B. 他总是为他的行为承担责任

C. 他很少依赖外界反馈

D. 他常常让别人提出问题

11. "衣食足而知荣辱，仓廪实而知礼节。"这反映了人的需要具有(　　)。

A. 自然性　　　　B. 层次性　　　　C. 选择性　　　　D. 动力性

二、简答题

12. 有意义学习的产生需要具备哪些条件？

三、论述题

13. 有人建议，在教育实践中，"要多使用奖励，而尽量少用惩罚"。请简要阐述你对这种建议的看法。

第十章　学习动机

>>>　学习目标

1. 了解学习动机的功能、分类等。

2. 掌握学习动机理论。

3. 掌握激发与培养学习动机的基本策略。

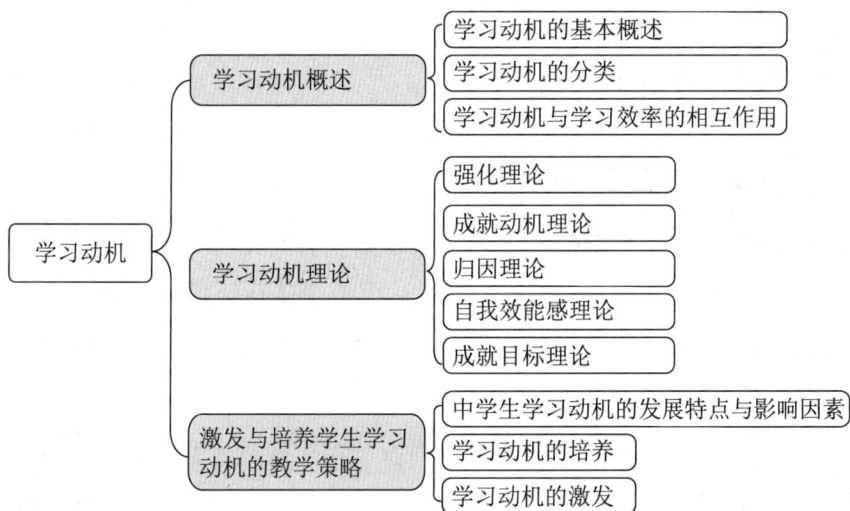

【案例导入】

中学生张三，最近在学习上感到很吃力，他发现自己很难集中注意力，记忆力不如以前，考试成绩也不尽如人意。他开始对自己的学习能力产生怀疑，变得不自信，失去学习兴趣。

根据张三的情况，可以使用学习动机理论来分析他的问题。学习动机理论认为，人们在学习中受到三种力量的驱动，即兴趣、需要和愿望。

首先，兴趣是指对学习内容感兴趣的程度。如果学习内容对个人有足够的吸引力，就能激发学习的动力。张三最近学习吃力，可能是因为他对学习内容失去了兴趣。

其次，需要是指对学习的要求。如果学习能够满足人们的要求，就能够激发学习的动力。张三可能对学习失去了要求，所以他失去了学习的动力。

最后，愿望是指有关学习的理想或目标，如果学习能够满足人们的理想或目标，就能够激发学习的动力。张三可能失去了学习的理想或目标，所以他失去了学习的动力。

第一节　学习动机概述

一、学习动机的基本概述

(一)学习动机及其基本结构

学习动机是指激发和维持个体的学习活动，并使学习活动指向一定学习目标的动力机制。它是一种内在的心理过程，促使个体积极主动地追求学业成就。学习动机由多种心理成分构成，主要包括学习需要与内驱力、学习期待与诱因。

1. 学习需要与内驱力

学习需要是指个体在学习活动中感到有某种欠缺而力求获得满足的心理状态。当个体意识到自己缺乏某种知识或技能时，就会产生学习的需要，这种需要激发个体的学习动机，促使个体积极主动地投入学习活动。内驱力也是一种需要，但它是动态的。它是指个体在内部需要的驱动下产生的一种动态的、持续的动力，推动个体不断努力追求满足。从需要的作用来看，学习需要即学习内驱力。

2. 学习期待与诱因

学习期待是个体对学习活动所要达到目标的主观估计。它是个体在学习活动中所追求的目标的具体表现形式。个体的学习期待会直接影响其学习动机的方向和强度。如果个体对某个学习目标持有强烈的期待，那么他将更加积极地投入学习活动，以实现该目标。

诱因是指能够激起有机体的定向行为，并能满足某种需要的外部条件或刺激物。它可以是正面的奖励，如赞扬、奖励或成功的结果；也可以是负面的惩罚，如批评、惩罚或失败的结果。诱因可以激发个体的学习动机，推动其朝着满足这些需要或避免这些惩罚的方向努力。

(二)学习动机在学习过程中的功能

1. 激发功能

学习动机能够激发个体的学习兴趣和好奇心，使个体对学习活动保持积极的心理状态。当对某项学习内容或任务产生强烈的兴趣或需求时，个体会积极主动地投入学习中，并努力探索和解决相关问题。这种激发功能使得个体在学习过程中保持高度的警觉性和专注力，从而提升学习的效率和效果。

2. 指向功能

学习动机能够引导个体的学习活动朝向特定的目标或任务。当个体明确了学习目标后，学习动机将推动个体朝着这个目标不断努力。这种指向功能使得个体能够集中精力，将时间和精力投入实现预定目标的关键领域，从而提高学习的针对性和效率。

3. 维持和调节功能

学习动机能够维持和调节个体的学习活动。在学习过程中，个体可能会遇到各种困难和挑战，如复杂的学习任务、困难的问题等。这时，个体的学习动机将起到维持和调节的作用。当个体遇到困难时，学习动机将鼓励其继续坚持下去，克服困难并努力实现目标。这种维持和调节功能有助于个体在学习过程中保持积极的心态和高度的自我控制能力。

此外，学习动机还可以调节学习的速度和强度。当个体面临不同的学习任务时，学习动机将促使其根据任务的难度和重要性来调节学习的强度。对于较容易或不太重要的任务，个体的学习动机可能较弱，导致学习的强度较弱；而对于较难或非常重要的任务，个体的学习动机将增强，促使其投入更多的时间和精力来学习。这种调节功能有助于个体合理分配时间和精力，实现高效的学习。

二、学习动机的分类

学生有各种各样的学习动机，从而带来了不同的结果。为了更好地研究和认识学习动机，人们对学习动机进行了分类。常见的学习动机种类主要有以下几个方面。

(一)学习动机的一般分类

1. 高尚的学习动机与低级的学习动机

根据学习动机内容的社会意义，可以分为高尚的学习动机与低级的学习动机。

高尚的学习动机的核心是利他主义，学生把当前的学习同国家、社会和集体的利益联系在一起。低级的学习动机的核心是利己、自我中心，学习动机只来源于自己眼前的利益。

这种划分有时难以正确把握，在教学实践中以此为标准进行判断时要持谨慎态度。对许多学生来说，他们可能并不理解什么是高尚的学习动机。

2. 内部学习动机和外部学习动机

根据动机产生的动力来源，可以分为内部学习动机和外部学习动机。在所有动机划分中，只有这种划分得到了心理学家的公认，而且对教育实践具有相当重要的应用价值。

内部学习动机是指由个体内在的需要引起的动机。例如，学生的求知欲、学习兴趣等内部动机因素，会促使学生积极主动地学习。外部学习动机是指由外部诱因所引起的动机。例如，某些学生为了得到教师或父母的奖励和避免受到教师或父母的惩罚而努力学习，他们从事学习活动的动机不在学习任务本身，而在学习活动之外。

内部学习动机和外部学习动机的划分不是绝对的。由于学习动机是推动人从事学习活动的内部心理动力，任何外界的要求、外在的力量都必须转化为个体内在的需要，才能成为学习的推动力。从这个意义上说，外部学习动机的实质仍然是一种学习的内部动力。因此，在教育过程中强调内部学习动机的同时，也不能忽视外部学习动机的作用。教师一方面应逐渐使外部动机转化成为内部动机，另一方面又应利用外部动机使学生已经形成的内部动机处于持续的激起状态。

(二)奥苏伯尔对成就动机的分类

奥苏伯尔认为，学校情境中的成就动机主要由三个方面的内驱力组成，即认知内驱力、自我提高内驱力和附属内驱力。

1. 认知内驱力

认知内驱力是指理解事物、掌握知识、系统地阐述并解决问题的需要。它以求知为目标，从知识的获得中得到满足，是学习的内部动机。一般来说，这种内驱力多半是从好奇的倾向中派生出来的。但个体的这些好奇倾向，最初只是潜在的而非真实的动机，还没有特定的内容和方向。它要通过个体在实践中不断取得成功才能真正表现出来。例如，为了满足求知欲而学习。

2. 自我提高内驱力

自我提高内驱力是指个体因自己的学业成就而获得相应的地位和威望的需要。它不直接指向知识和学习任务本身，而是把学业成就看成赢得地位和自尊的根源。这是一种间接的学习需要，属于学习的外部动机。不过，还要注意到，虽然失败对自尊是一种威胁，但也能促使学生在学业上做出长期而艰苦的努力，可适度用它来激发学生的学习动机。

3. 附属内驱力

附属内驱力是指个体为了获得长者(如教师、家长等)的赞许和同伴的接纳而表现出来的把工作、学习做好的需要。它既不直接指向学习任务本身，也不把学业成就看成赢得地位的手段，而是为了从长者或同伴那里获得赞许和接纳。这种动机在年龄小的学生身上比较常见。随着年龄的增长，这种动机会逐渐转化为自我提高内驱力。

应该说明的是，认知内驱力、自我提高内驱力和附属内驱力在动机结构中所占的比例并非一成不变，通常会随着年龄、个性特征、社会地位和文化背景等因素的变化而变化。

三、学习动机与学习效率的相互作用

动机水平与工作效率之间的关系并不是一种线性关系，而是倒 U 形曲线关系。中等强度的动机最有利于任务的完成，即动机强度处于中等水平时，工作效率最高。

心理学家耶克斯(Yerks)和多德森(Dodson)研究表明，各种活动都存在一个最佳动机水平，动机不足或过分强烈都会导致工作效率下降。此外，动机的最佳水平还因任务性质的不同而不同：在学习较复杂的问题时，动机的最佳水平会低一些；在学习任务比较简单时，动机的最佳水平会高一些。（图 10-1）

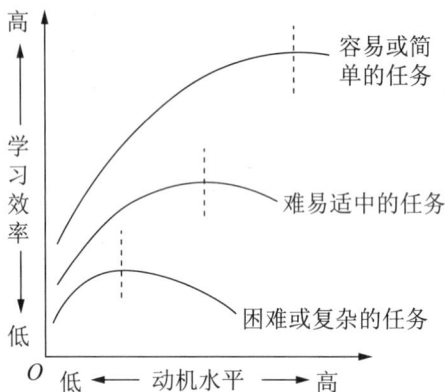

图 10-1　学习效率和动机水平之间的关系①

第二节　学习动机理论

一、强化理论

学习动机的强化理论是由行为主义学习理论家提出来的，他们不仅用强化来解释学习的发生，而且用它来解释动机的产生。在他们看来，人的某种学习行为倾向完全取决于先前的学习行为与刺激因强化而建立起来的稳固联系，而不断强化可以使这种联结得到加强和巩固。按照这种观点，任何学习行为都是为了获得某种报偿。因此，在学习活动中，采取各种外部手段如奖赏、赞扬、评分、划定等级等，可以激发学生的学习动机，引起其相应的学习

---

① 廖芳芳、黄凌峰、王丽华：《中小学生心理学》，180 页，武汉，武汉大学出版社，2019。

行为。

由于行为主义的强化理论过分强调引起学习行为的外部力量（外部强化），忽视甚至否定了人的学习行为的自觉性与主动性（自我强化），因而这一动机理论有较大的局限性。动机是由许多因素共同决定的，强化理论只强调了外在影响，而忽视了内在因素的作用。

二、成就动机理论

成就动机是个体努力克服障碍、施展才能，力求又快又好地解决某一问题的愿望或趋势。它在人的成就需要的基础上产生，是激励个体乐于从事自己认为重要的或有价值的工作，并力求获得成功的一种内在驱动力。成就动机是人类所独有的，它是后天获得的具有社会意义的动机。在学习活动中，成就动机是一种主要的学习动机。

成就动机理论的主要代表人物是阿特金森（Atkinson）。他认为个体的成就动机可以分成两类：一类是力求成功的动机，另一类是避免失败的动机。力求成功的动机是人们追求成功和由成功带来的积极情感的倾向，避免失败的动机是人们避免失败和由失败带来的消极情感的倾向。根据这两类动机在个体动机系统中所占的强度，可以将个体分为力求成功者和避免失败者。

力求成功者的目的是获取成就，因此他们会选择有所成就的任务，成功概率为50%的任务是他们最有可能选择的，因为这种任务能给他们提供最大的现实挑战。当他们面对完全不可能成功或稳操胜券的任务时，动机水平反而会下降。相反，避免失败者则倾向于选择非常容易或非常困难的任务，如果成功的概率大约是50%，他们会回避这项任务，因为选择容易的任务可以保证成功，使自己免遭失败，而选择极其困难的任务，即使失败，也可以找到适当的借口，得到自己和他人的原谅，从而减少挫败感。

在教育实践中，对于力求成功者，应通过给予新颖且有一定难度的任务、安排竞争的情境、严格评定分数等方式来激起其学习动机；对于避免失败者，则要安排少竞争或竞争性不强的情境，如果取得成功则要及时表扬予以强化，评定分数时，则要稍稍放宽些，并尽量避免在公众场合对其进行批评。

三、归因理论

人们做完一项工作之后，往往喜欢寻找自己或他人取得成功或遭受失败的原因。归因，即人们对自己或他人行为结果的原因做出的解释或推论。归因理论最初是由心理学家海德（Heider）在研究人际关系心理时提出的，他认为寻求理解是行为的基本动因。后来教育心理学家发现，对学习行为结果的归因还可以影响人们随后的学习行为，归因实际成为学习行为的一种动因。

之后，美国心理学家韦纳（Weiner）对行为结果的归因进行了系统的探讨，并把归因分为三个维度：内部归因和外部归因、稳定性归因和非稳定性归因、可控归因和不可控归因。此外，他把人们活动成败的原因即行为责任主要归结为六个因素，即能力、努力程度、工作难度、运气、身心状况、外界环境。（表10-1）

表 10-1　韦纳的三维度六因素理论

因素	归因维度					
	内外性		稳定性		可控性	
	内部	外部	稳定	不稳定	可控	不可控
能力	✓		✓			✓
努力程度	✓			✓	✓	
工作难度		✓	✓			✓
运气		✓		✓		✓
身心状况	✓			✓		✓
外界环境		✓		✓		✓

韦纳认为，每一维度对动机都有重要的影响。在内外性维度上，如果将成功归因于内部因素，则会产生自豪感，从而提高动机；归因于外部因素，则会产生侥幸心理。如果将失败归因于内部因素，则会产生羞愧感；归因于外部因素，则会生气发怒。在稳定性维度上，如果将成功归因于稳定因素，则会产生自豪感，从而提高动机；归因于不稳定因素，则会产生侥幸心理。如果将失败归因于稳定因素，将会产生绝望感；归因于不稳定因素，则会生气。在可控性维度上，如果将成功归因于可控因素，则会积极地去追求成功；归因于不可控

因素，则会感到绝望。如果将失败归因于不可控因素，则会生气；归因于可控因素，则会努力追求成功。值得注意的是，归因是学生对自己成败原因的主观解释和推论，它在一定程度上会受他人影响而改变，这也为教育提供了机会。

四、自我效能感理论

自我效能感是指人们对自己能否成功地实施某一成就行为的主观判断。这一概念最早由班杜拉提出。20 世纪 80 年代以来，自我效能感理论得到了丰富和发展，也得到了大量实证研究的支持。

（一）基本观点

班杜拉指出，人的行为受行为的结果因素与先行因素的影响。行为的结果因素就是通常所说的强化。强化分为三种：直接强化、替代强化、自我强化。但是，他认为行为的出现不是由于随后的强化，而是由于人认识了行为与强化之间的依赖关系后，形成了对下一强化的期待。

所谓"期待"，包括结果期待和效能期待。结果期待是指个体对自己的某种行为会导致某一结果的推测。如果个体预测到某一特定行为会导致某一特定的结果，那么这一行为就可能被激活或被选择。效能期待则是指个体对自己能否实施某种成就行为的能力的判断，即人对自己行为能力的推测。当个体确信自己有能力进行某一活动时，他就会产生高度的自我效能感，并会去实践那一活动。

（二）影响自我效能感的因素

自我效能感是一个人在执行特定任务时对自己能力的信心和信念。这种信心和信念可以通过以下因素来影响。

①实践的成败经验（最重要的因素）。一个人在过去的学习或实践中取得的成功或失败的经验，会对自我效能感产生直接的影响。成功的经验可以提高自我效能感，而失败的经验则可能降低自我效能感。

②替代性经验。当一个人看到与自己能力相似的人在某个任务中取得成功时，他可能会认为自己也有能力取得成功。这种替代性经验可以增强自我效能感。

③言语说服。来自他人对自己的能力的言语劝说也可以增强自我效能感。例如，听到他人对自己的赞扬或鼓励，可能会增强自我效能感。

④个体在面临某项活动任务时的生理反应。一个人在面临特定任务时的生理反应，如心跳、血压、呼吸等，也可以反映一个人的自我效能感。例如，当一个人感到紧张或焦虑时，他的自我效能感可能较低。

⑤归因方式。一个人如何解释自己成功或失败的原因，也会影响到自我效能感。如果一个人将成功归因于自己的能力和努力，而不是外部因素（如运气），那么他的自我效能感可能会增强。同样，如果一个人将失败归因于自己的努力不够，而不是能力不足，那么他的自我效能感可能不会降低太多。

以上这些因素都会对自我效能感产生影响，但具体的影响程度可能会因人而异。了解这些因素有助于我们更好地理解自我效能感，并在必要时调整我们的行为和态度来增强自我效能感。

五、成就目标理论

成就目标理论的主要代表人物是德韦克（Dweck）。

（一）能力观

①能力增长观。认为能力可以通过努力增长提高，即能力可以通过不断的努力和学习得到提高。持能力增长观的学生，他们的学习目的是个人的成长和发展，因此他们通常会更加专注于任务的学习，并通过完成任务来获得成就感和满足感。这些学习者通常会更加注重自我评价和反思，以便更好地了解自己的学习进展和需要改进的地方，又称任务卷入的学习者。

②能力实体观。认为能力是固定的、不可控的，即认为人的能力是天生不变的，无法通过努力或学习来提高。持能力实体观的学生，他们的学习目的是向他人展示自己的能力和成就，因此他们通常会更加注重外表和形象，并通过表现来获得认可和赞扬。这些学习者通常会更加关注他人对自己的评价和看法，以便更好地了解自己的表现和形象，又称自我卷入的学习者。

（二）四类成就目标定向

①成绩趋近目标，指的是个体关注如何超越他人，以展示自己的智慧和优

势。例如，小明总是期望在班级考试中获得最高分，以此证明自己是最聪明和最出色的。

②成绩回避目标，是指个体关心如何避免显得低能或不如他人。例如，小雷经常想着自己不能成为班里最差的学生，以避免被认为能力不足。

③掌握趋近目标，是指个体关注任务的掌握、学习和理解，并根据自己的进步情况以及对任务的理解深度来评估自己的表现。这意味着他们更注重对知识和技能的掌握，以及自我成长和发展的过程。

④掌握回避目标，是指个体关心如何避免不理解或无法完成任务。个体判断成功的标准是在自我比较的基础上准确无误地完成任务。这种心态的典型代表是完美主义者，他们追求完美和毫无瑕疵的表现。

第三节 激发与培养学生学习动机的教学策略

为了促进学生的学习，在教学过程中，教师首先要做的就是培养和激发学生的学习动机。

一、中学生学习动机的发展特点与影响因素

(一)发展特点

石绍华等人对北京市 5000 名中学生的学习动机进行了调查，结果显示，动机与国家和集体利益有关的占 46.0%，与个人前途有关的占 57.6%，与履行社会义务有关的占 32.1%，动机尚不太明确的占 19.4%。[①]

不同学校、不同年级的学生在学习动机上也可能存在差别。例如，有研究表明，示范性中学的学生、毕业班的学生相比于其他类型学校、其他年级的学生，更倾向于将学习与个人前途、切身利益等紧密联系在一起。

(二)影响因素

中学生的学习动机受多种因素的影响。具体表现如下。

---

① 石绍华、高晶、郑钢等：《中学生学习动机及其影响因素研究》，载《教育研究》，2002(1)。

1. 自我效能感

中学生的学习动机与他们的归因方式和自我效能感密切相关。例如，积极的归因方式，即将成功归因于自身的能力或努力，以及对自己学习能力的积极评价(高的自我效能感)，都可以提高个体的内在学习动机。

这种联系可能源自我们对成就和自我价值的感知。当我们把成功归因于自身的能力或努力时，我们可能会感到更有价值和满足，从而增强了对学习的内在兴趣和动机。同样，对自己学习能力有信心的人可能会更愿意投入时间和精力去学习，因为他们相信自己有能力完成任务并取得成功。

这些因素对于教育者和家长来说也具有重要意义。了解学生的学习动机和归因方式，以及培养学生的自我效能感，可以帮助他们更好地理解和引导学生的学习，提高学生的学习积极性和主动性。

2. 家庭环境

中学生的学习动机与家庭环境密切相关。积极的亲子关系，如父母对孩子的关爱、支持、理解和尊重，可以增强孩子的内部动机，使他们更加主动地学习。相反，消极的亲子关系，如父母对孩子过度保护、拒绝或惩罚，可能会导致孩子表现出较高的外部动机，即为了获得外部奖励或避免惩罚而学习。

这种联系可能源自孩子在家庭中感受到的安全感和信任感。当父母给予孩子足够的关爱和支持时，孩子会感到被认可和鼓励，从而对学习产生更浓厚的兴趣和动力。相反，如果父母对孩子过度保护或拒绝，孩子可能会感到焦虑、无助或失望，从而对学习产生较少的内在动力。

了解家庭环境对中学生学习动机的影响对于家长和教育者来说具有重要意义。家长应该关注与孩子的情感联系，给予他们足够的支持和理解，同时也要注意避免过度保护或拒绝。教育者可以与家长合作，提供相关指导和建议，共同激发学生的学习动机，促进学生的成长发展。

3. 个体学业成绩

中学生的学习动机与他们的学业成绩之间存在密切的关系。学习动机通过影响学生的学习策略，进而间接影响他们的学业成绩。

有研究表明，当学生的学习动机主要是为了应付教师和家长的检查，以及为了考试及格时，他们更倾向于采用一些应付性的、肤浅的、消极被动的学习方法。这些学生的学业成绩通常不太理想。相反，如果学生的学习动机源于对所学内容的内在兴趣，为了理解知识、掌握技能和提高自身能力，那么他们更倾向于采用钻研性的、探索性的、积极主动的学习方法。这类学生的学业成绩通常会更好。

成就型学习动机则是为了获得高分和得到教师、家长的表扬而进行学习的动机。在这种动机的作用下，学生的学习方法更容易受到教师和家长的影响。如果教师和家长积极提倡和鼓励，学生就更有可能采用符合这种动机的学习方式和方法。

因此，教师、学校和家长应该采取一系列有效措施来保护学生的学习积极性，激发他们的学习动机和兴趣。教师应当运用多种教学手段和方法来激发学生的求知欲和学习兴趣，使他们形成恰当的归因方式，增强他们的自我效能感，从而提高他们的学习动机。学校需要改变过去仅以分数为衡量学生成长发展的标准的做法，采用多元的评价标准来评价学生的在校表现，发现每个学生的优势和长处，让学生在学校生活中获得价值感。家长则需要给予孩子恰当的期望，对他们在学习、生活中取得的进步给予及时的表扬和肯定。

二、学习动机的培养

(一)了解和满足学生的需要，促使学习动机的产生

学生的学习动机源自自身的需要，这种需要是提高学生学习积极性的根本动力。作为教师，我们应该采取多种方法来了解学生的内在学习需求，通过适当的强化和训练手段，使学生将学习要求转化为自身的内在需要，从而激发他们的学习动机。

(二)重视立志教育，激发学生的学习动机

立志教育可以有效地增强学生的责任感和使命感，从而激发他们自觉、勤奋地学习的动力。

(三)帮助学生确立正确的自我概念，获得自我效能感

自我效能感是一种与个体自我概念密切相关的主观判断。为了培养学生的自我效能感，应当从帮助他们建立正确的自我概念开始。

(四)促使学生形成只要努力就会获得成功的归因方式

相信成功与努力之间存在必然联系的人，不容易产生消极行为和无力感。这种归因方式将有助于培养学生的学习动机。

三、学习动机的激发

(一)创设问题情境，实施启发式教学

启发式教学相比于传统的填鸭式教学具有显著的优势。实施启发式教学的核心在于创设问题情境。所谓问题情境，是指学生面临一定的困难和挑战，需要付出一定的努力，但又可以通过努力克服的情境。创设问题情境是为了在学生的学习材料和实践活动与学生追求知识的心态之间制造一种不协调，从而引导学生进入一种好奇、求解的学习状态。

为了有效地创设问题情境，教师首先需要熟悉教材，掌握教材的结构，理解新旧知识之间的内在联系。此外，教师还需要充分了解学生已有的知识结构，使新的学习内容与学生现有的知识水平之间形成适当的跨度，这样才能成功创设问题情境。

问题情境的创设方式多种多样，它应该贯穿整个教学过程。问题情境的不断创设，可以持续激发学生的学习热情和探究欲望，促进他们积极主动地参与学习，从而取得更好的学习效果。

(二)根据作业难度，恰当控制动机水平

根据耶克斯-多德森定律，学习效果并不总是随着动机水平的提高而提高的。在动机水平超过一定限度后，学习效果反而会降低。因此，教师在教学中应根据学习任务的不同难度，恰当地控制学生学习动机的激起程度。

对于较容易、简单的课题，教师应尽量引导学生集中注意力，并创造紧张的课堂气氛。然而，在面对较复杂、困难的课题时，教师应尽量营造轻松自由的课堂氛围，并在学生遇到困难或出现问题时，心平气和地引导他们，以免学生过度紧张和焦虑。

(三)充分利用反馈信息，妥善进行奖惩

反馈是指对任务完成情况的知晓，这种信息对学生进一步学习具有推动作

用。研究表明，明确、具体且及时的反馈可以作为一种有效的奖励措施。例如，表扬学生在某项任务中表现出色，应该具体指出好在哪里，这样能够增强学生的自信心和学习动力。

心理学研究显示，来自学习结果的反馈信息对学习效果有显著影响。反馈信息可以帮助学生调整学习策略，增强学习动机，从而保持学习的主动性和积极性。此外，如果能在提供定量反馈信息的基础上加上定性评价，效果会更加明显。

表扬和奖励比批评和指责更能有效地激发学生的学习动机，因为前者可以增强学生的成就感，提升自信心，而后者则起到相反的作用。然而，如果滥用外部奖励，可能会破坏学生的内在学习动机。因此，应根据学生的具体情况进行奖励，将奖励视为成功的信息，促使学生的外部动机向内部动机转化，并对信息任务本身产生兴趣。

(四)正确指导结果归因，促使学生继续努力

在韦纳的归因理论模型的指导下，心理学家进行的大量研究表明，对学习结果的归因会对以后的学习行为产生影响。因此，影响学生的归因方式，可以改变他们今后的学习行为，这种理念对学校教育工作具有实际意义。

在学生完成某一学习任务后，教师应该引导他们进行成败归因。一方面，教师要帮助学生找出成功或失败的真正原因；另一方面，教师也应该从有利于今后学习的角度出发，根据每个学生一贯成绩的优劣差异进行归因，即使这时的归因并不完全真实。一般来说，无论是学优生还是学困生，将成功或失败归因于主观努力都是有利的。因为将成功归因于付出了努力，可以使学优生不至于过分自傲，能继续努力以取得未来的成功；将失败归因于努力不够，可以使学困生不至于过度自卑，从而通过进一步努力学习以争取将来的成功。

单元测试

一、单项选择题

1. 根据韦纳的归因理论，属于稳定的内在原因的是(   )。

A. 能力　　　　B. 努力　　　　C. 任务　　　　D. 运气

2. 激发和维持个体的学习活动，并使学习活动指向一定学习目标的动力机制，叫作（　　）。

A. 注意　　　　　B. 需要　　　　　C. 学习动机　　　D. 学习兴趣

3. 最重要和最良性的学习动力是（　　）。

A. 学习兴趣和教师的期待　　　　B. 学习兴趣和远大的理想

C. 教师的期待和远大的理想　　　D. 教师的期待和家长的期待

4. 华华同学学业表现不良，为了改变自己在同学们心目中的位置，他暗暗地努力学习，这样的学习动机属于（　　）。

A. 认知内驱力　B. 附属内驱力　C. 自我提高内驱力　D. 交往内驱力

5. 学生为了获得家长和教师的赞许或认可，而表现出来的努力学好的动机属于（　　）。

A. 附属内驱力　B. 认知内驱力　C. 自我提高内驱力　D. 外部驱力

6. 以下学习动机属于内部动机的是（　　）。

A. 万般皆下品，唯有读书高　　　B. 读书是一种乐趣

C. 书中自有黄金屋　　　　　　　D. 为中华之崛起而读书

7. 洋务运动前期，魏源提出"师夷长技以制夷"。这主要体现的学习动机类型是（　　）。

A. 高尚的学习动机　　　　　　　B. 低级的学习动机

C. 附属内驱力　　　　　　　　　D. 认知内驱力

8. 阿特金森对成就动机的研究表明，追求成功者与害怕失败者相比，更倾向于选择（　　）。

A. 比较难的任务　　　　　　　　B. 非常难的任务

C. 非常容易的任务　　　　　　　D. 难度适中的任务

二、简答题

9. 如何培养与激发学生的学习动机？

三、案例分析题

10. 小美很喜欢唱歌，从小就希望自己在音乐方面有所成就。在她还没有确定是否报考音乐学院前，她在众人面前就能很好地展现自己的歌声。她确定报考音乐学院后，学习更加勤奋努力，希望实现自己的目标。但是在音乐学院

的专业课面试过程中，由于她极度渴望有完美的表现，结果事与愿违，没有发挥出应有的水平，表现比平时差，导致面试失利。这个结果让大家很诧异，她自己也无法接受。

(1)请运用动机相关知识解释小美专业课面试失利的原因。

(2)假设你是班主任，你如何帮助小美在下次面试中发挥正常水平？

11. 某中学生一连几次考试成绩都不理想。班主任找他谈话了解情况时，他总认为是自己的运气不好，或者是教师出的题目太难。可是，一个学期之后，他的成绩仍然没有起色，于是他渐渐产生了厌学情绪，不愿意看书，也不想上学。

请运用学习动机理论对该案例进行分析。

第十一章　学习迁移

>>> 学习目标

1. 识记学习迁移，正迁移与负迁移，水平迁移与垂直迁移，一般迁移与具体迁移，同化性迁移、顺应性迁移与重组性迁移，定式等基本概念。

2. 理解早期的四种迁移理论的基本观点，了解现代的迁移理论。

3. 结合实例分析相似性、原有认知结构、定式等因素对迁移的影响。

4. 了解如何应用有效的教学措施促进迁移。

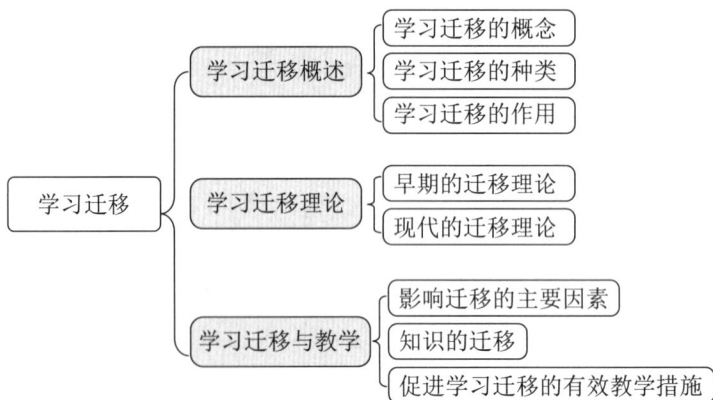

【案例导入】

中学生张三，最近在学习上遇到了困难，尤其是在学习新知识时，他发现自己掌握起来十分不容易，这导致他的学习效率低下，学习成绩不理想。

根据学习迁移理论，学习迁移是指一种学习对另一种学习的影响，即一种学习经验对另一种学习经验的影响。学习迁移可以分为正迁移和负迁移两种。

正迁移是指一种学习对另一种学习起到积极的促进作用，负迁移是指两种学习之间相互干扰和阻碍。

分析张三的情况，他最近在学习上遇到了困难，可能是由于他的学习受到了负迁移的影响。例如，他可能在学习中遇到了与自己认知结构不匹配的知识点，导致他的学习效率低下，学习成绩不理想。

为了解决张三的问题，可以采取以下措施：

加强基础知识的学习，为新的学习打下坚实的基础；

制订合理的学习计划，采用有效的学习方法，提高学习效率；

及时反馈学习情况，发现学习中的问题，及时调整学习策略；

培养学习兴趣，激发学习动力，提高学习的积极性。

采取以上措施，可以帮助张三克服负迁移的影响，促进他的学习的正迁移，提高他的学习效率和学习成绩。

第一节　学习迁移概述

一、学习迁移的概念

迁移是学习中的一种常见现象，举一反三、触类旁通都是迁移的典型表现。由于迁移的作用，我们习得的所有经验都以各种方式相互关联。在习得经验后，个体可以在适当的条件下应用这些经验来解决特定的问题；新的经验有时可以改变原有的经验结构；而不同的经验之间重新组合，可以形成新的经验结构。

学习迁移也被称为训练迁移，是指一种学习对另一种学习的影响，或者说是习得的经验对完成其他活动的影响。个体在学习过程中获得的经验不仅会影响其后续学习的效果，也会对其已储存的经验产生影响。个体不断获得的新经验与原有经验相互作用，使这些经验整合成一个综合的心理结构，并不断发展，从而稳定地调节人的行为。这种经验之间的相互作用正是通过迁移来实现的。

迁移不仅存在于某种经验内部，也存在于不同的经验之间。例如，掌握越多的外语单词，就越能促进外语阅读技能的提高，而阅读技能的提高反过来又可以促进更多的外语单词的掌握。这是在知识、技能之间存在的相互迁移现象。迁移表明了各种经验内部及不同经验之间的相互影响。通过迁移，各种经验得以沟通，经验结构得以整合。

二、学习迁移的种类

(一)正迁移与负迁移

根据迁移的性质或影响效果的不同，可以将迁移划分为正迁移与负迁移。

正迁移是指一种学习对另一种学习起到积极的促进作用，也被称为积极迁移。在正迁移中，一种学习能够为另一种学习提供良好的心理准备状态，降低学习难度，提高学习效率，或者帮助学习者更好地解决面临的问题。

负迁移则是指两种学习之间相互干扰和阻碍，也被称为消极迁移。负迁移通常会导致僵化的思维定式，降低灵活性、变通性，使得某种学习难以进行、学习效率低下等。

综上所述，正迁移会带来有益的学习效果，能够促进学习者的知识技能掌握和问题解决能力提升；负迁移则会产生有害的学习效果，会干扰和阻碍学习者的学习进程和效果。因此，在学习过程中，应该尽可能地促进正迁移的发生，避免负迁移的出现。

(二)水平迁移与垂直迁移

根据迁移内容的抽象和概括水平的不同，可以将迁移划分为水平迁移与垂直迁移。

水平迁移也称横向迁移，是指处于同一抽象和概括水平的经验之间的相互影响。也就是说，先前学习的内容与后继学习的内容在难度、复杂程度上属于同一水平层次，学习内容之间的逻辑关系是并列的，如直角、钝角、锐角、平角等概念之间的关系是并列的，都处于同一抽象和概括层次，各种概念学习之间的相互影响就是水平迁移。

垂直迁移又称纵向迁移，指处于不同抽象和概括水平的经验之间的相互影响。从学习内容的逻辑关系来看，有的学习内容的抽象性和概括性较高，形成了认知结构中的上位概念；而有的学习内容的抽象性和概括性较低，形成了认知结构中的下位概念。因此，垂直迁移可以理解为具有较高的抽象和概括水平的上位经验与具有较低的抽象和概括水平的下位经验之间的相互影响。垂直迁移主要表现在两个方面：一是自下而上的迁移，二是自上而下的迁移。前者指下位的较低层次的经验影响着上位的较高层次经验的学习，如对"植物""动物"等具体概念的理解影响着对"生物"这一概念的掌握。归纳式的学习经常包含此类迁移。后者指上位的较高层次的经验影响着下位的较低层次经验的学习，如对"角"这一概念的掌握影响着对"直角""锐角"等概念的学习。演绎式的学习经常包含此类迁移。

（三）一般迁移与具体迁移

根据迁移内容的不同，可以将迁移划分为一般迁移与具体迁移。

一般迁移也称为普遍迁移、非特殊迁移，它指的是将一种学习中习得的一般原理、方法、策略和态度等迁移到另一种学习中去。例如，乘法口诀可以广泛应用于各种情境中。如果将习得的这些原理、态度应用于以后的各种学习情境中，后继学习就会变得更加省力、有效。

具体迁移也称为特殊迁移，它指的是将一种学习中习得的具体的、特殊的经验直接迁移到另一种学习中去。例如，在学完加、减、乘、除运算之后，在四则混合运算的学习中，就可以将已有经验重新组合来解决问题；学会写"石"这个字，有助于学习写"磊"。特殊迁移的范围往往不如一般迁移广，仅适用于有限的情境，但这并不意味着特殊迁移是不重要的，相反，它对于系统掌握某一领域的知识非常必要。

（四）同化性迁移、顺应性迁移与重组性迁移

根据迁移过程中所需的内在心理机制的不同，可以将迁移划分为同化性迁移、顺应性迁移与重组性迁移。

同化性迁移是指在不改变原有认知结构的情况下，直接将原有的认知经验应用到本质特征相同的一类事物中去。同化性迁移的特点是自上而下，原有认知结构在迁移过程中不发生实质性的改变，只是得到某种程度的充实。例如，我们平时所讲的举一反三、闻一知十等都属于同化性迁移。

顺应性迁移是指将原有认知经验应用于新情境中时，需要调整原有的经验或对新旧经验加以概括，形成一种能包容新旧经验的更高一级的认知结构，以

适应外界的变化。顺应性迁移的特点是自下而上，这表明迁移不仅包括先前的学习或经验对后继学习的影响，也包括后继学习对先前学习的影响。

重组性迁移是指重新组合原有认知系统中的某些构成要素或成分，调整各成分间的关系或建立新的联系，从而应用于新情境。在重组过程中，基本经验成分不变，但各成分间的结合关系发生了变化，即进行了调整或重新组合。例如，在解决问题时，我们可能会将原有的知识进行重新组合，以适应新的问题情境。

三、学习迁移的作用

迁移在个体的心理发展及社会适应中都具有重要作用。具体来说，迁移具有以下三个方面的作用。

第一，迁移在提高解决问题的能力上具有直接的促进作用。学习的最终目标不仅包括将知识经验储存于头脑中，而且包括将其应用于各种不同的实际情境，解决现实中的各种问题。在学校情境中，大部分问题的解决是通过迁移来实现的，迁移是学生进行问题解决的一种具体表现。通过迁移，我们不仅可以利用已有的知识经验来解决当前的问题，更重要的是，还可以对已有的知识经验进行新的改造和建构，使其得以完善，为解决问题创造一定的条件。因此，迁移对于提高解决问题的能力具有积极的促进作用。

第二，迁移是习得的经验得以概括化、系统化的重要途径，也是能力和品德形成的关键环节。只有通过广泛的迁移，才能实现经验的概括化和系统化，使原有的经验结构更加完善、充实。这样，我们才能建立起一种能够稳定地调节个体活动的心理结构，即能力和品德的心理结构。因此，迁移是习得的知识、技能和行为规范转化为能力和品德的重要环节。

第三，迁移规律对学习者、教育工作者以及相关的培训人员具有重要的指导作用。应用有效的迁移原则，学习者可以减轻学习负担，提高学习效率，在有限的时间内更快、更好地掌握知识和技能，并在适当的情境中主动、准确地应用原有的经验。教育工作者以及相关的培训人员应用迁移规律进行教学和培训系统的设计，可以更好地规划课程的设置、教材的选择和编排、教学方法的确定、教学活动的安排以及教学成效的考核等方面，从而利用迁移规律加快教学和培训的进程。因此，理解和应用迁移规律对于提高教学质量和培训效果具有重要意义。

第二节 学习迁移理论

一、早期的迁移理论

早期的迁移理论主要包括形式训练说、共同要素说、经验类化说与关系转换说等。

（一）形式训练说

形式训练说是早期对迁移现象进行系统解释的学说，其心理学基础是官能心理学。根据官能心理学的观点，人的"心"由多个官能组成，包括注意、知觉、记忆、思维、想象和意志等。这些官能各自负责不同的活动，如注意负责集中注意力，知觉负责感知外界刺激，记忆负责存储和提取信息，思维负责推理和理解，想象负责创造新的形象和情境，而意志则负责驱动和调控这些活动。

形式训练说的基本主张是，迁移需要经历一个形式训练的过程才能产生和发展。这个过程是通过训练心理官能来实现的，只有通过训练，心理官能才能得以发展，迁移就是心理官能得到训练发展的结果。

形式训练说强调，官能训练应该注重训练的形式而不是内容。这是因为内容容易忘记，其作用是暂时的，只有通过这种形式的训练达到的官能发展才是永久的，才能够迁移到其他知识学习中去，这种训练终生受用。在形式训练说看来，人一出生就具有多种原始的、有待开发的官能雏形，学习就是一个不断训练这些官能以增强其能量的过程。迁移就是通过对组成"心智"的各种官能分别进行训练实现的。因此，形式训练说认为，迁移是无条件的、自动发生的。

尽管形式训练说在欧美盛行达一百年之久，但它仍然缺乏科学依据。一些研究者开始怀疑和反对这个理论，因为它主张"心"的官能可以通过训练来提高并自动迁移到一切活动中去，但这个观点并没有得到实证支持。因此，虽然形式训练说在某些方面具有一定的启发性，但它不能被视为一个科学的理论。

(二)共同要素说

桑代克和伍德沃斯(Woodworth)以刺激—反应的联结理论为基础,提出了学习迁移的共同要素说。该理论认为,只有当两种机能或行为方式具有相同的要素或刺激—反应联结时,一种机能或行为方式的变化才能改变另一种机能或行为方式的习得。换句话说,只有当两种情境或学习活动具有相似的刺激和反应时,迁移才能发生。

桑代克等人认为,相同要素也即相同的刺激与反应的联结。当刺激相似而且反应也相似时,两种情境之间的迁移才能够发生。而且,相同联结的数量越多,迁移就越容易。后来,伍德沃斯进一步将相同要素改为共同要素,认为只有当两种心理机能具有共同成分作为要素时,一种心理机能的改进才能引起另一种心理机能的变化。

根据共同要素说,如果两种学习活动含有共同成分,无论学习者是否意识到这种成分的共同性,都会有迁移现象产生。这种理论强调了迁移的具体性和条件性,认为迁移不是无条件地自动发生的,而是需要学习活动中存在共同的刺激和反应联结。

在教育实践中,共同要素说曾经起到了积极的作用。它促使学校开始关注实际生活中的应用学科,并尽量将教学内容与未来的实际应用相结合。然而,这一理论仅将迁移视为相同联结的转移,认为两种情境中客观方面的共同要素是决定迁移的唯一因素。这在一定程度上否认了迁移过程中存在的复杂的认知活动,因此具有一定的机械性和片面性。

(三)经验类化说

经验类化说是由贾德(Judd)提出的一种迁移理论。其主要观点是,只要个人对自己的经验进行了概括,就可以完成从一个情境到另一个情境的迁移。

贾德为了验证其提出的理论,进行了一项水下打靶实验。在这个实验中,他发现先前的学习之所以能够迁移到后来的学习中,是因为在学习过程中获得了一般原理或概括化的经验。这种一般原理或概括化的经验可以部分或全部应用于前后两种学习中。而两种学习活动所存在的共同成分只是迁移产生的必要前提,关键在于学习者自身概括出的一般原理或概括化的经验。

经验类化说强调概括化的经验在迁移中的作用,并强调对原理的理解。这实际上是对桑代克相同要素说的补充，并强调要将相同要素上升到更为抽象的原理水平。这一点比共同要素说有所进步。然而，概括化的经验只是影响迁移的条件之一，并不是全部。

总之，经验类化说强调了概括化的经验在迁移中的重要性，但也需要认识到其他因素对迁移的影响。在实际的教育和培训中，应该注重培养学习者的概括化能力和应用所学知识解决新问题的能力。

(四)关系转换说

关系转换说是由格式塔心理学家提出的一种学习迁移理论。其主要观点是，习得经验的迁移取决于个体对情境中各种关系的理解或顿悟。

格式塔学派的心理学家从理解事物关系的角度重新解释了经验类化的迁移理论，并通过实验证明了迁移产生的实质是学习者对事物间关系的理解。他们认为，迁移的发生不取决于存在某些共同要素，也不取决于对原理的孤立掌握，而是取决于学习者能够理解各个要素之间的整体关系，理解原理与实际事物之间的关系。如果个体能够发现事物之间的关系，那么就能更好地概括和推广，从而产生更普遍的迁移。

关系转换说非常强调学习者的作用，认为只有学习者发现两个事件之间的关系，迁移才能产生。然而，关系的转换会受到一些因素的影响，如学习者对原先学习内容的掌握程度以及练习量等。从某种程度上讲，关系转换说强调了学习者的认知因素在迁移中的作用，这具有积极的意义。

总之，关系转换说强调了学习者对事物关系的理解和发现，认为这是实现迁移的关键。同时，该理论也强调了学习者的认知因素在迁移中的重要性。这些观点对于教育和实践领域具有一定的启示意义，可以帮助我们更好地理解和促进学习的迁移。

二、现代的迁移理论

(一)布鲁纳论迁移

布鲁纳认为，学习是类别和编码系统的形成。人们通过将新信息归入某一类别，并根据这一类别以及相关的类别进行推理，从而超越所提供的信息。这些相关类别的层次结构构成了编码系统。在编码系统中，较高级别的类别较为抽象，而较低级别的类别则更加具体。编码系统的非具体性对迁移具有重要作用。在布鲁纳看来，迁移可以被看作将习得的编码系统应用于新的事例。正迁移是指将适当的编码系统正确地应用于新事例，而负迁移则是指将习得的编码系统错误地应用于新事例。

布鲁纳指出，迁移可以分为特殊迁移和一般迁移两类。特殊迁移主要是指习惯和联想的延伸，涉及动作技能、机械学习等方面的迁移。而一般迁移则是指原理、法则和态度的迁移，也包括一般的方法和策略的迁移等，这些都具有广泛迁移的可能性。布鲁纳强调后一类迁移是教育过程的核心。他认为，掌握学科的基本结构以及理解基本原理和概念是实现适当"训练迁移"的关键。此后，认知心理学家开始特别关注认知结构与学习和迁移之间的关系，并不断将这一研究推向深入。

(二)奥苏伯尔的认知结构迁移理论及其教学含义

现代认知心理学家普遍重视认知结构的重要性。在他们看来，认知结构的形成是产生广泛迁移的基础。奥苏伯尔指出，所有的有意义学习都是在原有学习的基础上产生的，不存在不受学习者原有认知结构影响的有意义学习。这意味着一切有意义学习都必然包括迁移。就顺向迁移而言，迁移是通过认知结构这一中介变量起作用的。先前的学习通过对认知结构发生作用而间接影响新的有意义学习。这里，先前的经验被概括化为通过累积获得的、按一定层次组织起来的、适合当前学习任务的知识体系，而不是一组刺激与反应间的联结。

在有意义学习中，学生原有认知结构的特征始终是影响新学习的关键因素。这些特征不是指桑代克所说的先后两个学习活动在刺激与反应方面的相似程度，而是指学生在一定知识领域内的认知结构的组织特征，如清晰性、稳定性、概括性和包容性等。

1. 认知结构变量及其迁移作用

个体的认知结构在内容和组织方面的特征被定义为认知结构变量。奥苏伯尔认为，影响学习迁移的认知结构变量主要有三个：认知结构的可利用性、可辨别性和稳定性。

认知结构的可利用性，即认知结构中是否有适当的起固定作用的观念可以利用，是影响迁移的第一个认知结构变量。根据学习材料与学习者认知结构中原有观念之间的不同关系，可以产生下位学习、上位学习和并列结合学习。下位学习，也称为类属学习，是指新知识较之认知结构中的有关观念概括水平较低的学习；上位学习，也称为总括学习，是指新知识较之认知结构中的有关观念概括水平较高的学习；而当新知识与认知结构中的有关观念之间不存在上下位关系，只有某种程度的相似性时，它们在有意义学习中可能产生联合关系，即并列结合学习。

在上述三种学习中，下位学习和上位学习都有可能产生较大的迁移效果，其中下位学习对迁移的影响尤为明显。而下位学习最有利于迁移的发生，是因为新知识和认知结构中的有关观念之间存在着概括关系，这种关系有利于新知识在认知结构中的固定和迁移。相比之下，并列结合学习中的迁移较为困难，因为新知识难以与认知结构中的有关观念产生直接的联系，只能利用一般的有关内容起固定作用。

认知结构的可辨别性是影响迁移的第二个认知结构变量。它指的是新的学习内容与同化它的原有观念之间的区分程度。两者的可辨别程度越高，则越有助于迁移，越能够避免因混淆带来的干扰。

最后一个认知结构变量是原有起固定作用的观念的稳定性。它指的是原有观念的巩固性和清晰性对新的学习的影响。原有观念的巩固性和清晰性越高，则越有助于迁移；否则，它不仅不能为新的学习提供有力的固定点，而且会影响新知识与原有观念的可辨别程度。

2. 设计"先行组织者"，改变认知结构变量，促进迁移

在有意义学习中，认知结构的可利用性是迁移的首要和核心条件。它与认知结构的可辨别性和稳定性紧密相关。如果学习者的认知结构中缺乏适当的、可以作为固定点的观念，那么很可能会导致机械学习，即无法将新知识与原有观念进行有效联结。有时候，虽然学习者的认知结构中已经存在适当的观念，但他们无法充分加以利用，这同样可能导致机械学习。还有一种情况是，认知结构中虽然有某些肤浅的、不完全适合的观念可以利用，但如果利用不当，可能会导致并列结合学习或者不适当的类属学习。

因此，提高认知结构变量的有效性成为促进迁移的关键。奥苏伯尔的实验研

究证实，通过设计"先行组织者"，即预先提供给学习者具有引导性和组织性的材料，可以改变学习者的认知结构变量，提高其有效性，从而促进迁移，影响新的学习效果。这种方法可以帮助学习者建立适当的知识结构，提高对新知识的理解和应用能力。

【知识链接】

"组织者"概念的发展

研究者在奥苏伯尔原来定义的基础上发展了"组织者"的概念。"组织者"一般在学习材料之前呈现（先行组织者），但也可以在学习材料之后呈现。它既可以是抽象、概括水平高于学习材料的材料，也可以是抽象、概括水平低于学习材料的材料，如具体概念。"组织者"可分两类。一类是"陈述性组织者"，它与新的学习产生一种上位关系，目的在于为新的学习提供最适当的类属；另一类是"比较性组织者"，其目的在于比较新的材料与认知结构中相类似的材料，从而增强新旧知识之间的可辨别性。

所谓"先行组织者"是先于学习任务本身呈现的一种引导性材料。它要比学习任务本身有更高的抽象、概括和综合水平，并能清晰地与认知结构中原有的观念和新的任务相关联。换言之，即通过呈现"先行组织者"，在学习者已有知识和需要学习的新知识之间架设一道桥梁，使其更有效地学习新知识。

（1）提高认知结构的可利用性

设计"陈述性组织者"，可为新的学习提供上位的固定点，促进学习和保持。奥苏伯尔在1960年的实验中，比较了两组被试对有关钢的性质的材料的学习情况。实验组在学习该材料之前，先学习了"陈述性组织者"，这个组织者强调了金属与合金的异同、各自的利弊和冶炼合金的理由。这样的安排旨在为学习者提供一个理解钢的性质的观念框架。

控制组在学习该材料之前，先学习了关于炼钢和炼铁方法的历史说明材料。虽然这个材料可以提高被试的学习兴趣，但它没有提供可以作为理解钢的性质的观念框架。

在进行了这样的学习安排后，两组被试在学习了钢的性质的材料后，其学习成绩产生了显著差异。这种差异的具体情况在表 11-1 中进行了详细列出。

表 11-1 "陈述性组织者"对后继学习的影响

组别	先学习的材料类别	平均分数
实验组	"陈述性组织者"	16.7 分
控制组	历史说明	14.1 分

研究显示，"陈述性组织者"通过将一些适当的"组织者"植入学习者的认知结构中，可以增强其认知结构的可利用性，从而促进学习的迁移。尤其对于言语分析能力较低的学习者，这种效果尤为显著。

随后，劳顿（Lawton）和旺斯克（Wanska）在 1976 年进行了一项针对 6～10 岁儿童的研究，结果显示"先行组织者"有效地促进了儿童从前运算水平向具体运算水平的过渡。梅耶（Mayer）等人在 1980 年的研究则关注了"先行组织者"对知识学习阶段的影响，他们发现"陈述性组织者"主要影响了知识的领会与保持阶段，而不是知识的再现阶段。

这些研究结果表明，"陈述性组织者"对于提高学习者认知结构的有效性，进而促进学习的迁移和知识的掌握具有重要的应用价值。特别是在面对言语分析能力较低的学习者或处于特定认知发展阶段的学习者时，这种策略的效果更为明显。

(2)提高认知结构的可辨别性

为了提高认知结构的可辨别性并促进学习迁移，奥苏伯尔和约瑟夫（Youself）设计了一种"比较性组织者"。这种组织者的目的是明确新旧知识之间的异同。研究结果表明，"比较性组织者"可以有效促进对相似但有矛盾的材料的学习。

后来的大量研究进一步发现了以下内容。

第一，当先前的知识不稳定或模糊不清时，采用"比较性组织者"能够有效地提高新旧知识的可辨别性。这意味着，当学习者对于某一概念或主题的认知还不稳固或不清楚时，通过比较新的和已知的知识，可以加强学习者对新知识的理解和记忆。

第二，当原有知识本身已经巩固和清晰时，提高可辨别性的唯一方法就是对新知识的过度学习。这意味着，当学习者对某一概念或主题的认知已经稳固且清晰时，要提高对新知识的辨别能力，只能通过不断学习和强化对新知识的记忆来实现。

这些发现对于教育实践具有重要的启示意义。它强调了在学习过程中，应针对学习者的已有知识水平和新知识的特性，选择适当的策略来提高学习效果和促进学习迁移。

(3)提高认知结构的稳定性

奥苏伯尔及其合作者在1961年研究了原有知识的巩固性和清晰性对新的学习的影响。结果显示，当原有知识的稳定性较高时，将有助于迁移。

奥苏伯尔认为，在学习基本概念和原理时，如果提供的同类例证不足，学习者可能无法充分掌握这些概念和原理，迁移效果可能会受到影响。这可能是因为原有的起固定作用的观念的巩固性和清晰性不够。然而，通过过度学习和反馈矫正等学习方法，原有知识的巩固性和清晰性能够得到增强。

过度学习可以增强原有知识的巩固性，反馈矫正可以增强原有知识的清晰性。这些方法可以使知识学习的迁移效果得到显著提高。因此，为了提高学习的迁移效果，学习者应充分注意原有知识的巩固性和清晰性，并适当利用过度学习和反馈矫正等方法来增强它们。

3. 教学含义

认知结构迁移理论揭示了学习迁移的内部主观条件，是学习迁移理论研究的深入。该理论特别强调了设计"先行组织者"来改变学习者的认知结构变量，以促进迁移的观点，这有力地说明了认知结构变量在学习迁移中的重要作用。因此，奥苏伯尔认为，"为迁移而教"实际上是塑造学生良好的认知结构的问题。

为了实现这一目标，认知结构迁移理论的教学含义主要在于，必须从两个方面确保学生良好认知结构的形成，一是教材内容的选择，二是教材的呈现方式。合理选择教材内容和有效的呈现方式，可以帮助学生建立稳固的、清晰的认知结构，从而更好地促进学习迁移。这意味着教学不仅是知识的传递，更是帮助学生形成良好的认知结构，让他们能够灵活运用所学知识解决实际问题。

(1)改革教材内容和结构，促进迁移

根据同化理论，认知结构中是否有适当的起固定作用的观念可以利用是影响新的学习的重要因素。为了促进迁移，教材内容必须包括具有较高概括性、包容性和强有力的解释效应的基本概念和原理。布鲁纳认为，这样的概念和原理应放在教材的中心，因为它们是通向适当训练迁移的大道。奥苏伯尔指出，学生的认知结构是从教材的知识结构转化而来的。好的教材结构可以简化知识，产生新知识，有利于知识的应用。

为了编写适合学生学习能力水平的最佳教材，需要领域内有造诣的专家、教材教法专家、心理学家以及教师的通力合作。使用这种教材将有助于提高学生的学习效率，有利于学生的智力发展，更重要的是可以帮助学生形成有利于迁移的良好的认知结构。

(2)改进教材的呈现方式，促进迁移

奥苏伯尔认为，认知结构的组织原则是"不断分化"和"综合贯通"。这两个原则同样适用于教材的组织和呈现。

当人们接触到一个完全不熟悉的知识领域时，从已知的较一般的整体中分化细节比从已知的细节中概括整体容易一些。这是人们认识事物的自然顺序。此外，人们关于某一学科的知识在头脑中组成一个有层次的结构，最具有包容性的观念处于这个层次结构的顶点，下面则是包容范围较小和越来越分化的命题、概念、具体知识。

根据人们认识事物的自然顺序和认知结构的组织顺序，教材的呈现也应遵循由整体到细节、从一般到个别不断分化的顺序。例如，小学数学教材对有关"三角形"知识的呈现就符合这一原则：先呈现一般三角形，然后根据角的特征分化出锐角三角形、钝角三角形和直角三角形；再根据边的特征分化出等腰三角形和等边三角形。

除了要从纵向方面遵循不断分化的原则外，还要加强概念、原理、课题乃至章节之间的横向联系。教师可引导学生探讨观念之间的内在联系并分析它们的异同。例如，质量与密度、化学方程式与数学方程式、历史唯物主义与辩证唯物主义等同一学科或不同学科相应知识之间的联系与区别。这可以帮助学生避免认识上的混淆，因为他们会了解到许多表面上不同的术语实际上代表本质相同的观念，而一些表面相似的术语却代表着本质不同的观念。

(三)产生式迁移理论及其教学含义

1. 产生式迁移理论的基本思想

产生式迁移理论是由信息加工心理学家安德森(Anderson)提出的，旨在解释认知技能的迁移，即如何在新的问题情境中使用已经习得的认知技能。该理论的基本思想是，两项技能学习之间出现迁移的原因是两项技能之间产生式的重叠。重叠越多，迁移量越大。

安德森认为，这一迁移理论是桑代克相同要素说的发展。在桑代克的时代，心理学还没有找到适当的方式来表征人的技能，因此无法深入反映技能学习与迁移的本质。然而，信息加工心理学用产生式和产生式系统来表征人的技能，这准确地捕捉了技能迁移的心理实质，并对导致技能迁移的原因做出了科学的解释。

2. 实验基础

产生式迁移理论是基于实验的发现而提出的。在辛格莱(Singley)和安德森的实验中，他们研究了被试学习几种文本编辑器的过程，并探索了预想的迁移现象及其原因。实验结果表明，被试学习后面的编辑器比前面的更迅速。而两种编辑器所共有的产生式的数量能够预测这种迁移的程度。此外，他们还发现，对两种表面结构很不相同但具有共同抽象结构的文本编辑器的学习之间有很大的迁移。这些实验结果为产生式迁移理论提供了有力的支持。

3. 产生式迁移理论的教学含义

由于两种任务共有的产生式数量决定迁移水平，因此，为了实现"为迁移而教"的目的，教学中需要在教材的选编、教学方法的选择和练习的设计等方面遵循以下原则。

在教材的选编方面，必须遵循循序渐进的原则，将教材内容分为若干单元，确保衔接的两个单元之间有适当的重叠。这样可以使先前学习成为后继学习的准备，后继学习则是先前学习的自然延伸。避免跳越学习过程中的必要步骤，从而减少错误。

在教学方法的选择上，必须重视规则的教学。技能学习中产生迁移的本质是共同的产生式，而共同的产生式也意味着共同的规则。规则必须以概念和原理为基础。因此，无论何种具体技能的教学，都必须重视概念和原理的教学。

在练习的设计方面，必须确保先前的学习得到充分的练习，如此才有利于迁移。经过充分练习，许多基本技能可以成为自动技能而不必刻意注意，从而有力地促进任务的完成。同时，经过充分练习的高度巩固的技能有助于学生发现表面相似的任务可能存在的实质上的差异，避免出现混淆。

(四)元认知与迁移

近年来，认知心理学的相关研究越来越重视元认知在学习中的重要性和影响。根据弗拉维尔(Flavell)的观点，元认知是对个体认知的认知。具有元认知能力的学习者能够自动地掌握、调节和监控自己的认知过程。

在学习和迁移过程中，元认知有两种类型：一种是关于自己已有知识的思考，另一种是关于如何调控自己学习过程的思考。后者表现为对自己学习过程及其所用策略的反思，对自己学习掌握程度及完成情况的判断和预期等。

具有较好元认知能力的学习者，在面对新的学习情境时，能够主动寻找当前情境与已有经验的相似元素或联系，使当前的知识与已有的知识经过良好的整合，形成一定的组织，并运用已有的经验对当前的情境进行分析概括，寻求解决问题的策略。

一般来说，具有较好元认知能力的人在学习过程中会经常自问一些问题。例如，有关这个主题我已经掌握的知识有哪些？学习这个主题我需要多长时间？能否制订一个解决问题的好计划？如何去预测和评估学习结果？我应该如何不断修正我的学习步骤？如何查找出现的错误？我理解我刚读过的内容吗？

从这个角度来看，运用元认知能力学习或解决问题的过程其实就是一种迁移的过程。元认知与迁移的关系启示我们：提高学生的元认知能力有助于促进迁移的发生。

为了实现这一目标，教学中可以从以下几个方面进行培养。

①帮助学生学会制订学习计划，分析完成学习任务的步骤，并在学习过程中经常自我检查、自我提问、自我反馈和矫正，养成长期训练的习惯。

②帮助学生学会分析自己和他人的认知活动，包括分析学习兴趣、学习习惯、学习方法、学习态度及认知方式的特点，做到扬长避短。

③帮助学生学会运用一些策略去评估、监控、调节自己的学习活动，如理

解的程度、时间的安排、方法的选择，以及在特定情况下使用或改变哪种学习策略，并分析它们与任务成败的关系。

(五)其他主流观点

奥苏伯尔的认知结构迁移理论代表了从认知观点来解释迁移的一种主流倾向。继奥苏伯尔之后，研究者对迁移进行了更为深入的探讨，具体如下。

第一，强调认知结构在迁移中的作用，但对认知结构的解释各不相同。

结构匹配理论以金特纳(Gentner)、吉克(Gick)等人为代表，主要观点是：前后两种情境的结构特征、内在关系与联系等本质特性是决定迁移的关键成分，而表面的特征则无关紧要。如果前后两种情境的结构特征相匹配或相同，就会产生迁移。例如，如果一个人在解决一种问题时找到了一个有效的策略，那么在遇到类似的问题时，他可能会使用相同的策略，因为两个问题的结构特征相似。

尽管这些观点强调认知结构的不同方面或使用不同的术语来描述认知结构，但它们都认为认知结构中的某些成分是决定迁移发生的根本条件，都强调了认知结构在迁移过程中的重要性。

第二，强调外界环境与主体的相互作用对迁移的影响。

迁移的情境性理论以格林诺(Greeno)等人为代表，主张迁移是在社会活动中、个体与环境的相互作用中产生的。该理论认为，最初的学习以及迁移时的物理环境、社会情境等都是产生迁移所必需的成分。迁移的产生是由外界物理环境、社会环境与主体因素共同决定的。该理论强调通过社会交互作用与合作学习促进迁移的产生。

传统的迁移研究较为宏观和粗犷，而现代的迁移研究则更加微观和细致，更加关注迁移的认知特性。现代迁移研究对迁移过程的认知成分和迁移得以发生的内在机制进行了深入分析，这推动了迁移研究的深化。

实质上，迁移是新旧经验的整合过程。通过分析、抽象、综合、概括等认知活动，使新旧经验相互作用，从而形成在结构上一体化、系统化，在功能上能稳定调节活动的一个完整的心理系统。这种整合可以通过同化、顺应与重组来实现。例如，当一个人遇到一个新的问题时，他可能会使用他以前的知识和经验来分析它，这就是同化。如果他的新知识和旧知识有冲突，他可能会调整他的理解或方法，这就是顺应。通过这些方式，他可以将新旧经验整合在一起，形成一种新的、更全面的理解。

第三节 学习迁移与教学

迁移与教学之间是相互促进、相辅相成的辩证关系。一方面，使学生产生最大限度的迁移是有效教学的核心目标之一。另一方面，真正高效的教学又必须基于迁移规律，充分考虑影响迁移的各种因素。为了促进迁移的产生，教学中应该利用或创设某些有利条件。

一、影响迁移的主要因素

研究表明，学习迁移不是自动产生的，而是受制于多种条件。

（一）相似性

许多研究表明，相似性是影响迁移的一个关键因素。相似性的程度主要取决于两个任务之间的共同成分的数量。当两个任务具有较多的共同成分时，它们之间的相似性就更大，从而促进迁移的发生。

①学习材料的相似性。两种学习材料之间存在相同或相似的成分，这将有利于迁移的发生。这说明学习材料之间的共同要素是学习迁移得以发生的基本条件之一。学习材料的相似性是由两种学习材料包含的共同表面成分和结构成分所决定的，这是客观相似性；而个体对表面和结构相似性的认知则属于主观相似性。

②学习目标与学习过程的相似性。个体加工学习材料的过程对迁移的产生也有重要影响。这个加工过程往往受到学习目标的制约。因此，学习目标是否一致和相似也在一定程度上决定了个体对学习材料的加工过程是否相似，进而决定能否产生迁移。

③学习情境的相似性。相似性在很大程度上体现在学习环境、教师或测验人员等方面。这些方面的相似性能够为学习提供一些与原有学习相关的线索，从而促进学习过程中或问题解决中迁移的发生。也就是说，当学习者处于相似

的学习环境以及由相似的教师或测试人员指导时，他们更有可能从原有的学习经验中获得迁移，从而更有效地应对当前的学习任务或问题。

除了上面提及的各种相似性外，一些研究者还强调两种学习情境中所涉及的其他成分的相似，如情感、态度等，这都有助于促进学习迁移。

(二)原有认知结构

原有认知结构的特征直接决定了迁移的可能性和迁移的程度。原有认知结构对迁移的影响主要表现在以下几个方面。

①学习者拥有相应的背景知识是迁移产生的基本前提。研究发现，一个人已有的背景知识越丰富，就越容易进行新的学习，并且更容易实现迁移。专家之所以具有较强的迁移能力，一个原因是他们已经具备了丰富的背景经验或认知结构，这使得他们更容易理解和解决新问题。

②原有的认知结构的概括水平对迁移起到至关重要的作用。通常来说，经验的概括水平越高，其适用范围就越广泛，迁移的可能性也就越大，并且迁移的效果也就越好。这意味着，当一个人能够将经验概括为更抽象、更普遍的原则时，这些经验就能够应用于更广泛的情境中，从而更容易产生迁移。

③学习者是否具有相应的认知技能或认知策略以及对认知活动进行调节、控制的元认知策略也影响着迁移的产生与否。由于迁移是通过一系列复杂的认知活动来实现的，而认知技能和元认知技能是调节和控制这些认知活动并确保其顺利完成的关键因素；因此，个体是否具备相应的认知技能和元认知技能也会影响迁移的产生与否。这意味着，如果个体能够掌握必要的认知技能和元认知技能，他们将更好地适应新的学习情境，更容易理解和应用所学知识，从而更容易实现迁移。

(三)定式

定式，即先于一定的活动而又指向该活动的一种动力准备状态。定式的形成往往基于先前的反复经验，它支配个体以同样的方式去对待后继的同类问题。因此，定式在迁移过程中也起到一定的作用。

定式对迁移的影响表现为两种：促进和阻碍。定式可以成为正迁移的心理背景，这意味着定式有积极的一面，它反映出心理活动的稳定性和前后的一致性。例如，短跑选手在听到"预备"口令之后做出准备起跑的姿势，就是一种积极的定式。然而，定式也可以成为负迁移的心理背景，或者成为阻碍迁移产生的潜在的心理背景。这意味着定式也有消极的一面，它阻碍学生思维的灵活性，不利于智力的形成和发展，使心理活动表现出惰性，显得呆板，不利于适应环境，有碍于解题的速度和灵活性。

陆钦斯(Luchins)的量杯实验是定式影响迁移的一个典型例证。实验中要求个体用容积不同的 3 种容器(A，B，C)去量出所要求的水量(表 11-2)。结果表明，进行事先练习(即先做 1 至 6 题)、获得一定经验的个体倾向于用三杯(B—A—2C)方法来解决第 7 和第 8 题，表明形成了定式(因先前的练习而形成的定式影响到后面第 7、第 8 题的解决)。没有进行事先练习的个体则更倾向于用更简单的办法，使解题的速度加快，问题解决变得比较容易。从这一意义上讲，定式既是正迁移产生的一种积极的心理因素，又阻碍、限制了其他更简便的方法(A+C 或 A—C)的产生，使个体思维僵化，因循守旧，难以灵活应用其他更简便而有效的经验来解决问题。

除了上述因素，年龄、智力、学习者的态度、教学指导、外界的提示与帮助等也在不同程度上影响着迁移的产生。这些因素与前面所涉及的影响迁移的因素相互作用，共同决定着迁移的效果和程度。因此，为了促进正迁移并减少负迁移的影响，我们需要综合考虑各种因素，以便更好地利用它们为学习过程服务。

表 11-2　陆钦斯的量杯实验

问题	三种容器的容量			要求量出的水量	解决方法
	A	B	C	D	
1	29	—	3	20	D＝A—3C
2	21	127	3	100	D＝B—A—2C
3	14	163	25	99	D＝B—A—2C
4	18	43	10	5	D＝B—A—2C
5	9	42	6	21	D＝B—A—2C
6	20	59	4	31	D＝B—A—2C
7	23	49	3	20	D＝B—A—2C，D＝A—C
8	15	39	3	18	D＝B—A—2C，D＝A+C

二、知识的迁移

(一)陈述性知识的迁移

1. 知识的理解与迁移

奥苏伯尔认为，知识的理解是通过新旧知识的意义同化而实现的，即新知识与认知结构中的有关观念建立联系，使新知识获得意义并纳入原有的认知结构中。奥苏伯尔将这种利用旧经验吸纳新知识的过程称为同化，它是学习的内部心理机制。

由于新旧知识之间存在不同的关系，所以同化过程有三种形式：类属性同化、总括性同化和并列结合性同化。各种同化形式中都包含有迁移。在类属性同化中，新旧知识之间产生了自上而下的纵向迁移，学习者不仅理解了新知识，而且使自己的认知结构不断深化。在总括性同化中，新旧知识之间产生了自下而上的纵向迁移，学习者不仅理解了新知识，而且使自己的知识更为系统和概括。并列结合性同化中产生了知识的横向迁移，有利于学习者掌握知识之间的内在联系，使自己的知识得到更广泛的迁移。

由此可见，学校教学中学习的迁移涵盖了广泛的范围，并且具有多方面的效果。它不仅使学习者学到了知识，而且提高了类属学习、总括学习和并列结合学习的能力，也使学习者的认知结构得以丰富、扩大、完善。

要使新旧知识产生意义同化和迁移，学习者的认知结构变量发挥着重要作用，即认知结构的可利用性、可辨别性和稳定性。因此，教学中帮助学生形成有利于迁移的良好认知结构具有至关重要的意义。而通过设计"先行组织者"改善认知结构变量是促进迁移的有效途径之一。有关内容已在上一节进行了讨论，可供参阅。

2. 知识的应用与迁移

知识的应用实际上是学习者利用已有的知识去解决类似问题的过程。如果问题能够顺利解决，那么就代表实现了知识的迁移。也可以说，人们正是通过知识的应用来实现知识迁移的。

现代认知心理学认为，知识的应用可以提高认知结构的可利用性、可辨别性和稳定性。这不仅可以使学习者已有的陈述性知识得到优化和良好组织，有利于迅速提取并用于解决问题；而且还有助于将所掌握的陈述性知识转化为程序性知识，从而形成相关技能，用于问题的解决。

(二)程序性知识的迁移

程序性知识的学习本质上是规则的获得。无论是智力技能的学习还是动作技能的学习，都是将一种关于"如何做"的规则程序化，从而形成特定的智力操作模式或躯体活动模式。

1. 智力技能的迁移

智力技能的学习致力于获取产生式与产生式系统，并达到自动化的水平。所以，智力技能的迁移意味着运用已经获得的产生式与产生式系统去解决新情境中的问题。在此过程中，"条件概括化"和"规则自动化"是两个核心环节。

(1)条件概括化

在学习者所获取的产生式系统中，每一项产生式都是一个"条件—行动"。然而，这些条件并不是特指的具体条件，而是一般条件。因此，在进行例题学习时，需要进行大量的变式练习，最终将例题中的具体条件概括为一般条件，从而掌握解题的规则，使其程式化，并通过练习形成自动化解决问题的能力。

例如，学生学会了计算立方体体积的方法，即底面积与高相乘，他们可以将此方法进行概括，将体积表示为 V，底面积表示为 S，高表示为 H，从而得出公式 $V=SH$。当学生进一步明确这一公式也适用于棱柱及圆柱体的体积计算时，他们就掌握了解决同类问题的规则，并使规则具有了更大范围的适用性。

然而，概括化的程度需要适中。如果概括不足或过分，都会影响对一般产生式规则的掌握，从而限制智力技能的迁移。因此，教育者和学习者在培养和掌握智力技能时，需要注意合适的概括化程度，以促进有效的知识迁移。

(2)规则自动化

学习者通过条件概括化构建产生式系统，这只是智力技能迁移的必要条件。衡量智力技能是否真正形成并迁移的另一个关键因素是自动化程度的大小。经过充分练习，智力技能得以形成，产生式的链接和程序的执行变得迅速而自动。因此，学习者的产生式系统的活动只有达到完全自动化，才代表智力技能的真正形成，才会出现有效的迁移。

专家与新手在解决问题时存在显著差异。专家解决问题速度快、用时少、步骤少且正确率高，这主要是因为专家对解决问题所需的产生式系统已非常熟悉，达到了高度自动化，因此能够迅速、正确地解决问题。

条件概括化和规则自动化是熟练掌握智力技能的两个基本要素，也是实现智力技能迁移的重要前提。在教学过程中，应从这两个方面加强训练，以不断提高学生的智力技能迁移能力。

2. 动作技能的迁移

动作技能是一种特殊的程序性知识，其实质也是"条件—行动"，但它主要以躯体活动的形式表现出来，与智力技能有明显的区别。然而，它们又是密切联系、不可分割的。动作技能的迁移可以分为三种。

（1）动作性迁移

动作性迁移是指一种动作技能对另一种动作技能的影响，包括同类型技能的迁移、不同类型技能的迁移和不同行业之间技能的迁移。例如，擅长绘画有助于学习书法，短跑的技能可以迁移到足球、篮球的跑动技能上，体操的技能对学习舞蹈有促进作用。

然而，动作性迁移有时也会产生消极影响。例如，打网球与打羽毛球之间存在负迁移。这是因为打羽毛球主要用手腕的动作，而打网球则运用整个手臂的动作。两种运动刺激类似但要求不同的反应，因此产生了负迁移现象。

为了促进动作技能的有效迁移，学习者需要充分练习并熟悉各种动作技能，从而灵活运用各种技能。教师也应该在教学过程中注重实践操作，提供充分的练习机会，以帮助学习者掌握各种动作技能，并促进动作技能的有效迁移。

（2）语言—动作迁移

语言—动作迁移是指对动作技能的语言表述对掌握动作技能的积极作用。在加涅等人的一项实验中，实验组被试在实验前先进行对动作技能的语言表述训练，要求他们描述一系列光刺激并做出相应的动作。结果表明，实验组被试在选择性动作技能学习方面的效率明显高于未经此项训练的对照组。

语言—动作迁移实际上有助于提高学习者对动作技能的调控能力。通过语言表述，学习者可以更好地理解动作技能的要求和要点，从而更好地掌握和运用这些技能。此外，语言还可以帮助学习者将注意力集中在关键动作上，并提高对动作的敏感性和反应速度。

　　因此，在动作技能学习中，语言—动作迁移是一种重要的学习策略。教师和学习者应该充分认识到这一点，并积极利用语言来促进对动作技能的学习和掌握。例如，教师可以在教学过程中采用示范和讲解相结合的方式，帮助学习者更好地理解动作技能的要求和要点；学习者也可以通过自我表述或与他人交流来提高对动作技能的掌握程度。

　　(3)两侧性迁移

　　两侧性迁移是指人体一侧器官掌握的动作技能向另一侧器官的迁移。松田岩男的研究发现，当一种动作技能在一只手练习达到熟练化后，另一只手学习这种动作技能会更快、更容易。这种迁移在身体的对称部位表现得最为明显，如右手学习并熟练掌握技能后，左手学习同样的技能也会更容易；其次是同侧部位，如左手学习并熟练掌握技能后，左脚学习同样的技能也会更容易。而身体的对角线部位，如左手学习并熟练掌握技能后，右脚学习同样的技能时，迁移的作用相对较弱。

　　两侧性迁移对于需要双手配合或要求四肢协调的动作技能的学习具有促进作用。例如，在篮球、乒乓球等需要双手配合的体育运动中，如果一只手已经熟练掌握了某种动作技能，那么另一只手在学习的过程中会更容易掌握同样的技能。因此，通过训练和练习，我们可以利用两侧性迁移来提高身体的协调性和动作技能的掌握程度。

【知识链接】

计算天才是怎样训练出来的

　　电视台播放过一个节目：几个少年不用任何计算工具，就能既快又准确地将两个多位数的相加之和或相乘之积计算出来，并写在题板上。其速度超过了正常人用计算器计算的速度。这几个少年的计算速度为什么会如此之快呢？原因在于他们采用的是心脑珠算法。

　　心脑珠算是一种智力技能，通过从外部的物质活动(学会拨算珠作加、减等运算)内化到内部的心理活动(利用算珠运算在头脑中形成的表象进行运算)得以形成。这种智力技能形成的一般过程如下。

首先，学会拨算珠作加、减等运算，训练手指的灵巧性，不仅要拨得快，而且要算得准；进一步训练双手六指一齐拨珠，达到一定的熟练程度。

其次，采用闭目拨珠法进行想象训练，并学会闭目模拟拨珠，即利用算珠运算在头脑中形成的表象进行运算，使"算珠入脑"，大脑中的算珠随手的动作作相应的上下移动，得出答案。

最后，经过多次训练，发展到不再模拟拨珠，头脑中的算珠可自动地作相应的移动，从而迅速报出答案。此时，练习者也就形成了心脑珠算的智力技能。

在心脑珠算练习过程中，练习者必须注意力高度集中，手、眼、耳、脑要协调一致。这个事例从一个方面说明了动作技能和智力技能之间的密切关系。

三、促进学习迁移的有效教学措施

学生迁移能力的形成有赖于教学，促进迁移的有效教学措施可以从以下几个方面考虑。

(一)精选教材内容

为了使学生在有限的时间内掌握大量有用的经验，教材内容必须经过精心挑选。

精选的标准是内容必须具有广泛的迁移价值，即对其他领域有潜在的迁移意义。当学生掌握这些基本内容后，在以后的学习或应用中，许多与之相关的内容无须重新教学或学习，只需稍加引导和点拨，学生即可掌握和运用。因此，在教学过程中，应选择那些具有广泛迁移价值的科学成果作为教材的基本内容。

此外，精选的内容也要随着科学的发展而不断变化和更新。在选择教材内容时，要注意其时代性，吐故纳新，使之既符合科学发展的水平，又具有广泛的迁移价值。只有这样，学生才能更好地掌握具有广泛迁移价值的知识和技能，并在未来的学习和工作中更好地应用和发展。

(二)合理编排教材内容

在选好教材内容后，如何组织和编排这些内容成为一项重要的任务。只有通过合理的编排，精选的教材内容才能充分发挥其迁移的效能，否则迁移效果会较小，甚至阻碍迁移的产生。

从迁移的角度来看，合理编排的标准是使教材内容达到结构化、一体化和网络化。结构化是指教材内容的各构成要素具有科学的、合理的逻辑联系，能体现事物的各种内在联系，如上下、并列、交叉等关系。一体化是指教材内容的各构成要素能整合为具有内在联系的有机整体。只有一体化的教材内容，才能通过同化、顺应和重组的相互作用，不断建构心理结构。网络化是一体化的引申，指教材内容各要素之间上下左右、纵横交叉的联系要相通，要突出各种基本经验的联结点、联结线。这既有助于了解原有学习中存在的断裂带和断裂点，也有助于预测以后学习的发展带、发展点，为迁移的产生提供直接的支撑。

通过结构化、一体化和网络化的教材内容编排，学生可以更好地理解和掌握知识之间的联系和规律，促进知识的迁移和应用。因此，在教材内容的组织和编排中，应注重知识之间的逻辑关系和内在联系，突出重点和难点，加强基本概念、原理和方法的讲解和练习，帮助学生建立完整的知识体系和认知结构。同时，也要注重教材内容的更新，以适应时代的发展和科学的进步，确保教材内容的迁移价值和社会效益的充分发挥。

(三)合理安排教学程序

合理编排的教材内容是通过合理安排的教学程序得以体现和实施的，因为教学程序是使有效的教材内容发挥功效的最直接的途径。

无论是宏观的整体教学规划还是微观的每一节课的教学活动，都应该体现迁移规律。

在宏观上，教学应将基本的知识、技能和态度作为教学的主干。在安排这些基本内容的教学顺序时，应该同时考虑到学科知识本身的内在逻辑联系和学生的心理发展顺序及其接受可能性。只有兼顾这两点，才能从整体上科学有效地安排教学程序。

在微观上，应注重学习目标与学习过程的相似性，或者有意识地建立具有相似性的学习之间的联系。教师应该帮助学生整理和提炼所学内容，将前后知识加以融会贯通，真正提高学生学习的质量。简言之，教学过程中的每一个环节都应该努力体现迁移规律。

通过合理的教学程序，学生可以更好地理解和掌握知识之间的联系和规律，并将所学知识应用到新的情境中。因此，教师在教学过程中应该注重迁移规律的应用，帮助学生建立完整的知识体系和认知结构，培养学生的迁移能力和应用能力。同时，教师也应该不断更新教学理念和方法，不断探索和创新，以适应时代的发展和教育的需求。

(四)教授学习策略，提高迁移意识

多项研究证明，学习策略和元认知策略具有广泛的迁移性，同时它们也能够提高学生的迁移意识。教授这些策略既可以通过独立的策略训练课程来进行，也可以结合具体的学科进行。

大部分研究显示，通过结合具体的学科来教授相关的学习策略和元认知策略，不仅可以促进学生对所学内容的掌握，而且还可以改善学生的学习能力，使学生学会学习，提高迁移的意识，从根本上促进迁移的产生。

为了实现这一目标，在教学过程中，教师要善于将学习的方法传授给学生，如提供理解知识的最佳途径、复习或巩固知识的方法等。此外，还应鼓励学生不断总结自己的学习经验，通过开展学习方法和经验的交流等途径来促进学习的迁移。

总之，教师在教学过程中应注重教授学习策略和元认知策略，并鼓励学生主动总结和分享学习经验，以促进学习的迁移和提高学生的自主学习能力。

单元测试

一、单项选择题

1. 学会写"金"这个字后，有助于学习写"鑫"，这体现了(　　)。

　　A. 重组迁移　　　　　　　　　B. 负迁移

　　C. 具体迁移　　　　　　　　　D. 一般迁移

2. 将一种学习中习得的一般原理、方法、策略和态度等迁移到另一种学习中去是(　　)。

　　A. 一般迁移　　　　　　　　　B. 具体迁移

　　C. 垂直迁移　　　　　　　　　D. 水平迁移

3. 具有较高的概括水平的上位经验与具有较低的概括水平的下位经验之间的相互影响，这样的迁移称为(　　)。

　　A. 顺向迁移　　　　　　　　　B. 逆向迁移

　　C. 水平迁移　　　　　　　　　D. 垂直迁移

4. 从迁移的观点来看，"温故而知新"属于（　　　）。

A. 顺向负迁移 B. 逆向负迁移

C. 逆向正迁移 D. 顺向正迁移

5. （　　　）体现的是典型的同化性迁移现象。

A. 举一反三 B. 聪明过人

C. 思维敏捷 D. 物以类聚

6. "闻一知十""触类旁通"指的是学习中的（　　　）。

A. 定式现象 B. 迁移现象

C. 记忆现象 D. 创造性

7. 注重训练的形式而不注重内容的学习迁移理论是（　　　）。

A. 关系转换理论 B. 经验类化理论

C. 共同要素说 D. 形式训练说

8. 原有知识对学习新知识的影响属于（　　　）。

A. 逆向迁移 B. 负迁移

C. 顺向迁移 D. 正迁移

二、多项选择题

9. 奥苏伯尔认为影响迁移的认知结构变量包括（　　　）。

A. 可利用性 B. 变通性

C. 可辨别性 D. 适应性

E. 稳定性

三、简答题

10. 简述学习迁移的作用。

11. 简述学习迁移的种类。

12. 教学中影响迁移的主要因素有哪些？

四、论述题

13. 阐述早期的四种迁移理论的主要内容。

14. 促进学习迁移的有效教学措施应从哪几个方面考虑？

第十二章　学习策略

>>> 学习目标

1. 掌握学习策略的含义和分类。
2. 理解并掌握复述策略、精细加工策略和组织策略的含义和方法。
3. 理解并掌握元认知策略的种类。
4. 掌握学习策略训练的原则和方法。

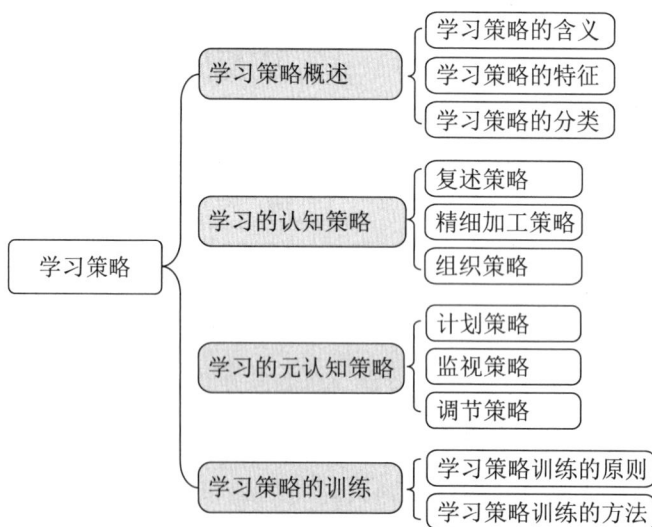

```
                              ┌─ 学习策略的含义
                    学习策略概述 ├─ 学习策略的特征
                              └─ 学习策略的分类

                              ┌─ 复述策略
                    学习的认知策略 ├─ 精细加工策略
                              └─ 组织策略
        学习策略
                              ┌─ 计划策略
                    学习的元认知策略├─ 监视策略
                              └─ 调节策略

                    学习策略的训练 ┌─ 学习策略训练的原则
                              └─ 学习策略训练的方法
```

【案例导入】

　　中学生小明，在学习过程中发现自己很难记忆大量的知识点，尤其是对于一些抽象的概念，他很难理解并记住。针对这个问题，他可以采用复述策略、精细加工策略和组织策略来提高学习效率。

　　复述策略是指在学习过程中，通过重复信息来保持对信息的记忆。对于小明来说，他可以在学习过程中，多进行重复朗读和默写，加深记忆印象，提高记忆效果。

　　精细加工策略是指在学习过程中，通过将新知识融入已有的知识结构中，或者通过举例、联想等方式来加深对新知识的理解和记忆。对于小明来说，他可以尝试将抽象的概念与实际生活中的例子或场景联系起来，或者通过寻找一些相关的解释和例子来加深对新知识的理解和记忆。

　　组织策略是指在学习过程中，将知识点进行分类、归纳和整理，形成清晰的知识结构。对于小明来说，他可以尝试将学习的知识点进行分类和归纳，形成清晰的知识结构，以便于记忆和理解。

　　运用复述策略、精细加工策略和组织策略，小明可以提高自己的学习效率，更好地掌握知识点，提高学习成绩。同时，这些策略的运用也有助于培养他的自主学习能力和良好的思维习惯，为未来的学习和工作打下坚实的基础。

第一节　学习策略概述

一、学习策略的含义

　　随着社会的不断发展，人们越来越关注学习的效果和效率，学习策略领域的研究也日益增多。学习策略是指学习者为了提高学习的效果和效率，在学习活动中有目的、有意识地制定和使用的有关学习的方式方法。这包括学习者在学习过程中有效学习的规则、方法、技巧，以及调节和监控学习的方式等。

　　为便于学习和理解，下面对这一定义进行三点说明。

　　第一，学习者为了达成学习目标，会主动、有目的地应用相应的学习策略。这意味着学习策略是为了满足需求而主动使用的。

　　第二，使用学习策略有助于提高学习效果和效率。任何能够改善学习效果的规则、方法、技巧以及调控方式等，都属于学习策略的范畴。

　　第三，学习策略规定了学习的方向、方法和程序等。不同的学习过程对应不同的学习策略，但同一类型的学习过程存在基本相同的学习策略。

使用学习策略可以提高学习者的学习效果和效率，但仅仅掌握学习策略并不足以保证学习的有效性。因此，我们不仅强调学习者要掌握策略，而且还要具备自主学习的意识和能力，在学习过程中主动选择并运用恰当的策略。

二、学习策略的特征

对学习策略的界定明确了学习策略具有四个方面的特征，这些特征反过来使学习策略的含义更加明确。

(一)学习策略是学习者为了实现学习目标而积极主动地使用的

学习者使用学习策略是有意识的心理过程。在学习过程中，他们首先会分析学习任务和自身特点，然后根据这些条件制订适合自己的学习计划，选择恰当的学习策略。学习者通过这种有意识的心理过程，可以更加高效地实现学习目标。他们可以针对性地选择和使用学习策略，从而改善学习效果。这种有意识地制订学习计划、选择学习策略的过程，也有助于培养学习者的自主学习能力和自我管理能力。

此外，反复使用相同的学习策略也有助于提高学习者的自动化加工水平。这意味着学习者在使用这一策略时越来越熟练，甚至可以在不需过多思考的情况下自然地使用这一策略。这种自动化加工水平的提高有助于学习效率的提高，使学习者更加高效地完成学习任务。

(二)学习策略是有效学习所需要的

策略是指在实现目标的过程中所采用的方法和手段。如果一个人在做某件事情时只采用最原始的方法，虽然最终也可能达到目的，但效果和效率往往不尽如人意。以记忆英语单词表为例，如果只是不断地朗读，虽然最终也能记住单词，但记忆效果和效率都不高。相反，如果采用分散复习或尝试背诵等更有效的方法，记忆的效果和效率会显著提高。因此，在实现目标的过程中，选择合适的策略和方法至关重要。

(三)学习策略是有关学习过程的

学习策略规定了学习过程中应该做什么、不应该做什么，先做什么、后做什么，用什么方式做，做到什么程度等。这些规定能够帮助学习者更好地组织和管理自己的学习过程，提高学习效果和效率。

(四)学习策略是一种程序性知识，由规则和技能构成

不同的学习策略适用于不同的学习情境和目的。对于同一类型的学习任务，存在着基本相同的学习策略，这些常见的策略是学习者可以反复使用的有效方法。

学习策略可以被视为一种程序性知识，它由一套规则和技能构成，这些规则和技能可以是独立的，也可以是相互关联的。这些规则和技能组合在一起，形成了一种学习技术，可以帮助学习者更好地掌握知识和技能。

因此，学习策略是实现学习目标的重要工具，它不仅可以帮助学习者提高学习效果和效率，还可以培养学习者的自主学习能力和自我管理能力。在学习过程中，学习者应该积极运用学习策略，根据不同的学习任务和自身特点来制订适合自己的学习计划，以达到最佳的学习效果。

三、学习策略的分类

学者们从不同的角度对学习策略的类型进行了划分。比格斯(Biggs)按照学习策略的迁移性与可教性，将学习策略划分为大策略、中策略和小策略。其中，大策略具有最大的迁移性，但可教性较弱；中策略迁移性较大，同时也具有可教性；小策略针对性强，可教性较强，但迁移性相对较弱。迈克卡(Mckeachie)等人则按照学习策略所涵盖的成分，将学习策略分为认知策略、元认知策略和资源管理策略三部分。

认知策略是用来加工信息的方法和技术，针对不同类型的知识有不同的认知策略。对于陈述性知识，有效的认知策略包括复述策略、组织策略等；对于程序性知识，认知策略则涵盖模式再认策略和动作系列学习策略。

元认知策略是学习者对自己的认知过程进行认知的策略，包括对认知过程的计划、监视与调节等策略。掌握元认知策略有助于学生更好地安排调控自己的学习过程。

除了认知策略和元认知策略外，有效的学习还需要一定的学习资源作为支持。学习时间、学习环境、付出的努力以及可寻求的帮助资源等都属于学习资

源。而资源管理策略则是帮助学生管理可用的资源，以提高学习效率的方式方法。

第二节 学习的认知策略

从信息加工的角度来看，学习可以被视为一个获取信息的过程，而认知策略则是加工这些信息的一些方法和技术。这些方法和技术能够帮助我们有效地从记忆中提取和组织信息，进而提高我们的学习效果。以下我们主要对复述策略、精细加工策略和组织策略进行详细阐述。

一、复述策略

复述策略是在工作记忆中为了保持信息，运用内部语言在大脑中重现学习材料或刺激，以便将注意力维持在学习材料上的方法。它是一种促进陈述性知识学习的策略。在学习过程中，复述是一种主要的记忆手段，通过重复信息来保持对信息的记忆。在记忆发展中，复述策略的获得对于个体的记忆力提高起着至关重要的作用。例如，对于许多新信息，如人名、地名或外语单词等，只有经过多次复述，才能在短时间内记住。

(一)利用无意识记和有意识记

无意识记是指没有预定目的、不需要意志努力的记忆。通常对人有重大意义、与人的需求和兴趣密切相关、能引发强烈情绪反应或形象鲜明的人或事，容易被无意识记。在学习中，我们应尽量利用这些条件，如培养学生对特定学科的兴趣，以增强无意识记的效果。

有意识记是指有预定目的、需要经过努力的记忆。它具有明确的任务和意图，在学习和工作中占据主导地位。若要记住某一信息，需要有意识地用心记忆，尝试自行复述一遍，检查自己能否将其重复出来。

(二)排除相互干扰

在先前的学习中，我们了解到人未能记住某一信息的一个关键原因是该信息在认知和记忆过程中受到了其他信息的干扰。因此，在记忆时，我们应尽量将两种易于混淆的学习内容错开，以避免彼此间的相互干扰。

心理学家还发现，记忆存在所谓首因效应和近因效应。这意味着，在学习材料之后，当进行测验时，人们通常对开始和结尾的部分记得更为清楚，相比之下，对中间部分的内容可能记忆不太牢固。因此，我们要善于利用开始和结束的时间对重要材料进行记忆。

(三)整体识记和分段识记相结合

对于篇幅较小或内在联系紧密的材料，适合采用整体识记法，即从头至尾整体阅读，直到完全掌握为止。而对于篇幅较长、难度较大或内在联系不强的材料，则适合采用分段识记法，即将整个材料根据实际情况划分为多个便于记忆的段落，首先逐段进行记忆，然后再整合起来形成整体的记忆。

(四)多种感官参与

有心理学家证明，多种感官的参与可以有效地提高记忆效果。因此，在进行记忆时，我们应该学会同时运用多种感官，包括用眼睛看、用耳朵听、用嘴巴说以及用手写等。这种方法可以帮助我们更全面地感知和理解信息，从而更有效地将其存储在记忆中。

(五)复习形式多样化

采用多种形式进行复习比单调重复更有利于理解和记忆。例如，向他人讲解所学的知识或者将其写成报告等都是非常有效的复习形式。实践中的运用是最佳的复习形式。专家之所以能够记住大量的专业知识，是因为他们在实践中反复运用这些知识。因此，我们应该善于在不同的情境中反复应用所学的知识，以加深理解并巩固记忆。

(六)画线

画线也是阅读时常用的一种复述策略。如何在阅读时画线呢？

①在段落中寻找主题句等重要内容。

②谨慎画线，遵循少而精的原则。

③复习时用自己的语言解释画线部分。

此外，还可以用圈点批注的方法，与画线策略一起使用。

二、精细加工策略

精细加工策略是一种理解性的记忆策略，它通过将新学习的材料与头脑中已有的知识联系起来，增加新信息的意义和深度。这种策略可以帮助学习者将信息存储到长时记忆中，并且与其他信息建立更多的联系。精细加工策略通过应用已有的图式和知识来使新信息合理化。例如，当学习"A 讨厌 B"这句话时，如果附加一句"B 打了 A"，以后回忆时就会相对容易一些。对学习的材料进行细节补充、类比、比较、想象、举出例子、做出推论，或者与其他观念之间建立联想等，都属于精细加工策略的范畴。精细加工策略与复述策略结合使用，可以显著提高记忆效果。

（一）记忆术

记忆术是一种通过在新材料和视觉想象或语义知识之间建立联系来增强记忆的方法。其基础包括利用视觉表象或寻找语义之间的联系。在记忆名词、类别、顺序或项目组等信息时，记忆术被证明是非常有效的。具体内容可参见第六章。

（二）做笔记

做笔记是一种常用的精细加工策略，适用于阅读和听讲等学习活动。做笔记具有以下三个方面的重要作用。

首先，做笔记有助于对学习材料进行有效的编码。通过将信息书写下来并进行阅读，可以实现言语和视觉的双重编码，从而加深对学习材料的理解和记忆。

其次，做笔记是一个积极的生成过程。它需要学习者主动地建立学习材料各部分之间的联系，以及新旧知识之间的联系，从而形成新的认知结构。这有助于将学习材料纳入学习者的长期记忆。

最后，笔记还具有信息的外部储存功能。它可以作为提示，帮助学习者全面地提取和加工信息。

为了更好地发挥做笔记的作用，教师可以督促学生养成做笔记和复习笔记的习惯。在做笔记时，可以在笔记本的右边留出 3～6 厘米的空地，用于随时记下教师讲解的关键词、例子、证据以及自己的疑问和思考。同时，要随时复习笔记，以确保对学习内容的全面理解和记忆。

(三)提问

适当的提问可以引导学生思维的方向，使教学过程与学生的思维发展相协调，有助于培养学生的记忆品质。为了达到这个目标，训练学生在活动中进行自我谈话或相互提问是至关重要的。实践表明，学生在解决难题、进行拼写或创作时，通过自我谈话的方式有助于取得成功。

(四)生成性学习

生成性学习是一种积极的学习方法，旨在训练学生通过产生表象或类比来加深对所阅读内容的理解。这些表象包括图形、图像、表格和图解等。这种方法需要学生对所阅读的材料进行积极的加工，改变他们对这些信息的感知方式，从而生成新的信息。具体而言，生成性学习包括以下三个方面。

①生成课文中没有的句子。学生可以通过对所阅读的内容进行分析和推理，生成新的句子，这些句子在课文中并未出现，但与课文的内容相关。

②生成与课文中某几句重要信息相关的句子。学生可以针对课文中的重要信息，结合自己的理解和经验，生成与之相关的句子。这些句子可以是对课文中信息的延伸或解释。

③生成用自己的话组成的句子。学生可以通过将所学的信息与自身的知识和经验联系起来，用自己的话重新组织句子，从而将所学的信息转化为自己的理解。这种方法有助于学生更好地将所学知识与自己的背景相融合，促进深层次的理解。

(五)利用背景知识，联系实际

精细加工强调在新知识和已有知识之间建立联系，背景知识的多少在学习中具有重要影响。例如，如果一个学习者对某一课题非常了解，他便能更轻松地将新的知识融入已有的知识框架中。背景知识在预测学生的学习能力方面起着重要的作用。

为了帮助学生更好地理解和记忆新的信息，教师应当在新的学习材料和学生已有的背景知识之间建立联系，并尝试将其与实际生活联系起来。这将有助于学生理解这些信息的意义和重要性。

总结而言，相比之下，那些只是逐字逐句学习材料的学生可能会遇到困难，难以充分理解和记忆所学的信息。而那些在学习过程中采用精细加工策略的学生通常能更好地理解信息，并在需要时更容易回忆起所学信息。因此，教师应鼓励学生在学习过程中使用一些精细加工策略，以提高他们的学习效果和记忆力。

三、组织策略

当个体将所学的新知识与其他知识联系起来，并将其组织成一个具有内在结构的体系时，对这些知识的记忆时间会延长。因此，认知心理学家主张采用组织策略来改善学习效果。组织策略旨在整合所学新知识之间以及新旧知识之间的内在联系，从而形成新的知识结构。

组织策略和精细加工策略是密不可分的，它们在学习过程中相互促进。例如，做笔记和写提要等学习活动实际上是这两种策略的结合。以下是一些常用的组织策略。

(一)列提纲

对材料进行系统的分析、归纳和总结后，我们应该用简要的语词写下主要和次要观点。这可以通过构建一个金字塔式的结构来实现，使得材料的要点清晰可见。在这个结构中，每一个具体的细节都应该被包含在高一级水平的类别中，从而形成一种提纲的形式。

这种提纲的列出，不仅需要有概括性，而且还需要有条理性。同时，其效果的好坏，取决于使用者如何利用它。一个有效的方法是让学生在每读完一段材料后，用一句话来概括这段材料的主要内容。另一种方法是让学生准备一个提纲来帮助其他人学习这份材料。部分原因是，这种活动使得学习者不得不认真思考什么内容是重要的、什么内容是不重要的。

通过这种方式，学习者不仅可以更好地理解材料，而且还可以提高总结和概括能力。同时，他们还可以通过帮助他人学习，进一步加深对材料的理解和记忆。因此，列提纲是一种非常有效的学习方法。

(二)利用图形

美国心理学家布鲁纳认为,人类记忆的首要问题是检索,而不是储存。检索的关键在于组织,获得的知识如果不纳入组织好的结构中,迟早要被遗忘。为了更好地巩固记忆,可以将零散的知识绘制成图形,这是非常有效的办法。

为了更好地组织和巩固记忆,可以利用以下几种图形。

①系统结构图。可以将学习材料进行归类整理,将主要信息归入不同水平或不同部分,然后形成一个系统结构图。这样做可以使复杂的信息变得更加容易理解和记忆。在金字塔结构里,较具体的概念要放在较抽象的概念之下。

②流程图。这种图形可以用来表现步骤、事件和阶段的顺序。流程图一般从左向右展开,用箭头连接各步。通过流程图,我们可以更好地理解事物的发展过程和顺序。

③模式图或模型图。这种图形可以利用图解的方式来说明在某个过程中各要素之间是如何相互联系的。模型图是指用简图表示事物的位置(静态关系),以及各部分的操作过程(动态关系)。通过模式图或模型图,我们可以更好地理解事物的内部结构和关系。

④网络关系图。也称为概念图,这种图形可以利用关系图来解释各种观点是如何相互联系的。制作关系图时,首先找出课程中的主要观点,然后找出次要观点或支持主要观点的部分,最后将次要观点和主要观点联系起来。主要观点位于图正中,支持主要观点的部分位于主要观点的周围。网络关系图在学习、教学和测评中被广泛应用。通过网络关系图,我们可以更好地理解知识之间的联系和层次关系。

(三)利用表格

①一览表。在对材料进行综合分析后,抽取主要信息,从一个特定的角度出发,将这些信息全部罗列出来,以力求反映材料的整体面貌。例如,在历史和地理学习中,就常常采用这种方法。

②双向表。双向表是从纵、横两个维度罗列材料中的主要信息。这种表格既可以是系统结构图或流程图的变体,也可以从这些图形中衍生而来。

(四)PQ4R 方法

PQ4R 是由托马斯(Thomas)和罗宾逊(Robinson)提出的一种学习方法,旨在帮助学生理解和记忆所学内容。PQ4R 由预览(preview)、设问(question)、阅读(read)、反思(reflect)、背诵(recite)和回顾(review)这六个步骤组成。

研究表明,PQ4R 方法对年龄较大的儿童有效。通过 PQ4R 程序的进行,学生可以集中注意力,有意义地组织信息,并使用其他有效的策略,如提出疑问、定期复习等。这种方法可以帮助学生更好地理解和记忆所学内容,提高他们的学习效果。

第三节 学习的元认知策略

学习的信息加工系统中,存在一个控制信息流动的执行控制过程,这个过程的基础是元认知。元认知是指对认知的认知,具体来说,它涉及个人对自己认知过程的认知和理解,以及调节和监控这些过程的能力。由此,元认知策略包含三个方面。

一、计划策略

元认知计划是根据认知活动的特定目标,在开始一项认知活动之前,进行详细的计划和准备。它包括制订计划、预期结果、选择合适的策略,并预先评估各种解决问题的方法的有效性。元认知计划策略包括设定学习目标、浏览阅读材料、产生待回答的问题以及分析如何有效地完成学习任务。就像足球教练在比赛前会根据对手的特点和出场情况,制定相应的对策一样,成功的学生通常是一个积极的学习者,他们会主动计划和管理自己的学习过程。

二、监视策略

元认知监视是在认知活动的实际过程中,根据认知目标及时评估和反馈认知活动的结果和不足,正确估计自己达到认知目标的程度和水平,同时根据有效性标准评价各种认知行动和策略的效果。元认知监视策略包括阅读时对注意力加以跟踪、对材料进行自我提问、考试时监控自己的速度和时间等。这些策略使学习者能够警觉自己在注意和理解方面可能出现的问题,以便找出并加以修改。领会监视和集中注意是两种具体的监视策略。

三、调节策略

元认知调节是根据监视的结果，找出认知偏差，及时修正和调整认知。元认知调节策略与监视策略有关。例如，当学习者意识到自己不理解课程的某一部分时，他们会采取措施退回去阅读困难的段落、放慢速度来阅读困难或不熟悉的材料、复习他们不懂的课程材料等。这些策略能帮助学生矫正他们的学习行为，弥补理解上的不足。

元认知策略的这三个方面总是相互联系在一起工作的。学习者通常首先认识自己当前的任务；然后，使用一些标准来评价自己的理解、预计学习时间、选择有效的计划来学习或解决问题；接着，他们监视自己的进展情况；最后，根据监视的结果采取相应的补救措施。

元认知策略总是和认知策略一起发挥作用。认知策略帮助学习者将新信息与已知信息整合在一起，并且存储在长时记忆中。而元认知过程帮助学习者估计学习的程度和决定如何学习。认知策略是学习内容必不可少的工具，而元认知策略则监控和指导认知策略的运用。

第四节　学习策略的训练

一、学习策略训练的原则

(一)主体性原则

主体性原则是指任何学习策略的使用都高度依赖于学生主动性和能动性的充分发挥。这不仅是学习策略训练的目标，也是实现这一目标所必需的方法和途径。为了充分发挥学生的主体性，教师首先需要向学生明确阐述策略教学的目的和原理，确保他们能够充分理解并领会。其次，教师还需指导学生明确何时、何地以及如何使用相关的学习策略。

为了让学生有效地运用学习策略，教师需要为他们提供充分的实践机会，并在此过程中指导他们分析和反思策略使用的过程与效果。通过这种方式，学生能够更好地进行自我监控，确保策略使用的效果和效率。这也进一步强调了主体性原则的重要性，因为只有学生自己积极参与到学习策略的使用中，才能真正实现学习策略的有效运用。

(二)内化性原则

内化性原则是指教师在训练学生时，应不断鼓励他们实践各种学习策略，并逐渐将其内化为自己的学习能力。这意味着，学生不仅需要理解和掌握学习策略，而且还需要在新的情境中灵活应用这些策略，以实现自我学习和自我提升。通过不断实践和内化，学生能够更好地掌握学习策略，提高自己的学习效率和学习成果。

(三)特定性原则

特定性原则是指学习策略必须根据学习目标和学生类型来制定。研究表明，同样的学习策略在不同年龄段学生之间有着不同的效果。因此，教师需要根据学生的发展水平来确定最合适的学习策略。此外，除了提供一般性的学习策略，还需要提供非常具体的策略，如前面提到的记忆术。特定性原则的应用有助于学生更好地理解和应用学习策略，以适应不同的学习目标。

(四)生成性原则

生成性原则是指学生应利用学习策略对学习材料进行深度加工，生成新的内容。这种心理加工是学习策略有效性的关键因素。具有高生成性的学习策略包括写内容提要、向别人提问、将笔记列成提纲、图解要点之间的关系、向同伴讲授课程的主要内容等。而一些低生成性的策略，如不加区分的画线、不抓要点的记录、不抓重要信息的肤浅的提要等，对学习是不利的，应该避免。

为了提高学生的学习效果，教师应该鼓励和指导学生进行深度心理加工，利用生成性原则来重新加工学习材料，并生成新的内容。这有助于学生对学习材料的理解更深入、记忆更持久，并为将来的学习和应用做好准备。

(五)有效的监控原则

有效的监控原则是指学生应该明确知道何时以及如何应用他们的学习策略，

并能够反思和描述自己的学习策略运用过程。教师有时会忽略这一点，可能是因为他们没有意识到其重要性，或者他们认为学生自己能够自行掌握。如果学生能够清楚了解何时何地以及为何要使用特定的学习策略，他们就更有可能有效地记住和应用这些策略。因此，教师在进行学习策略训练时，应该强调这一点的重要性，并帮助学生建立有效的监控机制，以确保他们能够有效地运用学习策略。

(六)自我效能感原则

自我效能感原则是指教师应该为学生提供机会，让他们感受到学习策略的效力和自己运用策略的能力。学习策略不能强加给学生，因为学习策略的有效使用与学生对策略效果的信任有关。如果学生知道如何使用策略，但他们不愿意使用，那么他们的学习效果也不会得到改善。因此，教师不仅要让学生感受到学习策略的效力，而且还要培养他们对学习策略的信心，树立运用学习策略的自我效能感。

为了实现这一目标，教师可以采用以下方法。

①提问和检查。在学生使用学习策略的过程中，教师可以通过不断提问和检查来评估学生的策略使用情况。提问和检查应该与学生的学习目标和学习策略相关，以帮助学生理解学习策略的重要性和有效性。

②给予反馈和奖励。当学生正确使用学习策略时，教师应该给予积极的反馈和奖励。这可以帮助学生树立自信心，提高学习动力，鼓励他们继续使用学习策略。

③创造安全的学习环境。教师应该创造一个安全的学习环境，让学生感到舒适和自信。这样可以减少学生的压力和焦虑感，帮助他们更好地运用学习策略。

④示范和演示。教师可以亲自示范和演示学习策略的使用方法，让学生了解如何有效地运用策略。这可以帮助学生更好地理解学习策略的本质和应用方式。

通过以上方法，教师可以帮助学生建立自我效能感，提高他们对学习策略的信任和使用动力。这将有助于学生更好地掌握学习策略，提高学习效率和效果。

二、学习策略训练的方法

教育心理学家布朗(Brown)等人认为，策略训练应包括三个要素：一是策略及其巩固练习，二是自我执行即监视策略的使用，三是了解策略的价值及适用的范围。当前体现这些的操作方法主要有以下几种。

(一)指导教学模式

指导教学模式与传统的讲授法类似，包含激发、讲演、练习、反馈和迁移等环节。在教学中，教师需要向学生解释所选定的学习策略的具体步骤和使用条件，并在具体应用中不断给予提示。同时，教师还需引导学生进行口头叙述和明确解释所操作的每一个步骤，并报告自己应用学习策略时的思维过程。通过不断重复这种内部定向思维，学生可以加强对学习策略的感知与理解，并保持长期记忆。

为了使学生形成对策略的概括化认识，教师在教学中应依据每种策略选择恰当的事例来说明其应用的多种可能性。提供的事例应从学生的认知水平出发，由简到繁，使学生从单一策略的应用发展到多种策略的综合应用，从而形成一种综合应用能力。

对于低年级的学生，指导教学模式较为有效。因为儿童很难自己发现策略知识，有时即使发现了也不能自动地运用。因此，教师的指导显得尤为重要。通过逐步引导和提示，教师可以帮助学生掌握学习策略的应用方法，提高其学习效率。

总之，指导教学模式强调教师在教学中的主导作用，同时也注重学生的主体地位。教师通过激发学生的学习兴趣和积极性，指导他们逐步掌握学习策略并应用于实际学习中。这种教学模式有助于提高学生的学习能力，促进其全面发展。

(二)程序化训练模式

程序化训练是一种将活动的基本技能分解成若干有条理的小步骤，并按照这些步骤进行固定程序的训练的方法。其基本步骤包括以下内容。

①将某一活动技能按有关原理分解成可执行、易操作的小步骤，同时，使

用简练的词语来标志每个步骤的含义。例如，PQ4R 方法包括预览、设问、阅读、反思、背诵、回顾六个步骤。

②通过活动实例示范各个步骤，并要求学生按步骤开展活动。例如，在阅读过程中使用 PQ4R 方法，第一步是预览，即大致浏览一下文本内容，了解文本的大致结构和重点；第二步是设问，即根据预览的情况，提出一些与文本内容相关的问题，帮助自己更好地理解文本；第三步是阅读，即仔细阅读文本，回答自己提出的问题；第四步是反思，即思考文本中的观点、论证等是否合理，是否有其他问题；第五步是背诵，即回顾文本中的重要内容，加深记忆；第六步是回顾，即再次阅读文本，检查自己是否掌握了文本内容。

③要求学生记忆各步骤并坚持练习，直至达到自动化程度。程序化训练的目的是使学生能够按照一定的步骤进行活动，并在实践中逐渐熟练掌握这些技能。因此，学生需要反复练习，直到使用这些技能成为他们的自然反应，达到自动化程度。

总之，程序化训练是一种有效的技能训练方法，可以帮助学生掌握各种基本技能，提高他们的学习效率和能力。

（三）完形训练模式

完形训练是一种教学方法，它通过直接讲解策略后，提供不同程度的完整性材料，促使学生练习策略的某一个成分或步骤。然后，逐步降低完整性程度，直至完全由学生自己完成对所有成分或步骤的练习。这种训练方法的目的是帮助学生掌握各种学习策略，并能够在实际学习过程中熟练应用这些策略。

在完形训练中，教师通常会先提供一个完整的例子，如一个列得比较好的提纲，然后解释这个提纲是如何统领材料的。接下来，教师会给学生提供一个不完整的提纲，并分步骤对学生进行训练。通过这种方式，学生可以逐步学会如何写出好的提纲。

完形训练的好处在于，它能够使学生有意注意每一个成分或步骤。而且，每一步训练所需的心理努力都是学生能够达到的。这种训练方法不仅关注策略的局部细节，而且强调整体应用。每一步训练都给学生以策略应用的整体印象。

通过完形训练，学生可以更加深入地理解学习策略的应用方法和步骤。这种训练方法可以帮助学生更好地掌握各种学习策略，提高他们的学习效率和能力。同时，完形训练还可以增强学生的自我监控能力，使他们更加清晰地认识到自己在策略应用中的不足之处，从而不断改进自己的学习方式。

(四)交互式教学模式

交互式教学是一种旨在帮助成绩较差的学生提高阅读领会能力的教学方法。该方法由教师和一组学生(大约6人)共同参与，旨在教授以下四种策略：总结、提问、析疑和预测。

在交互式教学中，教师首先会为学生树立榜样性行为，示范这四种主要策略的应用。教师会朗读一段课文，并就其核心内容进行提问，直到最后概括出这段课文的中心大意。接下来，教师会改变自己的角色，成为学生学习的促进者和组织者。当学生在使用策略遇到困难时，教师会给予必要的帮助和指导，以帮助他们更好地理解和应用这些策略。

在交互式教学中，学生是学习的主体，他们需要积极参与课堂活动，通过合作学习和交流来提高阅读领会能力。这种教学方法有助于培养学生的自主学习能力和合作精神，使他们能够在阅读学习中更加独立和自信。

总之，交互式教学是一种有效的教学方法，可以帮助成绩较差的学生提高阅读领会能力。通过示范和指导，教师可以帮助学生掌握和应用学习策略，提高他们的学习效果。

(五)合作学习模式

在这种学习活动中，两个学生组成一组，他们轮流向对方总结材料。当一个学生主讲时，另一个学生倾听并纠正错误和补充遗漏。然后，两个学生互换角色，直到学完所有材料为止。这种学习方法的有效性已在一系列研究中得到证实。研究结果表明，采用这种方式学习的学生能够比独自总结或简单阅读材料的学生更加有效地理解和记忆所学内容。此外，合作性讲解的两个参与者都能从这种学习活动中受益，但主讲者比倾听者获益更大。

研究还认为，学习策略不是孤立的，不能脱离专门知识。专门领域的基础知识是有效利用策略的前提条件。因此，教师需要不断探索并优化自己的教学步骤，为学生提供可以仿效的活动程序。同时，教师还需要根据学生原有的学习方式基础来启发学生的思路，让他们有意识地内化有效的学习策略。

　　总之，在这种方法中，学生是学习的主体，他们需要积极参与课堂活动并相互合作。这种学习方式不仅有助于提高学生的学习效果，而且还能够培养他们的自主学习能力和合作精神。

单元测试

一、单项选择题

1. 下列关于学习策略的说法，不正确的一项是（　　）

　　A. 凡是有助于提高学习效果和效率的程序、规则、方法、技巧及调控方式均属于学习策略

　　B. 学习策略等于具体的学习方法，是学习方法的集合体

　　C. 学习策略不能与具体的学习方法截然分开，要借助具体的学习方法表现出来

　　D. 学习策略是调节学习、思考的高级认知能力

2.（　　）属于元认知策略。

　　A. 设置目标　　　　　　　　　B. 列提纲

　　C. 寻求同学帮助　　　　　　　D. 做笔记

3. 教师在教授课文时采用列提纲的形式来写板书。这里，教师使用的学习策略是（　　）。

　　A. 精细加工策略　　　　　　　B. 组织策略

　　C. 元认知策略　　　　　　　　D. 阅读理解策略

4. 谐音联想法属于学习策略中的（　　）。

　　A. 精细加工策略　　　　　　　B. 复述策略

　　C. 组织策略　　　　　　　　　D. 元加工策略

5. 充分利用头脑中生动而鲜明的形象来帮助记忆，这是使用了（　　）。

　　A. 组织策略　　　　　　　　　B. 精细加工策略

　　C. 元认知策略　　　　　　　　D. 复述策略

二、名词解释题

6. 复述策略

7. 组织策略

三、简答题

8. 简述学习策略的主要特征。

9. 简述学习策略训练常见的方法。

10. 简述元认知策略的三个方面。

四、案例分析题

11. 为了让学生学会学习，某班级的班主任张老师非常重视让学生掌握恰当的学习策略。为此，他为本班学生开设了关于学习策略的讲座，从理论上讲授各种学习策略，并对讲座内容进行了书面考试。一个学期结束之后，该班学生能够背诵出各种学习策略的内容，但各门功课的考试成绩并没有提高。

请运用本章的相关知识对该案例进行分析。

第十三章　课堂教学与管理

>>> 学习目标

1. 了解教学过程的概念和本质。

2. 掌握教学方法的选择和运用。

3. 能够根据课堂中出现的问题行为进行管理。

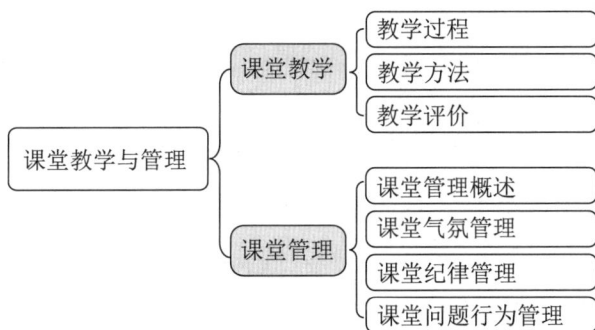

【案例导入】

　　某新入职的中学教师张老师，负责教授七年级语文课程。在课堂教学中，张老师发现学生有时会出现一些问题行为，如不认真听讲、扰乱课堂秩序等。

　　为此，张老师首先要了解教学原则和方法。例如，他可以运用直观性原则，使用实物、图片等直观教具，帮助学生更好地理解课程内容；运用启发性原则，提出启发式问题，引导学生思考，激发学生的学习热情。同时，他可以采用讲授法、讨论法、演示法等多种教学方法，使课堂教学变得更加生动有趣。

　　其次，张老师要理解基本的教学环节。例如，备课环节要充分准备教案、课件等教学材料；授课环节要注重对教学内容的讲解，同时关注学生的反应，及时调整教学方法；课后环节要布置作业，进行反思和总结。

最后，张老师要根据课堂中出现的问题行为进行管理。例如，当学生不认真听讲时，可以采用提醒、警告等方式进行管理；当学生扰乱课堂秩序时，可以采用冷静处理、沟通交流、寻求帮助等方式进行管理。

总之，作为一名新入职的中学教师，张老师需要不断学习和实践，了解教学原则和方法，理解基本的教学环节，并根据课堂中出现的问题行为进行管理。只有这样，他才能成为一名优秀的教师，让学生在学习中获益。

第一节　课堂教学

课堂教学作为教育活动的核心环节，其效果不仅受到教学内容、方法和技术的影响，还与学生及教师的心理状态、互动模式以及学习环境等因素紧密相关。从心理学的视角审视课堂教学，旨在揭示学习过程中的心理机制，优化教学策略，以促进学生的全面发展。

一、教学过程

(一)教学过程的概念

教学过程是综合性的，它旨在帮助学生掌握系统的科学文化知识和基本技能，同时促进学生的智力、体力和道德品质的发展。这个过程需要教师根据社会的要求和学生身心发展的特点，有目的、有计划地进行指导。在这个过程中，学生不仅需要学习知识，而且还需要通过解决问题来培养逻辑思维能力和创新能力。同时，教学过程也关注学生的情感和价值观的培养，以及学生的科学世界观的塑造。因此，教学过程是一个全面而系统的教育过程，旨在促进学生的全面发展。

(二)有关教学过程的几种本质观

①认识—发现说。这种观点认为，教学过程是一个动态的过程，教师作为引导者，需要有目的地、有计划地引导学生逐步掌握科学文化基础知识和基本

能力。同时，在教学过程中，教师还应该注重培养学生的辩证唯物主义世界观和共产主义道德品质，帮助学生树立正确的人生观和价值观。这种观点强调了教学的综合性和教育性，旨在促进学生的全面发展。

②认识—实践说。这种观点认为，教学过程作为人类社会的一种特殊的认识过程，是教师引导学生对人类已有的知识经验进行认识和学习的活动过程。在这个过程中，学生不仅需要获取知识，而且还需要通过实践活动来培养自己的技能和能力，形成和谐发展个性的能力。同时，教学过程也是认识和实践的统一过程，学生既通过实践活动来加深对知识的理解和应用，同时也通过认识过程来指导实践活动的方向和内容。教师在整个过程中扮演着引导者的角色，需要制订科学的教学计划和目标，采用合适的教学方法和手段，引导学生掌握知识、技能和能力，促进学生的全面发展。

③交往说。这种观点认为，教学是教师教与学生学的有机统一，其实质是交往。在课堂教学中，教师与学生之间应该建立一种交互关系，通过互动、交流和合作来促进学生的学习和发展。因此，教学过程可以被视为教师和学生之间以课堂为主渠道的交往过程。在这个过程中，教师和学生通过各种方式进行互动和交流，如问答、讨论、探究等，以实现知识的传授、技能的培养、情感的交流和价值观的塑造。同时，教师也需要关注学生的个性差异和需求，尊重学生的主体地位，为学生提供良好的学习环境和支持，以促进他们的全面发展。

④多重本质说。这种观点认为，教学过程具有多层次、多类型的特点，其本质也应是多级别、多类型的，涵盖了认识论、心理学、生理学、伦理学和经济学五个方面。

第一，认识论本质。教学过程是一种引导学生掌握知识、培养认知和思维能力的活动。

第二，心理学本质。教学过程需关注学生的心理需求，培养学习能力和自我发展能力。

第三，生理学本质。教学过程需关注学生的身体健康，保护视力、听力等生理健康。

第四，伦理学本质。教学过程需关注学生道德品质的培养，树立正确的伦理观念和公民意识。

第五，经济学本质。教学过程需关注教育经济效益和社会效益的平衡，提高教育质量，优化教育资源。

这种观点强调从多个角度全面理解教学过程的内涵和价值。

(三)教学过程的本质

综合上述四种本质观，我们认为，教学过程的本质包括以下内容。

1. 教学过程主要是一种认识过程

教学过程不仅包含了心理学上的认知活动，更包含了哲学层面上的认识概念。具体而言，教学过程不只是引导学生掌握知识、培养认知和思维能力的过程，更是人脑对于客观世界积极的反映和认识的过程。在这个过程中，学生不仅需要学习知识，而且还需要通过各种方式来认识和理解世界，包括对情感、意志的发展以及个性心理品质的形成等全部活动和过程的概括和反思。因此，教学过程既需要关注学生的认知和认识活动，也需要关注学生的情感、意志以及个性心理品质的形成和发展。通过全面的引导和培养，学生可以逐步形成正确的世界观、人生观和价值观，成为全面发展和积极向上的人。

2. 教学过程是一种特殊的认识过程

教学过程作为一种特殊的认识过程，其特殊性表现在以下几个方面。

①认识对象的间接性与概括性，是指学习内容多是已知的、他人的，并且是经过提炼的认识成果。这意味着学习不是直接通过实践来获取知识，而是通过接受他人的经验和知识来间接地认识世界。这种间接性使得学习内容更加概括和抽象，因为它们是从大量的实践和经验中提炼出来的。

②认识方式的简捷性与高效性，是指通过间接知识来认识世界的方式是高效和便捷的。通过学习已经总结和提炼的知识，我们可以避免走重复探索和实践的弯路，从而更快地掌握人类的文化精华和智慧。这种简捷性和高效性使得学习更加高效和有成效，因为可以在短时间内获取大量的信息和知识。

③教师的引导性、指导性与传授性，是指在学生的学习过程中，教师扮演着重要的角色。学生由于经验和知识的不足，往往需要教师的引导和指导，以达到认识的目的。教师通过传授知识、技能和经验来帮助学生成长和发展；学

生在教师的指导下，能够避免在错误的方向上浪费精力。①

④认识的交往性与实践性，是指在学生的学习过程中，交往和实践是必不可少的。教学活动是师生之间、学生之间的一种特殊的交往活动，这种交往活动同时也具有实践的性质。通过交往和实践，学生可以更好地理解和应用所学的知识，也可以促进社会化和人格发展。

⑤认识的教育性与发展性，是指在教学中，学生的认识形成不仅是为了获取知识，更是为了促进发展和成长。通过学习，学生可以在知识、情感、意志和行为等方面获得发展，并实现完全人格的养成。这种教育性和发展性使得学习不仅是一种知识的获取，更是一种人生的成长和发展。

3. 教学过程以认识活动为基础，是促进学生身心发展的过程

教学过程旨在帮助学生更好地理解和掌握知识，形成必备的技能技巧，并培养能力。知识是教学过程的基础，通过教师的传授、指导和实践，学生能够系统地学习并掌握相关的知识体系。技能技巧是教学过程的重要方面，包括各种与实践操作和问题解决相关的技能技巧，它们是学生适应未来社会和职业发展的关键。同时，教学过程还要注重培养学生的能力，包括思维能力、创新能力、人际交往能力等，这些能力是学生实现全面发展的关键要素。

(四)教学过程的基本规律(基本特点)

教学过程是教师引导下的学生的特殊认识过程。为了高质量完成教学任务、达成培养人的使命，教师需妥善处理以下关系：间接经验与直接经验的关系、教师主导作用与学生主体作用的关系、掌握知识与发展智力的关系、知识教育与思想品德教育的关系。

1. 间接经验与直接经验相结合(间接性规律)

人们认识客观事物主要有两条途径：一是通过亲自探索和实践活动获得直接经验，这涉及直接获取第一手资料和信息；二是获取他人的认识成果，即间接经验，这主要来自书本等文献资料，是经过他人实践和总结的第二手资料。

在教学活动中，学生认识客观世界的过程需要以间接经验为主，同时也要结合直接经验。间接经验是学生学习的主要来源，因为它们汇集了人类在长期

---

① 马锐、刘东亮：《多元互动环境下教师对学生自主学习能力的干预》，载《大学》，2024(28)。

认识过程中积累的知识和智慧。然而，直接经验在学生的学习过程中也扮演着重要的角色，因为它们能够提供更直观、更具体的理解和体验。

为了达到更好的教学效果，教师需要将间接经验和直接经验有机地结合起来。这意味着，除了通过讲授和阅读书本知识来传递间接经验外，教师还需要引导学生进行实践活动、探究活动，以获取直接经验。这样的结合可以使学生更好地理解和掌握知识，培养他们的实践能力和创新思维，同时也能激发他们的学习兴趣和动力。

(1)以间接经验为主是教学活动的主要特点

学习间接经验是学生认识客观世界的根本途径。人类的知识主要源自实践，即通过直接经验获得，但个人的活动范围、时间和精力都是有限的。因此，仅仅依靠直接经验来不断扩大对客观世界的认识是不现实的。为了更全面地认识世界，必须以学习间接经验为主。间接经验是人类在长期认识过程中积累的知识和智慧，可以帮助学生避免走重复探索的弯路，更快地掌握人类的文化精华和智慧。通过学习间接经验，学生可以高效地获取知识、技能和经验，并培养自己在认知、情感、意志和行为等方面的能力，实现全面发展。

(2)学生学习间接经验要以直接经验为基础

书本知识通常以概念、定理和原理等形式呈现，这些都属于间接经验的范畴。对于学生来说，要将这些间接经验转化为自己的知识，必须建立在个人以往积累或现时获得的感性经验的基础上。具体来说，学生需要将书本知识与实践活动相结合，通过亲身体验来理解和掌握这些知识。

为了更好地促进学生的学习，教师需要充分利用和丰富学生的直接经验。这意味着，在教学过程中，教师需要注重实践环节，引导学生通过亲身实践来获得感性经验，并使这些经验与书本知识相互印证，从而加深对知识的理解和掌握。

同时，教师还需要注重培养学生的思维能力、观察能力和实践能力，以帮助学生更好地将感性经验转化为理性认识，进一步加深对知识的理解和掌握。通过这种方式，学生可以更好地将书本知识转化为自己的知识，提高学习效果和学习质量。

(3)贯彻直接经验与间接经验相统一的规律，要防止两种倾向

在教学中，要正确处理直接经验与间接经验的关系，必须避免两种倾向。

一种是过分强调书本知识的传授和学习，而忽视引导学生通过实践活动、亲身参与和独立探索来积累经验和获取知识。另一种是只强调学生通过自己的探索去发现和积累知识，而忽视对书本知识的学习和教师的系统讲授。

为了达到更好的教学效果，应该将直接经验和间接经验有机结合在一起。这意味着，在教学过程中，教师应该根据学生的实际情况和教学需求，合理安排教学活动。一方面，要引导学生通过实践活动、亲身参与和独立探索来积累经验和获取知识，培养他们的实践能力和创新思维。另一方面，要重视对书本知识的学习和教师的系统讲授，帮助学生掌握系统化、理论化的知识体系，提高他们的知识水平和综合素质。

通过将直接经验和间接经验有机结合在一起，教师可以更好地激发学生的学习兴趣和动力，帮助他们更好地理解和掌握知识，培养他们的实践能力和创新思维，达到更好的教学效果。

2. 教师主导作用与学生主体作用相统一（双边性规律）

在教学中，教师的教依赖于学生的学，学生的学离不开教师的教，教与学是辩证统一的。

（1）充分发挥教师的主导作用

教师在教学活动中发挥着重要的领导和组织作用，同时也是学生学习过程中的指导者和学习质量的检查者。他们肩负着引导学生沿着社会所期望的方向发展的责任，帮助学生成为具备所需技能和知识的人才。为实现有效教学，充分发挥教师的主导作用是普遍遵循的规律。

（2）充分发挥学生主体参与教学的能动性

在教学过程中，学生作为学习的主体，具有主观能动性。这种主观能动性主要体现在两个方面。首先，学生对外部信息具有选择的能动性和自觉性。他们选择接受哪些信息以及如何理解这些信息，往往受到他们的学习动机、兴趣、需要以及所接受的外部要求的影响。其次，学生在对外部信息进行内部加工时表现出独立性和创造性。受个体原有的知识经验、思维方式、情感意志、价值观念等因素的影响，每个学生加工信息的方式和结果都可能不同。

为了更好地发挥学生的主体作用，师生之间除了建立一种认知关系外，还需要建立一种人际交往关系。具体而言，我们需要建立一种合作、友爱、平等、民主的师生关系。在这种关系下，师生之间相互尊重、信任和理解，共同合作、友好相处，营造出一种积极的学习氛围。这样的师生关系有助于激发学生的积极性和创造力，促进他们的全面发展。

(3)教师的主导作用和学生的主体作用之间的关系

教师的主导作用和学生的主体作用是相互促进的。教师主导作用的发挥依赖于学生主体作用的发挥。只有当学生充分发挥主体作用，积极参与教学活动时，教师才能更好地发挥主导作用，实现有效教学。如果学生在学习中缺乏主动性、积极性，那么即使教师再努力，也难以收获有效的教学效果。同时，学生的主体作用发挥得好，也恰恰说明教师的主导作用发挥得好。

因此，在教学过程中，教师应该充分发挥主导作用，引导学生学习，同时也要尊重学生的主体地位，激发学生的学习兴趣和积极性，让他们成为学习的主人。

(4)把握教师主导作用与学生主体作用相统一的规律，要防止两种倾向

在教学过程中，我们不能只重视教师的作用，而忽略学生学习的主动性和创造性。同时，也不能只强调学生的作用，导致学生陷入盲目探索状态，无法系统地学习知识。

我们应该将教师的主导作用和学生的主体作用有机地结合起来。这意味着，教师在教学过程中应该发挥引导、指导和组织的作用，帮助学生掌握知识、技能和培养思维能力、创新精神等。同时，学生也应该发挥主体作用，积极参与教学活动，发挥自己的主动性、积极性，成为学习的主人。

只有将教师的主导作用和学生的主体作用有机地结合在一起，才能收获良好的教学效果。教师需要关注学生的学习需求和特点，采用合适的教学方法和手段，引导学生主动参与学习过程。同时，学生也需要积极参与到教学活动中，发挥自己的主观能动性，积极思考、探索和实践。

通过将教师的主导作用和学生的主体作用有机地结合在一起，我们可以更好地激发学生的学习兴趣和动力，帮助他们更好地理解和掌握知识，培养他们的实践能力和创新思维，达到更好的教学效果。

3. 掌握知识和发展智力相统一(发展性规律)

(1)知识和智力是两个不同的概念(区别)

知识是人类对客观世界的认知，而智力则是人们认识客观事物的基本能力。

知识的多少与能力的高低并不完全相等，智力并非完全随着知识的掌握而自然发展，它需要更多的因素和条件来支撑。

（2）掌握知识与发展智力二者是相互统一和相互促进的（联系）

掌握知识和发展智力是相互依存、相互促进的，它们在教学活动中是统一的。现代教学观认为，教学过程既是向学生传授知识的过程，又是发展学生智力和能力的过程。在这个过程中，学生不仅能够获取知识，而且还能够发展自己的智力和能力，这些能力包括解决问题的能力、创新能力、社交能力等。因此，现代教学观注重学生的全面发展，注重培养学生的综合素质，让他们成为具有创新精神和实践能力的人才。

（3）要使知识的掌握真正促进智力的发展是有条件的

①在传授知识的过程中，教师应主要传授规律性的知识，因为这种知识更具有普遍性和应用价值。

②考虑知识的量，教师应在一定时间内选择适当的知识点，避免过多的知识让学生感到压力，同时留出足够的时间让学生进行思考和探索。这样的思考可以促进学生的智力发展。

③教师应采用启发式教学方法，在整个教学过程中积极引导学生思考，激发他们的学习愿望，培养学习兴趣，并使学生始终保持对知识的追求状态。

④关注学生的个性发展，尊重学生的个别差异，注重因材施教。这不仅可以提高教学效果，而且还能帮助学生发展个性和潜力。

（4）把握掌握知识和发展智力相统一的规律，要防止两种倾向

在整个教学过程中，我们既要避免只注重训练学生的能力而忽视知识传授的倾向，也不能只强调向学生传授于实际生活有用的知识而忽视对学生认识能力的训练。只有将这两者有机地结合起来，才能提高教学质量，帮助学生既掌握知识又发展智力。因此，我们应该在引导学生学习知识的同时，注重培养他们的思维能力和解决问题的能力，以便更好地适应未来的学习和工作需求。

4.知识教育与思想品德教育相统一（教育性规律）

在教学过程中，学生掌握科学文化知识和提高思想品德修养是相辅相成的两个方面，具体体现在以下三个方面。

（1）知识是思想品德形成的基础

学生思想品德的提高有赖于其对科学文化知识的掌握。

（2）思想品德的提高为学生积极地学习知识提供动力

学习活动是一项充满挑战的脑力劳动，过程中可能会遇到各种困难。因此，学生必须具备明确的学习目的、强烈的学习欲望，并拥有较高的思想觉悟。只有这样，他们才能克服困难，持续努力，实现学习的目标。

（3）把握知识教育和思想品德教育相统一的规律时，要防止两种倾向

一种是将思想品德教育与知识教育脱节。这种情况下，思想品德教育缺乏必要的根基，无法成为有源之水、有本之木。这不仅不利于学生思想品德的提高，而且还会对系统知识的教学产生负面影响。另一种情况是只注重知识的传授，而忽视思想品德的教育。这种做法不能期待学生在学习知识后，思想品德会自然而然地提高。因此，必须将知识教育与思想品德教育相结合，以实现学生全面发展的目标。

（五）教学过程的五个阶段

①激发学习动机。这涉及引起学生对特定课题的兴趣、激发他们的好奇心和求知欲。教师需要明确学生的学习目标，并以此激发他们的学习责任感和积极性。

②领会知识。这是教学过程中的核心环节。它包括使学生对教材进行感知和理解。理解的目标是形成概念和原理，以真正把握事物的本质和规律。

③巩固知识。这是教学过程中的重要环节。巩固知识的目的是避免或减少对先前所学知识的遗忘，并为学习新的材料和知识奠定基础。

④运用知识。在教学中，运用知识并形成技能主要是通过实践来实现的，如完成各种书面或口头作业、实验等。运用知识不仅能够促进技能和技巧的掌握，而且还能够促进知识迁移能力和创造能力的培养。

⑤检查知识。教师通过作业、提问、测验等方式来评估学生的学习效果。检查知识的目的是使教师能够及时获取关于教学效果的反馈信息，以便调整教学进程和要求，并帮助学生了解自己掌握知识技能的情况，从而及时改进。

二、教学方法

教学方法是指教师为了完成教学任务、实现教学目标而采取的共同活动方式，是指教师为了引导学生掌握知识技能、获得身心发展而选择的方法。

教学方法可以根据其指导思想分为两大类：注入式和启发式。这两种教学方法是对立的：一种是"填鸭式"的，另一种则重视学生的主观能动性。

采用注入式教学方法时，教师从主观出发，将学生视为单纯接受知识的容器，将知识灌输给学生，无视学生在学习上的主观能动性。在这种思想的指导下，教师在教学中仅仅扮演了现成信息的承载者和传递者的角色，而学生则仅仅起到记忆存储器的作用。

启发式教学方法则从学生实际出发，教师采取各种有效的形式去调动学生学习的积极性，指导他们自己去学习。它以启发为教学智慧，以愤悱为引导时机，以领悟为学习境界。[①] 衡量一种教学方法是否具有启发性，关键在于教师能否促进学生积极主动地去学习，而不能仅仅根据形式来判断。

(一)常用的教学方法

根据教学活动中学生的不同认识方式，可将我国中学常用的教学方法分为五大类。

1. 以语言传递为主的教学方法

这一类教学方法被广泛运用，主要包括以下四种。

①讲授法。教师通过口头语言系统连贯地传授知识、技能，同时发展学生的智力。

②谈话法。教师和学生进行相互交谈，引导学生通过独立思考，从已有的知识和经验中获得新知识。

③讨论法。全班或小组成员在教师指导下，围绕某一中心问题发表自己的看法和见解，从而进行相互学习。这种方法需要学生具备一定的基础知识、理解能力和独立思考能力，因此在高年级运用得比较多。

---

① 许大成：《启发式教学的时代意蕴和基本路径》，载《中学政治教学参考》，2023 (41)。

④读书指导法。教师指导学生通过阅读教科书和其他参考书，以获得知识、巩固知识，并培养他们的自学能力。

2. 以直观感知为主的教学方法

这种教学方法具有形象、具体、直接和真实的特点，主要包括演示法和参观法两种。

① 演示法。教师通过展示实物、教具和进行示范性实验，来解释和验证某一事物或现象，帮助学生掌握新知识。演示法按其所使用的工具可以分为以下几类：实物、标本、模型、图片的演示；图表、示意图、地图的演示；实验演示；幻灯片、电影、录像的演示。演示法体现了直观性、理论联系实际的教学原则。

② 参观法。又称现场教学，是教师根据教学目的和要求，组织学生进行实地考察、研究，以获取新知识、巩固和验证旧知识的一种教学方法。

3. 以实际训练为主的教学方法

以实际训练为主的教学方法主要侧重通过实践训练来巩固知识，培养技能和行为习惯，并发展学生的能力。这种教学方法的特点在于，它要求学生通过实践活动，动脑、动口、动手，从而提高分析和解决问题的能力，并养成良好的行为习惯。

这类教学方法主要包括练习法、实验法、实习作业法、实践活动法四种。

①练习法。练习法是教师指导学生进行独立练习，以巩固知识、培养技能和技巧的基本教学方法，在中小学各科教学中被普遍采用。练习法的种类包括说话练习、解答问题练习、绘画和制图练习、作文和创作练习、运动和文娱技能的练习等。实施练习法的基本步骤是：教师提出练习任务，说明练习的意义、要求和注意事项，并做出示范；学生进行练习时，教师进行巡回辅导；练习结束后，教师进行系统的分析和总结。

②实验法。实验法是教师引导学生使用一定的仪器和设备进行独立操作，引起某些事物和现象的变化，从而使学生获得直接经验，培养技能和技巧的教学方法。常用于物理、化学、生物等自然学科的教学中。

③实习作业法。实习作业法是教师根据学科课程标准要求，指导学生运用所学知识进行课上或课外的实际操作，将知识运用于实践的教学方法。这种方

法在自然学科的教学中具有重要地位，如数学课的测量练习、生物课的植物栽培和动物饲养等。

④实践活动法。实践活动法是让学生参加社会实践活动，培养学生解决实际问题的能力和多方面实践能力的教学方法。在这种方法中，学生是中心，教师是学生活动的参谋或顾问。教师必须保证学生的主动参与，不能越俎代庖。

4. 以引导探究为主的教学方法

以引导探究为主的教学方法，也称为发现法，是一种教师组织和引导学生通过独立的探究和研究活动来获得知识的方法。这种方法更注重学生的主动性和独立性，以及他们在知识发现和形成过程中的参与。

发现法强调学生在教师指导下，对所提出的课题和提供的材料进行深入的分析、综合、抽象和概括，从而自行发现并掌握相应的原理和结论。这种方法关注的是学习过程，而不是仅仅关注学习结果，它要求学生主动参与到知识形成的过程中去，亲身体验知识的发现和形成过程。

这种教学方法的优势在于它可以帮助学生发展独立思考和解决问题的能力，同时也可以促进他们的创新思维和批判性思维的发展。它强调学生的主动性和自主性，鼓励他们积极参与到探究过程中，通过自己的努力和探索来获取新知识。

在实施发现法的过程中，教师需要扮演引导者和组织者的角色，为学生提供适当的学习材料和资源，引导他们进行探究和研究，并给予必要的指导和帮助。同时，教师还需要给予学生充分的自由和空间，让他们自主地进行探究和学习，以促进他们个性的发展和创新思维的培养。

5. 以情感陶冶（体验）为主的教学方法

以情感陶冶为主的教学方法是指教师有计划地引导学生处于一种类似真实的活动情境之中，利用其中的教育因素综合地对学生施加影响的一种教学方法。这种教学方法的优点在于它关注学生的情感体验，通过让学生在类似真实的情境中感受和体验，来培养学生的学习动机、丰富学生的生活体验、发展学生的创造能力，以及培养学生高尚的道德和审美情感。

以情感陶冶为主的教学方法主要包括欣赏教学法和情境教学法两种。欣赏教学法是通过引导学生欣赏各种艺术品、自然景观和社会现象，来培养他们的审美情趣和艺术鉴赏能力。情境教学法则是通过创设一种类似真实情境的教学环境,让学生身临其境地参与其中,从而加深对知识的理解和掌握。

这种教学方法的缺点在于其应用的范围有限,有些抽象的知识不能通过此法来掌握。因此,它更多的是作为辅助性的教学方法来使用。结合其他教学方法,这种教学方法的作用能够充分发挥,从而达到更好的教学效果。

(二)教学方法的选择和运用

1. 选择和运用教学方法的基本依据

教学方法的选择和运用受到多种因素的影响,以下是其中几个关键影响因素。

①教学目的和任务的要求。每一堂课都有具体的教学目的和任务,教学方法需要根据这些目的和任务进行选择和调整。

②课程性质和特点。针对不同课程的性质和教材的特点,需要采用不同的教学方法。例如,物理、化学、生物等学科需要经常使用演示法和实验法;而语文、外语、思想政治等学科则更多地采用讲授法。

③学生年龄特征。不同年龄段的学生在知识准备程度和个性发展特点上都有所不同,因此教学方法需要根据学生的年龄特征进行选择和调整。

④教学时间、设备、条件。某些教学方法需要较长的实施时间,或者需要特定的教学设备和高素质的教师条件。因此,教师在选择教学方法时需要考虑这些因素,确保教学的顺利进行。

⑤教师业务水平、实际经验及个性特点。每位教师都有自己的特长和教学风格,因此教学方法的选择需要考虑到教师的业务水平、实际经验以及个性特点。

此外,教学方法的选择和运用还受到其他因素的影响,如教学手段的运用、教学环境的变化等。因此,在选择和运用教学方法时,需要全面、具体、综合地考虑各种相关因素,进行权衡取舍,以确保教学的最优化。

2. 教学方法运用的综合性、灵活性、创造性

教学方法运用的综合性是指根据不同的教学任务和教学内容,教师需要综合运用多种教学方法,而不是长期只依赖某一种教学方法。这样可以更好地满足学生的学习需求,提高教学效果。

教学方法运用的灵活性是指在实际教学过程中，教师需要根据实际情况随时调整教学方法，使其更加适应学生的特点和教学内容的变化。

教学方法运用的创造性是指教师在把握现有教学方法的基础上，需要结合自身的教学实践和经验有所创新和创造。这样可以推动教师不断探索新的教学方法和手段，提高自身的教学水平，从而更好地促进学生的学习和发展。

因此，教师在运用教学方法时需要综合考虑教学任务、教学内容、学生特点等多种因素，灵活创造性地运用各种教学方法，以达到更好的教学效果。

三、教学评价

从心理学角度来看，教学评价是指系统地收集有关学生学习行为的资料，参照预定的教学目标对其进行价值判断的过程。其目的在于对课程、教学方法以及学生培养方案作出科学决策，以优化教学过程，提高学生的学习效果。教学评价不仅是对学生学习成果的评估，更是对整个教学过程、教学方法以及教学效果的全面评价。

(一)教学评价的内容

教学评价体系是一个多维度、全方位的考量体系，它涉及教学活动的各个层面，旨在通过细致入微的评估，为教学质量的提升和学生个性化的发展提供坚实支撑。

1. 学习成果评价

学习成果评价是教学评价的核心环节，它直接关系到学生对所学知识的掌握程度和应用能力。这一评价不仅关注学生对知识点的记忆和理解，更重视他们在实际情境中运用所学知识解决问题的能力。通过学习成果评价，教师可以准确地了解学生的学习进度和成效，进而针对存在的问题进行有针对性的辅导和强化。同时，学习成果评价也是衡量教学目标是否达成、教学方法是否有效的重要依据。

2. 教学过程评价

教学过程评价是对教师教学活动的全面审视，它涵盖了教学设计、教学方法、课堂管理等多个方面。在教学设计方面，评价关注教学目标的明确性、教学内容的合理性以及教学策略的针对性，以确保教学活动能够有序、高效地进行。在教学方法上，评价注重方法的多样性和创新性，鼓励教师采用启发式、探究式等教学方法，激发学生的学习兴趣和主动性。在课堂管理方面，评价则关注课堂氛围的营造、学生纪律的维护以及教学资源的有效利用，以确保教学活动的顺利进行。

3. 学生参与度评价

学生参与度评价是衡量学生在课堂上投入程度和积极性的重要指标。它通过观察学生在课堂上的提问、讨论、合作等表现，来评估学生的主动性和积极性。高参与度意味着学生更加主动地参与到学习活动中，能够更深入地理解和掌握知识。因此，评价学生参与度不仅有助于了解学生的学习状态，还能为教师教学策略的调整提供重要参考。

4. 学生情感体验评价

学生情感体验评价是教学评价中不可或缺的一部分，它关注学生的情感变化，如学习兴趣、学习态度、自信心等。这些情感因素对学生的学习动力和持久性有着深远的影响。通过评价学生的情感体验，教师可以更加全面地了解学生的心理状态，进而采取有针对性的措施，激发学生的学习兴趣和积极性，帮助他们形成正确的学习态度，树立自信心。

5. 教学效果综合评价

教学效果综合评价是对上述各方面因素的综合考量，它旨在通过多维度的数据分析，对教学效果进行全面、客观的评价。这一评价不仅关注学生的学习成果和教学过程，还重视学生的参与度和情感体验。通过综合评价，教师可以更加准确地了解教学活动的整体效果，发现存在的问题和不足，进而为教学改进提供有力支持。同时，教学效果综合评价也是学校进行教学质量管理、教师绩效评价的重要依据。

(二)常用的教学评价方法

教学评价作为教育过程中不可或缺的一环，其方法的恰当选择与应用直接关系到评价结果的准确性和有效性。

1. 标准化测验和非测验评价技术

(1)标准化测验

标准化测验，尤其是标准化成就测验，是教学评价中常用且重要的一种手段。这类测验通常由教育专家或学者根据严格的标准和程序编制，旨在较大范围内客观、准确地评定个体的学业成就水平。标准化测验的命题、施测、评分和解释都遵循统一的标准或规定，确保了评价结果的公正性和可比性。通过标准化测验，教师可以快速了解学生对知识的掌握程度，为教学决策提供有力依据。

(2)非测验评价技术

①案卷分析。案卷分析是一种通过细致审阅学生的作业、作品等学习材料，来深入了解学生学习情况的评价方法。这种方法不仅关注学生的学习成果，更重视学生的学习过程和思维发展。通过案卷分析，教师可以发现学生的优点和不足，为个性化教学提供指导。

②观察法。观察法是指教师或评价者使用行为检查单、逸事记录、等级评价量表等工具，在课堂上对学生的行为表现进行直接观察和记录的方法。这种方法能够真实、客观地反映学生在课堂上的学习状态，为教师提供即时的反馈信息，有助于教师及时调整教学策略。

③情感评价。情感评价是通过问卷调查、访谈等方式，收集学生对学习活动的情感体验和学习动力的信息，进而对学生的学习态度、兴趣、自信心等方面进行评价的方法。这种方法关注学生的内心世界，有助于教师更全面地了解学生的心理状态，为心理健康教育提供有力支持。

2. 同伴评价和自我评价

同伴评价和自我评价是两种强调学生主体性的评价方法。同伴评价鼓励学生之间进行相互评价，有助于培养学生的批判性思维和团队合作能力。自我评价则促使学生进行自我反思，增强他们的自我认知和自我管理能力。这两种评价方法共同促进了学生主体性的发挥，使他们在评价过程中成为积极的参与者而非被动的接受者。

3. 形成性评价和总结性评价

(1)形成性评价

形成性评价是在教学过程中持续进行的评价，旨在及时发现问题并调整教学策略。这种评价注重反馈的及时性和针对性，有助于教师根据学生的学习情况灵活调整教学计划，确保教学目标的顺利实现。

（2）总结性评价

总结性评价是在学期末或课程结束时进行的评价，旨在对学生的学习成果进行全面总结和评价。这种评价通常涉及对学生知识掌握程度、技能发展水平等方面的综合考量，为教师评估教学效果、制订后续教学计划提供重要依据。

4. CIPP 评价模式

CIPP 评价模式是一种关注教学活动和评价过程的评价模式，由背景评价（content evaluation）、输入评价（input evaluation）、过程评价（process evaluation）、成果评价（product evaluation）这几种评价组成。它将改良作为评价的首要任务。这种评价模式与心理健康教育课程的特点相吻合，强调评价的诊断性和发展性，旨在通过评价促进教学活动的持续改进和学生的全面发展。在 CIPP 评价模式下，教师不仅关注学生的学习成果，更重视教学过程的优化和教学策略的创新，这为提升教学质量和培养学生的综合素质提供了有力支持。

综上所述，教学评价的方法多种多样，每种方法都有其独特的优势和适用范围。在实际应用中，教师应根据教学目标、学生特点以及教学条件等因素，灵活选择和应用评价方法，以确保评价结果的准确性和有效性。同时，教师还应不断探索和创新评价方法，以适应教育改革和发展的需求。

第二节　课堂管理

一、课堂管理概述

(一)课堂管理的概念

课堂管理是指教师通过协调课堂内外的各种关系而有效地实现预定教学目标的过程。一般来说，教师、学生和课堂情境等因素能否相互协调影响着课堂教学效率的高低。

(二)课堂管理的功能

①维护功能。课堂管理的维护功能是指其能够保持课堂内良好的学习环境，

并有效排除各种干扰，使学生能够充分参与到学习活动中。这是课堂管理的基本功能。

②促进功能。良好的课堂管理可以提升课堂教学的效果，并推动学生的学习进步。

③发展功能。课堂管理不仅能教会学生一些行为准则，而且还可以促进他们从他律转变为自律，提升自我管理能力，并逐步发展成熟。

(三)课堂管理的目标

课堂管理的目标是构建一个积极、富有建设性的课堂环境，而非仅仅使学生保持安静并严格遵守课堂纪律。通过科学、有效的课堂管理，教师不仅可以维护课堂秩序，而且还可以提升教学效果；不仅可以提高课堂教学质量，而且还可以推动学生健康发展。通常，课堂管理有三个重要目标：首先，为学生争取更多的学习时间；其次，增加学生参与学习活动的机会；最后，帮助学生逐步形成自我管理的能力。

(四)课堂管理的原则

1. 系统性原则

课堂是一个由相互关联的特定要素组成的有机整体。这些要素之间存在内在联系，从而使课堂呈现出复杂性和多样性。这些要素不仅包括物质因素，如教学设施和教学材料，而且还包括社会心理因素，如师生关系和课堂氛围；不仅包含有形因素，而且还包含无形因素，如教学计划和教学方法。

在课堂管理过程中，我们需要立足于课堂的整体性，着眼于课堂整体的持久发展。这意味着我们需要综合考虑各种因素，以促进课堂整体的协调和平衡。通过科学的课堂管理，我们可以创造一个积极、有序、高效的学习环境，帮助学生更好地发展和学习。

2. 建立课堂常规(自组织性原则)

教室常规是指用于维持课堂秩序的行为准则，也是课堂管理的依据。例如，在上课前准备好所需的学习用具等。这些常规不仅有助于学生在课堂上保持良好的学习行为，而且还能帮助他们发展自我管理能力，促进他们的个人发展。

教师通过发展和完善课堂内部结构，并发挥积极的引导作用，可以极大地帮助学生正确理解在课堂上发生的事件和行为，并引导他们进行深刻的自我反思。这有助于学生形成责任感和自律意识，实现他们在课堂上的自我组织。

3. 内在性原则

在课堂管理过程中，我们常常更重视教师外在管理的作用，而容易忽略学生的内在管理。为了充分发挥学生的主动性和积极性，课堂管理需要发生根本性的变革。

首先，课堂管理需要为学生主动性和积极性的发挥规定目标和提供条件。这包括创造一个积极、有序、包容的学习环境，以及提供适合学生能力和兴趣的学习资源和活动。通过设定明确的目标和提供适当的条件，我们可以激发和引导学生的内在动机，帮助他们发展自我管理能力。

其次，课堂管理需要实现学生的内在控制。这意味着我们需要培养学生的自律和责任感，让他们理解课堂规则和行为准则，并鼓励他们自觉遵守。通过内在控制，学生可以更好地管理自己的行为和情绪，从而更好地适应课堂环境并取得更好的学习效果。

总之，现代课堂管理需要更加重视学生的内在管理，通过激发学生的内在动机和培养他们的自我管理能力，实现课堂的有效管理。

4. 动态性原则

动态性原则是指在课堂管理过程中，要用变化、发展的眼光看待问题。课堂环境时刻都在变化，课堂成员也在不断发展，影响课堂的因素总是在变化之中。因此，我们需要从发展的角度看待课堂中的问题、冲突和矛盾，从变化的视角认识课堂中的进展、停滞和挫折。

在课堂管理过程中，我们需要时刻关注课堂环境的变化和课堂成员的发展，及时调整管理策略和方法，以适应不断变化的情况。同时，我们也需要从发展的角度看待问题，认识到课堂中的问题、冲突和矛盾是发展中的问题，需要用发展的眼光来解决。

例如，当学生在课堂上出现不良行为时，我们需要认识到这是学生发展中的问题，需要从发展的角度看待和处理。如果只是简单地惩罚学生，可能会暂时解决问题，但从长远来看，这并不是最好的解决方法。相反，如果我们能够耐心地引导学生认识到自己的错误，帮助他们找到解决问题的方法，将会更有利于学生的发展。

5. 了解学生的需要

课堂管理不仅依赖于简单的监督和控制，而且需要深入了解学生的心理需要。学生的心理需要是课堂管理的心理依据，我们只有了解了学生的内心需要，才能更好地调整教学的目的、内容和方法，以适应学生的需要，更好地启发学生的自觉性，调动学生的积极性，从而确保教学任务的顺利完成。

在课堂管理中，教师扮演着关键的角色，他们需要建立起一个有启发性的学习环境，以促进学生的学习。然而，外因必须通过内因起作用，只有当教师真正了解了学生的心理需要，才能使教学的目的、内容和方法与学生的需要相匹配。这样，学生才会更加自觉地参与到学习中来，更加积极地发挥自己的主动性，从而保证教学的有效性。

因此，在课堂管理中，我们需要注重学生的心理需要，尊重学生的个性差异，关注学生的情感体验，了解他们的学习动机和兴趣。只有这样，我们才能更好地设计教学方案，选择适当的教学策略，有效地启发和调动学生的积极性，达到提高教学质量和效果的目的。

6. 提供正确而清晰的目标（目标原则）

课堂管理需要有正确且明晰的目标。这些目标能够直接影响和制约师生的课堂活动，并起到积极的导向作用。通过设定明确的目标，教师可以引导学生了解课堂的行为准则和期望，从而确保课堂秩序和教学效果。

此外，目标还能促使学生成为积极的课堂管理者和参与者。当学生意识到自己是课堂管理的一分子时，他们会更加自觉地遵守课堂规则，更加积极地参与学习活动。这不仅可以增强学生的自我管理能力，而且还能激发他们的求知热情，提高他们的学习效果。

因此，在课堂管理中，教师需要设定明确的目标，并将这些目标传达给学生。这些目标可以包括提高学生的学习成绩、培养良好的学习习惯、促进学生的自我管理等。通过实现这些目标，教师可以为学生创造一个积极、有序、高效的学习环境，帮助他们更好地发展和学习。

7. 建立积极的师生关系

课堂教学过程是一个师生情感交流、思想共鸣的过程。课堂气氛对学生的学习效率有着重要的影响。积极、和谐、愉快的课堂气氛和良好的师生关系，有助于提高学生的学习积极性和学习效果。

在积极的教学环境中，教师与学生之间的相容性增大，相互促进，学生更愿意接纳教师的指导。教师的行为和态度会对学生产生潜移默化的影响，学生的学习热情和学习动力也会被激发。

有教学艺术的课堂才会吸引学生。因此，教师需要在课堂上营造积极、和谐、愉快的气氛，注重与学生的情感交流，关注学生的学习状态和需求，以实现高效、顺利的教学活动。这需要教师具备良好的教育素养和人际交往能力，以及对学生的尊重和理解。

8. 激发学生的学习积极性(激励原则)

在课堂管理时，教师应该通过各种有效手段，最大限度地激起学生内在的学习积极性和求知热情。要激发学生的积极性，首先，教师要在课堂上努力创设和谐的教学气氛；其次，教师在课堂管理中应发扬教学民主，鼓励学生主动发问、质询和讨论；最后，教师也要对学生进行严格要求和给予必要的批评，有说服力的批评也是对学生的激励。

9. 及时而认真地进行反馈(反馈原则)

教师应该运用信息反馈原理，主动地调节和修正课堂管理。为了使课堂管理的措施更具有针对性和有效性，教师对措施的选择必须建立在对班级学生的思想和学习特点进行了解和分析的基础上。这要求教师在备课过程中认真调查教育对象的具体情况，并分析研究必要的管理对策。此外，课堂管理中的反馈还要求教师不断分析把握教学目标与课堂管理现状之间的偏差，运用教育机智，因势利导，善于在变化的教学过程中寻求优化的管理对策，而不是拘泥于一成不变的管理方案。

(五)影响课堂管理的因素

1. 来自学生方面的因素

(1)学生的学习风气

在一个学习和纪律状况欠佳的班级，教师可能会面临较大的挑战，因为学生的参与度和专注度可能较低，这会增加教师课堂教学的难度。在另一个学习和纪律状况良好的班级，教师会感到相对轻松和愉悦，因为学生能够积极参与并遵守课堂规则。

良好的学习风气是科任教师、班集体(包括班主任)长期努力的结果。为了营造良好的学习风气,科任教师和班主任应该密切配合,采取有效的方法来形成积极的课堂群体规范和氛围。通过这种方式,教师可以规范全班的课堂活动,并确保学生能够在专注和积极参与的状态下学习。

(2)学生的学习兴趣和求知欲

学习兴趣和求知欲是影响学生注意力、自制力、学习积极性的重要内在因素。因此,在课堂教学过程中,积极激发学生的学习兴趣和求知欲是有效管理课堂的关键手段。

(3)学生的疲劳程度

在课堂教学过程中,学生长时间专注于思考和紧张的气氛容易导致疲劳,这可能会影响他们注意力的集中。因此,课堂管理应该考虑到学生的疲劳程度,采取相应的措施来帮助他们调节。这些措施可能包括降低教学难度、穿插有益的活动等,以帮助学生更好地集中注意力并保持学习积极性。

(4)学生的自制力

学生能够自觉地排除外界干扰,努力克服各种困难,凭借坚定的意志力保持注意力集中。这对于课堂教学的顺利进行具有积极的影响。

(5)学生对教师的期望

人们对教师在学校情境中执行任务时往往存在一种固定的看法。即使某位教师的外貌和谈吐并不符合这种固定的期望,人们仍然会按照这种固定的看法来解读和解释教师的行为。这就是所谓定型期望,它包括人们对教师理应表现的行为、动机和意图的期望。这种定型期望的形成,往往是教师长期交往方式和一般行为的结果。

2. 来自教师方面的因素

(1)教师的领导风格

教师的领导风格对课堂管理有着直接的影响。参与式领导风格和监督式领导风格在课堂管理上有着各自独特的影响方式。选择参与式领导风格的教师注重创造自由风气,鼓励学生自由发表意见,并不会将自己的意见强加于人。而选择监督式领导风格的教师则表现得较为冷淡,只关注集体讨论的进程,并经常监督学生的行为是否有越轨之处。如果教师选择参与式领导风格,那么课堂管理的效率可能会更高；而如果选择监督式领导风格，可能会形成一种假象，即表面上看起来课堂管理得井然有序，但实际上被管理者并非真正自愿接受管理。

（2）教师的威信

一位有威信的教师，仅凭简单的一句话或一个眼神，便能迅速改变乱哄哄的课堂，使课堂恢复安静。因此，教师应当致力于提升自身的学识、能力水平以及品行修养，以此来树立威信，增强在课堂管理上的影响力。

（3）教师的语言、声调、动作、表情

语言是进行教学的重要工具，它对于集中学生的注意力起着至关重要的作用。因此，教师需要精炼教学语言，使自己的话语清晰准确、有力鲜明、生动形象，同时富有一定的启发性和感染力。此外，教师还要善于利用声调的变化（包括语音的高低、强弱、速度、节奏等），以及丰富的动作和表情来辅助教学，以达到更好的教学效果。

（4）教师注意的分配情况

在课堂教学中，学生普遍存在一种心理需求，即希望自己能够得到教师的关注。教师的关注对于他们来说意味着被发现、被认可、被重视、被关怀和被喜爱。这种关注可以触及学生的心灵深处，激发他们的积极情感，甚至比单纯的表扬更加有效。

（5）教师的教育机智

教育机智是教师的关键素养，贯穿于教育实践全过程，体现了教师对教育情境的科学理解，既包括正确选择与实施教育对策，还包含对教育行为及其结果的调控与反思。[1]

教师对课堂教学突发情况的处理，不仅关乎课堂秩序的维护，还会影响教师的教学威信，并对教师未来课堂管理产生连锁影响。如果教师缺乏教育机智，就可能在变化莫测的课堂中陷入困境，甚至因为简单化的处理方式而事与愿违。

3. 来自课堂学习环境方面的因素

安静幽雅的教室环境有益于学生的学习和教师的课堂管理。此外，教室的

---

[1] 鲍伟红：《教师专业发展视野中的教育机智》，载《教育理论与实践》，2021（32）。

色彩、直观教具的使用情况、教师的着装和言行举止以及座位排列等因素，也构成了教室环境的一部分，它们对课堂管理具有一定的影响。

二、课堂气氛管理

(一)课堂气氛的类型及特征

课堂气氛通常是指在课堂上占主导地位的态度和情感的综合状态，是学习的重要社会心理环境。

根据师生相互作用的方式不同，可以将课堂气氛划分为以下几种。

1. 积极的课堂气氛

积极的课堂气氛主要表现为：课堂纪律良好，师生关系和谐；学生精神饱满，注意力集中，全神贯注地聆听，积极主动地思考，反应迅速且准确，发言积极；教师善于引导和启发学生，课堂气氛活跃且融洽。

2. 消极的课堂气氛

消极的课堂气氛主要表现为：课堂纪律问题较多，师生关系疏离；学生精神萎靡，注意力分散，反应迟缓；大部分学生处于被动应对教师的状态；不少学生心不在焉，情绪压抑等。

3. 一般型课堂气氛

在众多教学中，大部分的课堂气氛属于一般型课堂气氛，既没有过于积极也没有过于消极。这种类型的课堂气氛下，课堂教学能够正常进行，但教学效果并不突出。

4. 对抗的课堂气氛

对抗的课堂气氛主要表现为：课堂纪律问题严重，师生关系紧张；学生随意行事，各行其是；学生的注意力集中在无关对象上；教师无法正常上课，经常被学生打断或不得不停止授课来维持课堂纪律。这是一种基本失控的课堂状态。

(二)影响课堂气氛的因素

课堂气氛是在师生互动过程中产生的，主要受到教师、学生和课堂内物环境这三个因素的影响。

1. 教师因素

教师是课堂教学的核心领导者,他们的领导方式、移情能力、对学生的期望、情绪状态以及教学能力等因素,都对课堂气氛起着决定性的作用。

(1)教师的领导方式

教师的领导方式是教师用来行使权力和发挥领导作用的行为方式。勒温(Lewin)将教师的领导方式分为集权型、民主型和放任型三种类型。集权型的教师只关注教学目标,对学习任务和效率非常重视,但对学生的关心不够,导致师生之间的社会心理距离较大。民主型的教师注重鼓励和协助学生的学习,关心并满足学生的需求,营造民主与平等的氛围,师生之间的社会心理距离较近。放任型的教师对全体学生的需求不重视,对学生无要求、无评估,工作效率低,人际关系淡薄。这三种不同的领导方式会使学生产生不同的行为反应,从而形成不同的课堂气氛。研究发现,当教师采用民主型的领导方式时,学生在活动中会表现出极大的兴趣和主动精神,善于合作,活动效果很好。

(2)教师的移情能力

教师的移情是指教师将自己的情绪或情感投射到学生身上,能够感受到学生的情感体验,并引发与学生相似的情绪反应,从而产生和谐的心理互动。教师通过移情体验,产生熟悉感、和睦感、理解感和睿智感等。而学生通过移情体验,产生接近感、安定感、共鸣感和依赖感等。移情就像师生之间的一座桥梁,将师生的意图、观点和情感连接起来,形成暂时的统一体,有助于创设良好的课堂气氛。

(3)教师对学生的期望

教师对学生的期望是指教师对学生未来可能达到的心理、智力、知识、能力、行为等方面的状况的预先判断和设定。这种内在的期望会通过教师的教学行为和态度来体现,从而影响学生的自我认知和学业表现。教师期望效应的实现过程包括四个环节:教师形成期望、教师传递期望、学生内化期望以及教师维持或调整期望。这些环节紧密相连,形成一个循环往复的环状结构,不断影响学生的学习状态。研究表明,教师期望对课堂气氛产生影响的途径有四种。①接纳与倾听。教师接纳学生意见的不同程度会创造出不同的社会情绪氛围。②反馈与评价。教师通过提供不同类型和数量的信息、与学生进行不同频率的互动等手段，向不同的学生提供不同的反馈。③教学内容与方式。教师为不同的学生提供不同难度和数量的学习材料，对问题做出不同程度的解释、提醒或暗示。④提问与答疑。教师是否允许学生提问和回答问题，以及听取学生回答问题的耐心程度等，都会对课堂气氛产生不同的影响。

(4)教师的情绪状态

教师常常对自身的教学能力和知识水平进行自我评估，并在此基础上产生情绪体验。如果对自己的评估过高，教师会产生过度的优越感，从而导致对教学准备不足，课堂表现随意性大，即使课堂气氛活跃，也难以达到理想的教学效果。反之，如果对自己的评估过低，教师则会产生焦虑感，在课堂上忧心忡忡，唯恐教学失去控制，害怕出现教学失误，处处小心谨慎。一旦学生发生问题行为，教师为了保全自己的面子，可能会做出不适当的反应，从而导致不良的课堂气氛。只有当教师的自我评估适中时，才有利于教师能力和水平的充分发挥，激发教师的教育创造能力和教育机智，使教师积极改变课堂现状，有效而灵活地处理课堂问题，避免呆板或恐慌反应，从而推动教师不断努力以谋求最佳课堂气氛的营造。

(5)教师的教学能力

课堂气氛与教师的教学能力息息相关。其中，教师的言语表达能力会对教学效果产生重大影响，从而直接制约着课堂气氛。如果教师能够以清晰、适度的语速和抑扬顿挫的语调进行表达，同时充满感染力，这将十分有利于形成积极向上的课堂气氛。

2. 学生因素

课堂气氛是由师生共同营造的，学生作为课堂活动的主体，其自身特点也会对课堂气氛产生重要影响。如果学生之间关系良好，彼此团结、心理相容、凝聚力强，便容易形成积极的课堂气氛；反之，如果学生之间互相争斗、心理疏离、凝聚力弱，则难以形成良好的课堂气氛。学生自觉遵守课堂纪律，不仅有助于个体的社会化、良好品德的形成，而且有利于良好的课堂气氛的营造。总之，尊师重道、互助互学、比学赶帮、友好团结、紧张活泼的学风的形成，对于改善人际关系，提高学习士气，形成良好的课堂气氛具有极为重要的作用。

3. 课堂内物环境因素

课堂内物环境，也称为教学时空环境，主要是由教学时间和空间因素构成的特定教学环境。它涵盖了教学时间的安排合理与否、班级规模的大小、教室内的设备充足与否、有无乐音或噪声、光线是否充足、空气是否清新、温度是高还是低等因素。尽管这些因素并不是决定课堂气氛的主要原因，但它们的优劣会对课堂气氛的营造产生促进或阻碍作用。

(三)创设积极的课堂气氛的方法

1. 发挥教师的主导作用

教师在营造良好的课堂氛围中扮演着主导角色。如果教师能够巧妙地组织课堂教学，熟练地运用语言艺术，以良好的情绪情感感染学生，并擅长处理课堂问题，那么他们将更容易创设出积极和谐的课堂气氛。

(1)具备较高的业务素养

教师应具备渊博的知识，能够深入钻研教材，清晰了解知识的来源和脉络，并采用优化方式和手段传授教学内容，使学生一听就懂、一学就会。这是教师能动地与学生互动的先决条件，也是有效掌控课堂气氛的关键所在。否则，教师将只能处于应付状态，处处被动，难以实现默契配合和情感相融。

(2)具备一定的教学能力

为了营造良好的课堂气氛，教师必须具备一定的教学能力。这些能力主要表现在以下几个方面。

① 教学组织能力。教师需要具备出色的教学组织能力。教师需要根据教学计划，合理安排各个教学阶段，确保学生能够迅速而有序地从一个阶段过渡到另一个阶段。同时，教师还需要维持课堂秩序，确保学生的注意力始终集中在课堂上。

② 观察与洞悉能力。优秀的教师需要具备敏锐的观察力，能够洞察课堂内发生的每一个细微变化。他们不仅要关注学生的学习进度，而且还要细心观察学生的情感状态，以便及时发现并解决潜在问题，为学生提供更精准的指导和支持。

③ 兼顾能力。在繁忙的课堂中，教师需要具备兼顾多个学生和任务的能力。他们需要在同一时间内关注多个学生的学习状态，确保每个学生都能得到

应有的关注。同时，教师还需要处理各种教学任务，如讲解、提问、指导等，确保课堂的有序进行。

④ 维持参与能力。为了激发学生的学习兴趣和积极性，教师需要采取多种教学组织形式，如小组讨论、角色扮演等。这些活动能够让学生更好地参与课堂讨论和活动，提高他们的思维能力和表达能力。同时，教师还需要关注每个学生的参与度，确保每个学生都有机会展示自己。

⑤ 情境创设能力。生动的教学情境能够激发学生的学习兴趣和求知欲。教师需要具备创设教学情境的能力，借助现代化的教学手段和方法，如多媒体、模拟实验等，为学生营造一个真实、有趣的学习环境。这样的环境能够吸引学生积极主动地参与教学活动，从而成为学习的主人。①

（3）讲求教学艺术

研究表明，学生是否主动参与学习是衡量课堂气氛是否优化的最显著特征。因此，教师需要了解学生的心理特点和当前的心理状态，有针对性地给予指导、启发和激励。同时，教师还需要提供与学生知识基础、接受能力和承受能力相适应的信息刺激。教学内容应该具有启发性、趣味性，能够激发学生的思维和兴趣。此外，教师还需要注重在学习过程中培养学生的责任感、义务感和求知欲等，引导学生以主人翁的态度投入学习之中。

在课堂教学中，教师需要避免当着全班学生的面责罚某一个学生。这种行为不仅会让被责罚的学生感到尴尬和不安，而且还可能引起其他学生的恐慌和焦虑，进而影响整个课堂气氛。教师需要以温和、善意的方式与学生沟通，及时纠正学生的错误行为，并引导他们树立正确的价值观和行为准则。

（4）重视情绪情感在教学中的应用，以积极的情绪感染学生

当学生在认知过程中产生积极愉快的情绪时，他们的学习兴趣会被前所未有地激发。带着这种积极愉快的情绪去学习，学生能够保持精神振奋，提高对知识的感受性，活跃思维和想象力，增强意志力，并增强记忆力，从而获得最佳的学习效果。

教学不仅是教师单纯传授知识的过程，更是师生双方情感与理智的动态交

---

① 徐冬蕾：《初中英语课堂教学情景创设探究》，载《中小学外语教学（中学篇）》，2022(2)。

往过程。在课堂教学中，如果教师能够倾注积极的情感和真诚的爱心，必然会感染并打动学生，从而在师生之间产生情感共鸣。这样，学生能够"亲其师，信其道"，和谐的师生关系和良好的课堂气氛也会随之形成。

（5）教师的自我控制与对偶然事件的控制

当教师踏入校门，他们应该将个人的所有不快和烦恼留在门外，因为在校园里，他们是致力于教育的。因此，教师必须具备掌控自身情感、语言、教态和行为的能力，并积极创造出生动活泼的课堂气氛。在处理课堂突发事件时，作为课堂教学的掌舵人，教师需要展现出机智果断的手段，顺应情况做出改变，以优化课堂气氛，确保教学的顺利进行。

（6）形成适度的期望

教师应该对每个学生形成适度的期望，以产生良好的期望效应，促进学生向更积极的方向发展，并营造和谐的课堂气氛。

（7）维持适度焦虑

教师对自身教学能力和知识水平的不恰当评估，往往会导致焦虑的产生。然而，只有当这种焦虑处于中等程度时，教师才会积极寻求改变课堂状况，以有效且灵活的方式处理课堂上的问题，并不断努力以创造最佳的课堂气氛。良好的自我意识是教师维持适度焦虑的关键因素。

2. 尊重学生的主体地位

要营造良好的课堂气氛，关键在于教师要有效调动学生学习的主观能动性，使学生真正成为教学的主体和学习的主人。

3. 构建和谐的师生关系

课堂中的师生关系直接决定着课堂气氛的形成。为了使师生关系更加和谐，可以采取以下措施。

①实现师生民主平等。教师要尊重学生的人格、自尊心和正当的兴趣爱好，同时充分信任学生，对每个学生都寄予厚望，以唤起学生的自信心和对美好前途的憧憬。

②树立教师的威信。教师需要在学生中树立一定的威信，以维护课堂秩序和促进学生学习。

③关心爱护学生。教师需要关心爱护每一个学生，克服偏见，公正无私，

把爱奉献给每个学生。通过关心爱护学生，师生之间可以建立起和谐的关系，从而有助于提高学生的学习积极性和自信心。

以上措施的实施，可以有效地促进师生关系的和谐发展，进而营造出积极、健康、有序的课堂气氛。

三、课堂纪律管理

（一）课堂纪律的概念与特征

课堂纪律是指为保障或促进学生的学习而设置的行为标准及施加的控制。良好的课堂纪律是课堂教学得以顺利进行的重要保障，有助于维持课堂秩序，减少学习干扰，也有助于学生获得情绪上的安全感。课堂纪律具有约束性、标准性和自律性三大特征。

根据形成途径，课堂纪律一般可分为以下四类。

1. 教师促成的纪律

班级行为规范是在教师的指导帮助下形成的，是适用于课堂秩序的准则。在刚入学阶段，学生往往需要更多的监督和指导，因此课堂纪律主要是由教师来制定和维持的。然而，随着学生年龄的增长和自我意识的增强，他们开始反对教师的过多限制，但这种教师促成的纪律仍然是课堂纪律的一种重要类型。

2. 集体促成的纪律

群体行为规范是在集体舆论和集体压力的作用下形成的，它反映了群体的行为准则和价值观。从学生入学开始，同辈群体就在促进学生社会化方面发挥着重要的作用。随着年龄的增长，学生受到同辈人的影响越来越大，他们开始以同辈群体的集体要求和价值判断为自己的行为准则，以此为理由去执行某件事情。

3. 任务促成的纪律

具体任务对学生的行为提出了具体的要求。在日常学习过程中，每项学习任务都有其特定的要求或纪律。例如，在课堂讨论中，学生需要积极参与、发表观点；在野外观察中，学生需要认真观察、记录；在制作标本时，学生需要细心制作、保护标本等。

4. 自我促成的纪律

简单来说，自律是个体自觉努力下由外部纪律内化而成的内部约束力。它是个体自我管理和自我约束的一种体现。形成自我促成的纪律是课堂纪律管理的最终目标，这需要个体具备高度的自律能力，能够自觉地遵守自己制定的规范和要求。

(二)课堂结构与课堂纪律

学生、学习过程和学习情境是课堂的三大要素，它们相对稳定的组合模式构成了课堂结构。课堂结构包括课堂情境结构和课堂教学结构。

1. 课堂情境结构

①班级规模的控制。班级规模过大可能会限制师生之间的交流和学生参与课堂活动的机会，从而影响课堂教学效果。

②课堂常规的建立。课堂常规是每个学生必须遵守的最基本的日常课堂行为准则，它赋予学生的课堂行为以特定的意义，使学生明白行为所依据的价值标准，并具有约束和指导学生的课堂行为的功能。

③学生座位的分配。研究发现，教师在分配学生座位时主要关注的是减少课堂混乱。然而，教师最应该关注的是对人际关系的影响。学生座位的分配既要考虑有效控制课堂行为，预防纪律问题的发生，又要考虑促进学生之间的正常交往，形成和谐的师生关系。

2. 课堂教学结构

①教学时间的合理利用。学生在课堂上的活动可以分为学业活动、非学业活动和非教学活动三种类型。通常情况下，用于学业活动的时间越多，学业成绩就越好。

②课程表的编制。课程表是保证课堂教学有序进行的重要条件。在安排课程时，需要将核心课程安排在学生精力最充沛的时间段，同时还要注意不同性质学科的交错安排。

③教学过程的规划。教学过程的合理规划是维持课堂纪律的重要条件之一，许多纪律问题都是由教学过程的规划不合理所导致的。

(三)维持课堂纪律的策略

①建立有效的课堂常规。制定有效的课堂常规是维持课堂秩序和促进有效

教学的重要保障。积极有效的课堂常规通常具备以下特点：首先，由教师和学生共同讨论和制定，以确保规则的针对性和可行性；其次，尽量精简，避免过多的规则让学生感到困惑和压力；最后，内容表述以正面引导为主，鼓励学生自觉遵守规则，树立良好的课堂行为习惯。

②合理规划教学过程。为了提高教学质量、维持课堂纪律，教师需要采取以下措施：首先，增加学生参与课堂的机会，激发他们的学习积极性和主动性；其次，保持紧凑的教学节奏，合理安排学业任务，确保学生能够有效地掌握知识；最后，处理好教学活动之间的过渡，使学生能够顺利地从一个环节过渡到下一个环节。

③做好课堂监控。教师需要及时预防或发现课堂中的纪律问题，并通过言语提示、目光接触等方式提醒学生注意自己的行为。

④培养学生的自律品质。促进学生形成和发展自律品质是维持课堂纪律的最佳策略之一。为了实现这一目标，教师应该采取以下措施：首先，对学生提出明确的要求，加强课堂纪律的目的性教育，让学生明白遵守纪律的重要性；其次，引导学生对遵守纪律持有正确积极的态度，产生积极的情感体验，并学会自我监控；最后，利用集体舆论和集体规范等有效手段，促使学生自律品质的形成和发展。

四、课堂问题行为管理

(一)课堂问题行为的概念与性质

1. 课堂问题行为的概念

问题行为指不能遵守公认的正常规范和道德标准，不能正常与人交往和参与学习的行为。这样的行为不仅影响学生的学习，而且常常引起课堂纪律问题，影响教学质量。

2. 课堂问题行为的性质

①课堂问题行为是一种普遍行为。课堂问题行为普遍存在，不管是学优生还是学困生都有可能产生问题行为。

②课堂问题行为是一种消极行为。课堂问题行为干扰教学的正常进行，影响教学效率，是一种负面的、消极的行为。

由此可见，课堂问题行为的基本特征为普遍性、消极性，其程度以轻度为主。

(二)课堂问题行为的类型

课堂问题行为多种多样，可以根据不同标准进行不同的分类。目前最普遍的一种分类是按照学生行为表现的倾向，分为外倾性问题行为和内倾性问题行为两类。

外倾性问题行为主要包括相互争吵、挑衅、推撞等攻击性行为，这类行为容易被觉察，会直接干扰课堂纪律，影响正常教学活动的进行。因此，教师对这类行为应果断、迅速地加以制止，以防其在课堂中蔓延。

内倾性问题行为主要表现为在课堂上心不在焉、胡思乱想、做白日梦、发呆等注意力涣散行为。这类问题行为大多不会对课堂秩序构成直接威胁，因此不容易被教师察觉。但是，内倾性问题行为对教学效果有很大影响，对学生个人的成长危害也很大。因此，教师在课堂管理中不能只根据行为的外部表现判断问题行为，不能只控制外倾性问题行为，对内倾性问题行为也要认真防范、及时矫正。

(三)课堂问题行为产生的原因

1. 学生方面的因素

学生的课堂问题行为可能由多种因素引发，包括适应不良、厌烦情绪、挫折与紧张、寻求注意与地位、过度活动以及性别差异等。

2. 教师方面的因素

引起学生课堂问题行为的教师方面的因素主要有以下几点。

①教学内容和难度与学生的认知发展水平不匹配。

②教学方法只考虑全班教学，而没有考虑适应个别差异。

③教师对学生限制过多，采取凌驾其上的态度。

④教师要求不当。有的要求过于严格，导致师生矛盾和冲突加剧；有的要求过低，导致学生散漫、毫无纪律约束。

⑤教师在课堂上营造了过于强烈的竞争氛围。

⑥滥用惩罚手段。惩罚不当容易使学生产生怨恨情绪，诱发攻击性或退缩性问题行为。

⑦教师缺乏自我批评的精神。

3. 环境方面的因素

学生课堂问题行为的产生还与环境影响密切相关。这种影响主要包括家庭、大众媒体和课堂内物环境等方面。

(四)课堂问题行为的处置与矫正

1. 课堂问题行为的处置

(1)事先预防课堂问题行为的发生

①确立学生的行为准则。明确日常学校生活中的行为标准，让学生对此有清晰的认识。

②帮助学生获得积极的成功体验。成功的经验往往能够激发学生的愉悦情绪，降低挫折感，从而有效避免或减轻问题行为。

③营造积极的课堂环境。有效的课堂行为管理在很大程度上依赖于良好的课堂环境。

④建立和谐的师生关系。教师应热爱并尊重学生，实现师生之间的情感交流与互动。

(2)正确对待学生的课堂问题行为

对于积极的课堂行为，我们应该给予肯定和鼓励。对于中性的课堂行为，教师不宜中断正常教学来公开指责，以免干扰其他同学的注意力。教师可采取给予信号、邻近控制、向其发问、暗示制止和课后谈话等措施，防止中性的课堂行为向消极的课堂行为转化。对于消极的课堂行为，适当的惩罚是必要的。但要注意明确惩罚的目的，是让学生通过努力避免惩罚，而不是让他们去"体验"惩罚。惩罚的方式不能伤害学生的自尊心，惩罚的程度要适当，惩罚必须与说理相结合，不能为了惩罚而惩罚。此外，不要期望一步到位地消除消极的课堂行为。应先将消极行为转化为中性行为，然后再将中性行为转化为积极行为。

2. 课堂问题行为的矫正

首先，熟悉课堂问题行为矫正的内容。通常包括以下几个方面。①正确认识课堂问题行为。这是有效矫正行为的前提条件，没有正确的理解，就不可能进行有效的矫正。②消退处理。教师通过避免对课堂问题行为的强化(包括有意识强化和无意识强化)，从而帮助学生消除这些问题行为。③积极塑造。更积极的矫正方法不仅需要消退学生的课堂问题行为，而且还要努力塑造和发展学生新的、良好的行为模式。

其次，遵循课堂问题行为矫正的原则。矫正过程中应遵循的原则有：多奖少惩原则、一致性原则、结合性原则。

最后，执行课堂问题行为矫正的程序。课堂问题行为矫正的程序包括六个基本环节：①觉察。觉察课堂中的问题行为和潜在问题行为是矫正行为的第一步。②诊断。通过深入了解，明确问题行为的性质及其严重程度。③目标。在诊断的基础上，制定明确的矫正目标，并确定采取哪些有效的矫正措施和方法来达到这一目标。④改正。一旦目标和矫正方法确定，就需要着手改正问题行为。这需要采取积极的态度和有效的措施，以确保问题行为得到纠正并逐渐消失。⑤检评。对问题行为的改正效果应进行及时的评估和反馈，以便了解矫正措施的有效性，同时也能及时调整方案，确保问题行为的持续改善。⑥追踪。在消除了问题行为之后，还需要进行长期的追踪和观察，通过积极的强化和塑造，发展出新的良好行为模式，并确保这些良好行为的表现逐渐趋于稳定。值得注意的是，对于一些较为复杂或严重的课堂问题行为，可能需要借助心理辅导来处理和矫正。在这种情况下，教师应积极协助心理健康教育教师，为有问题的学生提供针对性的帮助和支持。

单元测试

一、单项选择题

1. 如果教学目标是使学生尽快地掌握基本知识和技能，则宜采用（　　　）。

A. 以教师为中心的讲授策略

B. 师生互动策略

C. 以学生为中心的发现学习

D. 合作学习策略

二、简答题

2. 常见的教学方法有哪些？

第十四章　教师职业心理

>>> 学习目标

1. 理解教师的角色期待和角色冲突，熟悉建立威信的途径。

2. 了解教师的职业心理特征。

3. 了解教师的教育能力，熟悉教师成长的历程和途径。

4. 了解维护教师心理健康的方法。

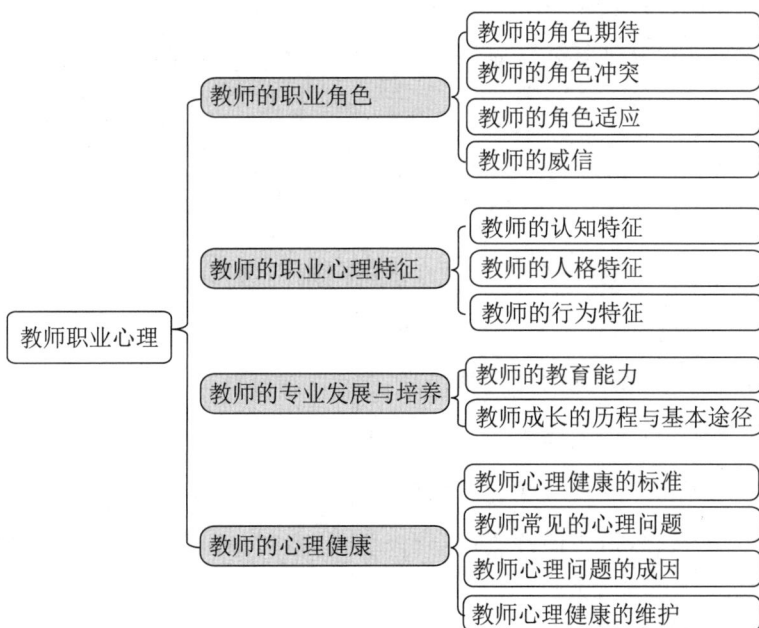

【案例导入】

　　中学教师张老师是一位有丰富教学经验的老教师。他在课堂上一直很受学生欢迎，被学生称为"知心大哥"。但在教育管理部门看来，他却不是一个十分令人满意的教师。

教育管理部门认为，张老师在教学上的表现不够突出，教学方法过于单一，不能激发学生的学习兴趣，导致学生的学习成绩普遍较低。而且，张老师在与家长沟通时也显得不够专业，经常过于感情化，让家长产生不信任感。

张老师自己也感到很困惑。他觉得自己已经做了最大的努力，但总是不能得到教育管理部门和家长的认可。他认为自己的角色定位很明确，就是做一个让学生喜欢的教师，但这种想法与教育管理部门对教师的期望产生了冲突。

在这个案例中，我们可以看到教师的角色期待和角色冲突。教育管理部门和家长对教师的期望是在教育上专业化，能够有效提高学生的学习成绩，而张老师则更注重满足学生的情感需求和做一个受学生欢迎的教师。这种不同的角色期待导致了张老师的角色冲突，使他在工作中感到困惑和压力。

为了解决这种角色冲突，张老师需要建立自己的威信。除了提高自己的教学能力外，他还应该注重与家长的有效沟通，让家长了解自己的教育工作，增强家长对自己的信任感和认可度。同时，张老师也应该更加关注学生的学习成绩，积极探索新的教学方法，激发学生的学习兴趣，从而提高学生的学习成绩。

第一节　教师的职业角色

教师角色是指由教师的社会地位所决定，并被社会所期望的行为模式。它不仅代表了教师在社会团体中的地位和身份，也包含了社会对教师个体行为模式的期望。作为特殊的社会角色，教师生活在复杂的社会关系中，他们不可避免地拥有多种社会身份，而社会也会对他们的不同身份赋予不同的期望。

一、教师的角色期待

教师角色具有多重性，这是因为社会对教师的期望具有多样性。学校教育活动丰富多彩，尤其是教育对象的需求多种多样，这决定了教师角色的多重性。社会对每一种社会角色所规定的行为规范和要求，称为角色期待。在历史上，社会对教师的角色期待经历了从长者为师到有文化知识者为师，再到教师即"传道受业解惑"者的演变历程。在今天，科技和社会的进步促使教育在各方面都发生了巨大的变化，这种变化使得人们对教师的角色期待增添了新的内容。

(一)学习的引导者和促进者

尽管教师一直被视为知识的传授者，但现代教育心理学的研究显示，学生的学习是一个积极主动的知识建构过程。因此，教师更应该扮演学生学习过程中的引导者和促进者的角色，而不仅仅是"知识传送的机器"。

(二)行为规范的示范者

在学生道德品质和健康人格的培养过程中，教师的示范作用是至关重要的。中国古代非常强调"身教重于言教"，"其身正不令而行，其身不正虽令不从"就是对身教重要性的精辟阐述。为了发挥示范作用，教师必须严格要求自己，不断加强道德修养。他们不仅需要具备很强的道德认知能力和判断能力、高尚的道德情操和良好的道德行为习惯，还需要具备强烈的责任心和社会责任感。

(三)班集体的管理者

作为班集体的管理者，教师承担着领导者的责任，需要对班级的各项活动进行有效的组织和引导。他们需要注重发挥集体的作用，加强对班集体的建设，以培养学生的集体意识和团队精神。通过组织各种活动，教师帮助学生增强集体荣誉感和责任感，促进他们的全面发展。①为了形成一个合理且明确的班集体规范，教师需要制定明确的规章制度和行为准则，并确保每个学生都了解并遵守。这些规范应该涉及课堂秩序的维持、作业的提交和评价，以及有关班级日常生活的规定等。通过明确的制度和准则，教师可以帮助学生养成遵守纪律的习惯，促进良好的班级氛围的形成。②教师需要认识到学生群体中非正式规范所具有的积极作用，并合理运用这些规范来促进班级的发展。非正式规范是指学生在相互交往中自然形成的习惯、风气和舆论等，它们对于班级的凝聚力和秩序有着重要的影响。教师可以通过引导学生树立正确的价值观和行为准则，以及营造积极向上的班级氛围，来发挥非正式规范的积极作用。同时，教师也需要关注非正式规范可能带来的消极影响，并及时采取措施进行引导和纠正。③为了强化集体的规范，教师需要开展丰富多彩的活动，让学生在轻松愉快的氛围中了解并遵守集体的规范。这些活动可以包括团队建设活动、主题班会、课外文化活动等。通过参与这些活动，学生可以更好地融入集体，增强集体意识，培养团队精神。同时，教师也可以通过这些活动发现学生在遵守规范方面存在的问题，并及时进行引导和纠正。④教师需要善于利用小组合作与竞争的优势来促进班级的发展。通过小组合作，学生可以互相学习、互相帮助，提高学习效果和团队合作能力；而通过小组竞争，学生可以激发积极性和创造力，增强竞争意识和集体荣誉感。教师可以根据学生的学习情况和个性特点进行合理分组，并制定合适的合作与竞争机制，让学生在小组中发挥自己的优势，为班级的整体发展做出贡献。⑤教师需要注重发挥班集体核心人物的权威和示范作用。班级中的核心人物通常具有较高的组织能力、领导能力和影响力，他们可以在班级中发挥积极的引领作用。教师可以通过培养和引导核心人物，让他们在班级中发挥积极的影响力，带动其他学生积极参与班级活动，形成良好的班级氛围。同时，教师也需要关注核心人物的言行举止，避免他们给班级带来消极的影响。

(四)心理健康的维护者

维护学生的心理健康并促进他们的人格健全，是现代教师肩负的一项重要职责。如今的教师角色已经不再局限于传统的教书育人，而需要扩展到关注学生的心理健康层面。这就要求教师积极成为学生的亲密伙伴，时刻倾听学生的心声和想法，敏锐捕捉学生的情感变化，理解他们可能面临的困扰和问题，并及时提供指导和帮助。教师需要以细腻的观察力、真挚的关怀、耐心的倾听，以及全心全意的投入，来帮助学生解决心理问题，并成为他们在心理成长道路上的重要导师。

(五)学生成长的合作者

现代教师需要从权威者的角色转变为与学生平等合作的伙伴。他们应该树立师生平等、民主的理念，尊重学生并重视学生独立人格的养成。同时，他们还需要关注学生问题意识、思维品质的培养。教师应该以认真虚心的态度听取学生的意见和建议，理解和认可学生的不同意见，并以真诚的态度与学生友好相处。

(六)教学的反思者、研究者

教师通过持续的反思和进行行动研究，可以成功解决教育过程中的难题，并不断总结和积累教育经验，从而推动自身的持续成长。成为反思者和研究者，不仅是教育对教师的要求，也是教师自身发展的需要。教师要以反思者和研究者的视角关注学生的发展，以反思者和研究者的素养研究和解决具体的教学问题。

(七)社会的代言人

实际上，学生接受教育的过程也是社会化的过程。作为社会的代言人，教师享有社会赋予的教育未成年人的权利，并承担着将未成年人培养成为合格社会公民的义务。

二、教师的角色冲突

角色冲突是当一个人扮演一个角色或同时扮演几个不同的角色时，由于不能胜任，造成不合时宜而发生的矛盾和冲突。教师身兼数职，因此会面临角色的冲突。

(一)角色冲突的形式

1.角色间冲突

角色间冲突是由角色紧张引发的，表现在两个方面。一方面，角色承担者需要同时满足几个不同角色的要求；另一方面，两个角色可能会对同一个人提出相互矛盾的角色行为要求。

2.角色内冲突

角色内冲突主要表现在两个方面：一是不同群体对同一角色持有相互矛盾的期待，导致角色行为发生矛盾，从而引起角色冲突；二是角色行为的主体对规定的角色行为有不同的理解，甚至持相反的意见，但还必须履行角色，此时会在角色内部发生冲突。

3.角色混淆

角色混淆是指个人无法明确了解角色期待，或者因角色期待不一致而导致的混乱。

4. 人格与角色的冲突

当人格需求无法与角色要求相协调，导致无法实践角色要求时，人格特性就会成为角色冲突的来源。

(二)教师角色冲突的表现及原因

1. 教师角色冲突的表现

有研究表明，教师的角色冲突表现在以下几个方面：①角色职能与角色期待的冲突；②社会角色定式与个体角色行为的冲突；③角色活动性质与角色活动成果的冲突；④角色的责任要求与个人事业方向的冲突；⑤角色职责与不同价值间的冲突；⑥群体组织性与教师个人自我形象维护的冲突；⑦职业劳动价值与职业劳动报酬的冲突。

2. 教师角色冲突的原因

教师的角色冲突比其他大多数职业角色的冲突更为突出。其原因是多方面的：①教师角色弥散性质会造成冲突；②教师角色定式会造成冲突；③学校机构的特征会造成冲突；④教学中角色责任要求与个人事业方向不一致会造成冲突；⑤不同价值观会造成冲突；⑥角色的边缘地位会造成冲突。

(三)教师角色冲突的解决

解决教师角色冲突，可以从社会、学校和个人三个方面入手。

1. 社会方面

教师角色冲突与社会大环境有着密切的关系。因此，首先要从社会层面树立正确的教师观，通过相应的社会改革为教师角色活动提供必要的条件和创造良好的外部环境；其次，社会各界应充分理解、合理评价和切实尊重教师的角色活动，提高教师的经济待遇和社会地位。

2. 学校方面

学校作为教师的工作场所，对教师角色的影响是直接且重要的。因此，学校应当注重内部管理体制的改革，实现科学化管理，充分激发教师工作的积极性，为他们营造一个和谐适宜的工作与发展环境。

3. 个人方面

个人是角色改变的关键因素。因此，教师需要提高角色的知觉水平，加强角色学习，理解并掌握角色的行为规范、权利和义务、态度和情感。此外，教师还需要重视角色技能的培养，如视角转换以及合理运用防御机制等。

三、教师的角色适应

教师角色适应，是教师从事教育教学活动的心理前提。教师要依据社会的期望与职业活动的要求以及特定的教育情境，随时调整自己的心理与行为。

(一)角色形象适应

教师角色形象适应是对教师外部形象的要求。为了成功地适应职业活动，教师需要适应社会对教师的普遍看法，并在外部形象上适应教师角色。此外，教师还必须尽力适应学生的期待，努力塑造学生心目中理想的教师形象。

(二)角色职责适应

教师的社会职业角色是教育者，同时教师还担任与教育活动有关的其他角色。为了履行教育赋予的职责，教师需要恰当地考虑并处理好自身的多种教育角色，从全局和整体上适应教书育人的职业责任。

(三)角色的自我人格适应

在获得相应的角色经验、角色技能的同时，教师不仅应该从形象和职责上进行角色适应，还应该从自身的人格方面进行塑造和锻炼，以达到教师角色的最高境界。

四、教师的威信

(一)教师威信概述

1.教师威信的概念

教师威信是指教师在学生心目中的威望和信誉。教师威信实质上反映了一种良好的师生关系，是教师成功地扮演教育者角色、顺利完成教育使命的重要条件。

2.教师威信的分类

教师的威信有两种：一种是权力威信，另一种是信服威信。权力威信是教师根据教育法律法规、学校规章制度、教育传统以及社会心理优势而建立起来的威信。信服威信是由于教师良好的思想品德、教学能力、教学态度与民主作风而使学生自愿接受、内心佩服从而树立起来的威信。教师应该树立信服威信，而不应该仅追求权力威信。

3. 教师威信的结构

教师威信主要包括三个方面的内容。一是要终身学习，树专业知识之威信。教师的专业知识威信是教师树立威信的前提。教师要不断充实知识体系中的本体性、关联性和条件性知识，努力通过学习不断地更新和完善专业知识体系，实现教师职业的价值意义。二是要身正为范，树教师道德之威信。三是要关爱学生，树育人情感之威信。①

4. 教师威信的形成

教师的威信一般由"不自觉威信"向"自觉威信"发展。新教师在学生心目中是有一定吸引力的，是有一定威信的，但这种威信是短暂的"不自觉威信"。随着学生对教师德才方面的逐渐了解、师生之间情感的日益加深和融洽，教师的威信就由"不自觉威信"发展为"自觉威信"了，这才算是真正的威信。当然，教师必须经过不断努力，"不自觉威信"才有可能发展为"自觉威信"，否则"不自觉威信"也可能逐渐消失。

(二)建立教师威信的途径

1. 培养良好的道德品质

良好的道德品质是教师获得威信的基本条件。教师在日常生活和工作中，应当始终加强道德修养，努力提升自己的人格魅力，从而赢得学生的尊重和信任。

2. 培养良好的认知能力和性格

良好的认知能力和性格是教师获得威信所必需的心理品质。为了有效地传授知识，教师需要具备勤奋刻苦、好学多思的品质，拥有渊博的知识和独到的见解，并掌握精湛的教学技巧。只有这样，才能激发学生对问题的深入思考，并给予他们深刻的启迪。具备这些品质的教师才能取得良好的教学效果，并获得威信。

---

① 王澍、倪娟：《中小学教师威信问题及对策研究》，载《上海教育科研》，2019(3)。

3. 注重良好的仪表、生活作风和行为习惯

教师的仪表、生活作风和行为习惯对威信的获得具有重要影响。许多研究表明，教师仪表大方、衣着整洁朴素会让学生产生好感，从而有助于提高教师的威信。

4. 给学生以良好的第一印象

教师与学生第一次见面时给学生留下的印象会非常深刻，因为学生对新教师总是充满好奇并给予关注。因此，教师应当高度重视与学生的首次见面，努力在第一堂课上展现出自己的良好素质，从而留下好印象，形成初步的威信。

5. 做学生的朋友与知己

人本主义心理学的代表人物马斯洛和罗杰斯强调学习中人的情感因素的重要性。他们认为必须尊重学习者，重视学习者的意愿、情感、需求和价值观，主张建立良好的师生交往关系，形成情感融洽、气氛适宜的学习情境。因此，教师除了扮演权威者的角色外，还应当扮演朋友和知己的角色，成为学生学习的鼓励者和促进者，使学生感到教师是真诚的、可信赖的。

第二节　教师的职业心理特征

教师心理特征是指教师这一群体在教育教学过程中所表现出来的心理特征。以下主要从教师的认知特征、人格特征和行为特征进行介绍。

一、教师的认知特征

教师的认知特征主要包括以下三个方面。

①观察力特征。教师的观察力是了解学生个性特征、发挥教育机智、因材施教的重要前提，因此，善于观察学生是教师教育能力结构中的基本要素之一。

②思维特征。教师必须经过思维的加工才能形成教育决策，因此思维能力是教师职业素养的重要标志之一。

③注意力特征。注意力对教师的教育教学活动具有调控的功能，使教师能够在教育教学活动中进行细致的观察，提高感受性、记忆的准确性和思维的敏

锐性，从而提高教育教学效果。教师注意力的特点主要表现在注意的分配能力上。

二、教师的人格特征

教师的人格特征是影响教学的关键因素，其中包括多个方面，如教师的职业信念、职业性格等。在众多的人格特征中，有两个对教学效果具有显著影响。首先，教师的热心和同情心是必不可少的；其次，教师还需要具备激励和想象的倾向性。

(一)职业信念

教师的职业信念是教师对成为一个成熟的教育教学专业工作者的向往和追求，是教师在对自己所从事的职业有了一定认识的基础上，在教师劳动价值方面所产生的坚信不疑的态度。① 它为教师提供了奋斗的目标，是推动教师成长的巨大动力。有关职业信念的心理研究主要集中在以下两个方面：一是教师对自己作为职业者的认识和评价，二是教师对自身专业发展和成长的期待。

1. 教学效能感

教学效能感是指教师对自己影响学生行为和学习结果的能力的主观判断。这种判断会影响教师对学生的期望和指导，从而影响他们的工作效率。教学效能感可以分为两个部分：一般教学效能感和个人教学效能感。一般教学效能感是指教师对教与学的关系、教育在学生身心发展中的作用等问题的一般看法和判断。个人教学效能感是指教师相信自己能够有效地影响学生，相信自己具有教好学生的能力。

2. 教学归因

教学归因是指教师对学生学习结果的产生原因的解释和推测，由这种解释和推测所获得的观念必然影响其自身的教学行为。例如，倾向于将原因归于外部因素的教师，往往会更多地将学生的学习结果归结于学生的能力、教学条件等因素，因而在面对挫折时，就比较倾向于采取职业逃避策略，做出听之任之

---

① 王卫东：《教师职业信念问题初探》，载《华东师范大学学报(教育科学版)》，2000(4)。

或者怨天尤人的消极反应。

(二)职业性格

有研究认为，优秀教师的性格品质的基本内核是促进，即对别人的行为有所帮助。教师的促进主要表现在三个方面。

①理解学生。有效的教学依赖于教师对学生的理解。而要真正理解学生，教师需要具备豁达的心胸，并具备敏感性、善移情和客观性的品质。

②与学生相处。由于教学是一个人际交往的过程，因此有效的教学取决于有效的交往。而能否进行有效的交往则取决于教师是否具备真诚、积极相待、善于交往等品质。

③了解自己。教师对自己执教时产生的心理状态的了解和控制，是教师保持健康心理和有效施教的一个重要条件。在了解自己方面，教师需要关注自己的安全感和自信，并清楚自己的需求。

三、教师的行为特征

(一)教师的教学行为

教师的教学行为可以从六个方面来评估：第一是教学目标的明确性，即教学目标清晰，能有效地引导学生达到预期的学习目标；第二是教学方法的多样性，教师应具备灵活运用各种教学方法的能力，以满足不同学生的学习需求；第三是任务取向，教师应以完成任务为导向，帮助学生解决实际问题；第四是学生的参与性，教师应积极鼓励学生参与课堂讨论和活动，激发他们的学习热情；第五是启发性，教师应善于启发学生思考，培养他们的独立思考能力和创新精神；第六是评估教学效果的及时性，教师需要及时评估学生的学习进度和掌握程度，以便调整教学策略。如果教师在教学中能够做到这六点，必然会收到良好的教学效果。

(二)教师的期望行为

教师期望效应，也称为罗森塔尔效应或皮格马利翁效应，是指教师的期望会以明示或暗示的方式传递给学生，从而影响学生的行为表现。这种效应的发生既受到教师自身因素的影响，也受到学生的人格特征、原有认知水平、归因风格和自我意识等心理因素的影响。

第三节 教师的专业发展与培养

一、教师的教育能力

教育能力是教师顺利地进行教育活动所必须具备的心理特征。研究表明，教师的教育能力与教育效果有较高的相关性。教师的教育能力主要表现在以下几个方面。

(一)组织教育教学的能力

为了保证教育工作有计划、有步骤地进行，建立良好的班集体，教师应具备多方面组织教育教学的能力，这是每个教师必须具备的基本功。它主要体现在制订教育工作计划(教学计划、班主任工作计划、课外活动计划)和组织课堂教学等方面。具体包括以下内容。

第一，教师应当根据教学计划和大纲的要求，深入研究教材，理解教材的性质、涵盖范围和结构体系，对教材进行适当的取舍和加工。为了更好地组织教学，教师应抓住重点和难点。此外，教师还需要考虑学生的年龄特点、文化水平和个性差异，预测教学过程中可能出现的问题，并选择恰当的教学方式。教师需要将教学内容转化为易于被学生理解和接受的信息。这种教学方法已被证明是非常有效的。

为了进一步验证这种方法的优越性，美国的奥杰曼(Ojemann)和威尔金森(Wilkinson)进行了一项实验，他们分别对一个实验班和一个控制班进行了比较。对于实验班，教师需要首先了解学生的需求、能力、学习经验、学业成绩和身心健康状况等，然后根据这些信息设计教学情境、选择教材内容、拟定教学方法，并考虑到班级中的个别差异问题。而对于控制班，教师不需要了解学生的具体情况，只需按照传统的教学方法进行教学。经过一个学期的课程后，对这两个班级进行同样的测验，结果显示实验班学生的成绩远远优于控制班的学生。

第二，教师需要能够创设有利于教学的教学情境和气氛，有效地组织学生的学习活动，并使他们的心理活动保持一种积极亢奋的状态。同时，教师还需要注意利用迁移、强化等手段来激发学生对学习的兴趣。

第三，教师应当善于将思想品德教育融入教学活动之中，将所教学科的内容与实际生活相联系，以帮助学生提高思想觉悟并培养良好的品德。班主任要根据工作计划，建立良好的学生集体，善于发掘和选拔学生干部，培养积极分子；要组织好班集体、团队和学习小组的活动；要以积极分子为核心，调动每一个学生的积极性，从而在班集体中营造团结友爱、互相学习、互相帮助的良好氛围。

教师组织教育教学的能力也体现在灵活妥善地处理课堂教学过程和突发事件，以确保课堂教学的顺利进行等方面。

(二)言语组织和表达能力

经验表明，教育教学效果的好坏在很大程度上取决于教师的语言在发音、用词和语法上的正确与否，以及教师与学生进行交往时所表达的语言是否有内容、易懂和富有表现力与感染作用。因为精练、清晰、富有情感的语言不仅可以使教师清楚确切地讲述教材内容和表达自己的思想，而且可以对学生的情感产生影响，能够激发学生相应的体验与行为动机，能使学生更加深刻地体会和掌握教师所讲述的内容。同时，教师通过与学生的交往，其卓越的言语表达能力自然也会对学生的言语和智力发展起到很大的促进作用。

教师的言语组织和表达能力主要表现在五个方面。第一，教师能够运用简洁明了的语句，控制适当的语速，确保学生能够理解且不会分散注意力。第二，教师注重教学内容之间的联系和表达的层次与顺序，能够帮助学生将所学知识组织成一个整体，符合当代认知心理学强调的知识组织原则，有利于记忆和应用。第三，教师的言语表达富有感情，面部表情真挚，能够传递出教师的热情和关爱。第四，教师能够将复杂抽象的内容讲解得通俗易懂，通过生动的比喻和具体的实例来帮助学生理解。第五，教师能够充分考虑学生的年龄特点和知识基础，采用适合学生的语言风格和教学方式。也有学者从教学的角度提出教师语言应具备科学性、直观性和启发性，即用准确规范的语言表达知识的内涵，用生动具体的语言创造鲜明的形象，用抑扬顿挫的语调和趣味性语言感染学生并引起深思。

(三)因材施教的能力

因材施教意味着教师应该根据学生的特点，特别是学生的学习风格特点进行教学。研究发现，学生的学习风格包括冲动型与沉思型、场依存型与场独立型等多种类型。教师应该根据学生的不同学习风格，采用相应的教学策略，以充分发挥学生的学习潜力。此外，教师还应该注重对学生进行思想道德和心理品质的教育，帮助学生树立正确的价值观和人生观，培养健康的心理品质，以促进学生的全面发展，因此，因材施教还需要教师了解学生的发展特点和个性心理。

总体来看，教师因材施教的能力主要表现在以下几个方面。①通过观察学生在课堂内外以及日常生活中的表现，教师可以深入了解学生的外部行为，从而洞察他们的内心世界。这有助于掌握学生在知识技能、思想、品德等方面的情况，了解学生掌握知识、技能的个别差异，以及把握学生的心理活动与心理发展状况。同时，教师还可以了解学生在认知、情绪、意志及个性方面的特点，为更好地因材施教提供有力的依据。②在教育教学中，教师应该善于将照顾学生的年龄特征与引导学生发挥自身主导作用有机结合起来。这意味着教师应该充分了解学生的认知、情感和社交发展特点，并据此制定相应的教学策略和教学方法。同时，教师也应该积极引导学生发挥自身的主导作用，参与学习活动，掌握知识和技能，培养独立思考能力和创造力。通过将这两方面有机结合起来，教师可以更好地激发学生的学习兴趣和动力，提高教育教学效果。③在教育教学中，教师应该善于根据学生的性别差异采取不同的教学方法和策略。由于男女生在生理、心理和情感等方面存在差异，教师在教育教学中应该注意到这些差异，并根据不同性别的特点制订相应的教学计划。通过根据学生的性别差异施以不同的教学方法，教师可以更好地满足学生的需求，提高他们的学习效果和学习兴趣。④教师应帮助学生规划未来的发展方向，以激发他们的学习兴趣并促进个性的全面发展。为了实现这一目标，教师需要关注学生的兴趣、能力和潜力，并引导他们思考自己的职业规划和个人目标。通过提供个性化的指导和支持，教师可以帮助学生发现自己的优势和潜力，并鼓励他们追求自己真正热爱的事业。此外，教师还可以通过开展多元化的活动和课程，提供多元化的学习资源和机会，帮助学生拓宽视野，培养他们的创新思维和实践能力，促进个性的全面发展。

(四)教学监控能力

教学监控能力是教师从事教育教学活动的关键要素。它是指教师为了确保教学的成功和达到预期的教学目标，在教学的全过程中，将教学活动本身作为意识的对象，积极主动地进行计划、检查、评价、反馈、控制和调节的能力。它是教师反省思维或思维批判性的具体体现，贯穿于教育教学活动的始终。

1. 教学监控能力的内容

根据在教学过程不同阶段的表现形式的不同，教学监控能力主要包括以下几个方面：一是教师对自己的教学活动的事先计划和安排，二是对自己的教学活动的调节、校正和有意识的自我控制，三是对自己的教学活动的评价和反馈。具体内容如下。

①计划与安排。在课堂教学之前，教师应该明确教学内容、学生的兴趣和需求、学生的发展水平、教学目标、教学任务、教学方法和手段，并合理安排和计划教学过程。同时，教师还应该预测教学中可能出现的问题和可能达到的教学效果。通过这些准备工作，教师可以更好地应对教学中可能出现的问题，提高教学效果，帮助学生更好地掌握知识和技能。

②课堂的组织与管理。在教学过程中，教师需要对自身的教学进程、教学方法、学生的参与情况等方面保持有意识的反省，并能够根据这些反馈信息，及时调整自己的教学活动，以实现最佳的教学效果。比如，根据学生的表现和反应，教师应该合理调整教学过程，积极调动学生的学习积极性，以满足学生的需求。同时，教师还应该具备灵活应对和处理课堂突发情况的能力，以确保课堂教学的顺利进行。通过不断反思和调整，教师可以更好地应对各种教学挑战，提高教学质量和学生的学习效果。

③言语和非言语的沟通。在课堂教学中，教师与学生之间的言语与非言语沟通至关重要。教师应该以积极的态度感染学生，通过多种方式鼓励学生努力学习。同时，他们需要保持对自身和学生之间交流的敏感性和批判性，一旦发现沟通过程中的问题，立即采取措施予以纠正。通过有效的沟通，教师可以更好地帮助学生理解课程内容，提高他们的学习效果。

④对学生进步情况的评估。教师教学的效果最终要体现在学生对知识的掌握程度和他们能力的发展速度与水平上。因此，具备高水平教学监控能力的教师会非常认真地了解学生的学习情况，采用各种方法评估学生的进步程度，以便于改进自己的教学。同时，在评估过程中，他们会从多个层面、多个角度对学生的发展进行评价，时刻注意评估方式可能对学生造成的影响。他们不仅关注学生的知识和技能水平，而且注重学生的情感、态度和价值观等方面的发展，以全面提升学生的综合素质。

⑤课后反省与评价。在完成一堂课或一个阶段的教学后，具备高水平教学监控能力的教师会对自己的授课情况进行回顾和评价，认真分析自己在课堂教学中的得失，并在以后的教学活动中刻意做出改变，从而不断提高自己的教学水平。他们能够及时总结经验教训，不断优化教学方法和策略，以更好地满足学生的学习需求和提高教学效果。

2. 教学监控能力的影响因素

影响教学监控能力的因素主要有教师的知识、观念、动机、情绪情感等个人因素和一些外部环境因素。因此，教师应该注重提高自己的知识水平和专业素养，更新教育观念，激发教学动机，培养积极的情绪情感，同时关注外部环境的变化和需求，不断调整和提升自己的教学监控能力。

为了提高教学监控能力，教师可以采取以下措施：一是加强教学计划的制订和执行能力，明确教学目标和教学内容，合理安排教学时间和资源；二是注重教学反思和评价，及时总结经验教训，调整教学策略和方法；三是培养良好的情绪调控能力和心理承受能力，面对教学中的困难和挑战时学会保持冷静和乐观的态度；四是加强与同事、学生和家长的沟通与合作，共同探讨教育教学问题，分享经验和资源，提升整体教育教学水平。

(五)教育机智

教育机智是指教师对教与学双边活动的敏感性，是教师在教育教学情境中对学生的各种表现，特别是对意外情况和偶发事件，能够及时做出灵敏的反应、随机应变，采取恰当措施以解决问题的综合能力。教育机智是建立在一定的教育科学理论和教育实践基础上的教育经验的升华，是教师观察的敏锐性、思维的深刻性和灵活性、意志的果断性等在教育工作中有机结合的表现，是教师优良心理品质和高超教育技能的概括。在教育教学活动中，每个教师都可能遇到一些意外情况和偶发事件，这些事件一般具有以下三个方面的特点：一是难以预测；二是对教学活动过程具有强烈的冲击作用，甚至严重影响师生的情绪；三是指向教师，即必须由教师来亲自解决。正是由于这些偶发事件可能给教育教学和教师威信带来严重挑战，所以教师应该具有较好的教育机智。具体而言，应该注意以下几个方面。

①善于因势利导。教师应从学生的需求和实际水平出发，利用并调动学生心理的积极因素，发挥他们的长处并避免短处，增强他们克服缺点的内在动力，从而促使学生自觉主动地提高学习效果并按照教育要求发展良好的品质。

②善于随机应变。在复杂多变、随时可能出现意外的教育教学情境中，教师应迅速判断情况，明确行为的方向，采取果断的措施，及时解决矛盾，有效地影响学生。

③善于"对症下药"。教师应从学生的实际情况出发，针对学生的独特特点，巧妙地运用灵活多变的教育方式和方法，有针对性地对学生进行教育。

④善于掌握教育分寸。教师应当注重教育的科学性和有效性，在对待学生和处理问题时，坚持实事求是，做到分析中肯、判断恰当、结论合理，并针对学生的实际情况提出适当的要求，使学生能够心服口服地接受并努力达成这些要求。

二、教师成长的历程与基本途径

(一)教师成长的历程

1. 教师发展三阶段理论

福勒(Fuller)和布朗根据教师不同时期的需要和所关注的焦点问题，把教师的成长过程划分为以下三个阶段。

①关注生存阶段。这是教师成长的第一个阶段，他们非常关注自己的生存适应性。他们最关心的问题是"学生喜欢我吗？""同事们怎么看我？""领导是否觉得我干得不错？"等。由于这种生存忧虑，一些新教师可能会将大量时间花在如何与学生搞好关系上，而不是如何教学上。有些新教师可能会想方设法控制学生，而不是帮助他们取得学习上的进步。这种情况通常是由新教师过分重视校

领导和同事的认可和评价所导致的。

②关注情境阶段。当教师在新的工作岗位上稳定下来后，他们会开始关注如何提高学生的成绩，也就是进入关注情境阶段。此时，教师会更加注重如何教授好每一堂课的内容，关心与教学情境有关的问题，如班级集体是否建设良好、备课材料是否充分等。传统的教学评价也主要关注这一阶段。

③关注学生阶段。当教师成功适应前两个阶段后，他们会将关注焦点转向学生，并考虑学生的个体差异。教师认识到不同发展水平的学生有不同的需求，因此他们会根据学生的差异采用适当的教学策略，以促进学生的发展。能否自觉关注学生是衡量一个教师是否成熟的重要标志之一。

2. 教师发展五阶段理论

美国亚利桑那州立大学的伯利纳(Berliner)提出了教师成长与发展的五阶段理论，即新手教师阶段、熟练新手教师阶段、胜任型教师阶段、业务精干型教师阶段和专家型教师阶段五个阶段。伯利纳在大量的定性与定量研究的基础上，对各个发展阶段的特点进行了详细论述。

①新手教师阶段。新手教师是经过系统的教师教育与专业学习，刚刚开始从事教学工作的教师。他们在教学处理问题时表现出以下特征。第一，新手教师通常是理性化的，他们会分析和思考问题，并在此基础上进行处理。第二，由于新手教师在教学和学生管理方面缺乏经验，他们处理问题时往往缺乏灵活性，更倾向于刻板地依赖特定的原则、规范和计划。因此，他们在处理问题时可能会显得比较机械，难以迅速抓住问题的实质，难以灵活应用所学的教育原则。

②熟练新手教师阶段。随着知识和经验的积累，新手教师经过2～3年逐渐发展成为熟练新手教师。熟练新手教师的特征主要表现在以下四个方面。第一，随着实践经验的积累和与书本知识的融合，熟练新手教师逐步掌握教学过程的内在联系，逐渐整合各种知识和技能，形成自己的教学风格和策略。第二，随着教学方法和策略方面知识和经验的丰富，熟练新手教师在处理问题时开始表现出一定的灵活性，能够更加适应不同的教学情境和学生的需求。第三，随着经验的积累，熟练新手教师对教学行为的指导作用逐渐提高，但他们仍可能难以区分教学情境中的重要信息和无关信息。第四，熟练新手教师对自己的教学

行为可能还缺乏一定的责任感，需要更多地关注和反思自己的教学方法和效果，以及如何更好地促进学生的学习和发展。

③胜任型教师阶段。大部分熟练新手教师经过教学实践和职业培训，经过3～4年就能够成为胜任型教师。胜任型教师是教师发展的基本目标，有以下四个特征。第一，他们的教学行为有明确的目的性。第二，他们能够区分出教学情境中的重要信息，并选择有效的方法或手段达到教学目标。第三，他们对自己的教学行为表现出更多的责任感，对于成功和失败表现出强烈的情绪情感反应。第四，他们的教学行为还没有达到快捷性、流畅性、灵活性的程度。

④业务精干型教师阶段。大约再需要五年进行知识和经验的积累，有相当部分的胜任型教师会成为业务精干型教师。该阶段教师的最突出特征表现在以下三个方面。第一，业务精干型教师通常具有较强的直觉判断能力。由于他们在长期的教学实践中积累了丰富的经验，当遇到与以往教学情境类似的情况时，他们能够凭借直觉进行观察和判断，并做出适当的反应。第二，业务精干型教师的教学技能已经接近了自动化的水平，在教学活动中，他们无须过多的意志努力就能对教学情境做出准确判断和有效处理，但尚未达到完全的自动化水平。第三，业务精干型教师的教学行为已经达到了快捷、流畅和灵活的程度，这是他们在长期的教学实践中积累了丰富知识和经验的结果。

⑤专家型教师阶段。部分业务精干型教师在以后的职业发展中成为专家型教师。这类教师主要具有两个方面的特点。第一，从新手教师到胜任型教师阶段，教师处理问题通常都是理性的。然而，随着教师逐渐成长为业务精干型教师，他们的处理方式会趋向于直觉型。而专家型教师处理问题则通常是非理性的。他们对教学情境的判断依赖于直觉，不需要进行深入的分析和思考。凭借他们的丰富经验，专家型教师能准确地发现问题，并采取适当的解决方法。第二，教学技能完全自动化是指他们对教学情境中问题的解决不仅达到了快捷、流畅和灵活的程度，而且达到了完全自动化的水平。在没有意外发生的情况下，他们不需要意志努力就可以处理遇到的各种教学问题。在一般情况下，他们很少表现出反省思维，只有在问题的结果与预期不一致时，才会对问题进行反思和分析。

伯利纳认为，并非所有教师都能达到职业生涯的巅峰。他对教师发展阶段及各阶段特点的详细论述，对教师教育和职业培训具有重要的参考价值。

(二)教师成长的基本途径

教师成长与发展的基本途径主要有两种：一是通过教师教育培养新教师作为教师队伍的补充；二是通过实践训练提高在职教师的水平。这里我们主要集中探讨在职教师培训的主要方法。根据国内外研究，促进教师成长与发展，使之从新手成为专家的基本途径主要有以下几方面。

1. 观摩和分析优秀教师的教学活动

观察和分析优秀教师的教学活动是一种非常有效的教师培训方法，也是当前广泛使用的方法。观察可分为组织化观察和非组织化观察。其中，组织化观察是有计划、有目的的观察。在观察之前，需要制订详细的观察计划，确定观察的主要行为对象、角度以及观察的大致程序；在观察之后，需要进行有组织的讨论分析。一般来说，对新教师和教学经验欠缺的年轻教师进行培养时宜采用组织化观察，如组织现场听课或观看优秀教师的教学录像。通过这种方式，新教师和教学经验欠缺的年轻教师能够习得优秀教师在驾驭专业知识、进行教学管理、调动学生积极性等方面所表现出来的教育机智和教学能力。

2. 微型教学

微型教学是指以少数学生为对象，在较短的时间内(5～20分钟)尝试进行小型的课堂教学，然后把这种教学过程摄制成录像，课后进行分析。这是帮助新教师提高教学水平的一条重要捷径。微型教学通常采用以下程序。①明确选定特定的教学行为作为着重分析的对象(如解释的方法和提问的方法等)。②观看有关的教学录像，指导者说明这种教学行为具有的特征，使新教师理解和掌握要点。③新教师制订教学计划，以一定数量的学生为对象，实际进行微型教学，并录音或录像。④与指导者一起观看录像，分析自己的教学行为，考虑改进行为的方法。⑤在以上分析和评论的基础上，再次设计微型教学，并对教学方案进行必要的修正。⑥进行以另外的学生为对象的微型教学，并录音录像。⑦与指导教师一起分析第二次微型教学。

3. 教学决策训练

教学决策训练的提出基于以下一种理念：从某种意义上说，教师的教学过程也是一个决策的过程；让教师接受教学决策训练，可以提高其教学能力。特韦尔克(Twelker)设计的决策训练的程序是：通过提前向接受训练的教师提供有关所教班级的各种信息，包括学业水平、学习风格、班级气氛等，并让他们观看教学实况录像，从中吸取他人决策中自己认为重要的成分，同时指导者呈现出更恰当的行为并予以说明解释。这种方法可以让教师获得近乎实际上课的经验，不仅可以改善他们的教学行为，而且可以让他们对如何决策及决策的有效线索更加敏感，而这正是专家型教师的重要特征。

4. 反思训练

通过反思训练来提高教师的教学水平是近年来教师心理研究的一个重要课题。反思是教师着眼于自己的活动过程来分析自己做出的某种行为、决策以及所产生的结果，是一种通过提高参与者自我觉察水平来促进能力发展的手段。反思性实践理论认为，任何领域的实践者最重要的能力是对正在进行的实践进行反思，发展理性思维。[1] 美国心理学家波斯纳(Posner)提出了教师成长公式：经验＋反思＝成长。这强调了反思的重要性。研究表明，教师通过对自己的教学进行反思，找出差距与不足，有助于提高自身的教学能力。

(1)反思的内容

教师的反思包括以下几种。第一，对教学活动的反思。分析教学活动的实施过程和效果，思考存在的问题及改进方法。第二，对学生的反思。分析学生的学习表现和学习效果，针对学生的学习兴趣和学习困难，研究改进教学策略。第三，对教学内容和方法的反思。评估教学内容的适宜性和教学方法的科学性，思考知识和技能的深化方法。第四，对自我教学实践的反思。评价自身教学优点和方向，分析教师角色的发挥情况，提高教学修养和教学技巧。

(2)反思的方法

布鲁巴奇(Blubacher)等人提出了以下几种反思的方法，供教师参考。①课后备课。教师在完成课堂教学后，应根据在教学过程中获得的反馈信息，对教案进行进一步的修改和完善，明确课堂教学改进的方向和措施。②写反思日记。在一天的教学工作结束后，教师需要总结自己的经验，并主动征求学生的意见，了解他们的看法。同时，教师需要详细记录下教学的背景和效果、学生上课时

---

[1] 王鹏、韩利泽：《反思性实践理论视角下中小学教师理论自觉的检视与养成》，载《教育理论与实践》，2024(32)。

的具体感受、教学存在的问题以及通过反思后得出的解决办法与设想等，并与指导教师共同进行深入的分析。③详细描述。教师互相观摩彼此的教学，详细描述他们所观察到的情况，然后对此进行讨论和分析。④交流讨论。来自不同学校的教师聚集在一起，首先提出课堂上出现的问题，其次共同讨论解决的办法，最后得出方案。此方案应被所有教师和其他学校共享。

反思只有建立在全面考查教与学的基础上，教师才能得出准确和有价值的结论，进而提出合理的改进措施以不断优化教学。因此，教师需要重视教学实践并养成反思的习惯，通过反思教学，优化教学方法，实现持续的专业发展。

第四节 教师的心理健康

教师职业是一种特殊的职业，是一种用生命感动生命、用心灵去浇灌心灵的职业，正如雅斯贝尔斯告诉我们的，教育意味着一棵树摇动另一棵树，一朵云推动另一朵云，一个灵魂唤醒另一个灵魂。教师工作的特殊性决定了教师心理素质的重要性，心理不健康的教师对学生身心造成的危害，从某种意义上远远超过其教学能力低下对学生所产生的影响。大量的研究表明，教师的心理健康直接影响学生的知识学习、个性发展和心理健康，影响师生关系和教师自身的生理健康与工作效率。因此，关注教师的心理健康具有重要的意义和价值。

一、教师心理健康的标准

教师的心理健康标准有以下六条指标：①有正确的角色认知，即能恰当地认识自己，并愉快地接受教师角色；②有健康的教育心理环境，即在教育活动中情绪稳定，心情愉快，反应适度，情绪自控，积极进取；③有和谐的教育人际关系，即能正确处理与学生、家长、同事以及领导的关系；④有优良的个性品质，即具有崇高的教育理想，坚定的教育信念，广博的兴趣爱好，真诚、正直、公正、宽容和耐心等优良性格；⑤有较强的适应和改造教育环境的能力，即善于接受新事物、新理念，不断适应改革与发展的教育环境；⑥有较强的自我发展能力，即在知识经济时代掌握新的教育技术，研究新的教育理论，学习新的知识，具备新的能力。

二、教师常见的心理问题

(一)失落心理较重

教师的工作内容繁多，教学环境也不断变化，许多教师每天的工作时间远超过8小时。由于班级学生数量较多，管理难度较大，而教师所获得的报酬与其劳动强度相比偏低，这导致教师心理失衡，产生失落情绪。

(二)精神压抑、紧张

随着社会经济的发展和素质教育的深化，教育领域对高素质复合型教师的需求不断增加。然而，当前一部分教师的学识水平较低，难以满足21世纪教育的需求，因此必须不断进修、充实和提高，否则他们将面临被淘汰的风险。这给教师带来了前所未有的压力。同时，教师的劳动具有很强的示范性，他们以自己的德、学、才、识为学生树立榜样，这种示范行为本身就是教育。在人们的观念中，教师被定型化，他们的行为受到严格的约束。他们必须展现出严肃认真、一丝不苟、吃苦耐劳、兢兢业业、诚实俭朴等特质，并时刻审视自己的行为。这种角色期待使教师的精神经常处于紧张状态，心理压力巨大。

(三)挫折感、嫉妒心理突出

上级主管部门对学校的考核，以及学校对教师的考核等，这些都是必要的管理手段。然而，由于教师工作存在无法完全量化的因素，考核指标也存在一定的不确定性，加上每个人的评价角度和看法不尽相同，因此考核、评优、晋升往往会受到指标限制。在这种情况下，有些教师会感到不公正，产生挫折感；而有些教师则会出现相互猜忌、攀比、嫉妒等心理。

(四)性格忧郁孤僻，人际交往产生障碍

教师的工作负担较重，每天除了上课，还要备课、批改作业、指导课外活动，并从事教育教学研究等工作，其中大量工作是在业余时间完成的。许多教师每天接触的人只有同事、学生和家人，很少有机会与社会进行广泛接触，这导致部分教师性格较为孤僻，产生忧郁情绪，人际交往产生障碍。尽管教师的人际关系相对单一，但处理起来并不简单。一些教师不善于处理复杂的人际关

系，无法与同事、学生、领导融洽相处并合理沟通，可能会与同事发生纷争，或与学生产生对抗，甚至与领导发生冲突。久而久之，这会导致教师形成孤独、无助、郁闷、焦虑、自卑等不良心态。

(五)焦虑水平偏高

通常来说，教师的自尊心都比较强烈，而来自内部和外部的各种因素常常会威胁到教师的自尊心。内部因素主要与教师对自身知识水平、教育教学能力等方面的自我评估有关，而外部因素则主要涉及对教师工作成果的评价。面临着学生对教师的认同问题以及职称评定、评优、晋级等问题，教师常常感到自尊心受损，从而产生焦虑。这些常见的心理健康问题的累积，最终可能会导致教师产生不同程度的职业倦怠。

(六)职业倦怠

近 20 年来，职业倦怠已成为教育和心理健康领域的一个热点问题。它指的是个体在长期工作压力下产生的身心疲惫、厌倦工作的感受，表现为一种身心能量被工作耗尽的感觉，也称为心理枯竭。

职业倦怠的典型症状包括工作满意度降低、工作热情和兴趣丧失，以及情感疏离和冷漠。当教师经历职业倦怠时，他们容易失去对学生的耐心和关爱，对课程准备的充分性降低，对工作的控制感和成就感下降。马斯勒（Maslach）等人认为职业倦怠有三种主要的心理和行为表现。

①耗竭感。个体在感受到自己的能量和资源耗尽、枯竭时，会出现生理耗竭和情感衰竭。教师常常会感到疲劳、缺乏精力，对疾病的抵抗力减弱，出现头痛、睡眠障碍等症状。同时，他们在情绪上容易迁怒他人、情绪波动大、丧失工作热情，感到自己的情感处于极度疲劳状态。

②去人格化。去人格化指的是教师刻意与自身和工作对象保持一定距离，对工作对象和环境持冷漠和忽视的态度。具体表现为减少与学生的接触或拒绝接纳学生，对待部分学生时如同对待没有生命的物体一般，漠不关心学生，甚至对学生冷嘲热讽。

③低个人成就感。教师往往倾向于消极地评价自己，降低对自己工作意义与价值的评估，丧失自我效能感，时常感觉到无法胜任工作。这导致他们在工作中无法体会到成就感，从而逐渐失去对工作的热情和坚持，失去进取心，甚

至产生不想工作的情绪。

比尤凯格(Beaucage)提出的"四阶段论"将职业倦怠的发展分为热情期、停滞期、挫折期和冷漠期。

三、教师心理问题的成因

造成教师心理问题的因素是多方面的，既有客观因素，又有主观因素。综合起来主要有以下几方面。

(一)社会期望

由于教师工作的重要性，我国社会自古以来就给予教师职业特殊的定位，赋予了教师特殊的人格要求，强调"为人师表"，不能有半点差错。即使在今天的社会，仍认为教师是"人类灵魂的工程师"，讴歌教师无私、敬业、奉献的精神。这些文化观念无形中将教师职业理想化、完美化，经过长期的积淀已经成为社会对教师职业的期待，成为从事教师职业的人的基本思维方式与生活方式。然而，这种期待使教师的精神负担高于其他职业人群。当教育质量出现问题或学生出现问题时，教师往往首当其冲地成为替罪羊。这种不断被监督和谴责的状况会使教师产生巨大压力，从而导致教师心理问题的产生。

(二)工作压力

教师的工作压力主要聚焦在三个方面：教学工作、教育工作和科研进修。首先，随着素质教育的推行和课程结构及内容的改革，教师需要具备更高的教学能力，以适应现代教学方法和手段的更新。这不仅对他们的专业能力提出了更高的要求，而且也增加了他们的工作负荷。特别是当班级规模较大、升学竞争激烈时，许多教师不得不牺牲双休日来加班，这种长期的工作压力无疑会对他们的身心健康产生负面影响。

其次，教育工作也给教师带来了不小的压力。随着社会的变迁，学生的问题行为日益凸显，这使得教师需要投入更多的时间和精力来处理学生的问题。许多教师都感慨，如今的学生越来越难以管教。在教育和管理学生的过程中，教师往往会遭遇一些挫折和困难，这也会让他们产生厌倦感。

最后，科研进修方面也是教师压力的来源之一。随着中小学越来越重视"以研促教"的思想，许多骨干教师除了日常教学之外，还需要承担各种教育科研任务。这无疑给教师带来了额外的负担和压力。

此外，教师学历本科化、研究生化已成为一种趋势。如今，大部分教师除了参加各种岗位培训外，还需要参加本科或研究生的考试。这种持续的学习和考试压力也对他们的心理健康产生了不小的影响。

(三)教师个人因素

研究结果表明，以下几种情况的教师容易产生心理问题：无法客观认识自我、目标设定过高且不切实际、过于追求自我实现和自尊需求、能力素质不足以及无法适应教育发展和改革。当教师遭遇重大生活变故，如婚姻破裂或家人及自身健康状况严重受损时，如果既不能获得社会支持，也不善于自我调整和采取有效方法解决问题，他们可能会出现心理问题，甚至可能面临心理危机。

四、教师心理健康的维护

(一)个体积极的自我调适

个体自我调适的目的是通过改变个体自身的某些特点来增强适应工作环境的能力。自我调适的主要方法有放松训练、认知压力管理、时间管理、社交训练和态度改变、归因训练、加强锻炼等。这里主要谈以下三点。

①观念改变。教师应该学会以正确的态度看待自己的工作，培养乐观向上的人生态度。既要认识到教师工作的复杂性，又要充满信心。教师还应该正确认识自己，结合自身实际情况，对工作提出合理的期望，并勇于接纳自己的优点和不足。在努力工作的同时，教师也应该学会合理地安排休闲时间，做到工作与休闲的平衡。

②归因训练。要努力让自己成为更有自控力的人，将问题归因于可以控制的因素。要注重培养良好的意志品质，当出现职业倦怠的症状时，要勇敢面对现实，主动应对，反思压力的来源，积极认知，以理智、客观的态度看待压力对自身的影响，形成良好的心态来面对压力。如有必要，应主动寻求专业人士的帮助。

③加强锻炼。只有注重饮食和锻炼，拥有一个健康的体魄，才能以最佳的

精神状态来对待自己和学生。

(二)组织有效的干预

组织干预旨在减轻和预防教师可能面临的压力。削减过度的工作时间、降低工作负荷、明确工作任务、积极沟通与反馈，以及建立有效的社会支持系统，可以有效地防止和缓解教师的心理压力。此外，学校对教学的评价机制是影响教师工作积极性和创造性的关键因素，因此，改善学校的评价方法是缓解教师职业压力的有效途径。学校应该提倡过程性和发展性的评价方法，为教师建立有效的社会认同支持系统，正确认识到教师的教育教学成果。另外，学校应该为教师提供继续深造和参与学校民主决策的机会，以增强他们对学校的认同感和归属感。这些措施的实施将有助于提高教师的教学质量和职业满足感，同时也有助于缓解他们可能面临的职业压力。

(三)社会支持网络的构建

维护教师的心理健康需要构建一个和谐的社会支持网络。首先，我们应该对教师的角色期待进行合理的定位，明确他们的职责，以避免不必要的压力和焦虑。其次，国家应该采取切实有效的措施来提高教师的经济待遇和社会地位，保护他们的合法权利，使他们感受到社会的尊重和重视。最后，教育部门应该建立完善的教师教育培训体系，将职前培训和职后培训有机地结合起来，提高教师的专业能力和心理素质，注重培养他们承受压力和自我缓解压力的能力。

单元测试

一、单项选择题

1. 教师对所有的对象都抱有较高的期望，这种期望有助于提高教育效果。这是(　　)的体现。

A. 晕轮效应　　　　　　　　　B. 有晕效应

C. 罗森塔尔效应　　　　　　　D. 名人效应

2. 教师善于快速准确地抓住学生的重要特征，准确判断学生的情绪和愿望。这说明教师的观察力具有(　　)。

A. 客观性　　　　　　　　　　B. 全面性

C. 精密性　　　　　　　　　　D. 敏锐性

3. 教师知识结构的核心是教师的（　　　）。

A. 专业知识 　　　　　　　　　　 B. 教育学知识

C. 心理学知识 　　　　　　　　　　 D. 相关学科知识

4. 衡量一个教师是否成熟的主要标志是能否自觉地关注（　　　）。

A. 教材 　　　　 B. 情境 　　　　 C. 生存 　　　　 D. 学生

5. 福勒和布朗根据教师不同时期的（　　　）和所关注的焦点问题，把教师的成长过程划分为三个阶段，即关注生存阶段、关注情境阶段和关注学生阶段。

A. 教学能力 　　　　　　　　　　 B. 需要

C. 管理能力 　　　　　　　　　　 D. 课堂组织能力

二、简答题

6. 简述专家型教师与新手教师在课时计划上存在的差异。

7. 简述对"只有后进生才会出现课堂问题行为"的看法。

三、案例分析题

8. 一名学生在日记里写道："语文课上，老师提问时，只叫了那几个学习成绩好的学生。哎，哪有老师不喜欢学习成绩好的学生呢？谁让我在学习上不如别人呢！可是老师，我也是您的学生啊！"

结合案例分析，教师应该如何对待学习成绩不同的学生。

第四篇

中学生心理健康教育

【本篇介绍】

中学生心理健康教育是一种系统的心理健康促进活动，目的是增强中学生的心理素养，预防心理问题的产生，帮助中学生建立积极的人生态度和心理品质。它依托课堂教学和心理辅导等方式，使中学生了解自身的心理特征，掌握适应环境的技能，培养良好的心理品行，达到自我实现和社会适应的目的。

影响中学生心理健康的主要因素有以下几种。①生物因素：遗传因素，病菌、病毒感染，脑外伤或化学物质中毒。②环境因素：家庭环境与教育方式、重大生活事件与环境变迁。③个体心理因素：心理冲突、人格特征。

中学生常见的心理问题主要有一般性心理问题和障碍性心理问题，如抑郁症、恐惧症、焦虑症、强迫症、网络成瘾症等。教师和家长应重视这些问题的产生原因，并给予必要的预防、干预和引导。

中学生心理辅导是指教师针对中学生在学习、生活和人格发展过程中遇到的心理问题或困难，给予系统的心理帮助和引导的活动。它的意义在于帮助中学生增强心理适应能力和提高生活质量，实现全面发展。中学生心理辅导的主要内容：生活辅导、学习辅导、生活辅导。中学生心理辅导主要采用的方法有：行为矫正法、认知改变法。

教师只有掌握必要的心理知识和技巧，把握好心理辅导的方向，才能达到理想的效果。这也是做好心理辅导工作的前提与基础。

本篇共两章：第十五章中学生心理健康概述，第十六章中学生心理健康教育与心理辅导。

第十五章　中学生心理健康概述

>>> **学习目标**

1. 了解心理健康的标准。

2. 了解影响中学生心理健康的因素。

3. 熟悉帮助中学生保持心理健康的措施。

4. 熟悉常见的心理问题，了解抑郁症、恐惧症、焦虑症、强迫症、网络成瘾症等的临床表现。

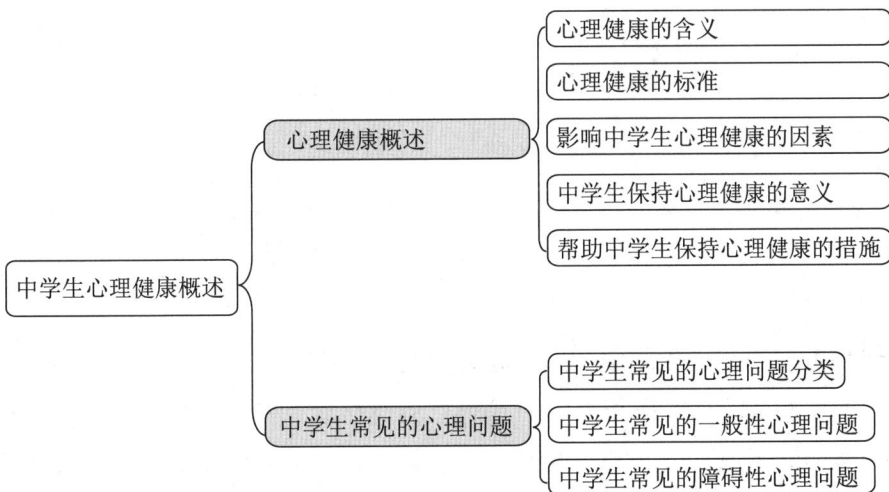

【案例导入】

某中学生，男，上九年级。该生近期来情绪低落，上课时无法集中注意力，成绩下降明显。经过与该生的交流，发现他最近在与父母的争吵中经常感到烦躁和沮丧，同时他开始对玩游戏上瘾，这影响了他的学习和生活。

根据该生的症状，可以初步判断他存在心理问题。具体来说，他出现了情绪低落、注意力不集中等症状，这可能与他的家庭环境不良和游戏成瘾有关。为了帮助该生恢复心理健康，可以采取以下措施。

家校共育：与学生家长进行沟通，帮助他们了解孩子的问题，并寻求与他们的合作，以改善孩子的家庭环境。

认知改变：帮助学生了解自己的情绪和思维模式，并教授他如何改变自身的行为。

游戏干预：帮助学生认识到游戏成瘾的危害，并鼓励他寻找其他有益的娱乐方式。

通过以上措施的综合运用，该生的情况得到了明显改善。他的情绪逐渐稳定，学习成绩也开始回升。家庭环境得到了改善，父母与孩子的关系更加和谐。同时，他也开始积极参与课外活动，拓展了自己的社交圈子。

总之，中学生心理问题需要引起我们的关注。通过了解影响中学生心理健康的因素，采取相应的措施，我们可以帮助他们恢复心理健康，提高生活质量。

第一节　心理健康概述

一、心理健康的含义

(一)健康

1946 年，世界卫生组织指出，健康乃是一种生理、心理和社会适应都完好的状态，而不是没有疾病和虚弱的状态，从而形成了健康的生理—心理—社会模式的全面健康观。从世界卫生组织的定义可知，全面健康具有三个要素：无躯体疾病、无心理疾病和具有正常的社会适应能力。也就是说，全面健康必须包括躯体健康和心理健康两部分，二者密切相关，不可分割。其实，人是一个整体，生理和心理紧密相关，相互影响，互为因果。

【知识链接】

世界卫生组织提出了衡量一个人是否健康的十个方面的标准。

①有充沛的精力，能从容不迫地承担日常生活和工作中的繁重任务，而且不感到过分紧张、疲劳。

②处事乐观，态度积极，乐于承担责任，事无大小，不挑剔。

③善于休息，睡眠质量好。

④应变能力强，能适应外界环境的各种变化。

⑤能够抵抗一般性感冒和传染病。

⑥体重适当，身体匀称，站立时头、肩、臂位置协调。

⑦眼睛明亮，反应敏捷，眼睑不易发炎。

⑧牙齿清洁，无龋齿，不疼痛，牙龈颜色正常，无出血现象。

⑨头发有光泽，无头屑。

⑩肌肉丰满，皮肤有弹性。

(二)心理健康

关于心理健康，可以从广义和狭义两种角度来定义。从广义上讲，心理健康是指一种高效而满意的、持续的心理状态。从狭义上讲，心理健康是指人的基本心理活动的过程内容完整、协调一致，即认识、情感、意志、行为、人格完整和协调，能顺应社会，与社会保持同步。综合以上观点，我们认为心理健康是指个体在适应环境的过程中，生理、心理和社会性方面达到协调一致，保持一种良好的心理功能的状态。一般认为，心理健康应该符合三项基本原则：一是心理活动在形式上和内容上都要与客观环境保持一致；二是心理过程之间协调一致，即认知、情感、意志等心理活动保持自身的完整统一，协调一致；三是个性特征保持相对稳定，即一个人在长期的生活经历中形成的个性心理特征具有相对稳定性，一般是不易改变的。

二、心理健康的标准

(一)中国多数学者认为的心理健康标准

1. 智力正常

正常的智力水平是人们生活、学习和工作的基础，也是衡量心理健康的重要因素。智力包括观察、记忆、想象、分析和思维等多种能力，对人们在社会中取得成功至关重要。拥有正常智力水平的人能够很好地适应环境、处理信息、解决问题和学习新知识，这些能力对心理健康也有积极影响。

2. 情绪健康

其标志是情绪稳定和心情愉快，包括乐观开朗、富有朝气、对生活充满希望、情绪较稳定、善于调节与控制自己的情绪，以及情绪反应与环境相适应。

3. 意志健全

在各种活动中都具备自觉的目的性，能够适时地做出决定并采取切实有效的方法来解决所遇到的问题；在面对困难和挫折时，能采取合理的反应方式；能在行动中控制自己的情绪和行为，而不是盲目行动、畏惧困难或固执己见。

4. 人格完整

人格指的是个体相对稳定的心理特征的总和，它包括了一个人的思想、言语和行为等方面。人格完整意味着个体具有健全且统一的人格，即个人的所思、所言和所行相互协调一致，具有正确的自我意识，以积极进取的人生观为人格的核心，并以此为中心将个体的需要、目标和行动统一起来。

5. 自我评价正确

这是心理健康的重要条件。个人应该学会自我观察、自我认知、自我判断，并具备自尊、自强、自制和自爱的品质。同时，要正视现实，积极进取，不断努力提升自己的能力和素质。

6. 人际关系和谐

人际关系和谐主要表现为：乐于与人交往，能用尊重、信任、友爱、宽容、理解的态度与人相处，能分享、接受、给予爱和友谊，与集体保持协调的关系。

7. 社会适应正常

个体和客观现实环境保持良好的秩序。个体能够客观地认识现实环境，并采取切实有效的方法来应对环境中的各种挑战。根据环境的特点和自我意识的情况，个体能够积极地进行协调或改善环境以适应自身的需求，同时也会自我调整以适应环境的变化。这种良好的互动和适应能力有助于个体在面对复杂的现实环境时保持平衡和稳定，促进个人的成长和发展。

8. 心理行为符合年龄特征

不同年龄段的人有着不同的心理行为特征。对于心理健康的人，他们的心理行为特征应该与大多数同龄人相符。如果某些人的心理行为严重偏离了同龄人的正常范围，这可能就是他们心理不健康的体现。

总之，心理健康的标准是心理健康概念的具体化、可操作化，是由多方面因素综合构成的具有层次结构的整体。它是我们开展心理辅导工作的基础和最终目标。

(二)对心理健康标准的理解

心理健康的标准是相对的。我们在理解和运用心理健康的标准时，应注意以下几点。

①一个人的心理健康与其不存在不健康的心理和行为并非完全等同。判断一个人的心理健康状况需要综合考虑多种因素，而不能仅凭一时一事轻易下结论。心理健康是一种持续的心理状态，如果一个人偶尔出现一些不健康的心理和行为，并不意味着其心理不健康或变态，需要具体情况具体分析。

②人的心理健康状况可以分为不同的等级，表现为从健康到不健康的连续状态。健康状态与不健康状态之间存在一个较长的过渡阶段。通常来说，心理健康与不健康之间并没有一条明确的界线，而体现为一种程度上的差异。

③心理健康状况并非一成不变，而是一个动态的演变过程。个体可能从心理不健康的状态转变为健康，也可能从健康的状态转变为不健康。随着个体的成长、经验的积累和环境的改变，心理健康状况也会随之发生变化。因此，心理健康状况只能反映个体在某一特定时间段内的状态，而不能代表其一生的状态。

④无论采用何种表述方式，心理健康的标准都是一种理想的尺度。它不仅为我们提供了衡量是否健康的参照，也为我们指明了提高心理健康水平的目标和方向。

⑤个体心理健康的基本标准是能够高效地工作、学习和生活。如果个体发现自身难以维持和保证正常的工作、学习和生活，这可能意味着他们的心理健康状况需要引起关注，并及时进行调整。

三、影响中学生心理健康的因素

(一)生物因素

1. 遗传因素

一些心理疾病，如多动症等，具有遗传倾向，这使得某些中学生更容易患上这些心理疾病，从而影响他们的心理健康。

2. 病菌、病毒感染

一些病菌或病毒感染可以通过直接影响中枢神经系统，从而导致中学生出现注意力不集中、情绪不稳定等问题，影响他们的心理健康状况。

3. 脑外伤或化学物质中毒

脑外伤，如头部受到创伤，或者过度接触化学物质导致中毒，都可能引发中学生记忆力下降、思维能力减退、性格改变等问题，从而直接危及他们的心理健康。

(二)环境因素

1. 家庭环境与教育方式

家庭环境是直接影响中学生心理健康的关键因素。父母与子女之间的关系以及父母的教育方式都会对子女产生直接的影响。父母与子女之间亲密的关系、理性宽松的教育方式有助于培养中学生稳定的情绪和良好的性格，从而促进他们的心理健康。相反，父母与子女之间关系紧张、教育方式过于严厉等可能会导致中学生形成内向和易焦虑的性格，从而增加心理问题的发生概率。

2. 重大生活事件与环境变迁

重大生活事件如亲人去世、父母离婚等会对中学生产生巨大的影响，增加其心理问题发生的风险。特别是在青春期，中学生对周围环境的适应和探索正处于关键时期，环境的变化可能会给他们带来较大的心理压力，进而影响他们的心理健康。

(三)个体心理因素

1. 心理冲突

心理冲突是由个体内心的矛盾和斗争所导致的，如学习与玩耍之间的矛盾、亲情与友情之间的矛盾等。这些冲突会给个体带来心理压力，影响情绪的稳定，并对个体的行为产生消极影响，从而危害心理健康。

2. 人格特征

内向、独来独往的学生更容易表现出焦虑和抑郁的倾向，而外向活泼的学生则更容易遇到人际关系问题。这些人格特征会对个体的心理健康状况产生影响。

四、中学生保持心理健康的意义

重视中学生心理健康对其全面发展至关重要。在身心发展上，中学生正经历青春期，面临诸多变化与挑战，如生理变化、情绪波动和学习压力，这些因素可能影响中学生的心理健康。此外，社会对中学生的期望和要求也在增加，体现在学习成绩、人际关系和自我认知等方面，这些期望和要求也可能给中学生带来心理压力和挑战。因此，重视中学生心理健康并帮助他们应对这些挑战，对中学生发展具有重要意义。

(一)中学生身心发展的需要

青春期的中学生正处于身心迅速发展的关键时期。心理健康发展为他们的身心发展提供了有利的条件，并满足了他们成长发育的需求。如果缺乏心理关注，他们可能会出现情绪问题，进而阻碍其身心健康成长。因此，关注中学生的心理健康至关重要。

(二) 中学生人格发展的需要

青春期的中学生正处于人格迅速发展的关键时期，心理健康发展对于人格健全起着重要的作用。人格的稳定与对环境的适应能力密切相关，而心理问题可能会导致人格障碍，进而影响个体的社会功能。因此，关注中学生的心理健康对于促进他们的人格发展和环境适应至关重要。

(三)中学生社会适应能力发展的需要

青春期的中学生正在经历社会角色的转变，他们的社会适应能力决定了适应新角色的进度。心理健康有助于建立积极的认知和行为方式，从而促进社会功能的发展。相反，如果存在心理问题，可能会增加社会障碍，进而影响个体的成长和发展。因此，关注中学生的心理健康对于帮助他们顺利地适应社会角色转变和促进他们的社会功能发展至关重要。

五、帮助中学生保持心理健康的措施

为了促进中学生的心理健康、智能发展和个性完善，教育应该注意以下三点：帮助学生掌握正确的心理健康知识，帮助学生掌握自我调整的技能，帮助学生认识求助心理咨询的重要性和必要性。

具体而言，我们可以采取以下具体措施。

①帮助学生树立正确的人生观和世界观，以增强他们的思想认知，形成正

确的价值观。

②帮助学生充分了解和接受自己，包括自己的优点和不足，以避免出现过于自信或过于自卑的情况。

③帮助学生建立良好的人际关系，包括对他人期望的合理设定和避免盲目竞争。

④帮助学生保持健康、愉快的情绪，可以通过保持大脑与神经系统的健康、培养各种兴趣爱好和学会调节情绪的方法来实现。

⑤向学生传授性卫生的知识，以增强他们的身体健康和自我保护意识。

⑥帮助学生认识到求助心理咨询的重要性和必要性，让他们了解心理咨询是一种由专业人员提供的心理帮助过程，求助心理咨询并不是有"病"的表现。

通过以上措施，我们可以为中学生提供全面的心理健康支持和帮助，促进他们的健康成长和发展。

第二节　中学生常见的心理问题

一、中学生常见的心理问题分类

根据心理问题的严重程度，可以分为一般性心理问题和障碍性心理问题。

(一)一般性心理问题

一般性心理问题在一定程度上妨碍个人的成长、发展以及人际关系，如影响潜能的发挥、对挫折的处理、对环境的适应，以及对情感的良性体验等，从而致使个体主观满意度降低，工作效率下降，最终陷入心理困扰和痛苦。

①一般性心理问题具有特定的情境性。即一般性心理问题仅由特定的情境所诱发，在其他情境中则不会出现。

②一般性心理问题具有偶发性和暂时性。一般性心理问题并不总是出现，也不会持续出现。只有在特定情境的刺激下，才会偶尔发生。而在其他情境中，则不会出现类似的心理问题。

③一般性心理问题不存在心理状态的病理性变化。一般性心理问题通常表

现为轻微的心理异常，是正常心理活动中的局部异常状态。这些异常并不伴随精神活动损害，也没有出现自知力和定向力缺损、智力迟滞、情感淡漠、病态幻觉、妄想等病理变化现象。

(二)障碍性心理问题

障碍性心理问题有时候也被称为"心理障碍""心理疾病""精神障碍"，是精神病学的临床诊断概念，指精神活动的异常成为精神症状，达到一定严重程度，并且达到足够的频率或持续时间，造成主观痛苦和社会功能损害，最终符合现行诊断标准中对某类障碍的诊断。现行的《中国精神障碍分类和诊断标准(第三版)》中的精神障碍有 10 大类 300 多种，如人格障碍、心境障碍、癔症和应激相关障碍等。

二、中学生常见的一般性心理问题

(一)自我意识问题

中学生的自我意识虽然逐渐趋于成熟，但在这个过程中仍可能会遇到各种问题，也可能存在一些明显的或潜在的缺陷。总的来说，中学生自我意识问题主要表现在以下方面：幼稚、过度敏感、过度独立、过度自尊、过度自责、过分的自我表现、过分的自我掩饰以及强烈的无能体验。

(二)学习心理问题

1. 学习动机问题

学习动机问题主要表现在学习动机缺失和学习动机过强两个方面。学习动机缺失是指个体缺乏内在的学习动力，没有明确的学习目标，缺乏求知欲。而学习动机过强则是指个体具有超出正常水平的内在驱动力，对自己有过高的期望，并急于实现一定的目标。

2. 学习情绪问题

主要表现在三个方面。第一，厌学。学生在学习过程中产生对学习活动失去兴趣，不愿参与该活动的消极情绪体验。第二，学习疲劳。长时间连续紧张学习后，因身心过度疲劳而导致学习效率下降。这包括生理疲劳和心理疲劳，前者指肌肉与神经系统的疲劳，后者包括情绪烦躁、注意力涣散、思维迟钝和反应缓慢等现象。第三，学习自卑。学生在学习活动中因对自己的能力评价过低而产生消极情绪体验。

3. 学习意志问题

主要是因为学习自制力较差，容易受到外界因素的干扰。同时，学习坚持性也不足，学习行为往往虎头蛇尾，虽然有计划但无法长期坚持下去。

4. 学习策略问题

中学生学习策略问题主要体现在不能合理规划学习、缺乏时间管理策略和缺少心智操作策略三个方面。

(三)人际交往问题

1. 人际认知偏差

人际认知偏差是指由认知方法不正确所导致的错误人际认知现象。这种现象在人际交往中，尤其在中学生这一交往主体中表现得尤为突出和常见，这是由中学生的交往特点所决定的。中学生的交往特点之一是理想化。他们常常会在脑海中塑造一个理想的模型，并据此在现实生活中寻找知己。一旦与现实不符，就会产生交往问题。中学生的交往特点之二是自我中心，即以理想的自我来确定择友标准。

2. 人际情感偏差

人际情感是指个体在评价自己与他人的相处和交往活动时所产生的一种内心体验。中学生的情绪体验非常丰富，但有时也会在人际情感方面表现出一些偏差，如自卑与恐惧心理、嫉妒与多疑心理、自傲心理以及孤僻心理。

3. 社交能力问题

社交能力不足是导致人际交往不良的重要因素之一，它可能会严重阻碍交往的顺利进行。

【知识链接】

人际交往中的心理效应

1. 首因效应与近因效应

首因效应是指在交往中对交往对象的最初印象会对交往产生较大的影响。

具体地说，个体在最初的交往中即使只获得有关对方的少量信息，也倾向于对其大量特性做出推断，以在大脑中形成一个完整统一的印象。

近因效应是指最后的认知容易对交往产生较大的影响。一般来说，交往对象是陌生人时，首因效应比较明显；而交往对象是熟人时，则近因效应比较明显。

2. 刻板效应

刻板效应又称定型效应，是指人们以刻印在自己头脑中的关于某人或某一类人的固定印象，作为判断和评价人的依据的心理现象。刻板效应实际就是一种心理定式。

3. 光环效应与恶魔效应

光环效应又称晕轮效应，它影响着人际知觉。即对人的某一品质，或对物品的某一特性有好的印象，会使人对这个人的其他品质，或对这一物品的其他特性的评价偏高。

和光环效应相反的是恶魔效应。即对人的某一品质，或对物品的某一特性有坏的印象，会使人对这个人的其他品质，或对这一物品的其他特性的评价偏低。

4. 投射效应

投射效应是指将自己的特点投射到其他人身上的倾向。是指以己度人，认为自己具有某种特性，他人也一定会有与自己相同的特性。

(四)情绪情感问题

1. 闭锁心理

即把自己封闭起来，不轻易向外界敞开心扉，变得孤僻，对父母的态度显得冷淡。如果中学生不能很好地处理这种闭锁心理，可能会对他们的身心健康成长产生不良影响，甚至可能发展成为人格障碍。

2. 青春期躁动

随着年龄的增长，青少年开始对第二性征和性功能产生好奇和探索的欲望。这种欲望与生俱来，无法抑制，但同时又受到社会和文化环境的限制。因此，许多青少年常常感到困惑、不安和烦躁。

在这种情况下，如何处理这种情绪成了青少年成长中的重要一环。首先，我们需要认识到这是正常的生理现象，不必感到羞耻或自责。其次，我们可以尝试与家人、朋友或专业人士交流，分享自己的感受和困惑。他们可以提供支持和指导，帮助我们更好地应对这种情绪。最后，我们可以通过参加心理辅导、性教育课程或其他相关活动来了解自己的身体和情感，并学习如何正确地处理这些情绪。

总之，对于青少年来说，处理这种情绪是非常重要的。通过正确的引导和支持，我们可以克服困惑和不安，走向健康、快乐的成长之路。

3. 早恋

由于中学生的心理发展尚未成熟，他们可能无法正确处理恋爱与学习、恋爱与友谊之间的关系。这可能会导致中学生的成绩下降，甚至产生厌学、辍学等行为，给他们的学习和生活带来阴影，并留下心灵的创伤。

三、中学生常见的障碍性心理问题

(一)抑郁症

抑郁症是一种涉及情绪、思维和身体状况的精神障碍。学生通常会出现情绪低落、兴趣减弱、悲观失望、思维迟缓、缺乏主动性、自我谴责、饮食和睡眠质量差等症状。在严重的情况下，可能会出现自杀的念头或行为。

中学生抑郁症的临床表现有以下几个方面。

①情绪方面。目光垂视、呆滞无神，表情冷漠，易被激怒，敏感，好发脾气，焦躁不安，胆小，羞怯，孤独，注意力不集中，易受惊吓，常伴有自责自罪感，认为自己笨拙、愚蠢、丑陋、没有价值，灰心丧气，自暴自弃，唉声叹气，对周围的人和事不感兴趣、退缩、抑制，没有愉快感等。

②行为方面。多动，攻击别人，害怕去学校，不愿社交，故意回避熟人，不服从管教，冲动，表达能力差，记忆力下降，甚至有自残、自杀行为等。

③躯体反应方面。睡眠障碍，食欲紊乱，疲乏无力，胸闷心悸，头痛胃痛，恶心，呕吐，腹泻等。

(二)恐惧症

恐惧症，又称恐怖性神经症，是一种以过分、不合理地惧怕外界某种客观事物或情境为主要表现的神经症。学生深知这种恐惧反应是不合理的，但在相同的场合下，这种恐惧仍会反复出现，难以自我控制。

恐惧症的类型主要有以下几种。

1. 社交恐惧症

主要表现为害怕在公众面前出现，尤其对于被人关注的情况更为敏感。不敢进入公共场所，担心自己会发抖、脸红、出汗或行为笨拙，引起他人的注意。这种心态反映出他们缺乏自信。

2. 场所恐惧症

场所恐惧症又称广场恐惧症，是恐惧症中最常见的一种。主要表现为对某些特定环境的恐惧，如高处、广场、密闭的环境或拥挤的公共场所等。对于中学生来说，其中最为常见的是学校恐惧症。学校恐惧症是一种复杂的适应不良症状，表现为学生对上学和学习的强烈恐惧，他们对学校环境感到特别焦虑和不安。因此，这种症状也常被称为"恐学症"。

3. 单一恐惧症

单一恐惧症是指学生对某一特定的物体或动物产生不合理的恐惧。其中，对某种动物或昆虫的恐惧是最为常见的。这种恐惧症状通常比较稳定，仅限于对某个特定的对象。然而，部分学生在消除了对某一物体的恐惧之后，可能会出现新的恐惧对象。单一恐惧症通常始于童年。

(三)焦虑症

焦虑症是一种以焦虑为主要特征的神经症，其表现为无事实根据、无明确客观对象、无具体观念内容的提心吊胆和恐惧不安的心情。同时，焦虑症还伴有植物神经症状、肌肉紧张以及运动性不安等特征。

焦虑症的临床表现如下。

①广泛性焦虑障碍。又称慢性焦虑症，是焦虑症最常见的表现形式。常缓慢起病，以经常或持续存在的焦虑为主要临床表现。

②惊恐障碍。这是一种反复发作、难以预测、自主出现的短暂而强烈的焦虑发作，通常表现为心慌、出汗、呼吸困难和震颤、眩晕、剧烈头痛、发冷发热、胸部不适等症状。在发作时，学生会担心自己得了心脏病，害怕呼吸会停止，甚至有时会感到自己即将发疯。

③考试焦虑症。这是中学生中比较常见的一种障碍性心理问题。在应试情境的激发下，受个体的认知评价能力、人格倾向以及其他身心因素所制约，它以担忧为主要特征，并通过防御或逃避的行为方式，表现为紧张不安的情绪反应。其临床表现包括情绪激动、慌张、无法自我控制，伴有感知障碍、注意障碍、记忆障碍、思维迟钝和混乱。

(四) 强迫症

强迫症又称强迫性神经症，或强迫性障碍，是指学生在意识上反复出现不能控制的观念、思想、恐惧、冲动和疑虑。其特点为有意识的自我强迫和反强迫并存，两者强烈冲突使学生感到焦虑和痛苦。

强迫症的临床表现如下。

①强迫观念。指某种联想、观念、回忆或疑虑等反复出现，难以控制。

②强迫动作。又称强迫行为，即重复出现一些动作，自知不必要而又不能摆脱。

(五) 网络成瘾症

网络成瘾症也被称为网络过度使用或病理性网络使用，是指个体在网络使用中过度沉醉于网络中储存的虚拟的交互式经验和信息，长期和现实社会脱离，从而导致生理机能、社会功能、心理功能受损。

根据临床表现的不同，主要有以下几种类型。

①网络性成瘾。指沉迷于成人话题的聊天室和网络色情文学。

②网络关系成瘾。指沉溺于通过网上聊天等途径结识朋友。

③网络强迫行为。指以一种难以抵抗的冲动，不自主地、长期强迫性地使用网络，如着迷于网上贸易等。

④信息收集成瘾。指强迫性地浏览网页以查找和收集信息。

⑤网络游戏成瘾。指不可抑制地长时间痴迷于网络游戏等。

单元测试

一、单项选择题

1.1946年，世界卫生组织指出：健康乃是一种生理、心理和社会适应都完好的状态，而不是没有疾病和虚弱的状态。这里的"状态"是（　　）。

　　A. 静态的　　　　　　　　　　　B. 动态的

　　C. 既是动态的又是静态的　　　　D. 不知道

　　2. 关于心理健康，可以从广义和狭义两种角度来定义。从广义上讲，心理健康是指一种(　　)而满意的、持续的心理状态。

　　A. 随机应变　　　　　　　　　　B. 高效

　　C. 静态　　　　　　　　　　　　D. 动态

　　3. 心理健康者应具有与多数同龄人相符合的心理行为特征，如果严重偏离，就是不健康的表现。这对应心理健康标准中的(　　)。

　　A. 智力正常　　　　　　　　　　B. 情绪健康

　　C. 意志健全　　　　　　　　　　D. 心理行为符合年龄特征

　　4. 以下哪个因素不会影响心理健康？(　　)

　　A. 遗传因素　　　　　　　　　　B. 病菌、病毒感染

　　C. 脑外伤或化学物质中毒　　　　D. 不会游泳

　　5. 以下哪种措施可以帮助保持心理健康？(　　)

　　A. 经常看电视剧　　　　　　　　B. 经常熬夜

　　C. 保持积极的社会认知和行为方式　D. 大量吸烟

　　6. 正确的心理健康概念应该是(　　)。

　　A. 没有疾病

　　B. 身体壮实

　　C. 生理、心理和社会性方面达到协调一致

　　D. 心理素质高

　　7. 持久性心境低落为(　　)的表现。

　　A. 焦虑症　　　　　　　　　　　B. 抑郁症

　　C. 强迫症　　　　　　　　　　　D. 恐惧症

　　8. 学生的说谎、偷窃和欺骗等属于(　　)的表现。

　　A. 情绪冲动　　　　　　　　　　B. 性格障碍

　　C. 情绪适应困难　　　　　　　　D. 行为障碍

　　9. 强迫动作不包括(　　)。

　　A. 强迫性表象　　　　　　　　　B. 强迫性检查

C. 强迫性计数   D. 强迫性洗涤

二、简答题

10. 保持心理健康对中学生而言有什么意义？

11. 家庭环境与教育方式对中学生心理健康有什么影响？

12. 简述中学生常见的心理问题。

第十六章 中学生心理健康教育与心理辅导

>>> **学习目标**

1. 了解学校心理健康教育的目标、基本原则与途径。

2. 了解中学生心理辅导的含义和途径。

3. 了解中学生心理辅导的内容。

4. 理解中学生心理辅导的主要方法。

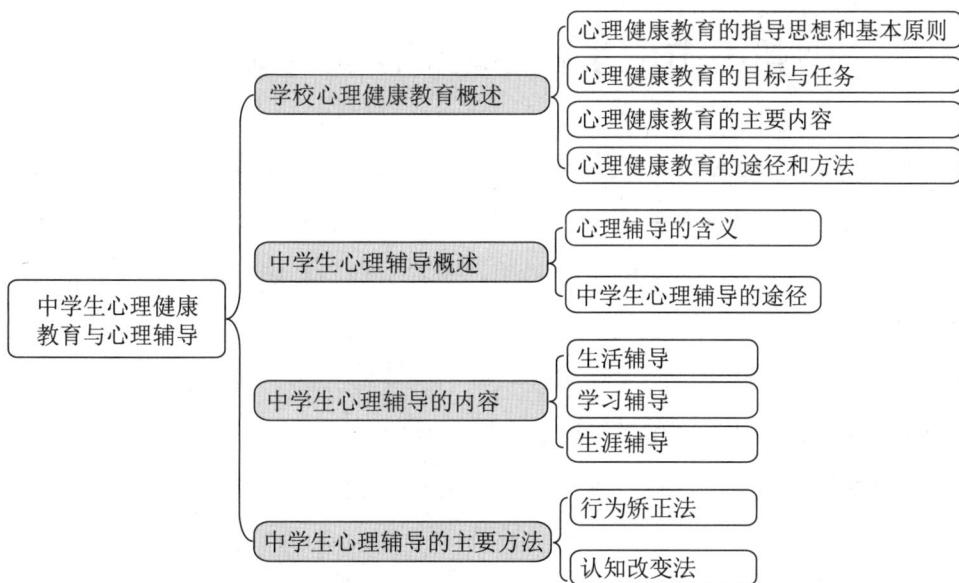

【案例导入】

某中学生，男，15岁，九年级。该生在开学初出现了明显的焦虑症状，主要表现为对学习成绩的过度担心和紧张，害怕考试成绩不理想会影响自己在班级同学和家人心目中的地位。同时，他开始出现失眠和食欲下降的情况，日常学习和生活受到了影响。

针对该中学生的心理状况，学校可以采取以下措施。

①开设心理健康教育课程。介绍焦虑症的相关知识，让学生了解焦虑症状的表现和危害，帮助学生正确看待自己的情绪和压力，学习有效的应对策略。同时，结合生命教育、价值观念等内容，引导学生树立正确的价值观和世界观，增强自我保护意识。

②进行个别心理辅导。针对该生的具体情况，进行个别心理辅导，了解其焦虑症状的起因和表现，帮助其调整心态和认知方式，学习情绪调节和压力应对的方法。同时，结合家庭教育和亲子关系等内容，帮助该生与家人建立良好的关系，增强家庭支持力量。

经过一段时间，该生的焦虑症状得到了明显缓解，他开始正确看待自己的成绩和压力，调整了学习心态。同时，与家人的关系也得到了改善。

第一节　学校心理健康教育概述

中学生心理健康教育，是提高中学生心理素质、促进其身心健康和谐发展的教育，是进一步加强和改进中学德育工作、全面推进素质教育的重要组成部分。中学生正处在身心发展的重要时期，随着生理、心理的发育和发展，社会阅历的扩展及思维方式的变化，特别是面对社会竞争的压力，他们在学习、生活、自我意识、情绪调适、人际交往和升学就业等方面，会遇到各种各样的心理困扰或问题。因此，在中学开展心理健康教育，是学生身心健康成长的需要，是全面推进素质教育的必然要求。

一、心理健康教育的指导思想和基本原则

开展中学生心理健康教育工作，必须高举中国特色社会主义伟大旗帜，以习近平新时代中国特色社会主义思想为指导，学习践行社会主义核心价值体系，贯彻党的教育方针，坚持立德树人、育人为本，注重学生心理和谐健康，加强人文关怀和心理疏导，根据中学生生理、心理发展特点和规律，把握不同年龄

阶段学生的心理发展任务，运用心理健康教育的知识理论和方法技能，培养中学生良好的心理素质，促进其身心全面和谐发展。

开展中学心理健康教育，要以学生发展为根本，遵循学生身心发展规律，必须坚持以下基本原则。

①坚持科学性与实效性相结合。要根据学生身心发展的规律和特点及心理健康教育的规律，科学开展心理健康教育，注重心理健康教育的实践性与实效性，切实提高学生心理素质和心理健康水平。

②坚持发展、预防和危机干预相结合。要立足教育和发展，培养学生积极心理品质，挖掘他们的心理潜能，注重预防和解决发展过程中的心理行为问题，在应急和突发事件中及时进行危机干预。

③坚持面向全体学生和关注个别差异相结合。全体教师都要树立心理健康教育意识，尊重学生，平等对待学生，注重教育方式方法，关注个别差异，根据不同学生的特点和需要开展心理健康教育和辅导。

④坚持教师的主导性与学生的主体性相结合。要在教师的教育指导下，充分发挥和调动学生的主体性，引导学生积极主动关注自身心理健康，培养学生自主自助维护自身心理健康的意识和能力。

二、心理健康教育的目标与任务

心理健康教育的总目标是：提高全体学生的心理素质，培养他们积极乐观、健康向上的心理品质，充分开发他们的心理潜能，促进学生身心和谐可持续发展，为他们健康成长和幸福生活奠定基础。

心理健康教育的具体目标是：使学生学会学习和生活，正确认识自我，提高自主自助和自我教育能力，增强调控情绪、承受挫折、适应环境的能力，培养学生健全的人格和良好的个性心理品质；对有心理困扰或心理问题的学生，进行科学有效的心理辅导，及时给予必要的危机干预，提高其心理健康水平。

心理健康教育的主要任务是：全面推进素质教育，增强学校德育工作的针对性、实效性和吸引力，开发学生的心理潜能，提高学生的心理健康水平，促进学生形成健康的心理素质，减少和避免各种不利因素对学生心理健康的影响，培养身心健康、具有社会责任感、创新精神和实践能力的德智体美全面发展的社会主义建设者和接班人。

按照"全面推进、突出重点、分类指导、协调发展"的工作方针，不同地区应根据本地实际情况，积极做好心理健康教育工作。

①全面推进。要普及、巩固和深化中学心理健康教育，加快制度建设、课程建设、心理辅导室建设和师资队伍建设，积极拓展心理健康教育渠道，建立学校、家庭和社区心理健康教育网络和协作机制，全面推进中学心理健康教育科学发展，在学校普遍建立起规范的心理健康教育服务体系，全面提高全体学生的心理素质。

②突出重点。地方教育行政部门和学校要利用地方课程或学校课程科学系统地开展心理健康教育；要加强心理辅导室建设，切实发挥心理辅导室在预防和解决学生心理行为问题中的重要作用；加强心理健康教育师资队伍建设，建立一支科学化、专业化的稳定的中学心理健康教育教师队伍。

③分类指导。大中城市和经济发达地区，要在普遍开展心理健康教育工作的基础上，继续推进和深化心理健康教育工作，努力提高质量和成效，率先建立成熟的心理健康教育服务体系；其他地区，要尽快完善心理健康教育工作机制，建立心理健康教育辅导室和稳定的心理健康专业教师队伍，普遍开展心理健康教育工作。

④协调发展。坚持公共教育资源和优质教育资源向农村、中西部地区倾斜，逐步缩小东西部、城乡和区域之间中学心理健康教育的发展差距，以中西部地区和农村地区发展为重点，推动中学心理健康教育全面、协调发展。按照"城乡结合，以城带乡"的原则，加强城乡中学心理健康教育的交流与合作，实现心理健康教育全覆盖和城乡均衡化发展。同时，着力提高中学心理健康教育质量和成效，促进学生的心理素质和德智体美全面协调发展。

三、心理健康教育的主要内容

心理健康教育的主要内容包括普及心理健康知识，树立心理健康意识，了解心理调节方法，认识心理异常现象，掌握心理保健常识和技能。其重点是认识自我、学会学习、人际交往、情绪调适、升学择业以及生活和社会适应等方面的内容。

心理健康教育应从不同地区的实际和不同年龄阶段学生的身心发展特点出发，做到循序渐进，设置分阶段的具体教育内容。

在初中阶段，为了帮助学生加强自我认识，客观地评价自己，并认识青春期的生理特征和心理特征，我们需要采取一系列措施。首先，帮助他们适应中学阶段的学习环境和学习要求，培养正确的学习观念，发展学习能力，改善学习方法，提高学习效率。其次，鼓励他们积极与教师及父母进行沟通，把握与异性交往的尺度，建立良好的人际关系。这将有助于学生更好地理解自己和异性的差异和相似之处，建立健康的人际关系。再次，鼓励学生进行积极的情绪体验与表达，并对自己的情绪进行有效管理，正确处理厌学心理，抑制冲动行为。这将有助于学生更好地应对学习中的挑战和困难，同时也有助于提高他们的情感智商和人际交往能力。复次，引导他们把握升学选择的方向，培养职业规划意识，树立早期职业发展目标。这将有助于学生更好地规划自己的未来发展，为未来的职业和生活做好准备。最后，引导他们逐步适应生活和社会的各种变化，着重培养应对失败和挫折的能力。这将有助于学生更好地应对生活中的挑战和困难，提高他们的适应能力和创新能力。

在高中阶段，为了帮助学生确立正确的自我意识，树立坚定的人生理想和信念，形成科学的世界观、人生观和价值观，我们需要采取一系列措施。首先，要培养创新精神和创新能力，使学生掌握高效学习策略，开发学习潜能，提高学习效率，积极应对考试压力，克服考试焦虑。其次，引导他们正确认识自己的人际关系状况，培养人际沟通能力，促进积极情感反应和体验，正确对待和异性同伴的交往，知道友谊和爱情的界限。这将有助于学生更好地理解自己和他人的情感和需求，建立健康的人际关系。再次，帮助学生进一步提高承受失败和应对挫折的能力，形成良好的意志品质。这将有助于学生更好地应对生活中的挑战和困难，提高他们的适应能力和创新能力。最后，在充分了解自己的兴趣、能力、性格、特长和社会需要的基础上，确立自己的职业志向，培养职业道德意识，进行升学就业的选择和准备，并培养担当意识和社会责任感。这将有助于学生更好地规划自己的未来发展，为未来的职业和生活做好准备。

通过以上措施，我们可以帮助学生更好地了解自己、悦纳自我，并培养他们的学习兴趣和能力，也可以帮助他们更好地处理情绪问题和人际关系，从而有助于学生全面发展，成为未来社会的有用之才。

四、心理健康教育的途径和方法

学校应将心理健康教育始终贯穿于教育教学全过程。全体教师应自觉遵循心理健康教育的规律，将适合学生的心理健康教育内容有机地融入各学科教学之中。同时，发挥教师的人格魅力和榜样作用，建立民主、平等、相互尊重的师生关系。此外，结合班主任工作、班级团队活动、校园文体活动、社会实践活动等多种形式的活动，并利用现代信息技术手段，多途径地开展心理健康教育。

(一)开展心理健康专题教育

可以利用地方或学校的特色课程来开展心理健康专题教育。这类课程应侧重活动，采取多样化的教学方式，如团体辅导、心理训练、问题辨析、情境设计、角色扮演、游戏辅导、专题讲座等。在实施心理健康教育的过程中，我们应避免将其简单地作为心理学知识的普及或心理学理论的传授，而应注重引导学生心理和人格的积极、健康、全面发展。同时，我们也应尽可能预防学生在发展过程中可能出现的心理行为问题。通过这种方式，我们可以更好地关注和促进学生的心理健康，使他们能够更好地应对生活中的挑战和困难。

(二)建立心理辅导室

心理辅导室是心理健康教育教师开展个别心理辅导和小组心理辅导的重要场所，旨在帮助学生解决学习、生活和成长过程中的问题，排解心理困扰。它是学校开展心理健康教育的重要阵地，为学生的心理健康提供支持和保障。在心理辅导过程中，教师需要具备危机干预意识，及时识别并转介有严重心理疾病的学生到相关的心理诊治部门。教育部门将会对心理辅导室的建设标准和规范进行统一规定，以确保其能够满足心理健康教育的需求。

心理辅导是一项高度科学性和专业性的工作，要求心理健康教育教师遵循心理发展和教育的基本规律，以提供发展性的心理辅导和支持为目标。在开展心理辅导时，教师需要严格遵守职业伦理规范，确保学生在完全知情且自愿的基础上接受辅导。此外，还需要严格遵守保密原则，充分保护学生的隐私。在使用心理测试和其他评估工具时，应保持谨慎并避免损害学生的心理健康。同时，应坚决避免将心理健康教育医学化的倾向。

（三）与家长、社会密切沟通

学校应当与家长保持紧密联系，共同实施心理健康教育。为此，学校应帮助家长树立正确的教育观念，让家长了解并掌握孩子成长的特点、规律以及心理健康教育的方法。此外，学校还应鼓励家长加强与孩子的沟通，注重自身良好心理素质的培养，以积极健康和谐的家庭环境影响孩子。同时，学校应为家长提供促进孩子发展的指导建议，协助他们共同解决孩子在发展过程中遇到的心理行为问题。这样，学校和家长可以形成有效的合作，共同促进孩子的健康成长。

学校应当充分利用校外的教育资源，与基层群众性自治组织、企事业单位、社会团体、公共文化机构、街道社区以及青少年校外活动场所等加强联系与合作。通过组织开展各种有益于中学生身心健康发展和心理素质拓展的活动，如文体娱乐活动、拓展训练等，不断拓宽心理健康教育的途径。这样，学校可以借助校外的力量和资源，共同为学生的心理健康发展提供更加全面的支持和保障。

第二节　中学生心理辅导概述

一、心理辅导的含义

"辅导"一词源于英文的"guidance"，有引导与辅助的意思，也有向需要帮助的人提供服务与帮助的意思。心理辅导是一个特殊的交往过程，是一种专门的助人技术，是心理健康教育教师利用一些理论和技术帮助学生更好地了解自己、认识环境、克服成长中的障碍，以便更好地适应环境，充分发挥自身潜能，促进学生心理健康与人格和谐发展的一种教育活动。主要可从以下几方面来理解它的含义。

①心理辅导的目标是提高全体学生的心理素质，促进学生人格的健全发展。

②心理辅导是帮助学生开发自身潜能，促进其成长发展的自我教育活动。这种自我教育活动有如下特征。第一，以积极的人的发展观为理念；第二，以学生的成长和发展为中心；第三，以他助—互助—自助为机制。教师作为辅导者，应该创设良好的集体舆论、和谐的人际关系、民主自由的气氛，充分开发集体的教育资源，确保这种良性机制的形成。

③心理辅导是以咨询心理学为主的多学科综合的教育方法与技术。心理辅导不是一种指示性的说教，而是要求教师启发学生敞开心扉，学会耐心细致地倾听学生的心里话并加以引导。

二、中学生心理辅导的途径

(一)开设以普及心理健康教育知识为主的有关课程

学校开设以普及心理健康教育知识为主的课程，是开展学生心理辅导工作的制度性保障。通过学习这些课程，学生能够掌握必要的心理学和心理健康知识，这对于正确认识自己、有效调控自己的心理和行为至关重要。这些知识有助于学生更好地理解自己和他人的情感和行为，从而更好地适应学习和生活中的挑战。同时，这些课程还可以帮助学生学会如何与他人建立良好的关系，以及如何应对压力和挫折。因此，开设这些课程对于学生的心理健康发展和全面成长具有重要意义。

(二)开设专门的心理辅导活动课

心理辅导活动课是学校专门为开展心理辅导工作而设计的一种活动课程，也被称为团体辅导。它通常被纳入正式的课程计划中。该课程的目的、内容、方法和程序都经过精心设计和系统规划，以确保其有效性和针对性。这种课程旨在帮助学生了解和掌握心理健康知识，以及提高他们的心理素质和应对能力。通过各种心理辅导活动课，学生可以学习如何应对学习和生活中的压力、如何与他人建立良好的关系、如何有效控制自己的情绪等。此外，心理辅导活动课还可以为学生提供安全、舒适、支持性的学习环境，帮助他们更好地认识自己、探索自己的内心世界，从而促进他们的个人成长和发展。

(三)各科教学中渗透心理辅导的内容

心理辅导应当贯穿于学校教育教学的全过程。教学作为学校的核心工作，各科教学自然也成为开展学生心理辅导的主要途径。同时，在各科教学中渗透心理辅导的内容也是必不可少的。通过这种方式，学生不仅可以在学习的过程中获得知识和技能，而且能够培养良好的心理素质和情感能力。各科教师可以根据所教学科的特点和学生的实际情况，灵活地运用各种教学方法和手段，如情境创设、角色扮演、小组讨论等，来渗透心理辅导的内容。这样不仅可以提高教学效果，而且能够促进学生的心理健康发展。因此，学生心理辅导应当与学校教育教学紧密结合，共同推动学生的全面成长。

(四)结合班级活动开展心理辅导

班级是学校的基层组织，是学生共同学习生活的集体，也是学生在成长过程中接触的小型社会。它为学生提供了社会化的途径，对学生的心理健康发展具有关键作用。因此，应将班级作为开展心理辅导的重要基地，同时结合班级活动进行心理辅导，以充分发挥学校各项工作的整体功能，实现统一的育人目标。这种方式可以更好地促进学生的心理健康发展，实现学校整体工作的高效运转。同时，各科教师也应该积极参与班级活动，与学生互动交流，了解学生的心理需求和困惑，为他们提供及时的帮助和支持。班主任在结合班级活动开展心理辅导时，应注意以下几点：第一，班主任应成为学生心理健康成长的楷模，以身作则，为学生树立正面榜样；第二，应创设良好、温馨的班级心理环境，让学生感受到集体的温暖和关爱；第三，要广泛接触学生，及时了解和掌握学生的心理状况，若发现问题，应及时调整和辅导；第四，针对个别学生出现的心理障碍，进行有针对性的辅导，帮助他们排除困扰；第五，积极组织各项活动，锻炼学生的心理素质，提高他们的心理适应能力；第六，应将对学生进行心理辅导、培养心理素质的工作列入班级计划中，确保工作的有序进行。

(五)开展面向学生的个别心理辅导

个别心理辅导是学校心理健康教育工作中不可或缺的重要组成部分。它是由专业的心理健康教育教师通过与学生进行一对一的沟通、互动，运用心理学专业知识和技能，帮助学生解决成长过程中遇到的各种心理问题，促进其身心健康发展的专业助人活动。

在个别辅导过程中，心理健康教育教师与学生面对面进行交流，通过倾听、提问、澄清、反映等技术，深入了解学生的想法、情感和行为，与之建立良好的援助关系。在此基础上，根据学生的具体情况，有针对性地提供心理支持、问题解决、成长指导等方面的帮助。这种个性化的辅导方式，能够更加精准地满足学生的独特需求，帮助其走出困惑，实现自我成长。

个别心理辅导强调以学生为中心，充分尊重学生的主体地位，着眼于挖掘和发展学生的内在潜能。心理健康教育教师通过营造安全、支持、接纳的氛围，帮助学生探索内心、认识自我，学会以积极的态度面对困难和挑战。在辅导过程中，学生不仅能够获得情感支持和问题解决的助力，更能逐步构建起积极健康的自我概念和人际关系，为未来的生活和发展奠定良好的心理基础。

(六)开展小组心理辅导

小组心理辅导是学校心理健康教育工作中常用的一种形式，是专业的心理健康教育教师面对一组有相似心理问题或成长需求的学生，通过集体活动和团体互动，帮助他们解决共性问题，促进心理成长的辅导方式。

与个别心理辅导相比，小组心理辅导具有独特的优势。首先，小组心理辅导能够将有相似困扰的学生聚集在一起，让他们意识到自己并非孤军奋战，从而获得普遍性的安慰和支持。其次，小组成员之间可以相互启发、彼此借鉴，在集体智慧的激励下，共同探索问题的解决之道。再次，小组心理辅导营造了一个开放、互信、接纳的氛围，学生在这里可以放心地表达自我，学会倾听他人，体验真诚交流的快乐。最后，小组心理辅导提供了一个学习、实践社会技能的机会，有助于提升学生的人际交往能力。

在小组心理辅导中，心理健康教育教师通过设计各种体验活动、组织主题讨论、引导角色扮演等方式，激发学生的参与热情，引导他们自我探索、相互启发。成功的小组心理辅导，不仅能够帮助学生走出心理困扰，更能促使他们在自我认识、情绪管理、人际沟通、压力应对等方面获得全面进步，最终实现身心的和谐发展。因此，小组心理辅导已经成为当代学校心理健康教育工作中不可或缺的重要形式，发挥着越来越重要的作用。

(七)进行对学生家庭的心理辅导

教育家苏霍姆林斯基认为，家庭教育是学校教育的基础。学校教育须与家庭教育相结合，教师只有走进学生的家庭，才能真正了解学生，找到教育的最佳结合点。由此可见，家庭是学生成长的摇篮，也是学校教育的重要延伸。学校心理辅导工作要想取得实效，必须重视对学生家庭的引导和帮助。具体而言，学校可以通过家访、电话沟通、书信往来等方式，深入了解不同家庭的独特需求和问题，有针对性地提供个性化的心理辅导服务。比如，对于亲子关系紧张的家庭，学校可以通过家庭系统治疗等方法，帮助亲子重建信任、改善沟通；对于管教方式失当的家长，可以传授具体的正面管教技能，引导家长用爱和理解去影响孩子；对于生活困难的家庭，还可以协调社会资源，为其提供必要的物质和精神援助。

第三节　中学生心理辅导的内容

一、生活辅导

(一)自我意识辅导

运用心理健康教育的理论和技术，帮助学生科学地认识自我、悦纳自我、激励自我、调适自我、管理自我，促进学生良好的自我概念的形成和自我意识的发展，培养自尊、自信、自重、自爱、自强、自制的健康人格。这是一种有益的教育活动。这种教育活动可以帮助学生更好地了解自己，提高自信心和自制力，促进个人发展和成长。

(二)情绪辅导

情绪辅导是一种运用心理健康教育的理论和技术，帮助学生认识、接纳并恰当地表达自己的情绪，识别他人的情绪并进行有效的沟通，掌握适当的方式来控制和疏导不良情绪，防止和克服消极和冲突的情感，从而培养学生良好的情感品质的教育活动。

(三)社交辅导

社交辅导或人际交往教育是一种运用心理健康教育的理论和技术，指导学生的人际交往过程和人际交往活动，借此增强学生的人际互动和社会适应能力，克服人际交往障碍，提高人际交往质量，从而促进学生的人格成长和成熟的教育活动。

(四)休闲辅导

休闲辅导是一种运用心理健康教育的理论和技术，帮助学生树立正确的休闲观念和态度，掌握必备的休闲知识和技能，学会选择和安排有益的休闲活动方式，使自己拥有充实而丰富的休闲生活，从而促进个人才能和个性的发展的教育活动。

(五)性心理辅导

性教育是一个重要的主题，它运用心理健康教育的理论和技术，旨在帮助个体了解自己的身体和性心理发展过程。通过提供关键期的教育和指导，性心理辅导能够帮助个体建立健康的性观念，培养积极的性情感，发展良好的性行为决策能力以及维护自身的性安全与性健康。

二、学习辅导

(一)学习动机辅导

中学生的学习动机较为复杂，涉及自我价值、兴趣爱好、目的导向、环境影响等方面。对中学生学习动机的辅导可从以下几个方面着手。

①培养学习兴趣。兴趣是最佳的教师，能够激发学习的动力。教师应当采用充满活力的教学方式，设计有趣的学习活动，以激发学生的学习兴趣和热情。特别是对于学习上有困难的学生，教师应当给予更多的关注和引导，帮助他们找到学习的乐趣，从而提高学习效果。

②树立正确的学习观。教师应该帮助学生树立"学习能促进全面发展"的观念，培养他们积极的学习态度和主动学习的精神，增强他们学习的内在驱动力。同时，教师还应当及时纠正学生的错误学习观念，避免消极和被动的学习态度，鼓励学生在学习中发挥主动性和探索精神。

③明确学习目标。教师应该帮助学生树立远大的目标与理想，培养他们正确的人生观和价值观。同时，教师还应根据学生的实际情况，帮助他们设定切实可行的学习目标和计划，明确学习方向，以提高学习的目的性。

④创造良好的学习环境。教师应当营造一个活跃、和谐的学习氛围，运用科学的教学方法激发学生的热情，并提供适当的支持。此外，教师还应培养学生的良好学习习惯，指导他们在日常生活中建立高效的学习策略，并营造有益的家庭学习环境。

⑤树立自信心。教师应该适当地鼓励学生，帮助他们发现自身的学习优势和学习潜能，建立健康的自我概念和较高的自我效能感。当面对学习失败和困难时，要帮助学生保持乐观的心态，并培养他们克服学习障碍的信心和毅力。

综上，教师需要从多个方面入手，采取积极的措施来引导学生建立积极的学习动机，明确学习意义，提高学习效果，从而促进学生的全面发展。这需要教师在日常教学中密切观察，理解学生的实际学习动机，并及时进行干预和支持。

(二)学习策略辅导

中学生学习策略的培养需要教师的积极引导与帮助。主要包括以下几个方面。

①养成良好的学习习惯。教师应当帮助学生养成如制订学习计划、有效管理学习时间、集中注意力等良好的学习习惯。这些习惯的养成有助于学生主动规划和组织学习，提高学习效率，更好地应对繁重的学习任务。

②掌握做笔记技能。教师需要教会学生如何有效地做笔记，包括选择重要内容、提炼关键词、组织清晰的结构等。这些技能有助于学生加强对学习内容的理解和记忆，同时为复习提供可靠的资料。

③培养自我监控能力。教师需要教会学生在学习中密切关注自己的学习状况，检查自己的理解程度和掌握情况，评估自己的学习成果。这些能力的培养有助于学生及时调整学习计划和方法，纠正学习中的偏差，主动提高自己的学习质量。

④掌握合作学习技能。教师应设计合作学习活动，教会学生如何与他人进行有效的交流与配合，分工协作，在合作中相互学习与支持。这种学习方式能够增进学生之间的友谊，激发他们的学习动机，进而优化学习效果。

⑤培养信息技术运用能力。教师需要指导学生运用信息技术来检索学习资料，并使用各种资源进行学习和展示。这种方法可以拓展学习渠道，更新学习

手段，并提高学习的科学性和效率。

⑥发展学习评价技能。教师需要教会学生如何评价和反思自己的学习，包括评估自己的学习态度、学习效果和学习策略，并做出相应的改进。这种自我评价和反思的能力有助于学生主动调整自己的学习，持续不断地优化学习过程。

综上，学习策略的培养需要教师系统地引导学生并给予他们帮助，教会他们一系列的学习技能和方法，尤其是要培养他们的自我调控能力和自主学习能力。这需要教师在具体的学习任务中提供丰富的实践机会，结合案例进行耐心细致的指导，使学习策略能够真正运用到学习过程中，成为学生自主学习的有效工具。同时，这也是教师提高学习指导能力的重要内容。

（三）考试心理辅导

考试焦虑的学生应努力做到：端正应试动机，减轻心理负担；做好充分准备，形成良好的应试状态，冷静处理"怯场"（放松，如深呼吸）。

三、生涯辅导

生涯辅导是一种运用心理健康教育的理论和技术，通过为个体提供一系列有计划、有步骤的辅导活动，包括生涯认知、生涯探索、生涯定向、生涯准备、生涯安置和生涯进展等，以帮助个体实现生涯成熟和发展的教育活动。

第四节　中学生心理辅导的主要方法

一、行为矫正法

（一）系统脱敏

系统脱敏是应用最早的行为矫正技术之一，主要用于帮助问题学生缓解在某一特定的情境下产生的超出一般紧张程度的焦虑或恐怖状态。系统脱敏利用的是交互抑制的原理或反条件作用的原理来达到辅导目的。

系统脱敏法由3个部分组成：放松训练，建立焦虑或恐怖事件等级层次和实施脱敏。

1. 放松训练

放松训练是系统脱敏的重点之一，是行为矫正技术中使用最广泛的技术之一，既能单独使用，也可以结合到系统脱敏中使用，以克服焦虑或恐怖症状。目前最常用的是循序渐进的紧张放松法，即使身体某一部位的肌肉先紧张，后放松，两者结合进行，然后逐一对身体其他部位也施以同样方法，最后达到全身放松。放松训练的实施包括环境要求、声音要求、准备工作、实施步骤、结束几个部分。

2. 建立焦虑或恐怖事件等级层次

在教会放松之后，心理健康教育教师应与学生共同设计焦虑事件等级层次表。必须全面采集问题学生的既往资料，尽可能完整地找出使其感到焦虑或恐怖的一系列事件或观念等。在此基础上，先确定一个让学生感觉最平静的相关情境或事件，将它的分值指定为 0 分（又称"主观干扰程度"）。这一事件称为控制事件，在焦虑或恐怖事件等级层次表中一般不写出来。接着确定一个令学生最为焦虑或恐怖的情境或事件，指定分值为 100 分，以这两个事件为基准分别估计每一事件的焦虑或恐怖程度（由教师指导学生完成）。最后，把各事件按焦虑或恐怖程度由弱到强进行排列，两个相邻事件之间的分值差约 10 分，建立起"焦虑或恐怖事件等级层次表"。

3. 实施脱敏

先从程度最轻的焦虑事件开始，然后由弱到强，逐级脱敏，直到对最严重一级的焦虑事件脱敏成功，这一阶段方可结束。它包括想象系统脱敏和现实系统脱敏。

实施系统脱敏时需注意：①全身放松训练要求一直进行到重复呈现同一场景 3～4 次，打分均降到 0 分；②在进行的过程中，不随意赞许，以避免学生为了迎合教师而打低分；③每次咨询时结合 3～4 个场景进行训练，下一次辅导从前一个结束项目开始；④每一次辅导结束，都要留作业，作业包括结合在辅导室里练习过的场景，每天再自我练习 1～2 遍，并在现实中练习；⑤等级建立要合理，否则辅导很难进行，效果也很差；⑥若想象力不足，要做想象力训练。

(二)行为强化法

行为强化法是建立在操作性学习理论的基础之上的。操作性学习理论认为，个体活动的结果会影响其行为在以后发生的概率。如果行为的结果是积极的——个体获得奖励，那么就会形成条件反射，这种行为在以后还会发生；如果行为的结果是消极的——个体受到惩罚，那么就会产生消退作用，个人在以后就不会或较少出现这种行为。因此，教师可通过"操作"这种关系，以达到改变问题学生行为的目的。实施行为强化法时常用以下两种技术。

1. 行为塑造技术

行为塑造是通过强化手段，矫正人的行为，使之逐步接近某种适应性行为模式的行为矫正方法。在行为塑造过程中，多采用正强化的手段，即一旦所需的行为出现，就立即给予强化。这是行为矫正法中最常用的技术之一。行为塑造技术可用于许多行为领域，如学生学习社交行为和运动行为，尤其是用于单一行为方式的建立时，则更为有效。

2. 代币制

代币制指用一种代币作为强化物进行的系统的行为正强化程序。该方法主要用于建立良好的行为习惯。凡是能代替金钱去交换其他奖励的象征物都可以被称为代币，塑料片、五角星、小画片等有明确单位的东西都可以作为代币。

代币制的实施步骤如下。第一，明确目标行为。目标不宜过多，应尽可能明确、数量化。第二，建立基线。每个问题学生的行为起点不同，如果光凭感觉来确定代币制的行为起点，往往会有偏差。第三，确定代币。代币必须是马上可以利用的实物或象征物，能方便随时发放，不易被学生复制，而且只在教师和学生之间的交换系统中有效。第四，确定逆向强化物，即代币可以交换的东西。它可以是物质的，也可以是精神的，但必须是学生感兴趣、喜欢的。第五，拟定代币交换系统。首先，根据目标行为相对于学生的难度为目标行为拟出一个代币值。其次，根据逆向强化物的难度和价值拟定一个交换值。这两个值都可以根据执行情况进行适当的调整。第六，拟定监督系统。比如，检查目标行为的时间、发放代币的时间、交换逆向强化物的时间以及如何监督代币的发放等。

二、认知改变法

认知改变法是根据认知过程影响情感和行为的理论假设，通过认知和行为技术来改变学生不良认知的一类心理辅导方法的总体。认知改变法高度重视研究学生的不良认知和思维方式，并且把自我挫败行为看成学生不良认知的结果。所谓不良认知，是指歪曲的、不合理的、消极的信念或思想，它们往往会导致情绪障碍和非适应行为。辅导的目的就在于矫正这些不良认知，从而使学生的情感和行为得到相应的改变。

贝克（Beck）归纳了在认知过程中常见的认知歪曲的五种形式：一是任意推断，即在证据缺乏或不允许时便草率地做出结论；二是选择性概括，仅根据个别细节而不考虑其他情况便对整个事件做出结论；三是过度引申，指在单一事件的基础上做出关于能力、操作或价值的普遍性结论，即从一个具体事件出发引申做出一般规律性的结论；四是夸大或缩小，对客观事件的意义做出歪曲的评价；五是"全或无"的思维，即要么全对，要么全错，把生活往往看成非黑即白的单色世界，没有中间色。

认知改变法对心理障碍的辅导重点在于减轻或消除功能失调性活动，同时帮助建立和支持适应性功能；鼓励学生监察内在因素，即导致障碍的思想、情感和行为因素。对于儿童的认知改变一般可包括四个环节。

第一，帮助儿童认识情感、行为与认知活动之间的关系。

第二，找出儿童的不良认知。例如，教师可以通过提问"你认为上网能给你带来什么好处？""你是否觉得自己每天都需要和网友保持联系？"等，来找出沉迷网络的儿童的不良认知。通过这些问题，教师可以了解儿童对网络的看法和依赖程度，以及他们是否存在着一些不切实际的信念或思维模式，这些都可以帮助教师更好地理解和应对儿童的网络沉迷问题。

第三，帮助儿童改变错误的思维方式和内容，同时发展更适应的思维方式和内容。例如，某学生非常自卑，认为自己"一事无成"，"别人都看不起我"。实际上，这个学生成绩优良，曾经当过班干部。教师可以通过真实性检验帮助这个学生认识事实，分析自己对事物的认知歪曲和消极片面的态度，从而达到改变不良认知的目的。

第四，练习、巩固。将理性的思维方式与想法进一步运用在学习和日常生活中，使之成为个体的内在认知结构的一部分。通过不断实践和反思，这些理性的思维方式与想法将被内化为个体的认知结构，帮助他们更好地应对各种挑战和问题，提高学习和生活的效率和质量。

单元测试

一、单项选择题

1. 初中阶段的学生最容易发生冲突的对象是（   ）。

A. 家长   B. 教师

C. 邻居   D. 兄弟姐妹

2. 下列关于心理辅导的叙述不正确的一项是（   ）。

A. 经常逃学的学生、有学习障碍的学生更适合接受小组心理辅导

B. 个别心理辅导以少数学生为对象，以矫治辅导为主，属于补救性的辅导

C. 小组心理辅导以全体学生为对象，以预防辅导为主

D. 心理辅导有小组心理辅导和个别心理辅导这两种主要方式

3. 在心理辅导的行为演练中，系统脱敏是由（   ）首创的。

A. 皮亚杰   B. 雅各布森

C. 艾里斯   D. 沃尔帕

二、案例分析题

4. 李某，女，15岁，某中学八年级学生。外向型性格，开朗，有个性，思维活跃，敢说敢做。但她盛气凌人、自以为是、孤芳自赏、桀骜不驯、嫉妒心强，认为人与人之间无信任可言，对他人缺乏真诚。虽然李某学习成绩好，但同学不太喜欢她。她与家长、教师说话时也咄咄逼人，因此与人沟通时总带着争吵的神态，难以心平气和地交流，自认为是不太受欢迎的人。她想交知心朋友，但同学敬而远之。常因同学的不合作而在做某些事情时不能如愿。故而情绪极受影响，她被气哭过几次，甚至想走绝路。

试结合心理学的相关理论对该学生的心理问题进行分析。

参考文献

1. 胡雯，余梦月，范卫国. 心理学[M]. 成都：电子科技大学出版社，2020.

2. 桂世权. 心理学[M]. 成都：西南交通大学出版社，2015.

3. 姬建锋，贾玉霞. 心理学[M]. 3版. 西安：陕西人民出版社，2017.

4. 李朝霞. 心理学[M]. 武汉：中国地质大学出版社有限责任公司，2013.

5. 刘万伦，田学红. 高等院校教师教育公共课教材 发展与教育心理学[M]. 2版. 北京：高等教育出版社，2014.

6. 李迎春. 心理学[M]. 北京：北京希望电子出版社，2014.

7. 王黎华. 新编心理学教程[M]. 上海：上海交通大学出版社，2018.

8. 廖全明. 普通心理学[M]. 成都：西南交通大学出版社，2017.

9. 叶奕乾，何存道，梁宁建. 普通心理学[M]. 5版. 上海：华东师范大学出版社，2016.

10. 山香教师资格考试命题研究中心. 国家教师资格考试考点精析与强化题库·综合素质·中学[M]. 北京：首都师范大学出版社，2013.

11. 林崇德. 中学生心理学[M]. 北京：中国轻工业出版社，2013.

12. 白学军. 心理学概论[M]. 北京：北京师范大学出版社，2015.

13. 康少楠. 中学教育心理学[M]. 西安：陕西人民出版社，2003.

14. 韦耀阳. 心理咨询技术与应用[M]. 广州：世界图书出版广东有限公司，2013.

15. 李清臣，徐艳伟. 中小学教育研究的理论与方法——帮你走出教育教学的困境[M]. 开封：河南大学出版社，2008.

16. 杨震，王守良，段姗姗. 中小学心理健康教育的理论与实践[M]. 合肥：合肥工业大学出版社，2004.

17. 雒晓春. 教育心理学（中学最新版）[M]. 4 版. 北京：中国经济出版社，2013.

附录　各章单元测试参考答案